春秋穀梁傳今註今譯

薛安勤註譯

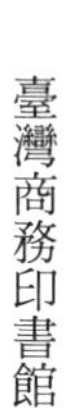

臺灣商務印書館

本書經
中華文化復興運動推行委員會（國家文化總會）審定

永恆的經典，智慧的泉源

馬英九（總統暨文化總會會長）

中國傳統經典是民族智慧與經驗的結晶。在五千年的歷史中，這些典籍經歷戰亂的傷害，飽受文革的摧殘，然而書中蘊含的哲理，不只啟迪世世代代的炎黃子孫，且遠播於東亞及世界各國。如今學習國學經典同在兩岸盛行，並非偶然，反映這些古籍的價值跨越了時空，對二十一世紀兩岸人民，依然發揮積極的引導作用。

古人從小開始的經典教育，對一個孩子建立正確的人生觀，有非常重要的意義。而古文最迷人的地方，正在於它能將博大精深的知識，凝煉為言簡意賅的文字；將複雜的人生經驗，濃縮為一語道破的智慧。而這些修身、齊家、治國、平天下的理念，即使經過千百年的時空變遷，仍能與現代生活相結合。

我念小學二年級的時候，跟著在石門水庫任職的母親住在桃園龍潭。民國四十七年的臺灣，沒有電視可看，也沒有電晶體收音機可聽。晚上沒事，媽媽常常燈下課子，教我念古文。啟蒙的第一課是《左傳》的〈鄭伯克段於鄢〉，其中我記得最牢的一句話，就是鄭莊公對他從小被母親寵壞、長大後又驕縱謀反的弟弟共叔段所作的評語：「多行不義必自斃，子姑待之。」這句話我一直作為自惕與觀人的警語。放在今天的臺灣與世界的時空中，不也是很適用嗎？

上高中後，父親常常以晚清名臣曾國藩的家訓「唯天下至誠能勝天下至偽，唯天下至拙能勝天下至巧」來訓勉我。當初覺得陳義過高，似乎不切實際，但年紀愈大，閱歷愈多，愈覺得有道理。「尚誠尚拙、去偽去巧」的理念，也成為我為人處事的哲學。

民國八十年（一九九一）十二月，聯合國大會通過決議，要求各國全面禁止漁民在海洋使用「流刺網」（driftnet）捕魚，以免因為網目太小，造成大小通吃而使漁源枯竭。讀過《孟子》梁惠王篇的人，一定會覺得這個國際規範似曾相識。這位兩千多年前的亞聖不早就說過「數罟不入洿池，魚鱉不可勝食也」嗎？我不能不承認，孟子的保育觀念，實在非常先進。同樣的，他對齊宣王所說大小諸侯之間交往的原則，也可適用到今天的兩岸關係：「惟仁者為能以大事小……惟智者為能以小事大……以大事小者，樂天者也，以小事大者，畏天者也。樂天者，保天下；畏天者，保其國。」兩岸真能照辦，臺海還會不和平繁榮嗎？

民國九十五年（二〇〇六）十月，臺灣被貪腐的烏雲籠罩，民怨沸騰，當時總統府前廣場群眾豎起兩層樓高的海報標語，上面寫的就是「禮義廉恥」四個大字。二十一世紀臺灣街頭群眾運動的訴求，居然是二千五百多年前春秋時代齊國宰相管仲的名言，這是民主化後的臺灣，人生觀與價值觀的回歸，同時也是古典智慧的再現！

國家文化總會的前身是「中華文化復興運動推行委員會」（文復會），四十多年前曾與國立編譯館、臺灣商務印書館邀集國內多位國學大師共同出版《古籍今註今譯》系列，各界評價甚高，一時洛陽紙貴。如今重新刊印，邀我作序，實不敢當，忝為會長，礙難不從。謹在此分享一些讀經的親身感受，並期待古典文化的智慧，就像在歷史長河中的一盞明燈，繼續照亮中華民族的未來。

在時間的長河中

楊渡（文化總會祕書長）

時間是殘酷的，因為它會淘洗去所有的肉體與外在，虛華與偽飾。所有的慶典，權柄和武器，都有寂寞、生鏽、消逝的一天。

時間是溫柔的，因為它也留存了文明的光。唐朝沒有了宮殿，卻為我們留下李白和李商隱的詩句。長安的美麗，不是存在於西安，而是存在於詩句裡。

所有的政治風暴都會消逝，所有的權力都會轉移，所有的歷史，都見證著朝代的不斷更迭，才是進步的必然。然而到最後，什麼會留存下來？

文化總會的前身是「文化復興總會」，它是為了因應文化大革命對中國傳統文化的破壞，以「復興中華文化」為宗旨，而設立起來的。為了反制文革，總會特地請當時最好的學者，對四書、詩經、周易、老莊、春秋等進行今註今譯，以推廣典籍閱讀。當時聘請的學者，包括了南懷瑾、屈萬里、林尹、王夢鷗、史次耘、陳鼓應等，堪稱一時之選，連續出版了諸子百家的經典。這工作也持續了好幾年。

文化大革命的風暴過去之後，文復會性質慢慢改變，直到李登輝時代，它變成民間文化團體，舉辦一些文化活動。等到民進黨執政，由於去中國化，這些傳統文化的研究被忽略，束之高閣。然而，歷史多麼反諷，當文革過去，在經濟富裕後的現代大陸，由於缺少思想的指引，人們卻開始重讀古代典籍，而有諸子百家講堂與各種當代閱讀，古書今讀，竟成顯學。當年搞文革的卻已經悄悄的「復興中華文化」了。

反觀臺灣，這些由學養深厚的專家所寫的典籍今註今譯，卻因政治原因未受到重視。現在回頭看經典，細心體會古代的智慧，而不是用政治符號去切割知識典籍，我們才會開始懂得謙卑。歷史這樣長，而我們只是風中的塵埃。一如聖嚴法師所留下的偈：「無事忙中過，空裡有哭笑。」能留下的，只是無形的智慧，美麗的詩句，和千年的夢想。

當政治的風暴過去之後，什麼會留存下來？時間有多殘酷，我不知道。我只知道，中國傳統經典的生命，一定會生存得比政權更遠，更深，更厚。

我只知道，當古老的「禮義廉恥」，成為二十一世紀反貪腐抗議群眾運動的標語時，整個中華文明已經走向另一個階段。那是作為人的價值觀的百劫回歸，那是自信自省的開端。古老的，或許比現代更新、更有力，更象徵著數千年文明的總結。

而我們，只是千年文明裡的小小學生，仍在古老的經籍中，探詢著生命終極的意義，並且，尋找前行的力量。

《古籍今註今譯》總統推薦版序

中華文化精深博大，傳承頌讀，達數千年，源遠流長，影響深遠。當今之世，海內海外，莫不重新體認肯定固有傳統，中華文化歷久彌新、累積智慧的價值，更獲普世推崇。

語言的定義與運用，隨著時代的變動而轉化；古籍的價值與傳承，也須給予新的註釋與解析。商務印書館在先父王雲五先生的主持下，民國一〇年代曾經選譯註解數十種學生國學叢書，流傳至今。

臺灣商務印書館在臺成立六十餘年，繼承上海商務印書館傳統精神，以「宏揚文化，匡輔教育」為己任。五〇年代，王雲五先生自行政院副院長卸任，重新主持臺灣商務印書館，仍以「出版好書，匡輔教育」為宗旨。當時適逢國立編譯館中華叢書編審委員會編成《資治通鑑今註》（李宗侗、夏德儀等校註），委請臺灣商務印書館出版，全書十五冊，千餘萬言，一年之間，全部問世。

王雲五先生認為，「今註資治通鑑，雖較學生國學叢書已進一步，然因若干古籍，文義晦澀，今註之外，能有今譯，則相互為用，今註可明個別意義，今譯更有助於通達大體，寧非更進一步歟？」

因此，他於民國五十七年決定編纂「經部今註今譯」第一集十種，包括：詩經、尚書、周易、周禮、禮記、春秋左氏傳、大學、中庸、論語、孟子，後來又加上老子、莊子，共計十二種，改稱《古籍今註今譯》，參與註譯的學者，均為一時之選。

臺灣商務印書館以純民間企業的出版社，來肩負中華文化古籍的今註今譯工作，確實相當辛苦。中華文化復興運動總會（國家文化總會前身）成立後，一向由總統擔任會長，號召推動文化復興重任，素有成效。六〇年代，王雲五先生承蒙層峰賞識，委以重任，擔任文復會副會長。他乃將古籍今註今譯列入文復會工作計畫，廣邀文史學者碩彥，參與註解經典古籍的行列。文復會與國立編譯館中華叢書編審委員會攜手合作，列出四十二種古籍，除了已出版的第一批十二種是由王雲五先生主編外，文復會與國立編譯館主編的有二十一種，另有八種雖列入出版計畫，卻因各種因素沒有完稿出版。臺灣商務印書館另外約請學者註譯了九種，加上《資治通鑑今註》，共計出版古籍今註今譯四十三種。茲將書名及註譯者姓名臚列如下，以誌其盛：

序號	書名	註譯者	主編	初版時間
1	尚書	屈萬里	王雲五（臺灣商務印書館）	五八年九月
2	詩經	馬持盈	王雲五（臺灣商務印書館）	六〇年七月
3	周易	南懷瑾	王雲五（臺灣商務印書館）	六三年十二月
4	周禮	林尹	王雲五（臺灣商務印書館）	六一年九月
5	禮記	王夢鷗	王雲五（臺灣商務印書館）	七三年一月
6	春秋左傳	李宗侗	王雲五（臺灣商務印書館）	六〇年一月
7	大學	宋天正	王雲五（臺灣商務印書館）	六六年二月
8	中庸	宋天正	王雲五（臺灣商務印書館）	六六年二月
9	論語	毛子水	王雲五（臺灣商務印書館）	六四年十月
10	孟子	史次耘	王雲五（臺灣商務印書館）	六二年二月
11	老子	陳鼓應	王雲五（臺灣商務印書館）	五九年五月

12	莊子	陳鼓應	王雲五（臺灣商務印書館）	六四年十二月
13	大戴禮記	高明	文復會、國立編譯館	六四年四月
14	春秋公羊傳	李宗侗	文復會、國立編譯館	六二年五月
15	春秋穀梁傳	薛安勤	臺灣商務印書館	八三年八月
16	韓詩外傳	賴炎元	文復會、國立編譯館	六一年九月
17	孝經	黃得時	文復會、國立編譯館	六一年七月
18	列女傳	張敬	文復會、國立編譯館	八三年六月
19	新序	盧元駿	文復會、國立編譯館	六四年四月
20	說苑	盧元駿	文復會、國立編譯館	六六年二月
21	墨子	李漁叔	文復會、國立編譯館	六三年五月
22	荀子	熊公哲	文復會、國立編譯館	六四年九月
23	韓非子	邵增樺	文復會、國立編譯館	七一年九月
24	管子	李勉	文復會、國立編譯館	七七年七月
25	孫子	魏汝霖	文復會、國立編譯館	六一年八月
26	史記	馬持盈	文復會、國立編譯館	六八年七月
27	商君書	賀凌虛	文復會、國立編譯館	七六年三月
28	太公六韜	徐培根	文復會、國立編譯館	六五年二月
29	黃石公三略	魏汝霖	文復會、國立編譯館	六四年六月
30	司馬法	劉仲平	文復會、國立編譯館	六四年十一月
31	尉繚子	劉仲平	文復會、國立編譯館	六四年十一月
32	吳子	傅紹傑	文復會、國立編譯館	六五年四月
33	唐太宗李衛公問對	曾振	文復會、國立編譯館	六四年九月
34	資治通鑑今註	李宗侗等	國立編譯館	五五年十月
35	春秋繁露	賴炎元	文復會、國立編譯館	七二年五月

36	公孫龍子	陳癸淼	文復會、國立編譯館	七五年一月
37	晏子春秋	王更生	文復會、國立編譯館	七六年八月
38	呂氏春秋	林品石	文復會、國立編譯館	七四年二月
39	黃帝四經	陳鼓應	臺灣商務印書館	八四年六月
40	人物志	陳喬楚	文復會、國立編譯館	八五年十二月
41	近思錄、大學問	古清美	文復會、國立編譯館	八九年九月
42	抱朴子內篇	陳飛龍	文復會、國立編譯館	九〇年一月
43	抱朴子外篇	陳飛龍	文復會、國立編譯館	九一年一月
44	四書（合訂本）	楊亮功等	王雲五（臺灣商務印書館）	六八年四月

已列計畫而未出版：

序號	書名	譯註者	主編	
1	國語	張以仁	文復會、國立編譯館	
2	戰國策	程發軔	文復會、國立編譯館	
3	淮南子	于大成	文復會、國立編譯館	
4	論衡	阮廷焯	文復會、國立編譯館	
5	楚辭	楊向時	文復會、國立編譯館	
6	文心雕龍	余培林	文復會、國立編譯館	
7	說文解字	趙友培	國立編譯館	
8	世說新語	楊向時	國立編譯館	

民國七十年，文復會秘書長陳奇祿先生、國立編譯館與臺灣商務印書館再度合作，將當時已出版的二十九種古籍今註今譯，商請原註譯學者和適當人選重加修訂再版，使整套《古籍今註今譯》更加完

善。

九十八年春，國家文化總會秘書長楊渡先生，約請臺灣商務印書館總編輯方鵬程研商，計議重新編輯出版《古籍今註今譯》，懇請總統會長撰寫序言予以推薦，並繼續約聘學者註譯古籍，協助青年學子與國人閱讀古籍，重新體認固有傳統與智慧，推廣發揚中華文化。

臺灣商務印書館經過詳細規劃後，決定與國家文化總會、國立編譯館再度合作，重新編印《古籍今註今譯》，首批十二冊，以儒家文化四書五經為主，在今年十一月十二日中華文化復興節出版，以後每三個月出版一批，將來並在適當時機推出電子版本，使青年學子與海內外想要了解中華文化的人士，有適當的版本可研讀。二十一世紀必將是中華文化復興的新時代，讓我們共同努力。

臺灣商務印書館董事長　**王學哲**　謹序　民國九十八年九月

前言

春秋穀梁傳凡十二卷，是戰國時人穀梁赤對春秋經所做的闡釋。穀梁赤，魯國人，是孔子弟子子夏的學生。名俶，字元始，又名赤，以赤行於世。赤受經於子夏，並為經作傳，傳成之後，傳給孫卿，孫卿傳申公，申公傳博士江翁，其後魯人榮廣十分推崇，又傳授蔡千秋。漢宣帝時，一掮景帝的「公羊」熱，極力崇尚「穀梁」，於是擢千秋為郎，由此春秋穀梁傳大行於世。東漢鄭玄在六藝論中評價說：「左氏善於禮，公羊善於讖，穀梁善於經」。鄭玄此論，是說春秋穀梁傳長於解釋經文的義例。的確，闡釋經文用語的義例是該書內容的重點之一，也是其特點之一。穀梁氏對經文的諸多用語條例，進行了縝密地思辨，並做了不厭其煩的解釋和說明。例如，穀梁氏在傳文中常說：「稱人以殺，殺有罪也」，「稱國以殺，罪累上也」。這就是指明，經文記某人殺某，表示被殺者確實有罪；經文如果記某國殺某，則表示被殺者的罪行牽連到君王。再比如，經文中有的詞語具有多種用處和意義，穀梁氏則結合具體語境，加以詳細說明。試舉「及」字為例：傳文中常見「及者，內為志焉爾」，這是說，經文用及字，表示該行動是出於魯國的意願。「及者，由尊及卑也」，這句傳文是說，經文用及字連接詞語時，及字前的是尊者，及字之後的是卑者。誠然，這種解釋難免有附會之嫌。但是，它確實揭示出經文潛在的義例。即使是最粗心的讀者，經過穀梁氏這樣一點撥，也會撲捉到經文的細微精審之處了。

漢代以後，直至東晉，為春秋穀梁傳作註的近十幾家，有尹更始、唐固、江熙、孔演、程闡、徐仙民、徐乾等。但是，皆膚淺末學，不經師匠。東晉范寧的集解問世之後，諸家皆廢。范寧對春秋穀梁傳的評價是：「清而婉，其失也短」。范氏以「短」為失，認為過於簡短，不免失之於義不明瞭。我則覺得把短理解為簡短明快，也是可以的。言辭清朗、含義婉曲、簡短明快，這的確是春秋穀梁傳的又一特點。試以魯隱公元年的經文「鄭伯克段於鄢」為例。穀梁氏僅用了一百四十字的筆墨，便道出了鄭伯和共叔段背棄「兄友弟恭」的行徑，還指出瞭解決問題的方略。表面上看，春秋穀梁傳似乎是在逐個解釋經文的詞語；而實際上，它卻避開了詞語的表層的涵義，深入開掘了諸詞底層的蘊義。此外，如斥吳王之輕率、論虞公之中智等章節都明顯地體現出清而婉的風格。

春秋穀梁傳多以自問自答的方式，解詞以明道，設問以達義，層層遞進地剖析歷史史實，寓褒貶於其中，或直接或曲折地反映了春秋時代的經濟、軍事、外交等各方面的情況。其中不乏精彩的段落。如「荀息論假道」、「驪姬害申生」、「宋楚泓之戰」、「齊晉搴之戰」、「紅地狩獵」、「郊祭卜牛」等等。或運用多側面的描寫，或採取多層次的議論，寫得引人入勝，讀來入情入理。總觀春秋穀梁傳，和人們所熟悉的左傳，它們祇有少部分內容相吻合，絕大部分不一致，有的地方甚至相抵觸。兩書的體例和風格更是天壤之別。唯其如此，它們才正好互相補充，彼此參驗，以察史實之真偽。就這點來說，春秋穀梁傳更值得一讀了。

穀梁傳雖經范寧作註，楊士勛作疏，又有清人許桂林、鍾文烝、柯劭忞的解釋和補注等，但因年代久遠，輾轉傳抄，其晉豕魯魚紛綸錯出之處難免。如，襄公十年夏五月的「楚公子貞……」，脫了「公」字，定公十一年春傳文的順序前後顛倒等等。筆者據阮元校刻本，參以他本，做了力所能及的校改。

本書的譯文部分，以直譯為主，輔以意譯，在盡可能不違原義並保持原有風格的前提下，力求通曉暢達。註文部分，包括難字的標音，詞義和語法方面的註解，還有典章制度、古代風俗等方面的說明，解釋力求簡明扼要，點到即止。這些雖無學者方家之大功，想必會有拾遺補闕、略指迷津之微效。這本書，倘若能對讀者有些許裨益，我將不勝欣慰。水平所限，錯誤疏漏之處，謹望專家和讀者批評教正。

薛安勤　一九九二年七月

凡例

一、經、傳原文都以十三經注疏本（原世界書局縮印為兩巨冊的阮元校刻本）為底本。

二、原文凡與左傳、公羊傳略有歧異者，或當校改者，皆於註文中說明。

三、譯文以直譯為主。如直譯實在晦澀難通者，則採用意譯。

四、凡人名、地名和需要加註的詞語，初見者，必註；重複出現者，則適當重註，以免讀者翻檢之勞；一再反覆重出者，則從略不註。

五、凡人名、地名和文意不詳者，則標明「不詳」，闕而不論。

六、難字的標音，一律採用直音法，標為「音某」，在行文中間的，用括弧括上。

七、凡通用假借字，註為「通某」或「讀為某」，凡古今寫法不同的字，註為「某的古字」或「某的古寫」；凡異體字，註為「同某」。

八、對有分歧意見的詞語的解釋，祇取一說，他說錄上以備考。

九、註釋中有的參考前人或今人的研究成果，文中沒得一一說明，以避繁瑣。請詳見書後所附的參考、引用書目。

目次

前言

凡例

卷一　隱公　一

卷二　桓公　四九

卷三　莊公　一〇二

卷四　閔公　一八三

卷五　僖公　一八九

卷六　文公　二九〇

卷七　宣公　三四六

卷八　成公　三九六

卷九　襄公　四五九

卷十　昭公　五四九

卷十一　定公　六二九

卷十二　哀公　六八〇

參考引用書目　七一五

卷一 隱 公

隱公元年（公元前七百二十二年）

(一) 經 元年㊀，春，王正月㊁。

【今註】㊀元年：君王即位的第一年稱元年。㊁王正月：周王之正月，即指周曆正月。古代有「三正」之說，三正即三個正月，亦即三種曆法。周代曆法以現在農曆十一月為正月；商代曆法以現在農曆的十二月為正月；夏代曆法以現在農曆一月為正月。春秋時魯用周代曆法。

【今譯】隱公元年，春天，是周曆正月。

傳 雖無事，必舉正月，謹始也。公何以不言即位？成公志也㊀。焉成之？言君之不取為公也㊁。君之不取為公何也？將以讓桓也㊂。讓桓正乎？曰：不正。春秋成人之美，不成人之惡。隱不正而成之，何也？將以惡桓也。其惡桓何也？隱將讓而桓弒之㊃，則桓惡矣。桓弒而隱讓，則隱善矣。善則其不正何也？春秋貴義不貴惠，信道不信邪㊄。孝子揚父之美，不揚父之惡。先君之欲與桓㊅，非正也，邪也。雖然，既勝其邪心以與隱矣㊆，已探先君之邪志，而遂以與桓，則是成父之惡也。兄弟，天倫也，為子受之父；為諸侯受之君。已廢天倫而忘君父，以行小惠，曰小道也㊇。若隱者，可謂輕千乘之國㊈，蹈道㊉，則未也。

【今註】㊀志：志向，心願。春秋經記事的體例是，魯君即位的第一年，應記載「公即位」，而隱公、莊公、閔公、僖公和定公這五君的元年，沒記「公即位」。左傳認為隱公是攝政，所以不記「公即位」，穀梁傳認為隱公謙讓，把君位讓給了弟弟，故而不提即位。㊁公：與「君」同義。如魯國十二公，也可以說魯國十二君。㊂桓：即魯桓公。隱公和桓公都是魯惠公的兒子。魯惠公嫡夫人是宋國姑娘孟子（孟是姊妹排行）。孟子沒生兒子，她死後，惠公續娶了聲子，聲子生了兒子叫息姑，即隱公。後來，惠公又娶了仲子，仲子生了兒子叫允，即後來的桓公。左傳認為聲子是妾，而仲子是後娶的夫人，桓公為世子，理當繼位，因他年小，而由庶子隱公攝政。穀梁傳認為聲子和仲子都是續娶的夫人，隱長桓幼，讓位給桓是不對的。㊃弒：音式，下殺上也。據史記魯世家云，隱公十一年冬，公子翬向隱公請求殺掉桓公，隱公表示，桓公已經長大成人，將讓桓公掌君權。公子翬聽了很害怕，又到桓公面前讒諂隱公，並和桓公密謀殺死隱公。㊄信：讀為伸。道：與邪相對，指正義。穀梁傳認為廢長立幼，讓桓為君是邪。㊅先君：指魯惠公。㊆這句是說，惠公最初想把君位傳給桓公，但最終還是戰勝了這種邪惡的想法，讓隱公繼了位。㊇小道：小德。㊈千乘之國：擁有千輛兵車的國家。諸侯之國一般是土地方百里，兵車上千輛。春秋時多以車戰，一輛兵車叫一乘（音勝），有甲士三人，步卒七十二人。㊉蹈道：履行正道。

【今譯】 即使沒有事，也一定記正月，是表示重視君王的開始。對隱公為什麼不記載即位二字呢？是為了成全隱公的心願。怎麼是成全隱公呢？是說隱公不想當國君。隱公不想當國君，是為什麼？想把君位讓給桓公。讓給桓公對麼？回答說是不對的。春秋經都是成全人的好事，而不成全人的壞事，隱公的做法不對，為什麼成全他呢？是為顯露桓公的壞。為什麼要顯露出桓公的壞呢？隱公將要讓位給桓公，桓公卻殺了他，就顯出桓公的壞了。桓公弒兄，隱公謙讓，就是隱公好。隱公好，又認為他不對，是為什麼呢？春秋經崇尚禮義，不崇尚小恩小惠；伸張正義而不伸張邪惡。孝子顯揚父親的美名，不能顯揚父親的壞名聲。惠公想把君位給桓公，是不對的，是邪惡的。雖然這樣，他既然戰勝了邪惡的想法把君位給了隱公，隱公已經探測到父親的邪惡想法，卻還把君位讓給桓公，這就鑄成了父親的惡名。兄弟是天然的親屬關係。做兒子的從父親那接受一切，當諸侯的從君王那裏接受一切。隱公廢棄了兄弟長幼的順序，忘記了君父，來行小恩小惠，這叫小德。像隱公這樣的人，可算是輕視君位的人，至於說履行正義之道，還沒有做到。

(二)經 三月，公及邾儀父盟于眛㈠。

【今註】㈠邾：古國名，在今山東曲阜東南。

【今譯】三月，隱公和邾國國君儀父在眛地結盟。

傳 及者何？內為志焉爾㈠。儀㈡，字也。父猶傅也㈢，男子之美稱也。其不言邾子何也？邾之上古微㈣，未爵命於周也㈤。不日，其盟渝也㈥。眛，地名也㈦。

【今註】㈠內：指魯國。春秋經以魯史為本（一說魯孔丘所修），所以全書親魯之情處處體現，所記「內」大多指魯。㈡儀：邾君的字，名克。㈢傅：附，附著。㈣微：小。㈤爵：爵位。上古時諸侯爵位分五等，即公、侯、伯、子、男。例如稱晉侯、鄭伯、楚子……等。凡小國或邊遠地帶的國家一般封爵為子。隱公時邾國還沒受封。齊桓公稱霸後，邾儀父附從，才命爵為子。㈥渝：變。本來是魯國主動和邾簽訂盟約表示友好，可是隱公七年，魯就違背信義，攻伐邾國。㈦眛：魯國地名，春秋左傳作「蔑」，在今山東泗水縣東。

【今譯】經文中用「及」是什麼意思？強調這次結盟是魯國的意願。儀是字，「父」附著在字後，是男子的美稱。為什麼不稱邾子？因為邾在上古時代是個小國，沒有得到天子封爵。不記載結盟日期，是因為魯國後來變了，違背了盟約。眛是地名。

(三) 經 夏，五月，鄭伯克段于鄢㈠。

【今註】㈠鄭伯：鄭武公的兒子鄭莊公，鄭國君屬伯爵，故稱鄭伯。鄢：音煙，鄭國地名，在今河南新鄭縣南。

【今譯】夏季五月，鄭伯在鄢地戰勝了段。

傳 克者何？能也㈠。何能也？能殺也㈡。何以不言殺？見段之有徒眾也㈢。段，鄭伯弟也。何以知其為弟也？殺世子㈣，母弟目君，以其目君，知其為弟也。段弟也，而弗謂弟；公子也㈤，而弗謂公子，貶之也。段失弟之道矣，賤段而甚鄭伯也㈥。何甚乎鄭伯？甚鄭伯之處心積慮，成於殺也。於鄢，遠也，猶曰取之其母之懷中而殺之云爾，甚之也。然則為鄭伯者宜奈何？緩追逸賊㈦，親親之道也。

【今註】㈠能：指鄭莊公有能力打敗弟弟段。段率領徒眾攻打鄭伯，要篡奪君位，祇有國君才能打敗他。㈡殺：這裏指致死。㈢見：讀為現。㈣世子：諸侯的嫡長子，文中指鄭伯。㈤公子：周朝制度，嫡長子繼承君位，其他的兒子稱公子，任卿大夫。㈥甚鄭伯：認為鄭伯做得太過分了。鄭伯是哥哥，眼看著同母弟恃寵驕恣而不教誨，反而縱成其罪，置於死地而後快。穀梁氏認為他太過分了。㈦逸：釋放。賊：指鄭伯的弟弟段。

【今譯】克是什麼意思？是能的意思。能幹什麼？能殺死段。為什麼不用殺字？是為了表現段有徒眾。段是鄭伯的弟弟。怎麼知道他是弟弟？殺太子，一般都是同母弟想奪君位，他眼睛盯著君王的寶座，以此知道他是弟弟。段是弟弟，卻不稱他為弟；段是公子，卻不稱他公子，這是貶斥他。因為他失掉了「弟恭」之道。輕視段，而且認為鄭伯太過分了。鄭伯怎麼過分了？他處心積慮置弟弟於死地。「於鄢」是強調鄭伯把弟弟追到很遠的地方，就如同從母親懷中奪過來殺死一樣，太過分了。如此，那麼鄭伯應該怎麼辦？應當慢慢追，有意放跑弟弟，對親弟弟講點親愛之道。

㈣

經 秋，七月，天王使宰咺來歸惠公仲子之賵㈠。

【今註】㈠天王：天子，周平王。咺：音宣，宰官的名。歸：讀為饋，贈送。賵：音奉，助喪的物品，古人常用車馬束帛等。

【今譯】秋天七月，周平王派宰官咺送來惠公仲子的助喪物品。

傳 母以子氏㈠。仲子者何㈡？惠公之母，孝公之妾也。禮，賵人之母則可，賵人之妾則不可，君子以其可辭受之。其志㈢，不及事也。賵者何也？乘馬曰賵，衣衾曰襚㊃，貝玉曰含㊄，錢財曰賻。

【今註】㊀母以子氏：母親用兒子的號為氏。惠公仲子是魯惠公的母親，她以兒子的諡號「惠公」為氏（氏是姓的分支）。㊁仲子：即經文中的惠公仲子。春秋左傳認為是桓公母親。㊂志：記，記載。㊃衾：音親，大被子，也特指斂屍的包被。㊄含：放在死者口中的珠、玉叫含，放在死者口中的米粒叫飯。

【今譯】母親以兒子的諡號為氏。仲子是何人？是惠公的母親，孝公的妾。按禮，國君的母親死了，送助喪物品是可以的。國君的妾死了，送助喪物品是不可以的，君子可以辭謝不受。記載它，因為不是尋常事。賵是什麼？是送給死者的助喪物，車馬一類的叫賵，衣被一類的叫襚，珠玉一類的叫含，錢財一類的叫賻。

(五) 經 九月，及宋人盟于宿㊀。

【今註】㊀宿：原為風姓的國名，後為齊國的邊邑，在今山東省東平縣東南。

【今譯】九月，魯國和宋國在宿邑會盟。

傳 及者何？內卑者也㊀。宋人，外卑者也㊁。卑者之盟，不日。

宿，邑名也。

【今註】㈠內：指魯國。卑者：地位較低的人，指參加會盟的人不是命卿一類的高級官員。㈡外：魯以外的國家，春秋經都稱外。

【今譯】用及字是什麼意思？表示魯國參加會盟的是個地位低的人。稱宋人，說明它的參加者也是地位低的。這次是卑者之會盟，不記載日期。宿是邑名。

㈥經 冬，十二月，祭伯來㈠。

【今註】㈠祭伯：祭國國君。祭國是周公後代的封國，在今河南省鄭州市東北。

【今譯】冬季十二月，祭伯來魯國訪問。

傳 來者，來朝也。其弗謂朝何也？寰內諸侯㈠，非有天子之命，不得出會諸侯，不正其外交，故弗與朝也。聘弓鍭矢㈡，不出竟埸㈢。束脩之肉㈣，不行竟中。有至尊者㈤，不貳之也㈥。

【今註】㈠寰內諸侯：距離京城千里以內的王畿之地的諸侯。㈡聘：問，訪問。鍭：音侯，箭名，爾雅釋器「金鏃翦羽謂之鍭」。古代訪問或慰問時常以弓矢做禮物。如國語中楚王拿弓慰問晉國的郤至。㊂竟埸：邊界。竟是境的古字。埸：音易，疆界的意思。㊃束脩：十條乾肉。脩，乾肉。據禮記少儀云，古人相見要帶見面禮，束脩是最薄的禮物。㊄至尊者：最尊貴的人，即天子。㊅不貳：不能有二心。

【今譯】來是來朝拜的意思。不說朝拜是為什麼？因為祭伯是周王畿內的諸侯，沒有天子的命令，不能隨意出國拜會諸侯。祭伯的做法是不正當的外交行動，所以不記他朝拜魯侯。聘問用的弓矢一類的禮物，不能隨便拿出邊境，乾肉之類的禮物是私人間交往用的，國之間交往不能用。有天子在上，一切要聽命，不能存有二心。

(七) 經 公子益師卒㊀。

【今註】㊀益師：魯國大夫，魯孝公的兒子，字叫眾父。

【今譯】公子益師死了。

傳 大夫日卒㊀，正也。不日卒，惡也。

【今註】㊀日卒：記下死的日子。大夫死曰卒。

【今譯】大夫死了記載死的日期是對的。不記載益師死的日期，是因為他壞。

隱公二年（公元前七百二十一年）

㈠經 春，公會戎于潛㈠。

【今註】㈠戎：古國名，在今山東省曹縣東南。潛：魯國地名，在今山東省濟寧市西南。

【今譯】春天，隱公跟戎國在潛地會盟。

傳 會者外為主焉爾㈠。知者慮㈡，義者行㈢，仁者守，有此三者，然後可以出會。會戎，危公也。

【今註】㈠外為主：別國主動要求的。㈡知者慮：聰明人能深謀遠慮。知是智的古字。㈢義者行：這裏指正義的人做事果斷。

【今譯】經文中用會字，表示是外國主動找上門來的會盟。聰明人能深謀遠慮，正義的人行動果斷，仁德的人能保住國家，具備這三點才可以出國與人會盟。隱公和戎國的會盟，隱公危險啊。

㈡經 夏，五月，莒人入向㈠。

【今註】㈠莒：國名，春秋後期被楚國滅掉。

【今譯】夏季五月，莒國攻入向地。

傳　入者，內弗受也。向㈠，我邑也。

【今註】㈠向：國名，是魯國國境內的附屬國，所以文中稱「我邑也」。

【今譯】用入字，是強行進入，魯國不能接受的意思。向是我們魯國的城邑。

㈢經　無侅帥師入極㈠。

【今註】㈠無侅（音該）：魯卿，柳下惠的父親，左傳作無駭。帥：通率。師：古時二千五百人的軍隊叫師。極：魯的附屬國。

【今譯】無侅率領軍隊進入極國。

傳　入者，內弗受也。極，國也。苟焉以入人為志者㈠，人亦入之矣。不稱氏者㈡，滅同姓㈢，貶也。

【今註】㈠苟：假如。㈡不稱氏：不稱無侅的姓氏。㈢同姓：指極國。魯、極二國都姓姬。

【今譯】用入字表示強行進入，人家不能接受。極是國名。假如誰想攻入別國，人家也將攻入它。不提無侅的姓氏，是由於他滅了同姓國，因而貶斥他。

㈣經　秋，八月，庚辰，公及戎盟于唐㈠。

【今註】㈠唐：地名。春秋時以唐為地名的有五處，這裏是指魯國境內的唐，在今山東魚臺縣東北。此經無傳。

【今譯】秋季，八月庚辰日，隱公和戎國在唐地會盟。

㈤經 九月，紀履綸來逆女㈠。

【今註】㈠履綸：紀國大夫，左傳作裂繻。逆：迎。女：魯隱公女，嫁給紀國國君。

【今譯】九月，紀大夫履綸來魯國迎隱公女。

傳 逆女，親者也㈠，使大夫，非正也。以國氏者㈡，為其來交接於我，故君子進之也㈢。

【今註】㈠親者：古代國君娶妻，禮應親自出境迎娶。但考之春秋經和左傳，大多是「卿為君迎」，可詳見文公四年、宣公元年等文。㈡以國氏者：指在履綸前冠以國名。㈢進之：提高他的地位。

【今譯】諸侯娶妻，禮應親自出境迎娶，派大夫去接是不對的。在履綸前面冠以國名「紀」，是因為他來和魯國交接，所以君子要提高他的身分。

㈥經 冬，十月，伯姬歸于紀㈠。

【今註】㈠伯姬：魯隱公的長女。因魯國姬姓，她又排行老大，故稱伯姬。歸：女子出嫁。

【今譯】十月，伯姬出嫁到紀國。

傳 禮，婦人謂嫁曰歸，反曰來歸。婦從人者也，婦人在家制於父㈠，既嫁制於夫，夫死，從長子。婦人不專行㈡，必有從也。伯姬歸于紀，此其如專行之辭，何也？曰：非專行也，吾伯姬歸于紀，故志之㈢。其不言使何也？逆之道微㈣，無足道焉爾。

【今註】㈠制於父：被父親管制。㈡專行：獨斷專行。㈢志：記。㈣逆之道微：迎她的人說起來微不足道。逆：迎。微：小，這裏指官位低。道：說。

【今譯】按禮，女人出嫁叫歸。反之，由婆家回娘家叫來歸。女人要聽從別人，在家被父親管，出嫁被丈夫管，丈夫死了，要服從長子。女人不能獨斷專行，一定要聽從別人的。「伯姬歸于紀」這句話怎麼像獨自專行的意思？不是的，我們魯國伯姬嫁到紀國，所以要記載下來。為什麼不提紀國派來的人？是因為來迎的人官位低，不值得說罷了。

(七)

經 紀子㈠，伯莒子㈡，盟于密㈢。

【今註】㊀紀子：左傳作紀子帛。杜預認為就是前面經文出現的紀履緰，字子帛，誤。當為紀國國君。㊁伯莒子：讓莒子（莒國國君）當伯長。㊂密：莒國地名，在今山東省昌邑縣東南。

【今譯】紀子，讓莒子當伯長，在密地會盟。

傳 或曰㊀：紀子伯，莒子，而與之盟。或曰：年同，爵同㊁，故紀子以伯先也㊂。

【今註】㊀或曰：有的說。㊁爵同：爵位相同。㊂伯：伯長，主盟者。

【今譯】有的說紀子是伯長，跟莒子會盟。有的說紀子和莒子年齡相同，爵位相同，所以紀子以伯長身分排在先。

(八)

經 十有二月，乙卯，夫人子氏薨㊀。

【今註】㊀子氏：隱公的夫人。公羊傳認為是隱公之母，杜預認為是桓公母親，皆誤。諸侯死叫薨，諸侯的夫人死也叫薨。春秋經記魯公及夫人死都用「薨」，而記其他諸侯死，常用「卒」。如魯僖公三十一年文「冬，晉文公卒」。

傳 夫人薨，不地㊀。夫人者，隱之妻也，卒而不書葬㊁。夫人之義，從君者也㊂。

【今註】㊀不地：不記載死的地點。婦人不能輕易出門，有固定居處，因此不必記死的處所。㊁書：寫，記。㊂從君者：隨從君王的記法。隱公死沒記載安葬，所以夫人死也不記安葬。

【今譯】諸侯夫人死，不記載死的地方。夫人，是隱公的妻子，死後沒記載安葬。夫人之禮，要隨從君王的記法。

(九)經　鄭人伐衛㊀。

【今註】㊀這次攻伐是打公孫滑。公孫滑是鄭莊公弟弟（名段）的兒子。鄢地之戰失敗後段跑到衛國。衛國助公孫滑攻鄭，佔領了廩延一帶，所以鄭發兵伐衛。此經無傳。

【今譯】鄭國攻打衛國。

隱公三年（公元前七百二十年）

(一)經　三年春，王二月㊀，己巳㊁，日有食之㊂。

【今註】㊀王二月：指周曆二月。㊁己巳：按干支記日法逆推，己巳這天是初一。㊂食：通蝕。

【今譯】三年，春天，周曆二月初一，出現日蝕。

傳言日不言朔㈠，食晦日也㈡。其日有食之何也？吐者外壤㈢，食者內壤㈣，闕然不見其壤有食之者也㈤。有內辭也㈥，有外辭也。有食之者，內於日也。其不言食之者何也？知其不可知，知也㈦。

【今註】㈠朔：每月初一這天叫朔。漢書五行志推斷隱公三年的日蝕發生在朔日，並云「貫中央，上下竟而黑」，可見是日全蝕之象。㈡晦日：每月的最後一天稱晦日。穀梁氏認為這次日蝕發生在月末一天。誤。其實，日蝕都發生在每月的初一。㈢吐者外壤：土地到了外人手裏。㈣食者內壤：得到、接納了土地。㈤闕：通缺，缺少，缺損。㈥辭：指解釋的言詞。內辭和外辭指關於日蝕的兩種解釋。㈦知：智的古字，明智。

【今譯】記已巳日而不記朔，是因為日蝕在晦日那天。日蝕是怎麼回事？日蝕好比土地缺少了，吐是土地到了外人手裏，食者是得到了土地。土地缺少不見了，就肯定有吞食得到它的。吞食的，得到了日頭。為什麼不說吞食日頭的呢？知道自己不知道，所以不說，是明智的。

㈡經三月，庚戌，天王崩㈠。

【今註】㈠天王：指周平王。天子死叫崩。

【今譯】三月庚戌這天，周平王駕崩。

傳 高曰崩，厚曰崩，尊曰崩。天子之崩㈠，以尊也。其崩之何也？以其在民上，故崩之。其不名何也㈡？大上，故不名也。

【今註】㈠天子之崩：稱天子死叫崩。㈡不名：不稱呼名。

【今譯】高的天壞了叫崩，厚厚的地壞了叫崩，尊貴的人死了叫崩。天子死了叫崩，因為他尊貴。稱天子死為崩是為什麼？因為他在百姓之上，所以叫崩。不稱呼天子的名是為什麼？至高無上，所以不敢稱呼名。

㈢經 夏，四月，辛卯，尹氏卒㈠。

【今註】㈠尹氏：周王朝的大夫，左傳作「君氏」。

【今譯】夏天，四月辛卯日，尹氏故去。

傳 尹氏者何也？天子之大夫也。外大夫不卒㈠，此何以卒之也？於天子之崩為魯主㈡，故隱而卒之㈢。

【今註】㈠外大夫：外姓的大夫。不卒：不稱卒。穀梁氏認為同姓的卿大夫死才能稱卒。㈡於天子之崩為魯主：三月天子死的時候，尹氏奉命赴魯詔訃，詔魯公來弔。也就是說，三月他還在為天子效力，四月就死了。㊂隱：痛。

【今譯】尹氏是什麼人？是天子的大夫。對外姓的大夫不稱卒，尹氏死為什麼稱卒呢？因為天子駕崩時他赴魯詔訃，所以痛惜他，把他的死稱為卒。

㈣ 經 秋，武氏子來求賻㊀。

【今註】㊀武氏子：武氏的兒子，武氏是周天子的大夫，其子也是大夫。賻：音付，助喪的錢財。

【今譯】秋天，武氏子來魯國索求助喪的錢財。

傳 武氏子者何？天子之大夫也。天子之大夫，其稱武氏子何也？未畢喪㊀，孤未爵㊁。未爵使之，非正也。其不言使何也㊂？無君也㊃。歸死者曰賵㊄，歸生者曰賻。曰歸之者，正也。求之者，非正也。周雖不求，魯不可以不歸；魯雖不歸，周不可以求。求之為言，得不得，未可知之辭也。交譏之㊅。

【今註】㊀未畢喪：指周平王的喪事還沒辦完。㊁孤未爵：沒繼位的天子不能給武氏之子封爵。沒有父親的孩子叫孤，這裏指周平王的兒子周桓王。父親喪事沒完不能繼位稱天子。㊂不言使：不稱武氏之子為使臣。㈣無君：桓王守喪沒繼位，因此說無君。㈤歸：通饋，贈送。後文的四個歸字同此。賵：音奉，助喪的車馬束帛等物，是給死人用的。㈥交：共，俱，一齊。

【今譯】武氏子是什麼人？是周天子的大夫。天子的大夫，為什麼稱武氏子呢？天子的喪事還沒辦完，新王沒繼位不能封爵。沒封為大夫就出使別國，是不對的。為什麼不稱他為使臣？因為沒有君王。送給死人用的車馬等物叫賵，送給活人用的錢財叫賻。說贈送助喪物是對的，主動索要就不對了。即使周不索求，魯國也不可不送；即使魯不送，周也不該主動派人來要。用「求」這個詞，就是得到與沒得到，未可知的意思。對周、魯的做法一齊加以諷刺。

㈤經　八月，庚辰，宋公和卒㈠。

【今註】㈠和：宋穆公的名。

【今譯】八月庚辰日，宋穆公去世。

傳　諸侯日卒㈠，正也。

【今註】㈠日卒：記下死的日子。

【今譯】諸侯死記載日期，是合禮的。

㈥ 經 冬，十有二月，齊侯㈠、鄭伯㈡，盟于石門㈢。

【今註】㈠齊侯：指齊僖公。㈡鄭伯：指鄭莊公。㈢石門：齊地名，在今山東省長清縣西南。此經無傳。

【今譯】冬季，十二月，齊侯和鄭伯在石門會盟。

㈦ 經 癸未，葬宋繆公㈠。

【今註】㈠繆：通穆。

【今譯】癸未日，安葬宋穆公。

傳 日葬㈠，故也㈡，危不得葬也。

【今註】㈠日葬：記下安葬的日期。古制，天子死後七個月才下葬，諸侯死後五個月下葬，卿大夫死後三個月下葬。因此，諸侯安葬衹記季節。㈡故：緣故，緣由。

【今譯】記載安葬的日子，是有緣故的，遇到危難沒能安葬。

隱公四年（公元前七百一十九年）

(一)經 四年，春，王二月，莒人伐杞㊀，取牟婁㊁。

【今註】㊀杞：音啟，國名。周武王伐討，找到大禹的後代，封在杞地，建立杞國，春秋後被楚滅掉。㊁牟婁：杞國邑名。清一統志，認為牟、婁為兩邑。

【今譯】隱公四年，春天，周曆二月，莒國攻伐杞國，佔領牟婁城。

傳 傳曰㊀，言伐言取，所惡也。諸侯相伐，取地於是始，故謹而志之也㊁。

【今註】㊀傳：指春秋穀梁傳。㊁謹而志之：慎重地記下這次攻伐。

【今譯】春秋經用伐字，用取字，表示對所記的舉動厭惡。諸侯之間互相攻伐，並佔領被伐國的城邑，就從這次開始，所以慎重地記下這次攻伐。

(二)經 戊申，衛祝吁弒其君完㊀。

【今註】㊀祝吁：衛國大夫，左傳作州吁。州、祝二字古通用。衛桓公名叫完。

【今譯】戊申日，衛國的祝吁殺了自己的國君衛桓公。

傳 大夫弒其君，以國氏者㊀，嫌也㊁，弒而代之也。

【今註】㈠以國氏：以國為氏，即名字前冠以國名。㈡嫌：指篡國篡位之嫌。

【今譯】大夫殺死國君，記載時名字前冠以國名，表示有篡國篡位之嫌，想殺了國君取而代之。

㈢經 夏，公及宋公遇于清㈠。

【今註】㈠宋公：宋殤公。清：古地名，在今山東省東阿縣南。

【今譯】夏天，隱公和宋公在清地非正式會見。

傳 及者，內為志焉爾㈠。遇者㈡，志相得也㈢。

【今註】㈠內為志焉爾：魯隱公的意願。內指魯，這裏指魯公。志，心意。㈡遇：不是在規定的日期，雙方臨時性的會見，禮儀從簡。禮記曲禮下云「諸侯未及期相見曰遇」。㈢相得：相投合。

【今譯】經文用及字，表示這次會見是隱公的意願。用遇字，表示會見的雙方相投合。

㈣經 宋公、陳侯、蔡人、衛人伐鄭㈠。

【今註】㈠衛人：衛國和蔡國都是大夫領兵，所以稱蔡人、衛人。此經無傳。

【今譯】宋國、陳國、蔡國和衛國聯合出兵攻打鄭國。

(五)經 秋，翬帥師會宋公、陳侯、蔡人、衛人伐鄭㊀。

【今註】㊀翬：即魯大夫公子翬，跟桓公合謀殺死隱公的人。詳見隱公元年的註釋。這條經文緊承前一條經文，是說魯國也參加了伐鄭的行動。

【今譯】公子翬率領軍隊會合宋、陳、蔡、衛四國去討伐鄭國。

傳 翬者何也？公子翬也。其不稱公子何也？貶之也。何為貶之也？與於弒公㊀，故貶之也。

【今註】㊀與於弒公：參與殺死隱公。

【今譯】翬是什麼人？是公子翬。為什麼不稱他公子？是貶抑他。為什麼貶抑他？他參與殺死隱公，所以貶抑他。

(六)經 九月，衛人殺祝吁于濮㊀。

【今註】㊀濮：古地名，在今安徽省亳縣東南。

【今譯】九月，衛國在濮地殺死祝吁。

傳 稱人以殺，殺有罪也。其月㊀，謹之也㊁。祝吁之挈㊂，失嫌也。于濮者，譏失賊也㈣。

【今註】㈠其月：記下那月份。㈡謹：愼重。㈢祝吁之挈：提祝吁這名字。㈣失賊：指放跑了作亂犯上的祝吁，沒能在京城殺祝吁，讓他跑到了濮地。實際不是放跑的，據史記衛世家載，衛國上卿石碏與陳侯共謀，騙祝吁離京，然後派人在濮地殺了他。

【今譯】經文中凡是記某人殺某，殺的就是有罪的人。記下殺的月份，是表示愼重。直提祝吁之名，是為丟掉當國之嫌。記載在濮地殺的，是譏刺衛國放跑了作亂的人。

(七)

經 冬，十有二月，衛人立晉㈠。

【今註】㈠晉：衛宣公的名。史記衛世家認為他是衛桓公的弟弟，為避亂逃到邢國，衛人把他迎回國立為君。

【今譯】冬季，十二月，衛國立公子晉為君。

傳 衛人者，眾辭也㈠。立者，不宜立者也。晉之名，惡也。其稱人以立之何也？得眾也㈡。得眾則是賢也。賢則其曰不宜立何也？春秋之義，諸侯與正不與賢也㈢。

【今註】㊀眾辭：人眾多的意思。㊁得眾：得到眾人擁戴。㊂與正不與賢：推舉嫡長子不推舉賢才。與：通舉。正：立嫡廢庶為正。

【今譯】經文稱衛人，是表示人眾多的意思。用立字，表示不應當立的意思。稱公子的名，是憎惡他。說衛人立他是什麼意思？表示他得民心。得民心就是賢人。是賢人還說不該立為君，為什麼？春秋時的禮義，立諸侯要推舉嫡長子，不舉賢人。

隱公五年（公元前七百一十八年）

㈠經 五年，春，公觀魚于棠㊀。

【今註】㊀棠：魯地名。今山東省魚臺新縣治西南有觀魚臺。

【今譯】五年春，隱公到棠地觀看漁人捕魚。

傳 傳曰：常事曰視㊀，非常曰觀㊁。禮，尊不親小事，卑不尸大功㊂。魚，卑者之事也，公觀之非正也。

【今註】㊀常事曰視：看平常的事叫視。㊁非常曰觀：對不尋常的事有目的地、仔細地看叫觀。㊂卑不尸大功：卑者不能幹大事。卑指地位低微的卑賤者。尸：主持。功：事。

【今譯】看平常的事叫視，仔細地看非尋常的事叫觀。按禮，尊者不親自做小事，卑者不能幹大事。捕魚是卑者幹的事，國君去觀看不合於禮。

(二)經 夏，四月，葬衛桓公㊀。

【今註】㊀衛桓公：即被大夫祝吁殺死的衛君。

【今譯】夏季四月，安葬衛桓公。

傳 月葬，故也㊀。

【今註】㊀故：緣故。諸侯死後五個月下葬。衛桓公被弒於隱公四年三月，為什麼十三個月後才下葬呢？因為這期間衛參與伐鄭，又討伐亂賊祝吁，故拖延了日期。

【今譯】記載安葬的月份，是有緣故的。

(三)經 秋，衛師入郕㊀。

【今註】㊀郕：音成，國名。公羊傳作「盛」。

【今譯】秋天，衛國軍隊攻入郕國。

傳 入者，內弗受也。郕，國也。將卑師眾曰師㈠。

【今註】㈠將卑：指領兵的主將地位低。

【今譯】經文用入字，表示強行攻入，而對方不肯接受。郕是國名。將領地位低、軍隊人數眾多叫師。

㈣ 經 九月，考仲子之宮㈠。初獻六羽㈡。

【今註】㈠考：古時宗廟宮室落成，要舉行祭禮，這叫成，也叫考。仲子即魯惠公的續夫人，桓公之母。穀梁氏認為是惠公之母。宮：這裏指仲子的廟。春秋經的條例：祇有周公的廟稱太廟，其他人的廟皆稱宮。㈡初獻六羽：這是指在祭禮上跳文舞。古代的樂舞分文、武兩種。跳武舞時，手拿干戚一類的武器。跳文舞時，手執野雞翎或樂器。羽：指野雞翎。六羽，指跳舞的人排六行，每行八人。

【今譯】九月，仲子的廟落成，舉行祭禮。祭禮一開始，六行舞隊跳起舞來。

傳 考者何也？考者成之也，成之為夫人也㈠。禮，庶子為君㈡，為其母築宮，使公子主其祭也㈢。於子祭，於孫止㈣。仲子者，惠公之母，隱孫而修之，非隱也。初，始也。穀梁子曰㈤：「舞夏㈥，天子八佾㈦，諸公六佾㈧，諸侯四佾。初獻六羽，始僭樂矣㈨。」尸子曰㈩：「舞夏，自天子至諸侯，皆用八佾。初獻六羽，始厲樂矣㈡。」

【今註】㈠成之為夫人：指廟落成就用君夫人之禮祭祀了。㈡庶子：非嫡夫人所生的兒子。㈢公子：諸侯嫡長子以外被封為大夫的兒子稱公子。㈣於孫止：到了孫子輩就不舉行落成的祭禮了。㈤穀梁子曰：這表明是穀梁子自己的觀點，而不是承師之見。㈥舞夏：拿著大而長的野雞翎跳舞。夏：大。㈦佾：音義，列，行。古代樂舞八人一行叫一佾。古禮規定，天子的舞隊八佾六十四人，諸侯的舞隊六佾四十八人，大夫的舞隊四佾三十二人，士的舞隊二佾十六人。穀梁氏認為爵位高的諸侯用六佾，爵位低的（如子爵、男爵）用四佾。㈧諸公：爵位高的諸侯。一說指公爵、侯爵和伯爵；一說祇指公爵。㈨僭：音見，超越本分，下級冒用上級的名義。穀梁氏認為魯侯該用四佾，用六羽（即六佾）是僭越了禮。㈩尸子：人名，戰國時的尸佼。㈡始厲樂矣：開始降等級用樂了。

【今譯】考是什麼意思？考是指廟落成，廟建成就將用夫人之禮祭祀了。按禮，庶子當國君，為自己的母親修廟，讓公子主持祭禮。兒子輩要舉行廟落成的祭禮，孫子輩就不舉行了。仲子是惠公的母親，隱公是孫子輩卻舉行祭禮，隱公不對。初是開始的意思。穀梁子認為：「手執大而長的野雞翎跳文舞，天子的舞隊是八行，諸公的舞隊是六行，一般的諸侯為四行。隱公用六行舞隊，是超越禮的規定了。」尸子說：「跳文舞，從天子到諸侯都是八行舞隊。隱公用六行舞隊，是開始降等級了。」

(五) 經 邾人、鄭人伐宋㊀。

【今註】㊀此經無傳。

【今譯】邾國和鄭國攻伐宋國。

(六) 經 螟㊀。

【今註】㊀螟：一種蛀食稻苗心的害蟲。

【今譯】螟蛾蟲。

傳 蟲災也。甚則月㊀，不甚則時㊁。

【今註】㊀甚：嚴重，厲害。㊁時：季，季節。

【今譯】鬧了蟲災。蟲災嚴重就記載發生的月份，不嚴重記下季節就行了。

(七) 經 冬，十有二月，辛巳，公子彄卒㊀。

【今註】㊀公子彄（音摳）：魯國大夫，是魯孝公的兒子，魯惠公的弟弟，隱公的叔父。

【今譯】冬天，十二月辛巳日，公子彄去世。

傳 隱不爵命大夫㈠，其曰公子彄㈡，何也？先君之大夫也㈢。

【今註】㈠隱不爵命大夫：隱公攝政，沒有加爵命封官員。㈡諸侯之子，命封為大夫的才可以稱為公子。㈢先君：魯惠公。

【今譯】隱公沒有加爵命封大夫，稱公子彄是為什麼？因為他是死去君王的大夫。

(八)經 宋人伐鄭，圍長葛㈠。

【今註】㈠長葛：鄭國地名，在今河南省長葛縣東北。

【今譯】宋國攻打鄭國，包圍了長葛城。

傳 伐國不言圍邑，此其言圍何也？久之也㈠。伐不踰時㈡，戰不逐奔㈢，誅不填服㈣。苞人民㈤，毆牛馬曰侵㈥，斬樹木、壞宮室曰伐㈦。

【今註】㈠久之：指宋國用兵時日太長。據下一年所記，冬季才攻取長葛，可見攻伐近一年之久。㈡伐不踰時：攻伐征戰不能超過一季，不能「暴師經年」。要重民之命，愛民之財。㈢逐奔：追逐逃兵。㈣填：通鎮。㈤苞人民：俘虜對方的人民。苞：通俘。㈥毆：打。㈦宮室：房屋。

【今譯】攻伐一個國家不必說包圍了某個城邑，這裏強調包圍長葛，是因為宋國用兵太久了。攻伐不能超過一個季節，作戰不追趕逃兵，不鎮壓降服的百姓。俘虜人民、鞭打牽走馬牛叫侵；砍伐樹木、毀壞房屋叫伐。

隱公六年（公元前七百一十七年）

(一)經 六年，春，鄭人來輸平㊀。

【今註】㊀輸平：改變舊關係，歸於和好。輸渝二字古通用，左傳即為「渝平」。渝：變，改變。平：講和。

【今譯】隱公六年，春天，鄭國派人來魯，改變以往的關係，歸於和好。

傳 輸者，墮也㊀。平之為言以道成也㊁。來輸平者，不果成也㊂。

【今註】㊀墮：毀壞，破壞。穀梁氏認為「輸平」是破壞友好關係的意思。㊁成：這裏是友好之義。㊂不果成：沒有成為事實。

【今譯】輸是破壞的意思。平是友好的意思。（鄭國）來破壞兩國間的友好關係，沒達到目的。

(二)經 夏，五月，辛酉，公會齊侯，盟于艾㊀。

【今註】㈠艾：魯國地名，在今山東省新泰縣西北。此經無傳。

【今譯】夏季，五月辛酉日，隱公和齊侯在艾地會盟。

㈢經 秋，七月㈠。

【今註】㈠春秋經記事的凡例是，每年要記下四季，每一季即使無事可記，也要記下這一季的第一個月。魯國用的是周曆，比夏曆早兩個月，故秋季以七月為首。此經無傳。

【今譯】秋季，七月。

㈣經 冬，宋人取長葛㈠。

【今註】㈠長葛：鄭國地名，在今河南省長葛縣東北。

【今譯】冬季，宋國攻佔了長葛。

傳 外取邑不志㈠，此其志何也？久之也。

【今註】㈠外：指魯國以外的某國。志：記。

【今譯】外國攻取了城邑不予記載，這次記載是為什麼？因為攻得太久了。

隱公七年（公元前七百一十六年）

(一)經 七年，春，王二月，叔姬歸于紀㊀。

【今註】㊀叔姬：魯惠公女，伯姬的妹妹。伯姬於隱公二年出嫁給紀國國君。古代諸侯女兒外嫁，其妹和姪女要陪嫁，叫媵妾。可能伯姬出嫁時叔姬尚幼，故六年後才歸行紀國。

【今譯】隱公七年春天，周曆二月，叔姬出嫁到紀國。

傳 其不言逆何也㊀？逆之道微㊁，無足道焉爾。

【今註】㊀逆：迎。這裏指紀國派來迎親的人。㊁道：說。微：小。

【今譯】為什麼不記來迎親的人？來迎親的人官職小，不值得說罷了。

(二)經 滕侯卒㊀。

【今註】㊀滕：國名。周武王封其弟叔繡在滕，建立了滕國，在今山東滕縣西南。

【今譯】滕國國君去世。

傳 滕侯無名，少曰世子，長曰君，狄道也㊀。其不正者名也㊁。

【今註】㈠狄道：夷狄人的規矩。㈡不正：非正妻所生。

【今譯】對滕侯不稱名，小時候稱他太子，長大了稱國君，這是夷狄人的規矩。不是嫡妻生的兒子才稱名。

㈢ 經 夏，城中丘㈠。

【今註】㈠中丘：魯國地名，在今山東臨沂縣。

【今譯】夏天，在中丘修築城牆。

傳 城為保民為之也。民眾城小則益城㈠，益城無極㈡。凡城之志㈢，皆譏也。

【今註】㈠益：增，加，指加高加寬加長。㈡極：限，限度。㈢志：記。

【今譯】城牆是為了保護百姓修築的。人多城小就擴建城牆，城牆的擴建沒有限度。凡是修築城牆加以記載，都是譏刺的意思（譏刺不合時宜）。

㈣ 經 齊侯使其弟年來聘㈠。

【今註】㈠年：人名，齊僖公的同母弟，又稱夷仲年。

【今譯】齊侯派他的弟弟夷仲年來魯國訪問。

傳　諸侯之尊㈠，弟兄不得其屬通㈡。其弟云者，以其來接于我㈢，舉其貴者也㈣。

【今註】㈠諸侯之尊：諸侯王至高無上。尊：高。㈡屬：親屬。㈢以：因為。㈣貴：是指稱他君王弟顯得高貴。

【今譯】諸侯王至高無上，即使是同母弟也不能以兄弟關係來往。經文稱年為齊侯弟，是因為他來和魯國接洽，所以要舉出他顯得高貴的稱呼。

(五)　經　秋，公伐邾㈠。

【今註】㈠此經無傳。

【今譯】秋季，隱公討伐邾國。

(六)　經　冬，天王使凡伯來聘㈠，戎伐凡伯于楚丘以歸㈡。

【今註】㈠天王：指天子周桓王。凡伯：人名，周王的大夫。㈡戎：戎人，古代對邊遠小國或西北民族的蔑稱。楚丘：地名。在今山東成武縣西。

【今譯】冬天，周天子派凡伯來魯國訪問，戎人在楚丘截擊凡伯，並帶回國去。

傳 凡伯者何也？天子之大夫也。國而曰伐，此一人而曰伐何也？大天子之命也㈠。戎者衛也。戎衛者㈡，為其伐天子之使，貶而戎之也。楚丘，衛之邑也。以歸，猶愈于執也㈢。

【今註】㈠大天子之命也：強調天子命臣的偉大。其實，天子的命臣出訪，隨從者肯定很多，欲截擊需要相當的兵力，用「伐」是可以的。㈡戎衛者：稱衛人為戎人。㈢猶愈于執也：比逮住還厲害。愈：勝過。

【今譯】凡伯是什麼人？是天子的大夫。對一個國家叫攻伐，對一個人來說為什麼叫攻伐呢？是為了強調天子命臣的偉大。稱衛為戎人，是因為它劫持了天子的使臣，貶斥它，稱為戎人。楚丘是衛國的城邑。把凡伯帶回國比逮住他還厲害。

㈠

經 八年，春，宋公、衛侯遇于垂㈠。

隱公八年（公元前七百一十五年）

【今註】㈠垂：衛國地名，在今山東曹縣北。

【今譯】隱公八年春，宋公和衛侯在垂地非正式會見。

傳 不期而會曰遇。遇者，志相得也㈠。

【今註】㈠志相得：心意相投合。

【今譯】不在規定的日期臨時性的非正式會見叫遇。非正式會見的，都是雙方心意投合。

(二)經 三月，鄭伯使宛來歸邴㈠。庚寅，我入邴㈡。

【今註】㈠宛：人名，鄭伯大夫。邴：邑名，左傳作「祊」。邴：古通祊。邴邑是鄭國用以主祭泰山的城邑，鄭國把它送給魯，就表明鄭捨棄了天子賜與的土地，不祭祀泰山了。㈡我：指魯國。

【今譯】三月，鄭伯派大夫來魯送交邴地。庚寅日魯國進入邴地。

傳 名宛㈠，所以貶鄭伯，惡與地也㈡。入者，內弗受也㈢。日入㈣，惡入者也。邴者，鄭伯所受天子而祭泰山之邑也。

【今註】㈠名宛：稱呼使臣的名。㈡惡：音勿，恥。㈢內弗受：指邴地人民不願意。㈣日入：記載進入邴地的日期。

【今譯】稱鄭國使臣的名，用以貶斥鄭伯，因為他給魯國土地是恥辱的。魯國進入邴地，邴地人民不願意。記載進入的日期，是對進入者表示憎恨。邴地是鄭伯接受天子的命令主祭泰山的地方。

(三) 經 夏，六月，己亥，蔡侯考父卒㊀。

【今註】㊀考父：蔡宣侯的名。也可稱蔡宣公。史記作「措父」。

【今譯】夏季六月己亥日，蔡宣侯考父去世。

傳 諸侯日卒㊀，正也。

【今註】㊀日卒：記下死的日子。

【今譯】諸侯死記載日子是對的。

(四) 經 辛亥，宿男卒㊀。

【今註】㊀宿：國名。男：爵位名。

【今譯】辛亥日，宿男去世。

傳 宿，微國也㊀，未能同盟，故男卒也。

【今註】㊀微：小。

【今譯】宿是小國，沒和魯結盟，所以祇記「男卒」。

㈤ 經 秋，七月，庚午，宋公、齊侯、衛侯盟于瓦屋㈠。

【今註】㈠瓦屋：地名。在今何處有異義。

【今譯】秋季，七月庚午日，宋公、齊侯和衛侯在瓦屋會盟。

傳 外盟不日㈠，此其日何也？諸侯之參盟於是始㈡，故謹而日之也。誥誓不及五帝㈢，盟詛不及三王㈣，交質子不及二伯㈤。

【今註】㈠外盟不日：外國參加的會盟一般不與記載。㈡參盟：三國結盟。㈢誥誓：指起誓。五帝：上古時代的五位英明的帝王，依東漢鄭玄之說，指黃帝、顓頊、高辛、堯、舜。㈣盟詛：指結盟、盟誓。三王：夏禹、商湯、周文王。㈤交質子：古代列國的君王把自己兒子當人質派往、留居於對方國家做為守信的保證，這叫交質子。二伯：即二霸，指齊桓公和晉文公，春秋時有名的兩個霸主。穀梁氏認為，在五帝三王二霸當政的時代，人們都歸信於英明的君王，根本不需要起誓、簽訂盟約或交換人質。

【今譯】魯以外的國家結盟不記載日期，這裏記下日期是為什麼？三個（以前祇有兩國結盟）諸侯國會盟從這次開始，所以要慎重地記載日期。五帝時不起誓，三王時不簽盟，二霸時也不需要交換人質。

㈥ 經 八月，葬蔡宣公。

傳 月葬，故也㊀。

【今註】㊀故：緣故。諸侯死後五個月下葬，蔡宣公六月死，八月就葬了。

【今譯】記載下葬的月份，是因為提前的緣故。

(七) 經 九月，辛卯，公及莒人盟于包來㊀。

【今註】㊀莒人：即莒國。包來：地名，左傳作「浮來」。包：通浮。

【今譯】九月辛卯日，隱公和莒人在包來會盟。

傳 可言公及人㊀，不可言公及大夫。

【今註】㊀人：指莒人，即莒國。

【今譯】可以說隱公和某國會盟，不能說隱公和某大夫會盟（那就降低了身分）。

(八) 經 螟㊀。

【今註】㊀螟：食稻苗心的害蟲。此經無傳。

【今譯】螟蟲成災。

(九)經 冬，十有二月，無侅卒㊀。

【今註】㊀無侅：魯國大夫。詳見隱公二年經註。

【今譯】冬季，十二月，無侅去世。

傳 無侅之名，未有聞焉。或曰㊀，隱不爵大夫也㊁。或曰，故貶之也。

【今註】㊀或：有的，有的人。㊁隱不爵大夫：隱公攝位奉戴桓公，沒有加封任命大夫。

【今譯】祇記無侅的名，沒有聽說姓氏。有的說，隱公沒有加封任命大夫。有的說，（祇稱名）是故意貶斥他。

隱公九年（公元前七百一十四年）

(一)經 九年，春，天王使南季來聘㊀。

【今註】㊀南季：人名，周朝大夫。

【今譯】隱公九年，春天，周天子派南季來魯訪問。

傳 南，氏姓也。季㊀，字也。聘，問也。聘諸侯㊁，非正也。

【今註】㊀季：伯仲叔季的季，兄弟間的排行。古人常以此為字。㊁聘諸侯：訪問諸侯。穀梁氏認為天子不可以聘諸侯。而周禮大行人云：「天子時聘以結諸侯之好」，可見天子可以下聘諸侯。

【今譯】南是姓氏。季是字。聘是訪問的意思。天子聘諸侯是不對的。

(二)經 三月，癸酉，大雨，震電㊀。庚辰，大雨雪㊁。

【今註】㊀震電：雷鳴電閃。㊁雨雪：下雪。雨：動詞。

【今譯】三月，癸酉日，雷鳴電閃下大雨。庚辰日，下大雪。

傳 震，雷也。電，霆也㊀。志疏數也㊁，八日之間㊂，再有大變㊃，陰陽錯行㊄，故謹而日之也㊅。雨月㊆，志正也。

【今註】㊀霆：劈雷。劈雷時往往現出電閃。㊁疏數：疏密。這裏指兩次天象（下雨和下雪）相隔日子的遠近。數：音醋，密。㊂八日之間：指癸酉到庚辰。按干支記日法逆推，癸酉是三月初十，庚辰是三月十七，相隔八天。㊃再：二，二次。大變：指大雨變大雪。㊄陰陽錯行：古人認為雷電屬陽，雨雪屬陰，又打雷又下雪，是陰陽錯行。㊅日之：記下日期。㊆雨月：記載下雪的月份。

【今譯】震指雷，電指劈雷。記載下雨下雪相隔的遠近，說明八天之間，天象二次大變，陰陽錯行，所以慎重地記下日期。記載下雪的月份是對的。

(三)經 俠卒㈠。

【今註】㈠俠：魯國大夫。左傳作「挾」。

【今譯】大夫俠去世。

傳 俠者所俠也㈠。弗大夫者㈡，隱不爵大夫也。隱之不爵大夫何也？曰，不成為君也㈢。

【今註】㈠所俠：人名，姓所名俠。㈡弗大夫：不稱（俠）為大夫。㈢不成為君：沒當君王。指隱公攝政，沒正式當國君。

【今譯】俠就是所俠。不稱他大夫，因為隱公沒有加封大夫。隱公為什麼沒加封大夫？因為隱公沒正式當國君。

(四)經 夏，城郎㈠。

【今註】㈠郎：地名。魯有兩個郎地，此郎地在曲阜近郊。此經無傳。

【今譯】夏季，在郎地築城牆。

(五)經 秋，七月。

傳 無事焉，何以書㊀？不遺時也㊁。

【今註】㊀書：寫，記。㊁時：季，季節。

【今譯】沒有事，為什麼記？不能漏記一季。

(六)經 冬，公會齊侯于防㊀。

【今註】㊀防：魯地名，在今山東費縣東北。

【今譯】冬天，隱公在防地會見齊侯。

傳 會者，外為主焉爾㊀。

【今註】㊀外：指齊侯，齊僖公。

【今譯】經文用會字，強調是外國主動要求的會見。

隱公十年（公元前七百一十三年）

(一)經 十年，春，王二月，公會齊侯、鄭伯于中丘㊀。

【今註】㊀中丘：魯國地名。此經無傳。

【今譯】十年，春天，周曆二月，隱公在中丘會見齊侯和鄭伯。

(二)經 夏，翬帥師會齊人、鄭人伐宋㊀。

【今註】㊀帥：通率。翬：魯國大夫。此經無傳。

【今譯】夏天，公子翬率領軍隊會合齊國、鄭國攻伐宋國。

(三)經 六月，壬戌，公敗宋師于菅。辛未，取郜。辛巳，取防。

傳 內不言戰，舉其大者也㊀。取邑不日，此其日何也？不正其乘敗人而深為利㊁，取二邑，故謹而日之也。

【今註】㊀大者：重要的，指打勝仗之類。㊁其：指代魯國。深為利：深入人家國內奪得利益。

【今譯】對魯國不記作戰，祇記打勝的。攻佔城邑不記載日期。這次為什麼記呢？因為魯乘宋國戰敗之機，深入人家國內奪土地是不對的。奪取了兩座城邑，所以慎重地記下日期。

(四)經 秋，宋人、衛人入鄭。宋人、蔡人、衛人伐載㊀，鄭伯伐取之。

【今註】㈠載：國名，在今河南民權縣東北。

【今譯】秋天，宋國、衛國攻入鄭國。宋國、蔡國和衛國又攻伐載國，鄭伯攻伐取得了載國。

傳 不正其因人之力而易取之㈠，故主其事也。

【今註】㈠其：指代鄭伯。因人之力：憑借宋、蔡、衛三國之力。

【今譯】鄭伯借別人力量輕易取得載國是不對的，所以記下這件事。

㈤經 冬，十月，壬午，齊人、鄭人入郕㈠。

【今註】㈠郕：國名。詳見隱公五年經註。

【今譯】冬季，十月壬午日，齊國、鄭國攻入郕國。

傳 入者，內弗受也㈠。日入，惡入者也㈡。郕，國也。

【今註】㈠內：指郕國。㈡惡入者：對攻入者表示憎恨。

【今譯】用入字，表示郕國不願接受。記載攻入的日子，是對攻入者表示憎恨。郕是個國家。

隱公十一年（公元前七百一十二年）

(一)經 十有一年，春，滕侯、薛侯來朝㊀。

【今註】㊀薛侯：薛國國君。薛國很小，在今山東滕縣南。滕已見隱公七年經註。

【今譯】十一年，春天，滕侯和薛侯來朝見魯君。

傳 天子無事，諸侯相朝，正也。考禮脩德㊀，所以尊天子也。諸侯來朝，時正也。犆言㊁，同時也。累數㊂，皆至也。

【今註】㊀考：研求。㊁犆：音特，各別。㊂累數：統言。

【今譯】天子沒事，諸侯間互相朝見是合禮的。研求德禮，以便尊奉天子。諸侯來朝見，記載季節是對的。各別說是同時來；籠統說是都來了。

(二)經 夏，五月，公會鄭伯于時來㊀。

【今註】㊀時來：地名，在今河南鄭州市北。公羊傳作「祁黎」。此經無傳。

【今譯】夏季，五月，隱公和鄭伯在時來會見。

(三)經 秋七月，壬午，公及齊侯、鄭伯入許㊀。

【今註】㊀許：國名，在今河南許昌東。此經無傳。

【今譯】秋季，七月壬午日，隱公和齊侯、鄭伯帶兵攻進許國。

㈣

經 冬，十有一月，壬辰，公薨。

傳 公薨不地㊀，故也㊁。隱之㊂，不忍地也。其不言葬何也？君弒賊不討㊃，不書葬㊄，以罪下也。隱十年無正㊅，隱不自正也。元年有正，所以正隱也㊆。

【今註】㊀薨：諸侯死叫薨。不地：不記地點。㊁故：緣故，原因。古禮，國君應死在路寢（齋戒或疾病時住的寢宮）。如果死在別處，視為非禮。隱公於十一年的冬月去祭鍾巫神，臨時住在大夫寫氏家，被公子羽派的人殺害，因此不記死地。㊂隱：痛，痛惜。㊃君弒賊不討：君王被殺，不討伐作亂的人。賊：殺人兇手，犯上作亂的人。㊄書：寫，記。㊅十年無正：十年沒記正（音征）月。隱公在位十一年，祇有元年記了正月。㊆正隱：隱公做君王是對的。正：音鄭，正確。

【今譯】隱公死沒記載死的地方，是有緣故的。痛惜他的死，不忍心記地點。為什麼不記載安葬呢？君王被殺，不討伐殺人兇手，又不記安葬，是下臣的罪過。隱公在位十一年，有十年沒記正月，是因為他自己認為不是君王（是攝政）。元年記正月，表示隱公當君王是對的。

卷二　桓公

桓公元年（公元前七百一十一年）

(一)經　元年，春，王正月，公即位。

傳　桓無王㈠，其曰王何也？謹始也。其曰無王何也？桓弟弒兄㈡，臣弒君，天子不能定諸侯，不能救百姓，不能去以為無王之道㈢，遂可以至焉爾㈣。元年有王，所以治桓也㈤。繼故不言即位㈥，正也。繼故不言即位之為正何也？曰先君不以其道終㈦，則子弟不忍即位也。繼故而言即位，則是與聞乎弒也㈧。繼故而言即位，是為與聞乎弒何也？曰先君不以其道終，已正即位之道而即位㈨，是無恩於先君也。

【今註】㈠桓無王：桓公沒有得王命，即沒有得到天子任命加封。桓：魯桓公，名允，魯隱公弟弟，在位十八年。㈡桓弟弒兄：桓公是弟弟卻殺了哥哥（隱公）。㈢去：去掉，消除。無王之道：指不受王命就專立為君的行為，即桓公的做法。㈣遂：於是，就。至：到。指到了弒君弒兄自立為君的地步。焉爾：語辭。㊄王：指周天子，即周桓公。治桓：管治魯桓公。㊅繼故不言即位：先君因意外緣故不幸死了，繼承這樣的君位不說即位。㊆不以其道終：非正常死亡。㊇與聞乎弒：參與了弒君的陰謀。㊈正即位之道：改變了即位之禮。正：糾正。

【今譯】桓公沒有得到周天子命封，為什麼還記王呢？是為了慎重記載新君的開始。為什麼說沒有王？桓公是弟弟殺了哥哥，臣殺君，天子不能平定諸侯，不能救百姓，不能消除無視天子的行為，於是就到了弒兄弒君的地步。元年記王，用以管治桓公。先君意外不幸而死，繼承這樣的君位不能說即位，這是合禮的。為什麼呢？先君不是壽終正寢，兒子或弟弟不忍心即位。如果繼承這樣的君位說即位，那麼這新君就是參與了弒君陰謀。為什麼呢？先君不是壽終正寢，自己改變了即位之禮道，這就表明對先君沒有恩義。

(二)

經 三月，公會鄭伯于垂㊀。鄭伯以璧假許田㊁。

【今註】㊀垂：地名。詳見隱公八年經註。㊁許：魯國地名。假：借。田：地。

【今譯】三月，桓公在垂地和鄭伯會盟。鄭伯用璧玉借許地。

傳 會者，外為主焉爾。假不言以㊀，言以，非假也。非假而曰假，諱易地也㊁。禮，天子在上，諸侯不得以地相與也。無田則無許可知矣。不言許，不與許也㊂。許田者，魯朝宿之邑也㊃。邴者㊄，鄭伯之所受命而祭泰山之邑也。用見魯之不朝周㊅，而鄭之不祭泰山也。

【今註】㊀假：借。下同。以：用。下同。㊁易地：交換土地。㊂與：音玉，贊同。㊃朝宿之邑：朝拜天子時必經的住地。許地在魯西部邊境，是朝周必經之地。㊄邴：鄭國地名。隱公八年鄭伯已將邴地給了魯國。㊅用：由。

【今譯】用會字，表示會盟是外國主動要求的。借東西不說用什麼；說用什麼就不是借。不是借卻說借，是避諱說交換土地。按禮，天子在上，諸侯不能拿土地互相給予交換。沒了田也就沒了許地，這是可想而知的。不提許地，表明不贊同借許地。許地，是魯國朝周必經住宿的地方。邴地是鄭國從天子那受命祭祀泰山的地方。由兩國互相交換，可見魯國不朝周了，鄭國也不祭泰山了。

(三)經 夏，四月，丁未，公及鄭伯盟于越。

傳 及者，內為志焉爾㊀。越，盟地之名也。

【今註】㊀內：指魯國。志：心願。

【今譯】用及字，表明結盟是魯國的意願。越是會盟地點的名字。

(四)經 秋，大水。

傳 高下有水災曰大水㊀。

【今註】㊀下：低。

【今譯】高處低處都有水災叫大水。

(五)經 冬，十月。

傳 無事焉，何以書？不遺時也㊀。春秋編年㊁，四時具而後為年。

【今註】㊀不遺時：不能漏記季節。時：季。㊁編年：即指編年體，按年月日順序編寫史書的體裁。

【今譯】沒有事，為什麼還記載？不能漏掉一個季節。春秋經是編年體的史書，每年四季全記而後才成其為一年。

桓公二年（公元前七百一十年）

(一)經 二年，春，王正月，戊申，宋督弒其君與夷及其大夫孔父㊀。

【今註】㊀督：人名，字華父，宋國大夫。據史記宋世家云：督路見顧命大臣孔父的妻子美，便殺人奪妻。宋君怒之，又殺了宋君。與夷：宋殤公的名。孔父：宋國大夫，名叫嘉，是孔子的六世祖。

據世本，孔父嘉生木金父，木金父生祁父，祁父生防叔，防叔為避難由宋奔魯，生伯夏，伯夏生叔梁紇，叔梁紇生孔丘。

【今譯】二年，春，周曆正月，宋國的華父督殺死君王與夷和大夫孔父。

傳 桓無王㊀，其曰王何也？正與夷之卒也㊁。孔父先死，其曰及何也㊂？書尊及卑㊃，春秋之義也㊄。孔父之先死何也？督欲弒君而恐不立，於是乎先殺孔父㊅，孔父閑也㊆。何以知其先殺孔父也？曰，子既死，父不忍稱其名；臣既死，君不忍稱其名㊇，以是知君之累之也㊈。孔氏父字⑽，謚也⑾。或曰⑿：其不稱名，蓋為祖諱也⒀，孔子故宋也。

【今註】㊀桓無王：桓公沒得到周天王的命封。㊁正與夷之卒：給與夷的死正名，表明他是周天王的諸侯。㊂其曰及何也：為什麼說「及孔父」，即把孔父放在後呢？㊃書尊及卑：記載的順序由尊者到卑者。㊄春秋之義：春秋經倡導的禮義。落實到撰寫中，也就是記事的條例。春秋經用「及」字有兩個涵義。如果記諸侯會盟用「及」，是用以別內外，表示以內（魯國）為主；如果記人用「及」，是用以別尊卑順序，尊者在「及」前，卑者在後。孔父雖然先被殺死，但他對宋君與夷來說是卑者，所以經文記載時放在「及」字後。㊅先殺孔父：穀梁氏認為華父督先殺孔父是為除掉爭奪君位的對手。與左傳所記不同。㈦閑：障礙。㈧不忍稱其名：穀梁氏認為孔父先死，宋君不忍心稱他的名，才稱字「孔父」。其實這裏稱孔父並不是宋君的口氣。古禮：子、臣在，君、父稱其名；子、臣死，君、父稱其字。㈨累：連，跟著。㈩孔氏父（音福）字：「孔」是氏，「父」是字。⑪諡：音是，古時人死後，按其生前事蹟評定褒貶給予的稱號。⑫或：有的，有的人。⑬祖諱：避諱稱先祖名。

【今譯】桓公沒得到周王命封，那還為什麼提王呢？是為了給宋君正名。孔父先死，為什麼記「及孔父」？記載的順序是由尊到卑，這是春秋經的義例。孔父為什麼先被殺死？華父督弒君，又怕爭不到君位，於是就先殺掉孔父，孔父是他的障礙。怎麼知道先殺孔父？兒子已死，父親不忍心稱他的名；臣已死，君不忍心稱他的名。（稱孔父）以此知道孔父先死，宋君跟著也死了。「孔」是氏，「父」是字，也是諡號。有的說，不稱呼孔父的名，大概是為避祖諱，孔子的祖先在宋國。

㈡經 滕子來朝㈠。

【今註】㈠滕子：滕國國君，即隱公十一年所記的滕侯。為什麼稱侯又稱子，不詳。范寧認為是被天子降了爵位。此經無傳。

【今譯】滕子來朝見魯君。

(三)【經】三月，公會齊侯、陳侯、鄭伯于稷㈠，以成宋亂。

【今註】㈠稷：音紀，地名，在今河南商丘縣。

【今譯】三月，桓公在稷地跟齊侯、陳侯和鄭伯會盟，致使宋國發生叛亂。

【傳】以者，內為志焉爾㈠，公為志乎成是亂也㈡。此成矣，取不成事之辭而加之也㈢。於內之惡㈣，而君子無遺焉爾㈤。

【今註】㈠內為志：魯桓公的意願。內：指魯。㈡公為志：與註㈠同。宋國的華父督殺了宋君和孔父後，為樹立華氏政權，對魯、鄭等國行賄，桓公接受賄賂，助紂為亂。㈢不成事之辭：即破壞之類的言詞。穀梁氏認為對釀成宋亂的桓公應該用不成事之詞，可是經文卻用了「成」這個詞。這是一種譏諷的方式。㈣於內之惡：對於桓公幹的壞事，即指「成宋之亂」。㈤遺：遺漏。

【今譯】用以字，表示是桓公的意願。桓公的意願就是成就這場禍亂。這裏用了「成」字，應該加給他破壞之類的詞。對於桓公幹的壞事，君子已經譏諷無遺了。

(四)【經】夏，四月，取郜大鼎于宋㈠。戊申，納於太廟㈡。

【今註】㈠郜大鼎：郜國的鼎。郜國早被宋國所滅，故鼎歸於宋。㈡納：收入，藏入。太廟：周公廟。

【今譯】夏季，四月，桓公從宋國取來郜國的大鼎。戊申日，安放在太廟。

傳 桓內弒其君㈠，外成人之亂，受賂而退㈡，以事其祖㈢，非禮也。其道以周公為弗受也。郜鼎者，郜之所為也。曰宋，取之宋也。以是為討之鼎也㈣。孔子曰：「名從主人㈤，物從中國㈥」，故曰郜大鼎也。

【今註】㈠桓內弒其君：桓公在國內殺了國君隱公。㈡受賂而退：接受了大鼎回國。㈢以事其祖：指把鼎安放在太廟，用來奉事先祖周公。㈣討：索取。㈤名從主人：起名要隨從主人。鼎的主人是郜。㈥中國：指與蠻夷相對的中原一帶的諸侯國，強調其大。

【今譯】桓公在國內殺了自己的君王，在外成就了宋國的禍亂，接受了賄賂返回國，用以奉事自己的先祖，這都不合於禮。他的做法周公是不會接受的。郜鼎是郜國鑄的。說宋國，是因為從宋國取來。根據郜鼎這件事就知道桓公成宋亂是為了索取鼎。孔子說：「名隨從主人，物隨從中原國的叫法」，所以叫郜大鼎。

㈤

經 秋，七月，紀侯來朝㈠。

【今註】㈠紀侯：左傳作杞侯。據後面九月經文，知「紀」為「杞」之誤。

【今譯】杞國國君來朝見魯桓公。

傳 朝時㊀，此其月何也㊁？桓內弒其君，外成人之亂，於是為齊侯、陳侯、鄭伯討，數日以賂㊂。己即是事而朝之㊃。惡之，故謹而月之也。

【今註】㊀朝時：朝見需記下季節。㊁月：指記下月份。㊂數日以賂：一連多少天索求財物。㊃己：當為「杞」。即是事：就這件事。指取郜鼎這件事。

【今譯】諸侯朝見需記載季節，這裏為什麼記月份呢？桓公在國內殺君王，在國外成就禍亂，又替齊侯、陳侯和鄭伯索求財物，一連多少天向宋索求。杞侯就郜鼎這件事來朝見桓公。對他的此舉憎恨，所以慎重地記下月份。

(六) 經 蔡侯、鄭伯會于鄧㊀。

【今註】㊀鄧：蔡國地名，在今河南郾城縣。此經無傳。

【今譯】蔡侯和鄭伯在鄧地會盟。

(七) 經 九月，入杞。

傳 我入之也㊀。

【今註】㊀我：指魯國。

【今譯】魯攻入杞國。

(八)經 公及戎盟于唐㊀。

【今註】㊀唐：地名。此經無傳。

【今譯】桓公和戎人在唐地會盟。

(九)經 冬，公至自唐㊀。

【今註】㊀至：指回國告祭祖廟。古禮，國君外出，返回後要告於祖廟，這叫至，也作「致」。

【今譯】冬天，桓公從唐地回國，告祭祖廟。

傳 桓無會㊀，而其致何也㊁？遠之也㊂。

【今註】㊀桓無會：指桓公多次外出會盟，沒記至。㊁致：通至。見經註。㊂遠之：指與戎人會盟，外出太遠。范寧云：「危其遠會戎狄，喜其得返」。

【今譯】桓公多次會盟沒記「至」，這次為什麼記呢？因為他遠會戎人。

桓公三年（公元前七百零九年）

(一)經　三年，春，正月，公會齊侯于嬴㊀。

【今註】㊀嬴：地名，在今山東萊蕪縣西北。此經無傳。

【今譯】三年，春，正月，桓公和齊侯在嬴地會見。

(二)經　夏，齊侯、衛侯胥命于蒲㊀。

【今註】㊀胥命：指諸侯相見，祇交換意見，發表看法，無須盟誓。蒲：地名，在今河南長垣縣東。

【今譯】夏天，齊侯和衛侯在蒲地相見。

傳　胥之為言猶相也㊀。相命而信諭㊁，謹言而退，以是為近古也㊂。是必一人先，其以相言之何也㊃？不以齊侯命衛侯也㊄。

【今註】㊀之為言：古註中解詞的術語，它表示被釋詞和解釋詞不僅詞義相同，而且讀音也相同或相近。㊁相命而信諭：互相真誠地發表意見，讓對方理解。信：誠。諭：使理解。㊂古：指五帝時各國會見的做法。公羊傳云：「古者不盟，結言而退。」㊃相：互相。㊄命衛侯：指高於衛侯。

【今譯】胥是相的意思，互相真誠地發表意見，讓對方理解，謹慎地說完就退下，因為這樣做接近古代的做法。這樣做，肯定一人在先（一人在後），為什麼說互相呢？不讓齊侯高於衛侯。

(三) 經 六月，公會杞侯于郕㈠。

【今註】㈠此經無傳。

【今譯】六月，桓公在郕地會見杞侯。

(四) 經 秋，七月，壬辰，朔㈠，日有食之㈡，既㈢。

【今註】㈠朔：每月的初一叫朔。㈡食：通蝕。㈢既：盡，全。

【今譯】秋季，七月壬辰日，初一，出現日全蝕。

傳 言日言朔，食正朔也㈠。既者，盡也，有繼之辭也。

【今註】㈠食正朔：日蝕正出現在初一。

【今譯】記壬辰日又記初一，因為日蝕正出現在初一。既是盡義，有承接的意思。

(五) 經 公子翬如齊逆女㈠。

【今註】㊀女：齊僖公女兒，嫁給魯桓公。逆：迎。

【今譯】公子翬到齊國去迎親。

傳 逆女，親者也。使大夫㊀，非正也。

【今註】㊀大夫：指公子翬。

【今譯】迎親，應該君王親自迎。派大夫去，不對。

㈥經 九月，齊侯送姜氏于讙㊀。

【今註】㊀姜氏：僖公女兒。因離開齊，不能稱女；還沒嫁到魯國，不能稱夫人，祇能稱娘家姓為姜氏。讙：音歡，魯國地名。

【今譯】九月，齊侯送女到讙地。

傳 送女，父不下堂，母不出祭門㊀，諸母兄弟不出闕門㊁。父戒之曰：「謹慎從爾舅之言」㊂。母戒之曰：「謹慎從爾姑之言」㊃。諸母般申之曰㊄：「謹慎從爾父母之言」。送女踰竟㊅，非禮也。

【今註】㈠祭門：廟門。㈡諸母：指生母以外的眾母輩之稱。闕門：廟門之外有兩觀，中間空缺的高大建築物。㈢戒：告誡。下同。爾：你。下同。舅：公公。㈣姑：婆母。㈤般：駁雜，即七嘴八舌地。申：重複，一再。㈥踰竟：越過國境。竟：境的古字。

【今譯】送女，父親不能下堂，母親不能送出廟門，諸母和兄弟姊妹不能送出闕門。父親告誡女兒說：「要謹慎遵從你公爹的話」。母親告誡女兒說：「要謹慎遵從婆母的話」。諸母七嘴八舌地重複說：「要謹慎地遵從你父母的話」。送女越過國境，不合於禮。

㈦

經 公會齊侯于讙。

傳 無譏乎㈠？曰為禮也，齊侯來也，公之逆而會之可也㈡。

【今註】㈠譏：進諫。㈡逆：迎。

【今譯】沒有人進諫嗎？他是為履行禮儀，因為齊侯來了。桓公又迎親、又會見齊侯是可以的。

㈧

經 夫人姜氏至自齊㈠。

【今註】㈠夫人：桓公已經親迎，故稱夫人。至：新婦娶至國，先告祭祖廟，也叫至。

【今譯】夫人姜氏從齊國來到。

傳 其不言翬之以來何也㈠？公親受之於齊侯也。子貢曰㈡：「冕而親迎㈢，不已重乎㈣？」孔子曰：「合二姓之好，以繼萬世之後，何謂已重乎？」

【今註】㈠翬：去齊國替桓公迎親的公子翬。㈡子貢：孔子的學生，姓端木，名賜，字子貢。㈢冕：王冠。這裏指君王。㈣已：太。

【今譯】為什麼不說公子翬迎來？因為桓公親自從齊侯那接受過來。子貢說：「國君親自迎親，不太過分嗎？」孔子說：「合二姓成婚好，以至延續到萬代，怎麼說過分呢？」

(九) 經 冬，齊侯使其弟年來聘㈠。

【今註】㈠年：人名，齊侯的同母弟。此經無傳。

【今譯】冬天，齊侯派他弟弟來魯訪問。

(十) 經 有年。

傳 五穀皆熟為有年㈠。

【今註】㈠有年：豐收年。

【今譯】五穀都豐收叫有年。

桓公四年（公元前七百零八年）

(一)經四年，春，正月，公狩于郎㊀。

【今註】㊀狩：狩獵。郎：魯地名。

【今譯】四年，春，正月，桓公到郎地狩獵。

傳四時之田㊀，皆為宗廟之事也㊁。春曰田，夏曰苗，秋曰蒐，冬曰狩㊂。四時之田用三焉，唯其所先得㊃。一為乾豆㊄，二為賓客，三為充君之庖㊅。

【今註】㊀田：畋的古字，畋獵。㊁宗廟之事：指祭祀。打獵所獲的獵物大都用做祭品。㊂狩：泛指打獵。若析言之，指冬季圍獵。桓公正月在郎地打獵怎麼叫狩呢？周曆正月，是夏曆冬月。㊃唯：祇。古人認為先捕得的獵物吉善。㊄乾豆：指祭祀。豆：祭器名。天子祭祀用二十六豆，諸侯祭祀用十二豆，卿大夫祭祀用八豆，要選用一箭射中心臟而速死的獸做祭品。詳見范寧註。㊅充君之庖：充實君王的廚房，即指食用。

【今譯】一年四季打獵，大多獵物用以宗廟祭祀。春獵叫田，夏獵叫苗，秋獵叫蒐，冬獵叫狩。四季的獵物有三種用處，衹要是先捕得的。一是用來祭祀，二是用來招待賓客，三是平常食用。

(二)經　夏，天王使宰渠伯糾來聘㈠。

【今註】㈠宰：官名。渠伯糾：人名。渠是氏，伯是排行，也用做字，糾是名。此經無傳。

【今譯】夏天，天子派宰官渠伯糾來魯訪問。

桓公五年（公元前七百零七年）

(一)經　五年，春，正月，甲戌，己丑，陳侯鮑卒。

傳　鮑卒何為以二日卒之㈠？春秋之義，信以傳信㈡，疑以傳疑。陳侯以甲戌之日出，己丑之日得㈢，不知死之日，故舉二日以包也。

【今註】㈠鮑：陳桓公的名。㈡信：確實。傳：音船。下同。㈢得：指找到屍體。據公羊傳云，鮑之狂，甲戌之日亡，己丑之日而得。大概鮑患精神病，顛狂出走，十六天後才找到屍體。左傳和史記與之不同，以為記兩個日子是由於陳國內亂，發兩次訃告。

【今譯】為什麼用兩個日子記陳侯的死？春秋經記事的原則，事件確實就記下確實的，有疑問就記下疑問。陳侯在甲戌日出走，己丑日得到屍體，不知死的日期，所以記載兩個日子，以便包容不漏。

(二) 經 夏，齊侯、鄭伯如紀㈠。

【今註】㈠此經無傳。

【今譯】夏天，齊侯和鄭伯到紀國去。

(三) 經 天王使任叔之子來聘㈠。

【今註】㈠任叔：周朝大夫。左傳作「仍叔」。

【今譯】天子派任叔的兒子來魯國訪問。

傳 任叔之子者，錄父以使子也㈠，故微其君臣而著其父子㈡，不正。父在子代仕之辭也。

【今註】㈠錄：記載。㈡微：輕。著：顯出。

【今譯】記「任叔之子」，這是記載父親而使派兒子，輕視君臣關係而強調父子關係，不對。（任叔之子）這是父親還在，兒子代他幹事的意思。

(四) 經 葬陳桓公㈠。

【今註】㈠此經無傳。

【今譯】安葬陳桓公。

(五)經 城祝丘㈠。

【今註】㈠祝丘：地名，在今山東臨沂縣東。此經無傳。

【今譯】在祝丘築城牆。

(六)經 秋，蔡人、衛人、陳人從王伐鄭。

傳 舉從者之辭也㈠。其舉從者之辭何也？為天王諱伐鄭也㈡。鄭，同姓之國也㈢，在乎冀州㈣，於是不服，為天子病矣㈤。

【今註】㈠舉從者之辭：把隨從的舉在前，即把隨從天子伐鄭的三國擺在前。㈡諱：避諱。周桓公伐鄭在春秋時代是唯一的一次天子親征。㈢同姓：周、鄭都屬姬姓。㈣乎：於，在。冀州：古九州之一，包括今山西、山東、河南、河北各一部分，在黃河北。㈤病：害。

【今譯】經文把隨從的國家舉在前。為什麼把隨從者舉在前呢？是為了避諱提天子伐鄭。鄭是周的同姓諸侯，在冀州一帶，此時不服管，成為天子一害了。

(七)經 大雩㊀。

【今註】㊀雩：音魚，天旱求雨的祭祀。大雩是大旱求大雨的祭祀，國君親臨國都南郊，謝過自責，使童男童女各八人邊舞邊呼雨。此經無傳。

【今譯】舉行大規模求雨的祭祀。

(八)經 螽㊀。

【今註】㊀螽：音終，飛蝗。

【今譯】鬧蝗蟲災。

傳 蟲災也。甚則月㊀，不甚則時㊁。

【今註】㊀甚：指嚴重。月：記下月份。㊁時：記下季節。

【今譯】這是蟲災。嚴重就記載月份，不嚴重就記載季節。

(九)經 冬，州公如曹㊀。

【今註】㊀州：國名，在今山東安丘縣東北。曹：國名。周公封其弟於曹，建立曹國，在今山東定陶縣西南。

【今譯】冬天，州國國君到曹國。

傳外相如不書㊀，此其書何也？過我也㊁。

【今註】㊀外相如不書：春秋經對魯國以外的國之間相互往來不予記載。㊁我：指魯國。

【今譯】外國相互往來不記載，這次為什麼記呢？因為路過魯國。

桓公六年（公元前七百零六年）

(一)經六年，春，正月，寔來㊀。

【今註】㊀寔：同實，確實。據家鉉翁的春秋詳說云，「寔來」乃當時常用語。這句經文緊承上一年最末一句經文，自經分年而後，一事而分隸兩年了。

【今譯】六年，春，正月，（州公）來魯國。

傳寔來者，是來也㊀。何謂是來？謂州公也。其謂之是來何也？以其畫我㊁，故簡言之也㊂。諸侯不以過相朝也㊃。

【今註】㊀是：這個人。代詞，指代州公。穀梁氏解釋「寔」就是「是」。㊁畫：謀畫，圖謀。

我：指魯國。㊂簡言之：用是字簡單稱代州公。㊃以：因。諸侯應例時以禮相朝，不能因路過隨隨便便地違反常例而朝見。

【今譯】寔來就是是來。什麼叫是來？指州公來。為什麼記載為「寔來」？因為州公圖謀魯國，所以用「寔」簡稱他。諸侯之間不能因為路過才朝見。

(二)經 夏，四月，公會紀侯于郕㊀。

【今註】㊀郕：魯邑名，左傳作「成」。此經無傳。

【今譯】夏季，四月，桓公在郕地會見紀侯。

(三)經 秋，八月，壬午，大閱。

傳 大閱者何？閱兵車也。脩教明諭㊀，國道也。平而脩戎事㊁，非正也。其日以為崇武，故謹而日之。蓋以觀婦人也㊂。

【今註】㊀脩教明諭：修治教化，讓百姓知禮。㊁戎事：兵事，指習武練兵。戎：兵器。㊂觀婦人：讓婦女觀看。

【今譯】什麼叫大閱？就是檢閱軍隊、戰車。修治教化，讓百姓知禮，這是治國的辦法。太平時修治兵事，是不對的。閱兵那天表示崇尚武功，所以要慎重地記下日子。大概讓婦女觀看。

(四)

經 蔡人殺陳佗。

傳 陳佗者㈠，陳君也。其曰陳佗何也？匹夫行，故匹夫稱之也。其匹夫行奈何？陳侯喜獵，淫獵于蔡㈡，與蔡人爭禽，蔡人不知其是陳君也，而殺之。何以知其是陳君也？兩下相殺㈢，不道㈣。其不地於蔡也㈤。

【今註】㈠陳佗：陳桓公鮑的弟弟。鮑死繼為君。㈡淫獵：縱情射獵。淫：過分沉溺。㈢兩下相殺：指兩國大夫相殺。依范寧說。㈣不道：指不記載。㈤不地：不是死的地方。國君應死在國內路寢（也叫正寢，是齋戒或疾病時住的寢宮）中。

【今譯】陳佗是陳國國君。為什麼稱陳佗呢？因為他有平民行為，所以用平民的稱呼。他平民的行為是什麼樣？陳侯喜歡打獵，在蔡國縱情射獵，和蔡國爭奪獵物，蔡人不知他是陳國君王，就殺了他。怎麼知道他是陳國君王？（因為）兩個大夫相殺，不予記載。蔡國不是他應死的地方。

(五)

經 九月，丁卯，子同生㈠。

【今註】㈠同：魯莊公的名。莊公跟父親桓公生日相同，故起名叫同。

【今譯】九月，丁卯日，兒子同降生。

傳 疑㈠，故志之㈡。時曰同乎人也㈢。

【今註】㈠疑：指懷疑是否是桓公的兒子。桓公夫人文姜，是齊僖公女，與異母兄（齊襄公）私通。㈡志：記。公羊傳認為「同」是魯國十二公中唯一的嫡長子為君，故「喜而書之」。㈢同乎人：（長得）跟別人相同。指不像父親。

【今譯】懷疑是桓公的兒子，所以記下這件事。當時人們說（孩子）長得像別人。

㈥ 經 冬，紀侯來朝㈠。

【今註】㈠此經無傳。

【今譯】冬天，紀侯來朝見魯君。

桓公七年（公元前七百零五年）

㈠ 經 七年，春，二月，己亥，焚咸丘㈠。

【今註】㈠咸丘：地名，在今山東巨野縣東南。

【今譯】七年，春天，二月己亥日，火燒咸丘。

傳 其不言邾咸丘何也㈠？疾其以火攻也㈡。

【今註】㈠郕：國名。穀梁氏以為咸丘是郕地，左傳以為是魯地。㈡疾：恨。古人常用火燒法田獵，但禮記王制云：「昆蟲未蟄，不以火田」，二月還不是焚地之時。

【今譯】為什麼不說是郕的咸丘？恨它用火攻法。

㈡經　夏，穀伯綏來朝㈠。鄧侯吾離來朝㈡。

【今註】㈠穀：國名，在今湖北穀城縣西北。其國君屬伯爵，名叫綏。㈡鄧：國名，在今河南鄧縣。其國君屬侯爵，名叫吾離。

【今譯】夏天，穀國國君來朝見，鄧國國君來朝見。

傳　其名何也？失國也。失國則其以朝言之何也㈠？嘗以諸侯與之接矣㈡，雖失國，弗損吾異日也㈢。

【今註】㈠失國：鄧失國在此二十多年之後。穀失國於何時不詳。穀梁氏純屬臆測。朝：朝見。㈡嘗：曾經。接：交接，交往。㈢異日：往日。

【今譯】為什麼稱名？因為他們失去了國家。失去了國家為什麼還說來朝見呢？因為曾經以諸侯名義跟他們交往過，即使他們失去了國家，也不能損害往日的交情。

桓公八年（公元前七百零四年）

㈠經 八年，春，正月，己卯，烝。

傳 烝㈠，冬事也。春興之，志不時也㈡。

【今註】㈠烝：冬季的祭祀。周禮大宗伯：「春祭曰祠，夏祭曰礿，秋祭曰嘗，冬祭曰烝」。㈡不時：不合乎季節。

【今譯】烝是冬天的事，春天舉行，記載它是因為違背了時令。

㈡經 天王使家父來聘㈠。

【今註】㈠家父：周朝大夫。父：音福，是他的字。此經無傳。

【今譯】天子派家父來魯國訪問。

㈢經 夏，五月，丁丑，烝。

傳 烝，冬事也。春夏興之，黷祀也㈠，志不敬也㈡。

【今註】㈠黷祀：濫用祭祀。㈡志：記。

【今譯】烝是冬季的事。春夏兩季舉行，是濫用祭祀。記載這輕慢不敬的祭祀。

(四) 經 秋，伐邾㈠。

【今註】㈠此經無傳。

【今譯】秋天，攻伐邾國。

(五) 經 冬，十月，雨雪㈠。

【今註】㈠雨：動詞。周曆十月是夏曆八月，不應有雪。此經無傳。

【今譯】冬天，十月，下雪。

(六) 經 祭公來㈠，遂逆王后于紀㈡。

【今註】㈠祭公：周桓公的太師。食邑在祭（音債）地，故稱祭公。㈡逆：迎。

【今譯】祭公來魯國，又到紀國迎接王后。

傳 其不言使焉何也？不正，其以宗廟之大事，即謀於我㈠，故弗與使也。遂，繼事之辭也㈡。其曰遂逆王后，故略之也㈢。或曰天子無外㊃，王命之則成矣。

【今註】㊀即：就，往就。我：指魯國。㊁繼事之辭：這是說文解字對「遂」字的解釋。遂是緊承連詞，表示後一件事緊接著進行。㊂略之：指省略了「使」字。㊃或：有的。天子無外：對於天子來說，沒有內外之分。正像詩經所云：「普天之下，莫非王土。」

【今譯】為什麼不稱使臣？他做的不對，他拿宗廟繼主之類的事，前來和我們魯國商量，所以不稱他使臣。遂是連接詞，記「遂迎王后」，所以省略「使」字。有的說，對天子來說，沒內外之分，天子一命令就成了。

桓公九年（公元前七百零三年）

(一)經 九年，春，紀季姜歸于京師㊀。

【今註】㊀季姜：即上文所記周桓王迎娶的王后。季：指姊妹間排行最末的。姜：指王後母家的姓。古禮同姓不婚，故女子的稱呼必著姓。歸：出嫁。京師：王都。

【今譯】九年，春天，紀國的季姜出嫁到王都。

傳 為之中者㊀，歸之也。

【今註】㊀為之中：為王主婚。古禮，天子從諸侯國娶妻，讓同姓諸侯為之主婚，當中間人。

【今譯】魯為天子主婚，紀女出嫁。

(二)經　夏，四月㊀。

【今註】㊀此經無傳。春秋經記史，每一季節即使無事可記，也記下這一季的首月。下條同此。

【今譯】夏季，四月。

(三)經　秋，七月㊀。

【今註】㊀此經無傳。

【今譯】秋季，七月。

(四)經　冬，曹伯使其世子射姑來朝。

傳　朝不言使，言使非正也。使世子伉諸侯之禮而來朝㊀，曹伯失正矣㊁。諸侯相見曰朝。以待人父之道待人之子，以內為失正矣㊂。內失正，曹伯失正，世子可以已矣㊃。則是故命也。尸子曰㊄：「夫已，多乎道㊅。」

【今註】㊀世子：即太子。曹伯世子名叫射（音夜）姑。伉：通抗。違抗，違背。㊁曹伯：曹桓公。杜預曰：「曹伯有疾，故使其子來朝。」㊂內：指魯國。㊃已：止。下句同此。㊄尸子：即尸佼，戰國時人。㊅多乎道：多方面合於禮。

【今譯】朝見不能說使派，說使派是不對的。派太子違背諸侯之禮來朝見魯君，這是曹伯失禮了。諸侯相見叫朝。用招待父親的禮節招待兒子，魯國就失禮了。魯國失禮，曹伯失禮，世子可以停止朝見。這就是命令。尸子云：「停止朝見，多方面合於禮。」

桓公十年（公元前七百零二年）

㈠ 經 十年，春，王正月，庚申，曹伯終生卒。

傳 桓無王㊀，其曰王何也？正終生之卒也㊁。

【今註】㊀桓無王：魯桓公沒有得到周王的命封。㊁正：正治其罪。曹伯失禮，讓太子朝魯，所以要正治其罪。終生：曹桓公的名。

【今譯】魯桓公沒有得到周王命封，這裏為什麼提周王呢？是為在曹伯死時正治他的罪。

㈡ 經 夏，五月，葬曹桓公㊀。

【今註】㊀此經無傳。

【今譯】夏季，五月，安葬曹桓公。

(三)經 秋，公會衛侯于桃丘㊀，弗遇㊁。

【今註】㊀桃丘：地名，在今山東東阿縣。㊁遇：臨時性會見。這裏泛指會見。

【今譯】秋天，桓公要在桃丘會見衛侯，沒能會見。

傳 弗遇者，志不相得也㊀。弗，內辭也㊁。

【今註】㊀志不相得：心意不投合。衛侯和桓公本約好會見，可是又接受齊國請求，故背約不會。㊁弗是內動詞，不涉及賓語。如果用「不」，必涉及賓語，得說「不遇公」，就有傷魯公的面子。

【今譯】弗遇，表示心意不合。弗是內動詞。

(四)經 冬，十有二月，丙午，齊侯、衛侯、鄭伯來戰于郎。

傳 來戰者，前定之戰也。內不言戰㊀，言戰則敗也㊁。不言其人㊂，以吾敗也。不言及者，為內諱也㊃。

【今註】㊀內：指魯國。㊁敗：指魯國戰敗。㊂其人：魯國率兵的人，即桓公。㊃內諱：避諱記魯國失敗。郎地一戰，魯國敗得慘。

【今譯】記「來戰」，表示先前已定下作戰的地點。對魯國不說戰，說戰就是魯敗了。不提桓公，是因為魯國敗了。不說及，也是避諱說魯國失敗。

桓公十有一年（公元前七百零一年）

(一)經 十有一年，春，正月，齊人、衛人、鄭人盟于惡曹㊀。

【今註】㊀惡曹：地名。不詳。此經無傳。

【今譯】十一年春季，正月，齊國、衛國和鄭國在惡曹會盟。

(二)經 夏，五月，癸未，鄭伯寤生卒㊀。

【今註】㊀寤生：鄭莊公名寤生。此經無傳。

【今譯】夏季，五月，癸未日，鄭莊公去世。

(三)經 秋，七月，葬鄭莊公㊀。

【今註】㊀莊公：諡號。春秋經記事，諸侯死稱名，葬時稱諡。此經無傳。

【今譯】秋，七月，安葬鄭莊公。

(四)經 九月，宋人執祭仲。突歸于鄭。鄭忽出奔衛。

傳 宋人者，宋公也㈠。其曰人何也？貶之也。曰突㈡，賤之也。曰歸，易辭也。祭仲易其事㈢，權在祭仲也。死君難，臣道也。今立惡而黜正㈣，惡祭仲也。鄭忽者㈤，世子忽也。其名，失國也。

【今註】㈠宋公：宋莊公。㈡突：鄭莊公的次子。㈢祭仲：鄭國大夫。公子突是宋女雍氏所生。宋莊公想幫助突當國君，就誘騙逮住祭仲。祭仲答應了宋公的要求，讓突回國為君。㈣惡：指公子突壞。他是次子，不該立。黜：音處，廢除。㈤忽：鄭莊公的嫡長子名忽。

【今譯】宋人是指宋國國君。為什麼稱他宋人，是為貶抑他。公子突回到鄭國。叫他突，是輕視他。說回國，表示很容易的意思。是大夫祭仲讓這件事輕而易舉，決定權在祭仲。為君難而死，是臣子應該做的。如今立了壞人而廢除了應立的人，壞在祭仲。鄭忽跑到衛國。鄭忽是太子忽。稱他名，因為他失去了國家。

(五)經 柔會宋公、陳侯、蔡叔，盟于折。

傳 柔者何？吾大夫之未命者也㈠。

【今註】㊀未命者：沒有任命加封的。

【今譯】柔是什麼人？是魯國沒任命加封的大夫。

(六)經 公會宋公于夫鍾㊀。

【今註】㊀夫鍾：地名，在今山東汶上縣東北。此經無傳。

【今譯】桓公和宋公在夫鍾會見。

(七)經 冬，十有二月，公會宋公于闞㊀。

【今註】㊀闞：地名，音看。地在夫鍾附近。此經無傳。

【今譯】冬天，十二月，桓公和宋公在闞地會見。

桓公十二年（公元前七百年）

(一)經 十有二年，春，正月㊀。

【今註】㊀此經無傳。

【今譯】十二年，春，正月。

㈡經夏，六月，壬寅，公會紀侯㊀、莒子，盟于曲池㊁。

【今註】㊀紀侯：左傳作杞侯，公羊傳與穀梁傳同。㊁曲池：地名，在今山東寧陽縣東北。公羊傳作「毆蛇」。此經無傳。

【今譯】夏季，六月壬寅日，桓公和紀侯、莒子在曲池會盟。

㈢經秋，七月，丁亥，公會宋人、燕人，盟于穀丘㊀。

【今註】㊀穀丘：地名，在今河南商丘縣東南。此經無傳。

【今譯】秋季，七月丁亥日，桓公會見宋公、燕人，在穀丘結盟。

㈣經八月，壬辰，陳侯躍卒㊀。

【今註】㊀躍：陳厲公的名。此經無傳。

【今譯】八月壬辰日，陳厲公去世。

㈤經公會宋公于虛㊁。

【今註】㊀虛：地名，在今河南延津縣東。此經無傳。

【今譯】桓公和宋公在虛地會見。

(六)經 冬，十有一月，公會宋公于龜㊀。

【今註】㊀龜：地名，在今河南睢縣。此經無傳。

【今譯】冬季，十一月，桓公和宋公在龜地會見。

(七)經 丙戌，公會鄭伯，盟于武父㊀。

【今註】㊀武父：地名，在今山東東明縣。此經無傳。

【今譯】十一月丙戌日，桓公和鄭伯在武父會盟。

(八)經 丙戌，衛侯晉卒㊀。

【今註】㊀晉：衛宣公名叫晉。此經無傳。

【今譯】十一月丙戌日，衛宣公去世。

(九)經 十有二月，及鄭師伐宋。丁未，戰于宋。

傳 非所與伐戰也㊀。不言與鄭戰，恥不和也㊁。於伐與戰，敗也。內諱敗㊂，舉其可道者也㊃。

【今註】㊀所與伐戰：跟魯國一起伐宋戰宋的，即鄭國。㊁不和：指魯鄭兩國聯而不和，行動不一致。㊂內諱敗：忌諱說魯國失敗。內：指魯。㊃道：說，動詞。

【今譯】不該和鄭國一起出戰。不提跟鄭國一起戰於宋，是恥於兩國聯而不和。在這次伐宋之戰中，魯國敗了。忌諱說魯國失敗，就記下可以說得出的「戰於宋」。

桓公十三年（公元前六百九十九年）

(一)經 十有三年，春，二月，公會紀侯、鄭伯。己巳，及齊侯、宋公、衛侯、燕人戰。齊師、宋師、衛師、燕師敗績㊀。

【今註】㊀敗績：大敗。左傳莊公十一年傳云：「大崩曰敗績」。春秋記敗績共十六次，此為第一次。

【今譯】十三年，春天，周曆二月，桓公會盟紀侯、鄭伯。己巳日，跟齊侯、宋公、衛侯、燕人作戰。齊、宋、衛、燕四國大敗。

傳 其言及者，由內及之也㊀。其曰戰者，由外言之也㊁。戰稱人，敗稱師，重眾也㊂。其不地㊃，於紀也㊄。

【今註】㊀內：指魯國。㊁由外言之：從外國說起。這裏是強調匹敵的對方。㊂重：重複。㊃不地：不記地點。㊄紀：當為「己」。指魯國。

【今譯】用及字，是說魯國跟某國怎麼樣。用戰字，是強調匹敵的對方。提作戰稱衛人、燕人，提失敗稱衛師、燕師，這是反覆稱呼民眾。不記作戰地點，是因為在魯國自己境內。

(二)經 三月，葬衛宣公㊀。

【今註】㊀此經無傳。

【今譯】三月，安葬衛宣公。

(三)經 夏，大水㊀。

【今註】㊀此經無傳

【今譯】夏季發大水。

(四)經 秋，七月㊀。

【今註】㊀七月：按周代曆法，七月為秋季的首月。春秋經記事，每一季即使無事可記，也要記下首月。

【今譯】秋季，七月。

(五)經 冬，十月㊀。

【今註】㊀此經無傳。

【今譯】冬季，十月。

桓公十四年（公元前六百九十八年）

(一)經 十有四年，春，正月，公會鄭伯于曹㊀。

【今註】㊀曹：國名。此經無傳。

【今譯】十四年，春，正月，桓公在曹國跟鄭伯會見。

(二)經 無冰。

傳 無冰，時燠也㊀。

【今註】㊀燠：音玉，暖。古人有藏冰之俗，如詩經七月篇所記。如果季節變暖，無冰可藏，史官便記載之。

【今譯】沒有冰，是因為季節變暖了。

(三)經 夏，五㊀，鄭伯使其弟御來盟㊁。

【今註】㊀五：當為「五月」，有闕文。㊁御：人名，鄭莊公的兒子，鄭厲公的弟弟。左傳作「語」。

【今譯】夏季，五月，鄭伯派他的弟弟來和魯國結盟。

傳 諸侯之尊，弟兄不得以屬通㊀。其弟云者，以其來我舉其貴者也㊁。來盟，前定也。不日㊂，前定之盟不日。孔子曰：「聽遠音者，聞其疾㊃，而不聞其舒㊄。望遠者，察其貌，而不察其形㊅。」立乎定哀㊆，以指隱桓。隱桓之日遠矣，夏五傳疑也㊇。

【今註】㊀屬：親屬。這裏指兄弟關係。㊁我：指魯。貴：指稱國君弟顯得高貴。㊂不日：不記日子。㊃疾：急速。這裏指激揚。㊄舒：徐緩。㊅形：指面容氣色。㊆定哀：魯定公和魯哀公。孔子生活在定哀時期。㊇夏五：即前面「夏，五月」的經文。

【今譯】諸侯地位尊貴，他的弟兄不能和他以弟兄相稱。這裏稱「其弟」，因為他來我們魯國，所以要稱舉顯得高貴的。記「來盟」，表示是先前約定好的。不記日期，因為先前約定好的結盟不記日子。孔子說：「聽遠處的聲音，能聽激揚的，聽不到舒緩的。看遠處的人，能看到大體形貌，看不到面色姿容。」站在定公、哀公時代，指望隱公、桓公時的事。隱公、桓公時代離得遙遠，對夏五月的傳聞有疑慮。

(四)

經 秋，八月，壬申，御廩災。

傳 御廩之災不志㈠，此其志何也？以為唯未易災之餘㈡。

【今註】㈠御廩：儲藏祭祀用的穀物的糧倉。志：記。㈡未易：沒有改換。仍用災之餘穀祭祀是違禮不敬的。

【今譯】祭祀穀物的糧倉著火不予記載，這裏為什麼記呢？因為仍用了沒被火燒的剩餘穀物祭祀。

(五)

經 乙亥，嘗。

傳 而嘗㈠，可也，志不敬也㈡。天子親耕，以共粢盛㈢。王后親蠶㈣，以共祭服。國非無良農工女也，以為人之所盡㈤，事其祖禰㈥，不若以己所自親者也。何用見其未易災之餘而嘗也？曰甸粟㈦，而內之三宮㈧。三宮米，而藏之御廩，夫嘗必有兼甸之事焉㈨。

【今註】㈠嘗：嘗祭，指秋季的祭祀。㈡志不敬：記下對神不恭敬的舉動。㈢共：供的古字。粢盛：祭祀用的穀物。㊃蠶：指養蠶。據禮記月令云：天子在孟春之月，要選擇吉日，率三公九卿躬耕田畝，所收的穀物供祭神祖用。王后要親自染絲織帛，親手為王縫製祭祀時穿的禮服。㊄人之所盡：別人盡心盡意做的。㊅禰：音你。已死的父親在宗廟裏立主稱禰。㊆甸粟：甸官收繳的穀物。甸：甸師，主管田事的官，管收繳祭祀的粢盛。㊇內之三宮：交到三宮。內：納的古字。古時天子六宮，諸侯三宮，所以有三個夫人。㊈兼甸之事：指甸粟要由三宮夫人親自舂好備用。

【今譯】記載嘗祭是可以的。記下（用火災剩餘的穀物祭祀）對神的不恭敬。天子親自種田，來供用祭祀的穀物。王后親自養蠶，供用祭祀穿的衣服。國中不是沒有良農巧女，因為用別人盡心盡意做的來事奉神祖，不如親自動手做的好。怎麼見得是用火災剩餘的穀物舉行秋祭呢？甸師收繳的穀物，要交到三宮。三宮舂成米，收藏到御廩。嘗祭用的一定要有三宮夫人舂米這道工序。（沒有，就說明用的是餘穀。）

(六)經 冬，十有二月，丁巳，齊侯祿父卒㊀。

【今註】㊀祿父：齊僖公名祿父。此經無傳。

【今譯】冬季，十二月，丁巳日，齊僖公去世。

(七)經 宋人以齊人、蔡人、衛人、陳人伐鄭。

傳 以者㊀，不以者也㊁。民者，君之本也。使人以其死，不正也。

【今註】㊀以：率領。㊁不以者：不該率領的意思。穀梁氏認為齊陳蔡衛四國不該由宋率領去征伐鄭國。

【今譯】率領，是不該率領的意思。民是君的根本。領人打仗去死是不對的。

桓公十五年（公元前六百九十七年）

(一)經 十有五年，春，二月，天王使家父來求車㊀。

【今註】㊀家父：周朝大夫。家為氏，父為字。

【今譯】十五年，春季二月，天子派家父來魯國要車。

傳 古者諸侯時獻於天子㊀，以其國之所有。故有辭讓㊁，而無徵求。求車，非禮也，求金甚矣㊂。

【今註】㊀時獻：按時納貢。獻：獻貢品。㊁辭讓：推辭謝讓之禮。㊂甚：極，更。

【今譯】古時諸侯按時向天子納貢，拿自己國所特有的。所以有辭讓之禮，沒有索要徵求之行。向諸侯要車，不合於禮，索要錢財就更不對了。

(二) 經 三月，乙未，天王崩㈠。

【今註】 ㈠崩：天子死叫崩。此經無傳。

【今譯】 三月，乙未日，周桓王駕崩。

(三) 經 四月，己巳，葬齊僖公㈠。

【今註】 ㈠此經無傳。

【今譯】 四月，己巳日，安葬齊僖公。

(四) 經 五月，鄭伯突出奔蔡㈠。

【今註】 ㈠突：鄭厲公的名。

【今譯】 五月，鄭厲公逃亡到蔡國。

傳 譏奪正也㈠。鄭世子忽歸于鄭㈡。反正也㈢。

【今註】 ㈠奪正：指公子突奪了長兄的君位。㈡忽：鄭莊公的太子名叫忽，是突的兄。㈢反：返的古字。

【今譯】譏刺（公子突）奪了君位。鄭國太子忽回到鄭國。他回國是對的。

(五)經 許叔入于許。

傳 許叔㈠，許之貴者也，莫宜乎許叔㈡。其曰入何也？其歸之道，非所以歸也㈢。

【今註】㈠許叔：許莊公弟弟。㈡莫：沒有誰。宜：合適。乎：於，表示比較關係的介詞。㈢所以歸：指歸的方式方法。回國的方式應是得到天王之命。

【今譯】許叔是許國有地位的人，沒有誰比許叔再適合（當國君）的了。為什麼說進入許國？因為許叔回國的方式，不是正當的回國方式。

(六)經 公會齊侯于蒿㈠。

【今註】㈠蒿：地名，不詳。左傳作艾，公羊傳作鄗。此經無傳。

【今譯】桓公在蒿地會見齊侯。

(七)經 郲人、牟人、葛人來朝㈠。

【今註】㈠郲人：指郲國國君。因三個國都是小國，不稱君，而稱人。

【今譯】郳君、牟君和葛君來朝見魯桓公。

(八)經 秋，九月，鄭伯突入于櫟㈠。

【今註】㈠櫟：城名，在鄭國國都附近。

【今譯】秋季，九月，鄭厲公進入櫟城。

(九)經 冬，十有一月，公會宋公、衛侯、陳侯于袲㈠，伐鄭。

【今註】㈠袲：音夷，宋國地名，在今安徽宿縣西。

【今譯】冬季，十一月，桓公在袲地會見宋公、衛侯和陳侯，（一起）討伐鄭國。

傳 地而後伐，疑也㈠，非其疑也㈡。

【今註】㈠疑：指三國對伐鄭有疑慮。㈡非：責怪。

【今譯】先記會見地點後記討伐，是因為他們對伐鄭有疑慮，同時也表示責怪他們的游疑態度。

桓公十六年（公元前六百九十六年）

(一) 經 十有六年，春，正月，公會宋公、蔡侯、衛侯于曹㊀。

【今註】㊀此經無傳。

【今譯】十六年，春，正月，桓公在曹國會見宋公、蔡侯和衛侯。

(二) 經 夏，四月，公會宋公、衛侯、陳侯、蔡侯伐鄭㊀。

【今註】㊀伐鄭：討伐鄭厲公，制止他篡國。此經無傳。

【今譯】夏季，四月，桓公會合宋公、衛侯、陳侯和蔡侯，討伐鄭厲公。

(三) 經 秋，七月，公至自伐鄭㊀。

【今註】㊀至：回國告祭祖廟。

【今譯】秋季，七月，桓公伐鄭後回國，告祭祖廟。

傳 桓無會㊀，其致何也？危之也。

【今註】㊀桓無會：指桓公實際上沒參加會師。

【今譯】桓公實際沒參加會師，為什麼記「致」呢？因為他這次出行危險。

(四) 經 冬，城向㈠。

【今註】 ㈠向：原是小國，此時已歸附魯國，所以要築城。

【今譯】 冬季，在向地築城牆。

(五) 經 十有一月，衛侯朔出奔齊。

傳 朔之名㈠，惡也㈡。天子召而不往也。

【今註】 ㈠朔：衛宣公兒子，齊姜所生。宣公寵齊姜，殺了太子，要立朔為太子，公子們都反對。朔逃到齊國。㈡惡：憎恨。

【今譯】 稱朔的名，是表示憎恨他。天子召見，他不去。

桓公十七年（公元前六百九十五年）

(一) 經 十有七年，春，正月，丙辰，公會齊侯、紀侯盟于黃㈠。

【今註】 ㈠黃：地名，在今山東黃縣。此經無傳。

【今譯】 十七年，春，正月丙辰日，桓公在黃地與齊侯、紀侯會盟。

(二) 經 二月，丙午，公及邾儀父盟于趡㊀。

【今註】㊀儀父：邾國國君。趡：音崔（上聲），地名，在今山東泗水縣附近。「及」，左傳作「會」。

【今譯】二月丙午日，桓公和邾君在趡地結盟。

(三) 經 夏，五月，丙午，及齊師戰于郎㊀。

【今註】㊀郎：地名。左傳作「奚」，在今山東滕縣南。

【今譯】夏，五月丙午日，（魯國）跟齊軍在郎地作戰。

傳 內諱敗㊀，舉其可道者也㊁。不言其人㊂，以吾敗也。不言及之者㊃，為內諱也。

【今註】㊀內：指魯國。㊁可道者：指可以說得出而不傷魯國體面的話。道：說。㊂其人：指魯國率兵的人，即桓公。㊃不言及之：指「及齊師」前省略主語。

【今譯】對魯國避諱說失敗，祇記下可以說得出的話。不記領兵的人，因為我們魯國失敗了。「及」前省略了主語，是為魯國避諱。

(四)
經 六月，丁丑，蔡侯封人卒㊀。

【今註】㊀封人：蔡桓侯名叫封人。此經無傳。

【今譯】六月丁丑日，蔡侯去世。

(五)
經 秋，八月，蔡季自陳歸于蔡。

傳 蔡季㊀，蔡之貴者也。自陳，陳有奉焉爾㊁。

【今註】㊀蔡季：蔡桓侯弟，名獻舞，字季，季也是他排行。桓侯死後他繼位為哀侯。㊁奉：幫助。

【今譯】蔡季，是蔡國有地位的人。「自陳」，表示陳國幫助他回國。

(六)
經 癸巳，葬蔡桓侯㊀。

【今註】㊀桓侯：這裏稱侯，與其他諸侯稱呼不同。春秋經記事，諸侯死稱其爵位和名；安葬時稱謚，即某公。范寧以為這裏稱桓侯，是蔡國臣子馬虎所記。據史記，蔡國歷代君主皆稱侯。

【今譯】癸巳日，安葬蔡桓侯。

(七)
經 及宋人、衛人伐邾㊀。

【今註】㊀此經無傳。

【今譯】（魯國）跟宋國、衛國一起攻伐郳國。

(八)經 冬，十月，朔，日有食之。

傳 言朔不言日㊀，食既朔也㊁。

【今譯】記朔不記日子，因為日全蝕都在朔日。

【今註】㊀朔：每月的第一天。㊁食既：日全蝕。食：通蝕。既：盡，全。

桓公十八年（公元前六百九十四年）

(一)經 十有八年，春，王正月，公會齊侯于濼，公與夫人姜氏遂如齊。

傳 濼之會㊀，不言及夫人何也㊁？以夫人之伉㊂，弗稱數也㊃。

【今註】㊀濼：地名，在今山東濟南市附近。㊁夫人：桓公夫人，即齊女文姜。㊂伉：驕縱。㊃數：算。

【今譯】濼地的會見，為什麼不提夫人？因為她驕縱，沒算上她。

(二)經 夏，四月，丙子，公薨于齊。

傳 其地㊀，於外也。薨稱公㊁，舉上也。

【今註】㊀其地：記下地點。㊁薨：諸侯死叫薨。

【今譯】記載地點，因為死在外國。死了稱公，強調他在高位。

㈢經 丁酉，公之喪至自齊㊀。

【今註】㊀喪：指靈柩。此經無傳。

【今譯】丁酉日，桓公的靈柩由齊國送回魯。

㈣經 秋，七月㊀。

【今註】㊀此經無傳。

【今譯】秋季，七月。

㈤經 冬，十月二月，己丑，葬我君桓公。

傳 葬我君，接上下也㊀。君弒㊁，賊不討㊂，不書葬㊃。此其言葬何也？不責踰國而討於是也㊄。桓公葬而後舉諡㊅，諡，所以成德也，於卒事乎加之矣㈦。知者慮㈧，義者行㈨，仁者守，有此三者備，然後可以會矣。

【今註】㈠接上下：合國上上下下的意思。接：連，通。通國即全國。㈡君弑：君王被殺。㈢賊不討：不討賊。賊：指殺人兇手。這裏指齊侯。文姜私通齊襄公，合謀害死魯桓公。㈣書：寫，記。㈤責：求。踰國而討：越過國界去討賊。於是：在這種情況下，即在治喪情況下。㈥謚：古時，君和卿大夫死後，根據生前事蹟評定褒貶，追加的稱號。㈦卒事：死後。㈧知者慮：聰明人深謀遠慮。知：智的古字。㈨義者行：正義者做事果斷。

【今譯】葬我君，這是通國上下的用語。君王被殺，沒討伐兇手，不能記安葬。這裏為什麼記載安葬呢？不求在這種情況下越過國界去討伐齊國。「桓公」是安葬後定的謚號。謚號是用來成全美德的，在人死後加上。聰明人深謀遠慮，正義的人做事果斷，仁德的人能保住國家。具備了這三點，然後才可以外出會盟。

卷三 莊公

莊公元年（公元前六百九十三年）

(一)經 元年，王正月。

傳 繼弒君不言即位㈠，正也。繼弒君不言即位之為正，何也？曰先君不以其道終㈡，則子不忍即位也。

【今註】㈠弒君：指被弒的君，即魯桓公。㈡以其道終：指正常的死，即壽終正寢。

【今譯】（莊公）繼承被殺君王的君位不記「即位」是對的。為什麼對呢？因為先君不是壽終正寢，兒子就不忍心即位。

(二)經 三月，夫人孫于齊。

傳 孫之為言猶遜也㈠，諱奔也。接練時㈡，錄母之變㈢，始人之也。不言氏姓㈣，貶之也。人之於天也，以道受命㈤；於人也，以言受命㈥。不若於道者㈦，天絕之也㈧；不若於言者，人絕之也。臣子大受命㈨。

【今註】㊀遜：逃遁。之為言：古註中解釋詞的術語，它表示「孫」「遜」兩詞不僅讀音接近，意義也相近或相關。㊁接：接煞。人死後請術士招其還魂叫接煞。練：祭名。父母死後一週年的祭祀叫練。桓公於去年四月死，今三月正好舉行練祭。㊂錄母之變：記下莊公母（即夫人姜氏）回魯參加練祭。錄：記。變：指由齊回魯。㊃不言氏姓：不記「姜氏」。夫人姜姓，應記夫人姜氏。㊄以道受命：接受天命。道：指天理。㊅以言受命：接受夫（丈夫）命。言：指夫命。㊆不若於道：不順從天理。若：如，順。下句的「若」同此。㊇天絕之也：絕於天，天厭棄他。㊈臣子大受命：莊公接受天命。莊公對天來說是下臣。

【今譯】孫就是遜的意思，用「孫」是避諱說逃奔。開始時，根據人倫之道，記母回魯參加練祭。不記姜氏是貶抑她。人對於天，要接受天命；對於人，要接受夫命。不順從天理，天厭棄他；不順從夫命，人厭棄他。莊公接受天命。

㈢經　夏，單伯逆王姬。

傳　單伯者何㊀？吾大夫之命乎天子者也㊁。命大夫，故不名也㊂。其不言如何也㊃？其義不可受於京師也㊄。其義不可受於京師何也？曰躬君弒於齊㊅，使之主婚，與齊為禮，其義固不可受也。

【今註】㊀單伯：周莊王的卿，以封邑單（音善）為氏，伯是排行，也是字。單氏世世仕於周，「國語」上記有單襄公等。穀梁氏誤認為是天子任命加封的魯國大夫，錯的原因是，把經文「送王姬」，誤為「逆王姬」。㊁命乎天子：受命於天子。㊂不名：不稱呼名。㊃如：動詞，到……去。這句的提出還是由於穀梁氏把單伯的屬國理解錯了。㊄不可受於京師：不能從京師接王姬。受：接。周天子女兒（稱王姬）嫁給齊侯，但因他地位高於齊侯，齊不能直接到京師迎女。要由與周同姓的諸侯（如魯）主婚。單伯送王姬到魯，齊到魯迎親。㊅躬君：我們魯國國君。

【今譯】單伯是什麼人？是天子命封的魯國大夫。天子命封的大夫，所以不能稱呼名。為什麼不說到周去迎？根據禮義，不可以到京師去接。為什麼？我們魯君被齊殺死，讓我們魯國主婚，跟齊國履行禮儀，按禮，當然不可以接受。

(四)經　秋，築王姬之館於外。

傳　築㊀，禮也。於外，非禮也。築之為禮何也？主王姬者㊁，必自公門出㊂。於廟則已尊㊃，於寢則已卑㊄。為之築㊅，節矣㊆。築之外，變之正也㊇。築之外變之為正何也？仇仇之人㊈，非所以接婚姻也。衰麻非所以接弁冕也㊉。其不言齊侯之來逆何也㊁。不使齊侯得與吾為禮也㊂。

【今註】㊀築：指為王姬建行館。㊁主王姬者：魯是王姬的主婚者。㊂自公門出：從魯君宮門出去。因此館應建在宮內。㊃於廟則已尊：在宗廟旁築行館就顯得王姬地位太高了。已：太。㊄寢：寢宮。指魯君的寢宮。㊅為之築：後面省略了「於外」。㊆節：這裏指適合。㊇變之正：正確的變通。㊈仇仇之人：齊侯害了魯君，是仇人。㊉衰麻：指喪服。衰：通「縗」，粗麻布做的喪服。弁：音便，貴族戴的帽子。冕：帝王的帽子。㊁逆：迎。㊂得：能。

【今譯】建行館合於禮，建在宮外不合於禮。為什麼建行館合禮呢？魯為王姬主婚，出嫁時必須從魯君宮門出去。建在宗廟旁就顯得王姬地位太高了，建在寢宮旁又顯得王姬地位太低了。建在宮外，就合適了。建在宮外是正確的變通做法，為什麼呢？齊侯是仇人，不能跟他連親家。穿著喪服，不能接待迎親的齊侯。為什麼不記齊侯來迎親？是不讓齊侯能和我們魯國行禮。

(五)經　冬，十月，乙亥，陳侯林卒。

傳　諸侯日卒㊀，正也。

【今註】㊀日卒：記下死的日子。乙亥日陳莊公（名叫林）去世。

【今譯】諸侯死記載日期是對的。

(六)經　王使榮叔來錫桓公命㊀。

【今註】㊀榮叔：周朝大夫。錫：通賜。桓公生前一直沒得到天子命封，死後才追任為君。

【今譯】天子派榮叔來魯國追任桓公為君。

傳 禮有受命㊀，無來錫命。錫命，非正也。生服之㊁，死行之，禮也。生不服，死追錫之，不正甚矣。

【今註】㊀有受命：有主動到天子那裏接受命封的。㊁服之：指服事天子。

【今譯】按禮，有主動接受任命的，沒有天子派人去賜予任命的。生前服事天子，死了追任，合於禮。如果生前不服事天子，死後追任他，就更不對了。

(七)經 王姬歸于齊。

傳 為之中者歸之也㊀。

【今註】㊀為之中者：指魯國在王姬和齊侯中間做主婚者。歸：出嫁。

【今譯】魯國做主婚者把王姬嫁送到齊國。

(八)經 齊師遷紀、郱、鄑、郚。

傳 郱、鄑、郚，國也。或曰㊀：遷紀于郱、鄑、郚㊁。

【今註】㊀或：有的人。㊁遷紀：齊要滅紀國，先遷走百姓，然後奪土地。左傳認為郱（音平）、鄑（音資）、郚（音吾）是紀國的三座城邑。

【今譯】郱、鄑和郚是國名。有的人說：「把紀國百姓遷到郱、鄑、郚。」

莊公二年（公元前六百九十二年）

㈠經二年，春，王二月，葬陳莊公㊀。

【今註】㊀此經無傳。

【今譯】二年，春季，周曆二月，安葬陳莊公。

㈡經夏，公子慶父帥師伐於餘丘。

傳國而曰伐。於餘丘㊀，邾之邑也。其曰伐何也？公子貴矣㊁，師重矣，而敵人之邑㊂，公子病矣。病公子，所以譏乎公也。其一曰，君在而重之也㊃。

【今註】㊀於餘丘：地名，不詳。穀梁子認為是邾國的小城。而杜預和孔穎達認為是小國名。㊁公子：即公子慶父，魯莊公弟弟。㊂敵：對抗。這裏指攻打。㊃君在而重之：因為君王在軍中而用語很重。君指魯莊公。攻一座小城稱攻伐，顯得用語重了些。

【今譯】攻國才能稱伐。於餘丘是邾國的小城，為什麼稱伐呢？因為公子地位高，所以對他率領的軍隊重提。攻打別人的城邑，公子累病了。說公子累病了，是譏刺莊公。另一種說法是，因為莊公在軍中，才用語重了。

(三)

經 秋，七月，齊王姬卒㊀。

【今註】㊀王姬：周女，齊襄公夫人。頭年十月才嫁到齊國。

【今譯】秋季，七月，齊襄公夫人去世。

傳 為之主者㊀，卒之也㊁。

【今註】㊀為之主：魯國為王姬主婚。㊁卒之：記載她的死。

【今譯】魯國是王姬的主婚者，所以要記載王姬的死。

(四)

經 冬，十有二月，夫人姜氏會齊侯于禚㊀。

【今註】㊀夫人：魯桓公夫人，莊公母，即文姜。禚：音斫，齊國地名。齊侯：齊襄公，文姜的異母兄。

【今譯】冬季，十二月，夫人姜氏和齊侯在禚地會見。

傳 婦人既嫁，不踰竟㈠。踰竟，非正也。婦人不言會，言會，非正也。

【今註】㈠竟：國境。竟是境的古字。

【今譯】女人已經出嫁，就不能再越過國境。越過國境，不合於禮。女人不能說會見誰，說會見，不合於禮。

(五)經 乙酉，宋公馮卒㈠。

【今註】㈠馮：宋莊公名馮。此經無傳。

【今譯】乙酉日，宋莊公去世。

莊公三年（公元前六百九十一年）

(一)經 三年，春，王正月，溺會齊侯伐衛。

傳 溺者何也㈠？公子溺也。其不稱公子何也？惡其會仇仇而伐同姓㈡，故貶而名之也。

【今註】㈠溺：人名，魯國大夫。㈡仇仇：指齊襄公。他與文姜私通，並合謀害死魯桓公。同姓：

指衛國。衛魯二國同屬姬姓。

【今譯】溺是什麼人？是公子溺。為什麼不稱呼公子呢？是憎恨他與仇人會盟而且攻伐同姓的衛國，所以貶抑他，稱他的名。

(二)

經 夏，四月，葬宋莊公。

傳 月葬㊀，故也㊁。

【今註】㊀月葬：記下安葬的月份。㊁故：緣故。具體緣故，史傳未載。

【今譯】記載安葬宋莊公的月份，是有緣故的。

(三)

經 五月，葬桓王。

傳 傳曰，改葬也㊀。改葬之禮，緦㊁，舉下㊂，緬也。或曰㊃，郤尸以求諸侯㊄。天子志崩不志葬，必其時也。何必焉？舉天下而葬一人㊅，其義不疑也。志葬，故也，危不得葬也。曰，近不失崩㊆，不志崩，失天下也。獨陰不生，獨陽不生，獨天不生，三合然後生。故曰，母之子也可，天之子也可。尊者，取尊稱焉；卑者，取卑稱焉。其曰王者，民之所歸往也。

【今註】㊀改葬：周桓王於魯桓公十五年駕崩，穀梁氏認為七年後的下葬是改葬。左傳認為是緩葬。㊁緦：緦麻。喪服的一種，用細麻布縫製，做功比較精細，服期三個月。㊂下：下等。古時喪服分五等，斬衰、齊衰、大功、小功、緦麻。緦麻是最下一等，表示哀傷的成分最輕。㊃或：有的。㊄郤尸以求諸侯：停屍緩葬是為了求得諸侯都來會葬。郤：音細，隙，間隔。㊅舉：全。㊆近不失崩：指魯國離天子較近（實際上有千餘里），不會不知道天子駕崩的消息。

【今譯】解釋說，是改葬。改葬的禮儀規定，穿緦麻喪服，用最輕一等的，表示緬懷的意思。還有一種說法，停屍緩葬是為了諸侯們來會葬。記天子駕崩不記安葬，因為安葬肯定在規定的時間。為什麼一定在規定的時間？因為普天下人都為天子送葬，那是不容置疑的。記載安葬，就是有了緣故，遇到危難不能按時下葬了。魯國離天子近，不會不知道駕崩的日子。如果不記載死的日期，是由於天子丟了天下。單有陰不能生，單有陽不能生，單有天也不能生，陰、陽、天三者合才能生。所以，說母親的兒子，可以；說天的兒子，可以。尊貴的人，就取尊貴的稱呼（稱天子），卑賤的就取卑賤的稱呼。稱王，是萬民歸往的意思。

㈣

經 秋，紀季以酅入于齊㊀。

【今註】㊀紀季：紀國國君紀侯的弟弟。酅：紀國邑名，在今山東臨淄東。紀季帶著土地叛離紀國。

【今譯】秋天，紀季帶著酅城歸入齊國。

傳 攜，紀之邑也。入于齊者，以攜事齊也。入者，內弗受也㊀。

【今註】㊀內弗受：齊國不應該接受。

【今譯】攜是紀國的小城。歸入齊國，是說（紀季）拿攜投奔事奉齊侯。入，表示齊不應該接受。

(五)經 冬，公次于郎。

傳 次㊀，止也㊁，有畏也㊂，欲救紀而不能也。

【今註】㊀次：臨時駐紮。㊁止：留，住。㊂有畏：有畏懼之心。齊要滅紀國，紀求救於魯。魯莊公請求跟鄭國聯合救紀，鄭推辭了。魯畏齊，故止兵不前。

【今譯】次是停止不前的意思。魯怕齊國，想救紀國又不能救。

莊公四年（公元前六百九十年）

(一)經 四年，春，王二月，夫人姜氏饗齊侯于祝丘㊀。

【今註】㊀饗：用酒食款待別人。一般指兩國國君相見時宴請。祝丘：地名，在魯國。

【今譯】四年，春季，周曆二月，夫人姜氏在祝丘宴請齊襄公。

傳 饗，甚矣。饗齊侯，所以病齊侯也㊀。

【今註】㈠病：責備，不滿。

【今譯】宴請，太過分了。經文記「饗齊侯」，是用以責備齊侯。

㈡ 經 三月，紀伯姬卒。

傳 外夫人不卒㈠，此其言卒何也？吾女也。適諸侯則尊同㈡，以吾為之變，卒之也。

【今註】㈠外夫人不卒：魯以外的君夫人死不予記載。夫人：這裏的夫人指紀國國君夫人，魯惠公女兒，所以下文稱：吾女也。㈡適：出嫁。尊同：尊貴的地位相同。

【今譯】外國的君夫人死不予記載，這次為什麼記呢？因為是我們魯公女兒。她嫁給諸侯，地位就跟魯君夫人相等了。因此我們為她改變記事的凡例，記載她的死。

㈢ 經 夏，齊侯、陳侯、鄭伯遇于垂㈠。

【今註】㈠垂：地名，衛地，在今山東曹縣北。此經無傳。

【今譯】夏天，齊侯，陳侯和鄭伯在垂地臨時會見。

㈣ 經 紀侯大去其國。

傳 大去者㈠，不遺一人之辭也㈡，言民之從者四年而後畢也㈢。紀侯賢而齊滅之，不言滅而曰大去其國者，不使小人加乎君子㈣。

【今註】㈠大去：一去不復返。紀侯永遠不能返回國家，也即是失掉了國家。㈡遺：留。㈢民之從者四年：指莊公元年齊遷走紀國百姓，至今整四年。畢：完，指國家被滅。㈣加：陵駕。小人：指齊侯。君子：指紀侯。

【今譯】大去，是不留下一人的意思（指一個百姓也沒有了），是說百姓遷走四年而後就滅了國。紀侯賢德，齊國卻滅了紀國，不說被滅而說永遠離開國家，是不讓小人陵駕於君子之上。

㈤經 六月，乙丑，齊侯葬紀伯姬。

傳 外夫人不書葬㈠，此其書葬何也？吾女也。失國，故隱而葬之㈡。

【今註】㈠不書葬：不記載安葬。㈡隱：痛。葬之：記下安葬日期。

【今譯】魯以外的君夫人死不記載安葬，這次為什麼記呢？因為伯姬是我們魯公的女兒。失去國家，所以痛惜她，記下安葬日期。

(六)經 秋，七月㊀。

【今註】㊀此經無傳。

【今譯】秋季，七月。

(七)經 冬，公及齊人狩于郜㊀。

【今註】㊀郜：地名，左傳作「禚」。狩：打獵，也特指冬季打獵。

【今譯】冬季，莊公和齊侯在郜地打獵。

傳 齊人者，齊侯也。其曰人何也？卑公之敵㊀，所以卑公也。何為卑公也？不復仇而怨不釋㊁，刺釋怨也㊂。

【今註】㊀卑：低。這裏是意動用法，「鄙視」之義。敵：匹敵，對手。㊁不復仇而怨不釋：不報完仇就能解除仇恨。怨：仇恨。釋：消除，解除。這句指的是魯莊公不報父仇（父桓公被齊侯害死），卻和仇人一起打獵。㊂刺：指刺，譏刺。

【今譯】齊人是指齊侯。為什麼稱他齊人？是為鄙視莊公的對手，用以鄙視莊公。為什麼鄙視莊公？不報完仇就不能解除仇恨，譏刺莊公還沒報父仇，就解除了仇恨。

莊公五年（公元前六百八十九年）

㈠經 五年，春，王正月㈠。

【今註】㈠此經無傳。

【今譯】五年，春，周曆正月。

㈡經 夏，夫人姜氏如齊師。

傳 師而曰如㈠，眾也。婦人既嫁不踰竟㈡，踰竟，非禮也。

【今註】㈠師：軍隊。齊國在這年的秋季伐衛，因此夏季就調集軍隊，姜氏到軍中會齊侯。如：動詞，到……去。㈡竟：境的古字，國境。

【今譯】「師」字前用「如」字，表示人很多。女人出嫁後不能過國境。過國境，不合於禮。

㈢經 秋，郳黎來來朝。

傳 郳，國也。黎來，微國之君㈠，未爵命者也㈡。

【今註】㈠黎來：人名。微：小。㈡未爵命：沒得到天子的任命和加封。

【今譯】郳是國名。黎來是小國的君王，沒有得到天子的任命加封。

(四)經 冬，公會齊人，宋人、陳人、蔡人伐衛。

傳 是齊侯宋公也㊀。其曰人何也？人諸侯，所以人公也。其人公何也？逆天王之命也㊁。

【今註】㊀齊侯：齊襄公。宋公：宋閔公。㊁逆：違逆，違背。天王之命：周天子不讓衛國的公子朔（見魯桓公十六年文）為君，齊侯偏要伐衛，送公子朔回國為君。

【今譯】這是指齊侯和宋公。為什麼稱齊人、宋人？稱諸侯為某人，用以稱魯公為人。為什麼呢？因為他們違背天子的命令。

莊公六年（公元前六百八十八年）

(一)經 六年，春，王三月㊀，王人子突救衛㊁。

【今註】㊀三月：左傳作正月，公羊傳作三月。㊁王人：周王室的官員。子突：王人的字。

【今譯】六年，春季，周曆三月，周王的官員子突援救衛國。

傳 王人，卑者也㊀。稱名㊁，貴之也，善救衛也。救者善，則伐者不正矣。

【今註】㊀卑：低，指地位、官位不高。㊁名：鄭玄認為是「字」之誤，當為字。

【今譯】王人是個官位不高的人。稱他的字，是尊重他，因為他援救衛國是個好人。援救者是好人，那麼，征伐的人就不對了。

㈡經 夏，六月，衛侯朔入于衛。

傳 其不言伐衛納朔何也㊀？不逆天王之命也㊁。入者，內弗受也㊂。何用弗受也㊃？為以王命絕之也㊄。朔之名，惡也。朔入逆㊅，則出順矣。朔出入名㊆，以王命絕之也。

【今註】㊀納朔：送朔回國。納：入，使……入。朔：公子朔，衛宣公兒子，其母為齊女。㊁逆：違背。㊂內弗受：指衛國不接納。㊃用：由。㊄王命絕之：天子命令廢棄他。㊅朔入逆：公子朔回國是違背王命。㊆出入：指出國回國。

【今譯】為什麼不說討伐衛國送朔回去呢？春秋經不記違背天子命令的事。說入，是表示衛國不接納。為什麼不接納呢？因為天子命令廢棄他。稱朔的名，表示憎惡他。朔回國是違天子命，那麼出國就是順應王命了。記朔出國回國都稱名，是因為天子命令廢棄他。

㈢經 秋，公至自伐衛。

傳 惡事不致㈠，此其致何也？不致，則無用見公之惡㈡，事之成也。

【今註】㈠致：通至。外出歸來告祭祖廟。穀梁氏認為魯莊公參與伐衛是違逆天子之命的壞事。㈡無用：沒有途徑。用：由。

【今譯】做壞事歸來的祭祖不予記載，這次為什麼記呢？不記載就看不到莊公幹的壞事，事情也就成了。

㈣

經 螟㈠。

【今註】㈠螟：一種苗心蟲。成災才予記載。此經無傳。

【今譯】鬧蟲災。

㈤

經 冬，齊人來歸衛寶。

傳 以齊首之㈠，分惡於齊也㈡。使之如下齊而來我然㈢。惡戰則殺矣㈣。

【今註】㈠以齊首之：因為齊國是伐衛的首領。㈡分惡：分得些罪惡。齊侯率諸侯伐衛，送朔回國當國君，即衛惠公。惠公即位後，贈寶物給各諸侯國。穀梁氏認為是分發了罪惡。㈢下：在下位。

我：指魯國。㊃殺：音晒，少。

【今譯】因為齊國是伐衛的首領，所以從齊國分得一些罪惡。記載的好像齊國在下位，來給我們魯國送東西。（魯國若）憎惡這次作戰就減少了罪責。

莊公七年（公元前六百八十七年）

(一)經 七年，春，夫人姜氏會齊侯于防。

傳 婦人不會㊀，會非正也。

【今註】㊀不會：不能（和別人）相會。文姜違禮在防地會見齊襄公。

【今譯】女人不能私自和別人相會，相會不合於禮。

(二)經 夏，四月，辛卯，昔㊀，恒星不見㊁。夜中，星隕如雨。

【今註】㊀昔：通夕，日暮。㊁恒星：古人認為是永不動位置的星，所以總能看到。其實恒星也和行星一樣，一直不停地運轉。

【今譯】夏季，四月辛卯日，日落時，恒星看不見了。半夜時，星星落下來，像下雨似的。

傳 恒星者，經星也。日入至於星出謂之昔㊀。不見者，可以見也。其隕也如雨，是夜中歟？春秋著以傳著㈡，疑以傳疑。中之㈢，幾也㈣。而曰夜中，著焉爾。何用見其中也？失變而錄其時㈤，則夜中矣。其不曰恒星之隕何也？我知恒星之不見而不知其隕也。我見其隕而接於地者，則是雨說也。著於上見於下謂之雨㈥，著於下不見於上者謂之隕，豈雨說哉。

【今註】 ㈠日入：太陽落山。昔：通夕。㈡春秋：指春秋經。著：顯明，明確。㈢中：指夜中，夜半。㈣幾：微。指微約難以辨察。㈤失變：指星象失去正常，有了變化。錄其時：檢錄漏刻（古時的計時儀器）。㈥著於上見於下：指上下都看得見。

【今譯】 恒星是經常看得見的星星。太陽落山到星星出來這段時間叫夕。記「不見」，是強調它可以看得見。星星落下來像下雨，是在半夜嗎？春秋經記事，明確就記下明確的，有疑問就記下疑問。夜半，是微約難以辨察的時刻。記下半夜，就表示是明確的。根據什麼知道是半夜呢？星象有了變化就檢錄漏刻，就知道是半夜。為什麼不說恒星落下呢？我們只知道恒星看不見了，不知它落沒落下。我們看見落到地上的，就是像下雨這種說法。上邊看得清，下邊也看得見的叫下雨；在下邊看得清，上邊看不見的叫隕。哪祇下雨一種說法呢？

㈢**經** 秋，大水。

傳 高下有水災曰大水㈠。

【今註】㈠下：低。

【今譯】高處低處都有水災叫大水。

㈣ 經 無麥、苗。

傳 麥、苗同時也㈠。

【今註】㈠苗：指秋季作物的小苗被水淹，不能生長。

【今譯】麥子、小苗同時受害。

㈤ 經 夫人姜氏會齊侯于穀。

傳 婦人不會，會非正也㈠。

【今註】㈠會：指姜氏在穀地會見齊侯。

【今譯】女人不能私自會見人，會見不合於禮。

莊公八年（公元前六百八十六年）

(一)經　八年，春，王正月，師次于郎，以俟陳人、蔡人。

傳　次㊀，止也。俟，待也。

【今註】㊀次：臨時駐紮。魯軍駐在郎地，等陳蔡二國兵至，以共伐郕國。

【今譯】次是停止的意思。俟是等待的意思。

(二)經　甲午，治兵。

傳　出曰治兵㊀，習戰也。入曰振旅㊁，習戰也。治兵而陳蔡不至矣㊂。兵事以嚴終，故曰善陳者不戰，此之謂也。善為國者不師㊃，善師者不陳㊄，善陳者不戰，善戰者不死㊅，善死者不亡㊆。

【今註】㊀治兵：練兵。㊁振旅：整軍。㊂陳蔡不至：陳蔡二國不到。穀梁氏錯誤地解釋為不來進犯。㊃不師：不要軍隊。指善於治國的以德服人。㊄陳：陣的古字。下同。㊅不死：指傷亡很少，因為打仗時善於避實就虛。㊆不亡：不無謂地犧牲。

【今譯】出到郊野叫練兵，是為演習作戰。進入國都叫整軍，也是演習作戰。練兵，陳蔡就不來了。軍隊陣列始終嚴整，所以說會練兵列陣的不用作戰，就指的是這種情況。善於治國的不要軍隊，善於用兵的不必演習陣列，善於列陣的不用作戰，善於作戰的極少傷亡，善於死的不做無謂的犧牲。

(三)經夏，師及齊師圍郕，郕降于齊師。

傳其曰降于齊師何？不使齊師加威於郕也㊀。

【今註】㊀加威：施加武力。

【今譯】為什麼說投降齊軍呢？不讓齊軍對郕國施加武力。

(四)經秋，師還。

傳還者㊀，事未畢也，遁也㊁。

【今註】㊀還：指魯軍回國。㊁遁：回避。范寧以為魯國和郕國都姓姬，魯不忍打同姓國，故回避。

【今譯】魯軍回國，戰事沒完，（魯）回避了。

(五)經冬，十有一月，癸未，齊無知弒其君諸兒。

傳大夫弒其君㊀，以國氏者㊁，嫌也，弒而代之也。

【今註】㊀大夫：即無知，又稱公孫無知，齊僖公的侄兒。君：指齊襄公，名叫諸兒。㊁以國氏：用國名做氏，即在名字前冠以國名。

【今譯】大夫殺國君，記載時名前冠以國名，表示有嫌疑，疑他弒君將以己代之。

莊公九年（公元前六百八十五年）

(一)經 九年，春，齊人殺無知。

傳 無知之挈㈠，失嫌也。稱人以殺大夫㈡，殺有罪也。

【今註】㈠挈：提。㈡稱人：這是指明穀梁傳釋經的條例，凡是經文記某某人如何……。

【今譯】提無知的名，表明他沒當上國君。經文記某人殺大夫，表示被殺的人有罪。

(二)經 公及齊大夫盟于暨。

傳 公不及大夫㈠。大夫不名，無君也㈡。盟納子糾也㈢。不日，其盟渝也㈣。當齊無君，制在公矣㈤。當可納而不納，故惡內也㈥。

【今註】㈠公不及大夫：魯君不能同（外國）大夫簽訂盟約。㈡無君：指齊襄公被弒，公孫無知也被殺死，齊國此時沒有國君。故而派大夫簽盟。㈢納：入，使……進入。子糾：即公子糾，齊僖公兒，齊襄公弟。據史記齊世家云，齊襄公淫亂，政令無常，群弟怕禍及自身，紛紛逃往別國。子糾由管仲、召忽做保傅，逃至母舅魯國避難。聽到襄公已死的消息，魯和齊簽盟，要送子糾回國，爭立國君。㈣渝：變。㈤制在公矣：決斷權在魯公了。制：裁斷。㈥惡：恥，恥辱。內：指魯國。

【今譯】魯公不能同別國大夫簽盟。簽盟的大夫不提名，因為齊國沒有國君。約定送子糾回國，不記日期，因為盟約變了。在齊國沒有國君時，決定權就在魯公了。可以送子糾回國，卻沒送回去，所以認為是魯國的恥辱。

(三)

經 夏，公伐齊，納糾。齊小白入于齊。

傳 當可納而不納。齊變而後伐。故乾時之戰㊀，不諱敗，惡內也。大夫出奔反㊁，以好曰歸，以惡曰入。齊公孫無知弒襄公，公子糾、公子小白不能存㊂，出亡。齊人殺無知，而迎公子糾於魯。公子小白不讓公子糾先入，又殺之於魯㊃，故曰齊小白入于齊，惡之也㊄。

【今註】㊀乾時：地名，在今山東臨淄西部。魯送公子糾回國，齊兵在乾時迎戰魯，不讓糾回國。㊁出奔：指逃出國避難。反：返的古字。㊂小白：齊桓公的名。子糾到魯國避難時，小白由鮑叔牙做保傅到莒國避難。㊃殺之於魯：在魯國殺公子糾。齊襄公被殺後，小白搶先回國當了國君，就是齊桓公。他命人在魯國殺死公子糾。㊄惡：憎恨。

【今譯】可以送糾回國卻沒送成。齊國改變盟約後，就討伐它。所以乾時一戰，不避諱魯國失敗，認為是魯的恥辱。大夫出國避難，後來返回國，如果認為他好就記「歸」，認為他壞就記「入」。齊國的公孫無知殺了襄公，公子糾和公子小白不能待在齊國，出逃國外。齊國殺了無知後，到魯國迎公子糾。公子小白不讓公子糾先回國，又在魯國殺了糾。所以經文記「齊小白入于齊」，是對他表示憎恨。

㈣ 經 秋，七月，丁酉，葬齊襄公㊀。

【今譯】秋季，七月丁酉日，安葬齊襄公。

【今註】㊀此經無傳。

㈤ 經 八月，庚申，及齊師戰于乾時，我師敗績㊀。

【今註】㊀敗績：大敗，慘敗。

【今譯】八月庚申日，魯國跟齊軍在乾時作戰，魯軍大敗。

㈥ 經 九月，齊人取子糾殺之。

傳 外不言取，言取，病內也㊀。取，易辭也。猶曰取其子糾而殺之云爾。十室之邑可以逃難㊁，百室之邑可以隱死，以千乘之魯㊂，不能存子糾㊃，以公為病矣。

【今註】㊀病：責備。下文同此。內：指魯國。㊁室：家。㊂千乘之魯：擁有千輛兵車的魯國。

此言其大。乘：音勝，古時一車四馬為一乘。㊃存：保。

【今譯】魯以外的國家不能說取，經文用「取」字，是責備魯國。取，表示容易得到的意思，就像說拿來那小糾就殺了。十戶人家的小城就可以避難，百戶人家的小城就可以隱藏不死，憑著擁有千輛兵車的魯國，卻不能保住公子糾，因此魯公要被責備呵。

(七)經 冬，浚洙。

傳 浚洙者㊀，深洙也，著力不足也㊁。

【今註】㊀浚洙：疏浚洙河。㊁著：顯出。魯無力對抗齊國，所以深挖河道防備之。

【今譯】疏浚洙河，就是深挖洙河河道，顯出力量不足。

莊公十年（公元前六百八十四年）

(一)經 十年，春，王正月，公敗齊師于長勺㊀。

【今註】㊀長勺：魯地名，在今山東曲阜縣北。

【今譯】十年，春季，周曆正月，莊公在長勺打敗齊軍。

傳 不日㊀，疑戰也㊁。疑戰而曰敗，勝內也㊂。

【今註】㈠不日：不記日期。㈡疑戰：指沒約好作戰的日期。㈢勝內：是內勝之義。古今語序不同。內：指魯國。

【今譯】沒記載日子，因為沒約定作戰日期。沒約定作戰而記失敗，是魯國打勝了。

㈡經二月，公侵宋。

傳侵時㈠，此其月何也？乃深其怨於齊㈡，又退侵宋以眾其敵㈢，惡之㈣，故謹而月之。

【今註】㈠時：指記下季節。㈡深其怨於齊：跟齊結下深仇（指長勺一仗）。怨：恨。㈢眾其敵：讓自己的敵手眾多，到處樹敵。㈣惡：責備。之：指代莊公。

【今譯】凡是侵略記下季節。這次為什麼記月份？已經跟齊結下深仇，又退兵侵略宋國，到處樹敵。為責備莊公，所以慎重地記下月份。

㈢經三月，宋人遷宿。

傳遷，亡辭也。其不地㈠，宿不復見也㈡。遷者，猶未失其國家以往者也。

【今註】㈠不地：不記遷的去處。㈡宿不復見：宿國不再出現了。即被宋遷民奪地而滅亡了。

【今譯】遷走是滅亡的意思。不記載遷的地方，是因為再也見不到宿國了。用「遷」字，就好像沒失掉國家而遷往別處了。

(四)經 夏，六月，齊師、宋師次于郎，公敗宋師于乘丘。

傳 次㊀，止也，畏我也。不日㊁，疑戰也。疑戰而曰敗，勝內也。

【今註】㊀次：臨時駐紮。㊁不日：不記作戰日期。

【今譯】次是駐留不前的意思，是因為怕我們魯國。沒記作戰日期，因為不是約定日期的作戰。記（齊宋）敗了，是魯國勝了。

(五)經 秋，九月，荊敗蔡師于莘，以蔡侯獻舞歸。

傳 荊者㊀，楚也。何為謂之荊？狄之也㊁。何為狄之？聖人立㊂，必後至㊃。天子弱，必先叛，故曰荊，狄之也。蔡侯何以名也㊄？絕之也。何為絕之？獲也㊅。中國不言敗㊆，此其言敗何也？中國不言敗，蔡侯見其獲乎？其言敗何也？釋蔡侯之獲也。以歸㊇，猶愈乎執也㊈。

【今註】㊀荊：楚國的別名。因楚國先王熊繹在荊山一帶開闢疆土，建立國家。稱荊有點輕蔑意味。

㈡狄之：把它視為夷狄。古人稱邊遠不開化的民族為夷狄。㈢聖人立：指天子即位。㈣後至：指對天子不禮敬，遲遲不去朝拜。㈤蔡侯：蔡哀侯，名叫獻舞。㈥獲：被俘獲。㈦中國：指中原地區的諸侯國。㈧以歸：把蔡侯帶回（楚國）去。㈨愈：勝過。

【今譯】荊是指楚國。為什麼稱它荊？是把它視為夷狄。為什麼視楚為夷狄？（因為）天子即位，楚國遲遲不朝拜；天子如果軟弱，楚肯定先反叛。所以稱它荊，把它視為夷狄。為什麼稱蔡侯的名？因為他絕了君位。為什麼絕了君位？他被楚俘獲了。對中原各諸侯國不說敗，這裏為什麼說敗？不說敗能表明蔡侯被俘獲嗎？為什麼說敗，為解釋蔡侯被俘獲。把蔡侯帶回國，比捉住還嚴重。

㈥經 冬，十月，齊師滅譚㈠，譚子奔莒㈡。

【今註】㈠譚：國名，在今山東濟南東。㈡譚子：譚國國君。此經無傳。

【今譯】冬季，十月，齊軍滅了譚國，譚子跑到莒國。

莊公十一年（公元前六百八十三年）

㈠經 十有一年，春，王正月㈠。

【今註】㈠此經無傳。

【今譯】十一年，春，周曆正月。

(二)經 夏，五月，戊寅，公敗宋師于鄑。

傳 內事不言戰㊀，舉其大者㊁。其日，成敗之也㊂，宋萬之獲也㊃。

【今註】㊀內事：指魯國作戰。事：指軍事行動。㊁大者：范寧說指打勝的戰役。㊂成敗之：完成了戰敗（宋國）的任務。㊃宋萬：人名。鄑地一戰捉住了宋萬。

【今譯】春秋經對魯國作戰一般不記載，衹記大的戰役。記下日子，是因為完成了打敗宋國的任務，俘獲了宋萬。

(三)經 秋，宋大水。

傳 外災不書㊀，此何以書？王者之後㊁。高下有水災曰大水㊂。

【今註】㊀書：寫，記。㊁王者之後：指商王的後代。微子啟（紂的叔父）被封在宋。㊂下：低。

【今譯】外國鬧災不記，這次為什麼記？因為宋是商王的後代。高處低處都有水災稱大水。

(四)經 冬，王姬歸于齊㊀。

【今註】㊀王姬：周女，又稱共姬，嫁給齊桓公。

【今譯】冬季，王姬嫁到齊國。

傳 其志，過我也㈠。

【今註】㈠過我：經過魯國。穀梁氏以為記載的原因是路過便記。其實共姬出嫁，魯國仍是主婚者。

【今譯】記下這件事，是因為路過魯國。

莊公十二年（公元前六百八十二年）

(一) 經 十有二年，春，王三月，紀叔姬歸于酅㈠。

【今註】㈠酅（音西）：地名。叔姬：魯惠公女，紀侯弟紀季的夫人。

【今譯】十二年，春，周曆三月，叔姬回到酅城。

傳 國而曰歸，此邑也，其曰歸何也？吾女也。失國喜得其所㈠，故言歸焉爾。

【今註】㈠失國：指莊公四年紀被齊滅掉，紀季帶酅城歸附。

【今譯】對一國而言才說歸，這是一座城，為什麼說歸呢？因為叔姬是魯公女兒，高興她失去國家又得到處所，所以稱歸。

(二)經 夏，四月㈠。

【今註】㈠一季無事，記下首月。此經無傳。

【今譯】夏季，四月。

(三)經 秋，八月，甲午，宋萬弒其君捷㈠，及其大夫仇牧㈡。

【今註】㈠宋萬：宋國的卿，又稱南宮長萬。上一年五月鄑地之戰，曾被魯俘獲，放回宋國後當了卿。捷：宋閔公的名。㈡仇牧：人名，宋大夫。

【今譯】秋季，八月甲午日，宋萬殺了自己的國君和仇牧大夫。

傳 宋萬，宋之卑者也㈠，卑者以國氏㈡。以尊及卑也㈢。仇牧，閑也㈣。

【今註】㈠卑者：在下位的人。這是與在上位的君王相對而言。㈡以國氏：用國名（即宋）當氏。指萬前冠以宋字。㈢由尊及卑：由尊者（指君）連及卑者（指大夫）。㈣閑：限制。這句是說仇牧被殺，是因為他為了保衛君王而抵制宋萬的行動。

【今譯】宋萬是個下臣，卻用國名當氏。（宋萬殺人）是由地位高的到地位低的。仇牧被殺，是因為他抵制宋萬弒君。

(四)經 冬，十月，宋萬出奔陳㊀。

【今註】㊀此經無傳。

【今譯】冬季，十月，宋萬逃到陳國避難。

莊公十三年（公元前六百八十一年）

(一)經 十有三年，春，齊人、宋人、陳人、蔡人、邾人會于北杏。

傳 是齊侯宋公也㊀。其曰人何也？始疑之。何疑焉？桓非受命之伯也㊁。將以事授之者也，曰可矣乎？未乎？舉人眾之辭也。

【今註】㊀是齊侯宋公：這是指齊桓公和宋桓公。是：代詞，代經文中的「齊人、宋人」。在北杏的盟會是齊桓公第一次會合諸侯開會。㊁非受命之伯：不是天子命封的霸主。伯：長者，霸。

【今譯】這是齊桓公、宋桓公呵。為什麼稱齊人？開始時還有疑慮。疑慮什麼？齊桓公還不是天子任命加封的霸主，將要把事委任於他，可以呢？不可以呢？稱人表示眾多的意思。

(二)經 夏，六月，齊人滅遂。

傳 遂㊀，國也。其不日㊁，微國也。

【今註】㊀遂：國名。史記齊世家以之為魯邑名。㊁不日：不記日期。

【今譯】遂是國名。不記滅它的日期，因為是小國。

(三)經 秋，七月㊀。

【今註】㊀一季無事，記下季首。此經無傳。

【今譯】秋季，七月。

(四)經 冬，公會齊侯，盟于柯。

傳 曹劌之盟也㊀，信齊侯也。桓盟雖內與㊁，不日，信也㊂。

【今註】㊀曹劌：魯國大夫。柯地的齊魯盟會，魯方派曹劌去結盟。㊁桓盟雖內與：桓公這次盟會雖然是跟魯國（也該記下日期）。內：指魯國。㊂信：誠信。前一個「信」是信任的意思。

【今譯】是曹劌去結的盟，因為信任齊桓公。桓公這次雖然是跟魯國會盟（也該記日期），不記，是因為講誠信。

莊公十四年（公元前六百八十年）

(一)經 十有四年，春，齊人、陳人、曹人伐宋㊀。

【今註】㊀此經無傳。

【今譯】十四年，春，齊國、陳國、曹國一起攻伐宋國。

(二)經 夏，單伯會伐宋。

傳 會㊀，事之成也㊁。

【今註】㊀會：會見。周大夫單（音善）伯本是要會合齊、陳、曹三個，一起伐宋。但來晚了，只是會見一下。㊁事之成：指三國伐宋已經結束了。

【今譯】用會字，表示攻宋之事已經完了。

(三)經 秋，七月，荊入蔡。

傳 荊者，楚也。其曰荊何也？州舉之也㊀。州不如國，國不如名，名不如字。

【今註】㊀州舉之：稱它州名。穀梁氏以為楚國地處荊州一帶，故稱舉州名。

【今譯】荊就是楚國。為什麼稱荊呢？是稱州名。稱州不如稱國，稱國不如稱名，稱名不如稱字。

㈣經 冬，單伯會齊侯、宋公、衛侯、鄭伯于鄄。

傳 復同會也㊀。

【今註】㊀會：鄄（音絹）地之會。這次會欲推齊桓公為諸侯之長。

【今譯】又一次共同會盟。

莊公十五年（公元前六百七十九年）

㈠經 十有五年，春，齊侯、宋公、陳侯、衛侯、鄭伯會于鄄。

傳 復同會也㊀。

【今註】㊀這次會盟，齊桓公始為霸主。

【今譯】又一次共同會盟。

㈡經 夏，夫人姜氏如齊。

傳 婦人既嫁不踰竟㊀，踰竟非禮也。

【今註】㊀竟：境的古字。國境。

【今譯】女人已經出嫁就不能越過國境，越境是非禮的。

(三)經 秋，宋人、齊人、邾人伐郳㊀。

【今註】㊀郳：國名。公羊傳作兒。此經無傳。

【今譯】秋季，宋國、齊國和邾國一起攻伐郳國。

(四)經 鄭人侵宋㊀。

【今註】㊀此經無傳。

【今譯】鄭國侵略宋國。

(五)經 冬，十月㊀。

【今註】㊀一季無事，也要記下首月。此經無傳。

【今譯】冬季，十月。

莊公十六年（公元前六百七十八年）

(一)經 十有六年，春，王正月㊀。

【今註】㊀此經無傳。

【今譯】十六年，春季，周曆正月。

㈡ 經 夏，宋人、齊人、衛人伐鄭㊀。

【今註】㊀這次伐鄭，各國均為國君領兵。此經無傳。

【今譯】夏季，宋國、齊國和衛國一起攻伐鄭國。

㈢ 經 秋，荊伐鄭㊀。

【今註】㊀荊：即楚國。此經無傳。

【今譯】秋季，楚國攻伐鄭國。

㈣ 經 冬，十有二月，會齊侯、宋公、陳侯、衛侯、鄭伯、許男、曹伯、滑伯、滕子同盟于幽。

傳 同者，有同也，同尊周也㊀。不言公㊁，外內寮一㊂，疑之也㊃。

【今註】㊀同尊周：共同尊奉周天子。有人認為幽地這次會，諸侯全到，始尊齊為霸。㊁不言公：不提魯莊公，指經文中「會」字前省略了「公」字。㊂外內寮一：內外諸侯一致。寮：官。這裏指諸侯。㊃疑之：疑心莊公會不會尊齊桓公為霸主。

【今譯】經文用同字，表明各諸侯有共同之處，共同尊奉周天子。不提莊公，是因為內外諸侯一致疑心莊公會不會尊齊桓公為霸主。

(五)經 郳子克卒。

傳 其曰子㊀，進之也。

【今註】㊀子：爵名。郳國國君名叫克，以前一直稱名，這次記他的死稱爵又稱名。

【今譯】稱郳君為子，因為進封了爵位。

莊公十七年（公元前六百七十七年）

(一)經 十有七年，春，齊人執鄭詹。

傳 人者，眾辭也。以人執㊀，與之辭也。鄭詹㊁，鄭之卑者也。卑者不志㊂，此其志何也？以其逃來志之也。逃來則何志焉？將有其末㊃，不得不錄其本也㊄。鄭詹，鄭之佞人也㊅。

【今註】㊀執：逮住。㊁鄭詹：鄭國大夫。據史記鄭世家，詹是鄭厲公兒子，又稱叔詹。㊂志：記。㊃末：指事情的末尾。㊄本：指事情的開端。㊅佞：有才能。

【今譯】經文稱齊人，表示眾人的意思。因為眾人逮住詹，就用了這個詞。鄭詹，是鄭國的下臣，地位低不予記載。這次為什麼記呢？因為他逃來我們魯國。逃到魯國為什麼記呢？要記末尾，不能不記它的開頭。鄭詹，是鄭國有才能的人。

(二)經 夏，齊人殲于遂。

傳 殲者，盡也。然則何為不言遂人盡齊人也㈠？無遂之辭也㈡。無遂則何為言遂？其猶存遂也。存遂奈何？曰齊人滅遂，使人戍之㈢，遂之因氏飲戍者酒而殺之㈣，齊人殲焉㈤。此謂狎敵也㈥。

【今註】㈠遂人盡齊人：遂人殺光了齊人。㈡無遂：沒了遂國。莊公十三年齊滅了遂國。㈢戍：戍守。㈣因氏：遂國的四大家族之一。飲戍者酒：讓戍守的人喝酒。㈤殲：被殺盡。㈥狎：輕忽。

【今譯】殲是殺盡的意思。如此，那麼為啥不說遂人殺光了齊人呢？遂國沒有了。沒有遂國為什麼還說遂國？就如同遂國還存在。怎麼遂國還存在呢？齊人滅了遂，派人戍守遂。遂國的因氏家用酒食款待戍守的人，灌醉了後殺死他們，遂地的齊人全被殺盡。這就是所說的輕敵。

(三)經 秋，鄭詹自齊逃來。

傳 逃義曰逃㊀。

【今註】㊀義：正義。穀梁氏認為鄭詹從齊逃到魯是非正義的。

【今譯】逃避正義叫逃。

(四)經 冬，多麋㊀。

【今註】㊀麋：麋鹿。此經無傳。

【今譯】冬季，麋鹿很多。

莊公十八年（公元前六百七十六年）

(一)經 十有八年，春，王三月，日有食之。

傳 不言日，不言朔㊀，夜食也㊁。何以知其夜食也？曰，王者朝日㊂，故雖為天子，必有尊也㊃。貴為諸侯，必有長也㊄。故天子朝日，諸侯朝朔㊅。

【今註】㊀朔：朔日。每月初一這天叫朔。㊁夜食：夜裏發生日蝕。食：通蝕。㊂朝日：指天子朝日的禮儀。禮記玉藻篇上說，天子每天在剛出太陽時，服玄冕在東門外朝日。㊃必有尊：肯定有比天子還尊貴的，指太陽。㊄必有長：必有比他還大的，指天子。㊅朝朔：每月初一，諸侯穿禮服，戴皮帽，到太廟朝拜叫朝朔，也叫聽朔。

【今譯】不記日子，不記朔，因日蝕發生在夜裏。怎麼知道發生在夜裏？天子有朝日之禮（天子朝日時見日虧缺，故知夜裏發生日蝕）。所以，即使是天子，也肯定有比他尊貴的。即使是有地位的諸侯，也肯定有比他還大的。故而天子有朝日之禮，諸侯有朝朔之禮。

(二)經 夏，公追戎于濟西。

傳 其不言戎之伐我何也？以公之追之，不使戎邇於我也㊀。于濟西者㊁，大之也。何大焉？為公之追之也。

【今註】㊀邇：近。㊁濟西：濟水以西。

【今譯】為什麼不說戎人攻伐魯國呢？因為莊公領兵追逐戎人，不讓戎人靠近魯國。在濟水以西，是強調地方大。為什麼強調其大呢？因為莊公在那追戎人。

(三)經 秋，有蜮。

傳 一有一亡曰有㊀。蜮㊁，射人者也。

【今註】㊀亡：通無。㊁蜮：一種能含沙射人的動物。

【今譯】時有時無叫有。蜮是一種能射人的動物。

(四)經 冬，十月㊀。

【今註】㊀此經無傳。

【今譯】冬季，十月。

莊公十九年（公元前六百七十五年）

(一)經 十有九年，春，王正月㊀。

【今註】㊀此經無傳。

【今譯】十九年，春，周曆正月。

(二)經 夏，四月㊀。

【今註】㊀一季即使無事，春秋經也要記下首月。此經無傳。

【今譯】夏季，四月。

(三)經 秋，公子結媵陳人之婦于鄄，遂及齊侯、宋公盟。

【傳】媵㊀，淺事也㊁，不志。此其志何也？辟要盟也㊂。何以見其辟要盟也？媵，禮之輕者也。盟，國之重也，以輕事遂乎國重無說㊃。其曰陳人之婦㊄，略之也。其不日，數渝㊅，惡之也。

【今註】㊀媵：音迎，陪嫁的女子。古禮，諸侯娶一國君之女，另兩個同姓國以庶出女陪嫁。㊁淺事：不重要的事。㊂辟要盟：避開想參加盟會的說法。陳侯娶衛女為夫人，魯女做陪嫁。魯國本意想參加齊侯、宋公的會盟，但不知能否參加，便派公子結以送媵為名，送女到鄄地，然後參加盟會。辟：避的古字。㊃輕事：指送媵。國重：國家大事，指參加盟會。無說：指以送女為名，即使不能參加盟會，別國也沒什麼可說的。㊄陳人之婦：陳侯夫人。㊅數渝：多次改變盟約。指冬季和下一年齊國多次背約伐魯。

【今譯】送陪嫁女，是不重要的事，不予記載。這次為什麼記呢？是為避開要參加盟會的說法。怎麼見得是這樣呢？送陪嫁女，是禮儀中較輕的。盟會是國家的大事。用送女成全大事別國就沒話說了。經文記「陳人之婦」，是為省略。不記日期，是因為盟約多次改變，對此憎恨。

㈣【經】夫人姜氏如莒。

【傳】婦人既嫁，不踰竟㊀。踰竟非正也。

【今註】㊀竟：境的古字。國境。

【今譯】女人已經出嫁，就不能再過國境。過國境是非禮的。

(五)經 冬，齊人、宋人、陳人伐我西鄙。

傳 其曰鄙㊀，遠之也。其遠之何也？不以難邇我國也㊁。

【今註】㊀鄙：邊邑。即邊疆地區。㊁邇：近。

【今譯】經文記邊疆地區，表明很遠。為什麼說遠呢？不讓戰事接近魯的國都。

莊公二十年（公元前六百七十四年）

(一)經 二十年，春，王二月，夫人姜氏如莒。

傳 婦人既嫁不踰竟㊀，踰竟非正也。

【今註】㊀竟：境的古字。國境。

【今譯】女人已經出嫁，就不能再過國境。過國境（去莒國）是不對的。

(二)經 夏，齊大災。

傳 其志㊀，以甚也㊁。

【今註】㊀志：記。㊁以：因為。

【今譯】記載齊國火災，因為太嚴重。

㈢經 秋，七月㊀。

【今註】㊀一季無事，經文也記下首月。此經無傳。

【今譯】秋季，七月。

㈣經 冬，齊人伐我㊀。

【今註】㊀我：左傳作戎。此經無傳。

【今譯】冬季，齊國進攻魯國。

莊公二十一年（公元前六百七十三年）

㈠經 二十有一年，春，王正月㊀。

【今註】㊀此經無傳。

【今譯】二十一年，春，周曆正月。

(二)經　夏，五月，辛酉，鄭伯突卒㈠。

【今註】㈠突：鄭厲公名突。此經無傳。

【今譯】夏季，五月辛酉日，鄭厲公去世。

(三)經　秋，七月，戊戌，夫人姜氏薨。

傳　婦人弗目也㈠。

【今註】㈠目：地。見范寧注。文姜死在莒國，經文沒記死於莒。

【今譯】女人死不記地點。

(四)經　冬，十有二月，葬鄭厲公㈠。

【今註】㈠此經無傳。

【今譯】冬季，十二月，安葬鄭厲公。

莊公二十二年（公元前六百七十二年）

(一)經 二十有二年，春，王正月，肆大眚。

傳 肆㊀，失也。眚㊁，災也。災紀也㊂，失故也㊃，為嫌天子之葬也㊄。

【今註】㊀肆：放。這裏是赦免的意思。㊁眚：音省，罪過。㊂紀：治。㊃失故：赦免是有緣故的。㊄嫌：疑。文姜害桓公，有罪，可能是天子同意安葬她。

【今譯】肆是赦免的意思。眚是成災有罪的意思。有罪就要懲治，赦免要有緣故，可能是天子同意（大赦）安葬（文姜）吧。

(二)經 癸丑，葬我小君文姜。

傳 小君㊀，非君也。其曰君何也？以其為公配㊁，可以言小君也。

【今註】㊀小君：諸侯的夫人。㊁公：指魯桓公。配：配偶。

【今譯】小君，不是君。為什麼稱君？因為她是桓公的夫人，可以稱小君。

(三)經 陳人殺其公子御寇。

傳 言公子而不言大夫㊀，公子未命為大夫也。其曰公子何也？公子之重視大夫㈡，命以執公子。

【今註】㈠公子：陳宣公的兒子，名叫御寇。㈡公子之重視大夫：指大夫地位高於公子。

【今譯】稱公子而不稱大夫，因為公子沒命封為大夫。為什麼稱公子？大夫高於公子，（可以）下命令逮住公子。

㈣經 夏，五月㈠。

【今註】㈠五月：當為四月之誤。因為一季無事記首月，四月是夏季之首。此經無傳。

【今譯】夏季，五月。

㈤經 秋，七月，丙申，及齊高傒盟于防。

傳 不言公㈠，高傒伉也㈡。

【今註】㈠公：指莊公。不言公：指經文「及」字前省略了公字。㈡高傒：齊國的上卿。姜太公七世孫公子高的孫子，以祖父的字為氏。伉：匹敵，對等。傳者認為「及」字前加公字，就等於高傒和魯公平等了。

【今譯】不提莊公，（是怕）高傒跟莊公伉禮。

(六)經 冬，公如齊納幣。

傳 納幣㊀，大夫之事也。禮有納采㊁，有問名㊂，有納徵㊃，有告期㊄。四者備，而後娶，禮也。公之親納幣，非禮也，故譏之。

【今註】㊀納幣：向女方送聘禮。㊁納采：以雁為禮物送到女方家。這是訂婚嫁娶之禮的第一步。㊂問名：問女方的姓（因為同姓不婚），然後卜吉凶。㊃納徵：即納幣。㊄告期：定下婚期，告訴女方。據儀禮士昏禮云，古婚嫁之禮包括六道程序。穀梁氏只提四點，可能是時地不同，則大同小異。

【今譯】送聘禮，是大夫的事。古婚嫁之禮，有納采，有問名，有納徵，有告期，這四點完備，然後迎娶，才合乎禮。莊公親自送聘禮，不合於禮，所以譏刺他。

莊公二十三年（公元前六百七十一年）

(一)經 二十有三年，春，公至自齊㊀。

【今註】㊀至：諸侯出行，歸來告祭祖廟叫至。此經無傳。

【今譯】二十三年，春，莊公回國，告祭祖廟。

(二)經 祭叔來聘。

傳 其不言使何也？天子之內臣也㈠。不正其外交㈡，故不與使也。

【今註】㈠內臣：周朝王室的大臣，指經文中的祭叔，也是周王的卿。祭是他的氏，叔是排行，也是字。㈡不正其外交：祭叔來魯訪問，實際是搞不正當的外交活動。

【今譯】為什麼不稱使臣，他是天子王室內的大臣。搞不正當的外交活動，所以不給他使臣稱號。

㈢ 經 夏，公如齊觀社㈠。

【今註】㈠社：土神。這裏指祭祀土神。

【今譯】夏天，莊公到齊國觀看祭祀土神的儀式。

傳 常事曰視㈠，非常曰觀。觀，無事之辭也，以是為尸女也㈡。無事不出竟㈢。

【今註】㈠常事：平常例行的事，如朝拜天子、會盟諸侯等。㈡尸：主。女：已接受莊公聘禮的齊女。㈢竟：境的古字。國境。

【今譯】看平常事叫視，看非尋常事叫觀。這裏用觀字，表示沒事的意思，認為莊公這次主要為看齊女。沒事不能出國境。

(四) 經 公至自齊。

傳 公如往時㈠，正也。致月㈡，故也㈢。如往月㈣，致月，有懼焉爾。

【今註】㈠如往：到……去，指出行。時：季。這裏指記下季節。㈡致月：歸國時記下月份。致：通至，出行歸國後告祭祖廟。㈢故：老規矩。㈣月：記下月份。

【今譯】國君出行記載季節，是對的。歸國記下月份，是老規矩了。如果出行記載月份，歸來時也記月份，就是有令人害怕的事了。

(五) 經 荊人來聘㈠。

【今註】㈠楚國來魯訪問，說明它已由狄蠻之國進入到一般諸侯的行列了。

【今譯】楚王來魯國訪問。

傳 善累而後進之㈠。其曰人何也？舉道不待再㈡。

【今註】㈠進：進升。指地位提高了。㈡舉：提舉。再：二次。這句是說楚國的地位不能一下子提二次，又提升又封爵。

【今譯】積累善行，而後得到進升。為什麼稱人呢？地位不能二次提高。

(六)
經 公及齊侯遇于穀。

傳 及者，內為志焉爾㈠。遇者㈡，志相得也㈢。

【今註】㈠內：指魯。志：意願。㈡遇：臨時性會見。㈢相得：相投合。

【今譯】用及字，表明（這次會見）是魯國的意願。用遇字，表示互相意見一致。

(七)
經 蕭叔朝公。

傳 微國之君，未爵命者㈠。其不言來，於外也㈡。朝於廟，正也。於外，非正也。

【今註】㈠未爵命：沒有得到天子的任命加封。㈡外：國都以外的地方。這次蕭國國君朝見莊公是在穀地。

【今譯】小國的國君，沒得到天子任命加封。不說來，是因為在魯都以外的地方。在祖廟朝見是對的。在外邊，不合於禮。

(八)
經 秋，丹桓宮楹。

傳 禮，天子諸侯黝堊㈠，大夫倉㈡，士黈㈢。丹楹㈣，非禮也。

【今註】㈠黝：淡黑色。堊：白土。指壁上刷白土。㈡倉：通蒼，青色。㈢黈（音ㄊㄡˇ）：黃色。㈣丹：塗紅色。楹：廟前的楹柱。這句是說，莊公給父親桓公廟前的楹柱塗紅色。

【今譯】按禮，天子諸侯廟前的楹柱塗淡黑色，壁上刷白土。大夫廟前的楹柱塗青色，士人廟前楹柱塗黃色。塗紅色是不合乎禮的。

(九)經 冬，十有一月，曹伯射姑卒㈠。

【今註】㈠射姑：曹莊公的名。此經無傳。

【今譯】冬季，十一月，曹莊公去世。

(十)經 十有二月，甲寅，公會齊侯于扈㈠。

【今註】㈠扈：齊國地名。此經無傳。

【今譯】十二月甲寅日，莊公和齊侯在扈地會見。

莊公二十四年（公元前六百七十年）

(一)經　二十有四年，春，王三月，刻桓宮桷。

傳　禮，天子之桷㊀，斲之礱之㊁，加密石焉㊂。諸侯之桷，斲之礱之。大夫斲之，士斲本㊃。刻桷㊄，非正也。夫人，所以崇宗廟也㊅。取非禮與非正，而加之於宗廟，以飾夫人㊆，非正也。刻桓宮桷㊇，丹桓宮楹㊈，斥言桓宮以惡莊公也㊉。

【今註】㊀桷：房椽子。這裏指廟的椽木。㊁斲：砍。礱：磨。（礱，音龍。）㊂密石：細石。㊃士斲本：士人廟的椽木砍去樹根就是了。本：根。㊄刻桷：椽木上雕刻花。㊅崇：重，重視。㊆以飾夫人：（莊公）修飾宮廟，是為迎娶夫人。㊇刻桓宮桷：給桓公廟的椽木刻花。宮：廟。㊈丹桓宮楹：給桓公廟前的楹柱塗紅色。㊉斥：指。

【今譯】按禮，天子廟的椽木，砍削後要磨，還要用細石磨。諸侯廟的椽木，砍削後要磨光。大夫的砍了就可以。士人的祇消砍去樹根就可以。椽木上刻花是不合乎禮的。人都重視宗廟建築。如果用不合乎禮、不正確的做法修建宗廟，用裝飾的宗廟迎娶夫人，就不對了。給桓公廟椽木刻花，給桓公廟的楹柱塗紅色，指言桓宮，是用以表示對莊公憎恨。

(二)經　葬曹莊公㊀。

【今註】㈠此經無傳。

【今譯】安葬曹莊公。

㈢經 夏，公如齊迎女。

傳 親迎，恒事也㈠，不志㈡。此其志何也？不其正親迎於齊也。

【今註】㈠恒：常。㈡志：記。

【今譯】親自迎親是常事，不必記載。這次為什麼記載呢？認為（莊公）到齊國親自迎娶是不對的。

㈣經 秋，公至自齊。

傳 迎者，行見諸㈠，舍見諸㈡。先至㈢，非正也。

【今註】㈠諸：之，代女方乘的車。㈡舍：止。㈢至：回國告祭祖廟。

【今譯】迎親時，行時要看著女方的車，停下來時也看著女方的車。先回國告祭祖廟是不對的。

㈤經 八月，丁丑，夫人姜氏入。

傳 入者，內弗受也㈠。日入㈡，惡入者也㈢。何用不受也㈣？以宗廟弗受也。其以宗廟弗受何也？娶仇人子弟㈤，以薦舍於前㈥，其義不可受也。

【今註】㈠內弗受：魯國不願接受。㈡日入：記載進入的日期。㈢惡：憎恨。㈣用：由。㈤仇人子弟：齊襄公女兒。齊襄公害了莊公的父親，故為仇人。㈥薦：獻。舍：放置。

【今譯】用入字，表示魯國不願接受。記下進入的日期，表示憎惡她進入。為什麼不願接受呢？因為祖廟不接受。為什麼祖廟不接受呢？娶仇人的女兒，把她進獻放到祖廟前，按正義是不可接受的。

㈥經 戊寅，大夫宗婦覿㈠，用幣㈡。

【今註】㈠宗婦：同姓大夫的夫人。覿：音敵，相見。㈡用幣：用幣做見面的禮物。幣：指玉、帛之類。

【今譯】戊寅這天，同姓大夫的夫人和君夫人見面，拿玉、帛等做禮物。

傳 覿，見也。禮，大夫不見夫人，不言及不正㈠。其行婦道，故列數之也㈡。男子之贄㈢，羔雁雉腒㈣。婦人之贄，棗栗鍛脩㈤。用幣，非禮也。用者，不宜用者也。大夫，國體也㈥，而行婦道，惡之，故謹而日之也。

【今註】㊀不言及不正：不用「及」字不對。穀梁氏誤認為經文的意思是，大夫和同姓大夫的夫人都跟新娶的君夫人見面，所以他認為在「大夫」和「宗婦」之間要用及字。㊁列：分。㊂贄：初次見面的禮物。㊃腒：鳥類的乾脯。㊄鍛脩：指肉切斷後加桂皮等做的臘肉。鍛：通斷。㊅體：部分。

【今譯】覿是見面的意思。禮規定，大夫不必見君夫人。經文不用及字不對。既然大夫行婦人之禮道，就分別說說見面之禮。男人的初次見面禮，是羔羊、大雁、野雞、鳥肉之類。女人的初次見面禮物，是棗、栗子、臘肉之類。用玉、帛做見面禮，不合於禮。用，是不該用的意思。大夫是國的一部分，卻行婦人之禮。憎惡這種做法，所以慎重地記下日期。

(七)經 大水㊀。

【今註】㊀此經無傳。

【今譯】發大水。

(八)經 冬，戎侵曹，曹羈出奔陳㊀。

【今註】㊀曹羈：人名。杜預以為是曹國太子，公羊傳認為是曹國大夫。不詳其確。此經無傳。

【今譯】冬季，戎人侵略曹國，曹羈跑到陳國避難。

(九)經 赤歸于曹。郭公。

傳 赤蓋郭公也㈠，何為名也？禮，諸侯無外歸之義，外歸，非正也。

【今註】㈠赤：曹僖公的名。曹羈跑了，赤回國為君。郭公：人名。穀梁氏以為和赤是一個人。

【今譯】赤大概就是郭公。為什麼稱他名？按禮，諸侯沒有從外國歸來之禮，外歸是不對的。

莊公二十五年（公元前六百六十九年）

(一)經 二十有五年，春，陳侯使女叔來聘。

傳 其不名何也㈠？天子之命大夫也。

【今註】㈠不名：不稱名。指對女叔，女（音汝）是氏，叔是字。女叔是陳國大夫。

【今譯】為什麼不稱名？因為是天子命封的大夫。

(二)經 夏，五月，癸丑，衛侯朔卒㈠。

【今註】㈠朔：衛惠公的名。此經無傳。

【今譯】夏季，五月癸丑日，衛惠公去世。

㈢ 經 六月，辛未，朔，日有食之。

傳 言日言朔㈠，食正朔也㈡。鼓㈢，用牲於社㈣。鼓，禮也。用牲，非禮也。天子救日，置五麾㈤，陳五兵五鼓。諸侯置三麾，陳三鼓三兵。大夫繫門，士繫柝㈥，言充其陽也。

【今註】㈠朔：每月初一這天稱朔日。㈡食：通蝕。㈢鼓：動詞，敲鼓。㈣用牲於社：殺牲祭土神。社：土神。㈤置五麾：立五面旌旗。麾：指揮軍隊作戰的旗子。㈥柝：梆子。

【今譯】經文記日子記朔，日蝕正發生在朔日。敲鼓、殺牲祭土神。敲鼓，合於禮。殺牲就不合禮了。天子救日頭，立五面旌旗，陳列五種兵器，擊五色鼓。諸侯立三面旗，陳列三種兵器、敲三色鼓。大夫救日頭時拍擊大門，士人敲梆子。說是用這些充實陽氣。

㈣ 經 伯姬歸于杞㈠。

【今註】㈠伯姬：魯莊公長女，嫁給杞國國君當夫人。

【今譯】伯姬嫁到杞國。

傳 其不言逆何也㈠？逆之道微㈡，無足道焉爾。

【今註】㊀逆：迎。指迎親的人。㊁道：說。微：微賤。指官位不高。

【今譯】為什麼不提迎親的人，迎親的人說起來官位不高，不值得說罷了。

(五)經 秋，大水。鼓、用牲於社、於門。

傳 高下有水災曰大水㊀。既戒鼓而駭眾㊁，用牲可以已矣㊂。救日以鼓兵㊃，救水以鼓眾㊄。

【今註】㊀下：低。㊁戒鼓：為警戒敲鼓。駭眾：驚起眾人，讓大家避開。㊂用牲可以已矣：可以不殺牲。已：止。㊃鼓兵：敲鼓，敲兵器。㊄鼓眾：敲鼓驚眾。

【今譯】高處低處都有水災叫大水。為警戒，敲鼓驚起眾人，好避開大水，殺牲就不必了。用敲鼓敲兵器救日頭，用敲鼓驚眾救水。

(六)經 冬，公子友如陳㊀。

【今註】㊀公子友：莊公的同母弟，又叫季友。此經無傳。

【今譯】公子友到陳國去。

莊公二十六年（公元前六百六十八年）

(一)經 二十有六年，春，公伐戎㈠。

【今註】㈠此經無傳。

【今譯】二十六年，春，莊公攻伐戎人。

(二)經 夏，公至自伐戎㈠。

【今註】㈠至：外出歸來，告祭祖廟。

【今譯】夏天，莊公伐戎歸來，告祭祖廟。

(三)經 曹殺其大夫。

傳 言大夫而不稱名姓，無命大夫也㈠。無命大夫而曰大夫，賢也。為曹羈㈡，崇也㈢。

【今註】㈠無命大夫：沒有得到天子任命加封的大夫。㈡曹羈：即莊公二十四年逃到陳國的曹羈。㈢崇：尊重。

【今譯】稱大夫不稱姓名，是個沒得到天子命封的大夫。沒得命封的大夫卻稱大夫，是因為他賢德。是曹羈，尊重他。

(四)經 秋，公會宋人、齊人伐徐㊀。

【今註】㊀徐：國名，在今安徽泗縣西北。此經無傳。

【今譯】秋季，莊公會合宋國、齊國攻伐徐國。

(五)經 冬，十有二月，癸亥，朔，日有食之㊀。

【今註】㊀食：通蝕。此經無傳。

【今譯】冬，十二月癸亥日，初一，日蝕。

莊公二十七年（公元前六百六十七年）

(一)經 二十有七年，春，公會杞伯姬于洮㊀。

【今註】㊀洮：魯國地名。此經無傳。

【今譯】二十七年春，莊公在洮地和杞伯姬會面。

(二)經 夏，六月，公會齊侯、宋公、陳侯、鄭伯，同盟于幽。

傳 同者，有同也，同尊周也㊀。於是而後授之諸侯也。其授之諸侯何也？齊侯得眾也㊁。桓會不致㊂，安之也。桓盟不日㊃，信之也。信其信，仁其仁㊄。衣裳之會十有一㊅，未嘗有歃血之盟也㊆，信厚也。兵車之會四㊇，未嘗有大戰也，愛民也。

【今註】㊀同尊周：共同尊崇周天子。指齊桓公率領諸侯朝周。㊁齊侯得眾：齊桓公得到眾人擁戴。㊂桓會不致：桓公會盟不必祭祖。致：通至，告祭祖廟。㊃桓盟不日：桓公會盟不必記載日期。㊄仁其仁：感戴桓公的仁德。㊅衣裳之會：指諸侯們友好性的集會。㊆歃（音煞）血：古代訂盟時的一種儀式，殺牲，參加盟會的人每人含一口血以示心誠不變。㊇兵車之會：諸侯們率領軍隊參加的盟會。

【今譯】用同字，表示共同的意思。齊桓公率領諸侯共同尊奉周天子。這之後得到了諸侯盟主的稱號。這是為什麼？齊侯得到眾諸侯擁戴。桓公會盟不必祭祖，大家感到安全。桓公會盟不必記日期，大家講誠信。相信桓公的真誠，感戴桓公的仁德。齊桓公主持的衣裳之會十一次，沒有歃血結盟，因為純粹真誠。齊桓公主持兵車之會四次，沒有打過大戰，因為愛百姓。

(三) 經 秋，公子友如陳，葬原仲。

傳 言葬不言卒㊀，不葬者也。不葬而曰葬，諱出奔也㊁。

【今註】㊀言葬不言卒：記安葬不記載去世。指對陳國大夫原仲只記了安葬。㊁諱出奔：避諱說公子友逃到陳國，就繞個彎兒說他去陳參加原仲的葬禮。

【今譯】記安葬沒記死，是因為（對外國大夫）不該記安葬。不該記安葬卻記了，是避諱說魯公子出逃。

(四) 經 冬，杞伯姬來㊀。

【今註】㊀伯姬：莊公長女。嫁給杞君回來省親。此經無傳。

【今譯】冬天，杞伯姬來到魯國。

(五) 經 莒慶來逆叔姬㊀。

【今註】㊀莒慶：莒國大夫。逆：迎。叔姬：魯莊公女，嫁給莒慶。

【今譯】莒慶來魯國迎娶叔姬。

傳 諸侯之嫁子於大夫，主大夫以與之㊀。來者接內也㊁。不正其接內，故不與夫婦之稱也。

【今註】㊀主大夫以與之：主婚大夫把嫁女送到邊境。㊁來者接內：來迎親的人到魯國接娶。

【今譯】諸侯嫁女給別國大夫，要由主婚大夫把嫁女送到邊境。迎親的人到魯國迎娶，這是不對的，所以不以夫婦稱呼。

(六) 經 杞伯來朝㊀。

【今註】㊀杞伯：杞國國君。此經無傳。

【今譯】杞國國君來魯朝見。

(七) 經 公會齊侯于城濮㊀。

【今註】㊀城濮：地名，在今山東范縣。此經無傳。

【今譯】莊公在城濮會見齊侯。

莊公二十八年（公元前六百六十六年）

(一) 經 二十有八年，春，王三月，甲寅，齊人伐衛，衛人及齊人戰，衛人敗績。

傳 於戰與伐，安戰也？戰衛。戰則是師也㊀，其曰人何也？微之也㊁。何為微之也？今授之諸侯㊂，而後有侵伐之事，故微之也。其人衛何也？以其人齊，不可不人衛也。衛小齊大，其以衛及之何也㊃？以其微之，可以言及也。其稱人以敗何也？不以師敗於人也。

【今註】㊀是師：這就是軍隊。㊁微之：輕視它。㊂今授之諸侯：給了它諸侯之長的稱號。之：代齊國。㊃以衛及之何也：為什麼說衛人及齊人？春秋經記事的義例是，「及」字前是大者或尊者。衛國小，為什麼在「及」字前？

【今譯】攻伐與作戰在什麼地方？在衛國作戰。作戰就是軍隊，為什麼稱人呢？表示輕視它。為什麼輕視它？給了它諸侯之長的稱號，隨後就有攻伐侵略別國的事，所以輕視它。為什麼對衛國稱人？因為稱齊人，就不能不稱衛人。衛國小齊國大，那為什麼記衛人及齊人？因為輕視齊國，可以記「及齊人」。敗了稱人是為什麼？不願說軍隊被人打敗，（所以敗了不稱師）。

㈡經 夏，丁未，邾子瑣卒㊀。

【今註】㊀瑣：邾國國君的名。此經無傳。

【今譯】夏季，四月丁未日，邾子瑣去世。

㈢經 秋，荊伐鄭。公會齊人、宋人救鄭。

傳 荊者，楚也。其曰荊，州舉之也㈠。善救鄭也。

【今註】㈠州舉之：以州名稱它。楚國地處荊州一帶。舉：稱。

【今譯】荊就是楚國。稱楚國為荊，是用州名稱呼它。救鄭國是好事。

(四)

經 冬，築微。

傳 山林藪澤之利㈠，所以與民共也。虞之㈡，非正也。

【今註】㈠藪：湖澤的通稱。㈡虞：虞人，主管山林湖澤的官員。穀梁氏認為山林湖澤的利益應該大家共同享用。在微地築城牆，設置管山林的官員，就是不與民共用。

【今譯】山林湖澤的利益，要跟百姓同享用。設置虞人是不對的。

(五)

經 大無麥、禾。臧孫辰告糴于齊。

傳 大者㈠，有顧之辭也㈡。於無禾及無麥也。國無三年之畜㈢，曰國非其國也。一年不升㈣，告糴諸侯㈤。告，請也。糴，糴也，不正。故舉臧孫辰以為私行也㈥。國無九年之畜，曰不足。無六年之畜，曰急。無三年之畜，曰國非其國也。諸侯無粟，諸侯相歸粟，正也。臧孫辰告糴於齊，告然後與之，言內之無外交也㈦。古者稅什一㈧，豐年補敗㈨，不外求而上下皆足也。雖累凶年，民弗病也㈩。一年不艾而百姓饑㈡，君子非之。不言如㈢，為內諱也。

【今註】㈠大：嚴重。大無麥禾，指糧食嚴重歉收。㈡顧：依范寧解，待也。麥子歉收，待到禾出苗也不見長，可見很嚴重。㈢畜：通蓄。㈣不升：不豐收。升：成熟。㈤告糴諸侯：向諸侯請求借糧。糴：音敵，買糧。後文同此。㈥臧孫辰：魯卿，字叫文仲，故又稱臧文仲。私行：以私人身分行動。㈦內：指魯國。無外交：沒有搞好外交。㈧稅什一：什分抽一的稅率。㈨補敗：補救荒年。㈩病：困苦。㈡艾：通刈，收穫。㈢動詞，到……去。穀梁氏認為，如果經文記「臧孫辰如齊告糴」，那就顯出魯國去求救了。

【今譯】大是有所待的意思。沒有長苗，沒收到麥子。國家沒有三年的儲備糧，就可以說不成其為國了。（魯國）一年歉收，就向諸侯請求借糧。告是請的意思。糴是買糧的意思。這不對。所以經文記臧孫辰以私人身分活動。國家沒有九年的儲備糧，叫不足。沒有六年儲備糧，叫危急。沒有三年儲備糧，就可以說不叫個國家了。諸侯沒有糧食，別的諸侯就給它糧，這是正常的。臧孫辰向齊國請求借糧，然後齊國才給，這是說魯國沒搞好外交關係。古時抽十分之一的農業稅，用豐年補救荒年，不必向外求援，上上下下就足夠了。即使接連荒年，百姓也不困苦。（如今魯國）一年歉收百姓就挨餓，君子認為這不對。經文不用「如」字，是避諱說魯國到外國求救。

莊公二十九年（公元前六百六十五年）

(一)經　二十九年，春，新延廄。

傳　延廄者㈠，法廄也㈡。其言新，有故也㈢。有故，則何為書也㈣？古之君人者，必時視民之所勤㈤。民勤於力，則功築罕㈥。民勤於財，則貢賦少。民勤於食，則百事廢矣㈦。冬，築微㈧。春，新延廄，以其用民力為已悉矣㈨。

【今註】㈠延廄：蓋馬棚。廄：馬棚。延是馬棚的名。㈡法：按規定。㈢故：舊。㈣書：記載。㈤民之所勤：百姓的憂患。勤：苦。㈥功築罕：減少營築之類的事。功：通工，事。㈦百事：指祭祀等各種禮儀。㈧築微：指頭一年冬在微地築城。㈨悉：全，盡。

【今譯】延廄，是按規定蓋的馬棚。稱其新，表明有舊的。有舊馬棚，為什麼這次還記？古時的人君，一定時時關注百姓的憂患。百姓在體力上太苦了，就減少營築之類的事。百姓在財力方面太苦，就少收貢賦。百姓在吃的方面太苦，就廢除一些禮儀。去冬，修微城。今春，蓋新馬棚，為此民力已經用盡了。

(二)[經]夏，鄭人侵許㊀。

【今註】㊀此經無傳。

【今譯】夏天，鄭國侵略許國。

(三)[經]秋，有蜚㊀。

【今註】㊀蜚：食稻花的小飛蟲。

【今譯】秋季，出現了蜚蟲。

[傳]一有一亡曰有㊀。

【今註】㊀亡：通無。

【今譯】對時有時無的才強調有。

(四)[經]冬，十有二月，紀叔姬卒㊀。

【今註】㊀叔姬：莊公女，嫁給紀國大夫。

【今譯】冬季，十二月，紀叔姬去世。

(五)經 城諸及防。

傳 可城也㈠，以大及小也㈡。

【今註】㈠可城：指冬季無農事，可以築城。㈡大：指諸邑。小：指防邑。諸邑比防邑大，都是魯國的。

【今譯】（冬季）可以修築城邑，由大邑到小邑。

莊公三十年（公元前六百六十四年）

(一)經 三十年，春，王正月㈠。

【今註】㈠此經無傳。

【今譯】三十年，春天，周曆正月。

(二)經 夏，師次于成。

傳 次㈠，止也，有畏也，欲救鄣而不能也㈡。不言公㈢，恥不能救鄣也。

【今註】㈠次：臨時駐紮。㈡鄣：紀國邑名。紀國雖已被滅，但紀季還保有二邑，齊侵魯救，魯畏齊，所以在成地（魯地）停下來。㊂不言公：莊公領兵救郕，但經文中沒提莊公。

【今譯】次是停止不前的意思，有所畏懼，想救郕邑卻又不能。不提莊公，是為他不能救助郕邑而感到恥辱。

㈢ 經 秋，七月，齊人降鄣。

傳 降猶下也㊀。鄣，紀之遺邑也㊁。

【今註】㊀降：降伏，使……降伏。㊁遺：留。

【今譯】降，就如同攻下。鄣是紀國保留下的城邑。

㈣ 經 八月，癸亥，葬紀叔姬。

傳 不日卒而日葬㊀，閔紀之亡也㊁。

【今註】㊀日卒：說下死的日期。日葬類此。㊁閔：憐恤，憐念。

【今譯】不記（叔姬）死的日子，卻記下安葬日期，是憐念紀國的滅亡。

㈤ 經 九月，庚午，朔㊀，日有食之㊁，鼓、用牲於社㊂。

【今註】㊀朔：初一日。㊁食：通蝕。㊂社：土神。此經無傳。

【今譯】九月庚午日，初一，出現日蝕。在土地廟裏擊鼓、殺牲祭神。

(六)經 冬，公及齊侯遇于魯濟。

傳 及者，內為志焉爾㈠。遇者㈡，志相得也㈢。

【今註】㈠內：指魯國。志：心意，心願。㈡遇：臨時性會見。㈢相得：相投合。

【今譯】用及字，表示這次會見是魯公的意願。用遇字，表示雙方心意投合。

(七)經 齊人伐山戎。

傳 齊人者，齊侯也㈠。其曰人何也？愛齊侯乎？山戎也㈡。其愛之何也？桓內無因國㈢，外無從諸侯㈣，而越千里之險，北伐山戎，危之也。則非之乎？善之也。何善乎爾？燕㈤，周之分子也。貢職不至㈥，山戎為之伐矣。

【今註】㈠齊侯：指齊桓公。㈡山戎：戎人的一支。左傳和國語都有齊桓公北伐山戎的記載。㈢內無因國：沒有國家提供山戎內部的形勢。因：憑借。㈣無從諸侯：沒有隨從他（指桓公）攻打山戎的諸侯。㈤燕：國名。周武王封太保召康公的後人在燕地，建立了燕國，因此說燕是周的分支。㈥貢職不至：指山戎不向燕國納貢獻職。

【今譯】齊人指的是齊侯。為什麼稱齊人呢？是愛憐他嗎？在伐山戎這件事上，為什麼愛憐他呢？桓公這次行動，沒有國家向他提供山戎內部的情況，外邊也沒有隨從他攻伐的，越過千里艱險，往北討伐山戎，是很難的。那麼，非難他嗎？認為他做得好。為什麼說他做得好？燕是周的子孫建立的，山戎不向它納貢稱臣。山戎應該被討伐。

莊公三十一年（公元前六百六十三年）

㈠經 三十有一年，春，築臺于郎㊀。

【今註】㊀郎：魯南郊的一座小城。

【今譯】三十一年，春，在郎地修建高臺。

㈡經 夏，四月，薛伯卒㊀。

【今註】㊀薛伯：薛國國君。此經無傳。

【今譯】夏季，四月，薛伯去世。

㈢經 築臺于薛㊀。

【今註】㊀此經無傳。此薛為邑名，不詳其所在。

【今譯】在薛地修建高臺。

(四)經 六月，齊侯來獻戎捷。

傳 齊侯來獻捷者㊀，內齊侯也㊁，不言使。內與同，不言使也。獻戎捷。軍得曰捷，戎菽也㊂。

【今註】㊀捷：指戰利品。齊侯把攻打山戎獲得的戰利品送到魯國，獻到周公廟上。㊁內齊侯：把齊侯看做是內部（自己的）人。㊂戎菽：胡豆。菽：豆類。

【今譯】齊侯來魯國獻戰利品，把齊侯看做內部人，不用「使」字。對內部同一國的人，不用「使」字。獻上攻伐山戎所得的戰利品。打仗獲得的叫戰利品。（這次送來的）是胡豆。

(五)經 秋，築臺于秦。

傳 不正。罷民三時㊀，虞山林藪澤之利㊁。且財盡則怨，力盡則懟㊂，君子危之，故謹而志之也。或曰㊃，倚諸桓也㊄，桓外無諸侯之變㊅，內無國事，越千里之險，北伐山戎，為燕辟地㊆。魯外無諸侯之變，內無國事，一年罷民三時，虞山林藪澤之利。惡內也㈧。

【今註】㈠罷民三時：三季讓百姓疲憊地服勞役。指春季在郎築臺，夏季在薛築臺，秋季又在秦地築臺。罷：通疲。時：季節。㈡虞山林藪澤之利：獨享山林湖澤的利益。虞：主管山林的官員。藪：湖澤的通稱。㈢懟：音對，怨恨。㈣或：有的，有人。㈤倚諸桓：緊靠齊桓公。指齊魯二個相鄰。㈥外無諸侯之變：沒有外國騷擾。㈦辟地：開闢土地。辟：闢的古字。㈧內：指魯莊公。

【今譯】（在秦地修高臺）是不對的。一年三季讓民疲憊地服勞役，又獨享山林湖澤的利益。況且財貨刮盡了，百姓會產生怨恨，體力用盡也會生怨恨，君子認為這很危險，所以慎重地記下這些事。有人說，魯國緊靠齊國，齊桓公外沒有諸侯騷擾，國內也太平無事，越過千里險路，往北攻伐山戎，為燕國開闢土地。而魯國外邊也沒有諸侯騷擾，內部太平無事，一年三季讓民疲憊不堪，還獨享山林湖澤的利益。憎恨莊公呵。

㈥經　冬，不雨㈠。

【今註】㈠周曆的冬季相當於夏曆的八、九、十月，沒有雨是反常現象。

【今譯】冬季沒有雨。

莊公三十二年（公元前六百六十二年）

(一)經 三十有二年，春，城小穀㈠。

【今註】㈠小穀：范寧認為小穀是魯邑。左傳認為是齊邑，並說齊桓公在小穀為管仲修城。

【今譯】三十二年，春季，在小穀修建城牆。

(二)經 夏，宋公、齊侯遇于梁丘。

傳 遇者㈠，志相得也㈡。梁丘在曹邾之間，去齊八百里㈢，非不能從諸侯而往也㈣。辭所遇㈤，遇所不遇㈥，大桓公也㈦。

【今註】㈠遇：臨時性的會見。㈡相得：相投合。㈢去：離。㈣從諸侯：讓諸侯跟從。指八百里地段的諸侯都可以隨同前往。㈤所遇：指途中經過的諸侯國。㈥所不遇：指途中不經過的宋國。㈦大：排行第一。指諸侯之頭領。

【今譯】用遇字，表示雙方意見一致。梁丘在曹國和邾國中間，距離齊國八百里。桓公不是不能讓諸侯跟從他前往。他辭謝了途中遇見的，會見了宋公。因為齊桓公是諸侯的頭領。

(三)經 秋，七月，癸巳，公子牙卒㊀。

【今註】㊀公子牙：又稱叔牙，莊公弟。他的後人稱叔孫氏。

【今譯】秋季，七月癸巳日，公子牙去世。

(四)經 八月，癸亥，公薨于路寢。

傳 路寢㊀，正寢也。寢疾居正寢㊁，正也。男子不絕於婦人之手㊂，以齋終也㊃。

【今註】㊀路寢：天子的正寢，也叫大寢。上古天子有六寢，一處叫正寢，或路寢，另五處是燕寢。齋戒或有病時住正寢。㊁寢疾居正寢：有病睡在正寢。㊂男子不絕於婦人之手：這是儀禮既夕禮篇中的一句，是說男子漢不能死於女色。㊃齋終：潔身而死。

【今譯】路寢是天子的正寢。有病時睡在正寢是對的。男人不能死於女色，要潔身而死。

(五)經 冬，十月，乙未，子般卒。

傳 子卒日㊀，正也。不日㊁，故也。有所見則日㊂。

【今註】㊀子：莊公的太子，名般。即位兩個月就被叔父慶父殺害。因莊公還沒安葬，繼位者不能稱君，所以稱子。卒日：死了記日期。㊁不日：不記日期。㊂見：音現，顯示。為了顯示後來即位的是繼承了被弒君的君位，所以記子般死的日期。

【今譯】子般死了記日期是對的。不記是老規矩。這次為了有所顯示就記了日期。

(六)

經 公子慶父如齊。

傳 此奔也㊀。其曰如何也㊁？諱莫如深㊂。深則隱㊃。苟有所見㊄，莫如深也。

【今註】㊀奔：逃。莊公的大弟弟，名慶父，殺了繼位的太子，然後逃到齊。㊁如：動詞，到……去。㊂莫：沒有什麼。深：指重大。㊃隱：傷痛。㊄苟：如果。

【今譯】這是逃。為什麼用「如」字？沒有什麼忌諱像這麼重大。大就令人傷心。如果有人看到這件事，（就知道）沒有什麼像這麼重大呵。

(七)

經 狄伐邢㊀。

【今註】㊀邢：國名。此經無傳。

【今譯】狄人攻打邢國。

卷四　閔公

閔公元年（公元前六百六十一年）

㈠經元年，春，王正月。

傳繼弒君不言即位㊀，正也。親之非父也㊁，尊之非君也㊂，繼之如君父也者，受國焉爾。

【今註】㊀弒君：被弒的國君子般。按義例，君王繼位的第一年正月要記即位，而閔公元年沒記。㊁非父：閔公不是繼父親君位。子般是他的哥哥。㊂非君：對子般不能稱君王，因莊公還沒安葬。

【今譯】繼承被弒君王，不記載即位，是對的。論親，子般不是父，論地位，子般不是君。閔公繼承他就像繼承父位君位一樣，因為從他那接受了國家。

㈡經冬，齊人救邢。

傳善救邢也㊀。

【今註】㊀善：認為……好。

【今譯】認為齊桓公援救邢國是好事。

㈢經 夏，六月，辛酉，葬我君莊公。

傳 莊公葬而後舉謚㈠，謚所以成德也。於卒事乎加之矣。

【今註】㈠謚：古時諸侯或士大夫死後，根據他一生的事蹟，評定褒貶，給予的稱號。

【今譯】安葬莊公後才稱謚號，用來表彰他的德行。謚號是死後追加的。

㈣經 秋，八月，公及齊侯盟于洛姑。季子來歸。

傳 盟納季子也㈠。其曰季子，貴之也。其曰來歸，喜之也。

【今註】㈠盟：指齊魯洛姑（齊地名）之盟。納：讓……進入，即讓回國。季子：莊公弟，閔公叔。他在太子般被殺後，逃到陳國避難。

【今譯】齊魯結盟要接納季子回魯。稱季子是尊重他。說來歸，是高興他回國。

㈤經 冬，齊仲孫來。

傳 其曰齊仲孫㈠，外之也。其不目而曰仲孫㈡，疏之也。其言齊，以累桓也㈢。

【今註】㊀仲孫：左傳認為是齊國大夫。穀梁氏認為是魯國的仲孫，名慶父，莊公大弟弟，殺死子般後逃到齊國。㊁不目：指不把他看做公子。㊂累桓：牽連齊桓公，他收留了弒君的罪人（指公子慶父）。

【今譯】稱他齊仲孫，是把他看做外人。不把他看做公子，而稱他仲孫，是疏遠他。用「齊」字，表示牽連到齊桓公。

閔公二年（公元前六百六十年）

(一)經 二年，春，王正月，齊人遷陽㊀。

【今註】㊀陽：國名。齊國讓陽國人遷走，佔其地。此經無傳。

【今譯】二年，春，周曆正月，齊國讓陽國人遷走。

(二)經 夏，五月，乙酉，吉禘於莊公。

傳 吉禘者㊀，不吉者也。喪事未畢而舉吉祭㊁，故非之也。

【今註】㊀禘：大祭。莊公死三年，應舉行大祭，在祖廟裏立上牌位。㊁喪事未畢：可能指子般還沒安葬。范寧認為是莊公死還不滿三年（差四個月）。

【今譯】吉利的大祭，卻不吉利，是因為喪事沒完就舉行大祭，所以非難這做法。

(三) 經 秋，八月，辛丑，公薨。

傳 不地㊀，故也㊁。其不書葬㊂，不以討母葬子也㊃。

【今註】㊀不地：不記死的地方。閔公是在正寢的側門被仲孫慶父派的人殺害的。㊁故：緣故。㊂書葬：記載安葬。㊃討母：聲討母親。閔公母哀姜與慶父合謀害閔公。

【今譯】不記閔公死的地點，是有緣故的。不記載安葬，因為不能一邊聲討母親，一邊安葬兒子。

(四) 經 九月，夫人姜氏孫于邾。

傳 孫之為言猶遜也㊀，諱奔也。

【今註】㊀孫之為言遜：孫就是遜的意思。之為言：古註中聲訓的術語，表示它上下的詞音近義通。遜：遁逃。閔公母與慶父私通，害閔公，事發後逃到邾國。

【今譯】孫就是遜的意思，忌諱用奔字。

(五) 經 公子慶父出奔莒。

傳 其曰出，絕之也，慶父不復見矣㊀。

【今註】㊀不復見：不再出現。見：音現，後來寫作現。這句是說慶父再不能回國了。

【今譯】說出奔，是永絕之義，表示他再不能回國了。

㈥經 冬，齊高子來盟。

傳 其曰來，喜之也。其曰高子㊀，貴之也，盟立僖公也㊁。不言使何也？不以齊侯使高子也。

【今註】㊀高子：齊卿。依杜預註為高傒，姜太公的七世孫。㊁僖公：魯僖公，閔公弟，莊公的小兒子。高子來會盟，是商定立僖公為君。

【今譯】說來，是高興的意思。稱高子，是尊重他，因為來會盟，商定立僖公的事。為什麼不稱他使臣？他是自來，不是齊侯所派。

㈦經 十有二月，狄入衛㊀。

【今註】㊀此經無傳。

【今譯】十二月，狄人進入衛國。

㈧經 鄭棄其師。

傳 惡其長也㈠，兼不反其眾㈡，則是棄其師也。

【今註】㈠長：指時間久長。鄭文公討厭大夫高克，就派高克領兵駐守在黃河邊，長期不召回都。

㈡不反其眾：不讓眾兵返回都。反：返的古字。

【今譯】討厭那時間太長久，不讓兵眾返回都城，這就等於拋棄了他的軍隊。

卷五　僖　公

僖公元年（公元前六百五十九年）

(一)經元年，春，王正月。

傳繼弒君不言即位㈠，正也。

【今註】㈠弒君：被弒的君王，指閔公。

【今譯】繼承被殺的國君的君位，不記載即位，是對的。

(二)經齊師、宋師、曹師次于聶北，救邢。

傳救不言次㈠，言次，非救也。非救而曰救何也？遂齊侯之意也㈡。是齊侯與？齊侯也。何用見其是齊侯也㈢？曹無師，曹師者，曹伯也㈣。其不言曹伯何也？以其不言齊侯，不可言曹伯也。其不言齊侯何也？以其不足乎揚㈤，不言齊侯也。

【今註】㈠次：臨時駐紮，駐留。㈡遂：順。齊侯：齊桓公。㈢用：由。㈣曹伯：曹昭公。㈤揚：

稱揚。齊侯沒能救邢，故而不值得稱揚。

【今譯】說救就不能說次，說次，就不是救。不是救為什麼說救？是順應齊侯的意思。這次是齊侯率軍嗎？是齊侯。根據什麼看出是齊侯？曹國沒來軍隊，曹師是指曹伯。為什麼不稱曹伯？因為沒稱齊侯，就不能稱曹伯。為什麼不稱齊侯？因為他不值得稱讚宣揚，所以不稱齊侯。

㈢經 夏，六月，邢遷于夷儀。

傳 遷者，猶得其國家以往者也。其地㈠，邢復見也。

【今註】㈠其地：提出遷往的地名，指夷儀。

【今譯】遷，好像是得到了國家往那去的意思。提出遷往的地方，表示邢國又出現了。

㈣經 齊師、宋師、曹師城邢。

傳 是向之師也㈠。使之如改事然㈡，美齊侯之功也。

【今註】㈠是：指代在邢地築城的軍隊。向：先前。㈡改事：指由救邢改為在邢地築城。

【今譯】這些就是先前駐紮在聶北的三國軍隊，讓他們改做築城的事。（記載下來）是讚美齊侯的功勞。

㈤經 秋，七月，戊辰，夫人姜氏薨于夷，齊人以歸。

傳 夫人薨不地㊀。地，故也。不言以喪歸，非以喪歸也，加喪焉㊁。諱以夫人歸也，其以歸，薨之也。

【今註】㊀夫人薨：哀姜去世。哀姜是魯莊公夫人，齊桓公妹妹。她謀害兒子閔公，後逃到邾國。齊桓公從邾國接回姜氏，在夷地殺死。史記年表記有「齊桓公二十七年，殺女弟魯莊公夫人，淫故。」

㊁加喪：指先接哀姜回齊國，然後殺死。

【今譯】諸侯夫人死不記載地點，這次記夷地是有緣故的。不說把屍體送回國，因為沒把屍體送回國，是接哀姜回齊國，然後殺死的。忌諱齊人把夫人帶回國。回國後殺死的。

(六) 經 楚人伐鄭㊀。

【今註】㊀楚：經文稱楚國從這次開始。此經無傳。

【今譯】楚國攻伐鄭國。

(七) 經 八月，公會齊侯、宋公、鄭伯、邾人于檉㊀。

【今註】㊀檉：地名，在今河南淮陽縣西北。公羊傳作「朾」。此經無傳。

【今譯】八月，僖公和齊侯、宋公、鄭伯、邾人在檉地會盟。

(八)經 九月，公敗邾師于偃。

傳 不日，疑戰也㈠。疑戰而曰敗，勝內也㈡。

【今註】㈠疑戰：指沒有確定日期的作戰。㈡勝內：內勝。內：指魯國。

【今譯】不記載日期，因為是沒有確定日期的作戰。疑戰而說敗，是魯國勝了。

(九)經 十月，壬午，公子友帥師敗莒師于麗，獲莒挐。

傳 莒無大夫，其曰莒挐何也㈠？以吾獲之目之也。內不言獲㈡，此其言獲何也？惡公子之紿㈢。紿者奈何？公子友謂莒挐曰：「吾二人不相說㈣，士卒何罪？」屏左右而相搏㈤。公子友處下㈥，左右曰：「孟勞㈦。」孟勞者，魯之寶刀也。公子友以殺之。然則何以惡乎紿也？曰棄師之道也㈧。

【今註】㈠莒挐：莒國國君的弟弟，名叫挐（音如）。㈡內：指魯國。春秋經記魯國征戰，俘獲了人不予記載。㈢公子：即公子友，魯莊公的小弟弟。紿：欺騙。㈣不相說：不合。這裏指爭鬥。說：悅的古字。㈤屏：退。㈥處下：處於劣勢。㈦孟勞：刀名，魯國的寶刀。㈧棄師之道：拋棄作戰的道德（指暗刀傷人）。

【今譯】莒國沒有大夫。為什麼稱他莒挐？是從我們魯國俘獲他的角度來看他。魯國征戰不記俘獲，這次為什麼記？是憎恨公子友的欺騙行為。怎麼欺騙？公子友對莒挐說：「我二人打仗，士卒有什麼罪？」就叫士卒退下。二人搏鬥，公子友處於劣勢。身邊的人說：「孟勞。」孟勞是魯國的寶刀。公子友用刀殺死莒挐。如此，那麼為什麼憎恨欺騙呢？說是違背了打仗的道德。

(十)經 十有二月，丁巳，夫人氏之喪至自齊。

傳 其不言姜㊀，以其殺二子㊁，貶之也。或曰㊂：「為齊桓諱殺同姓也。」

【今註】㊀不言姜：指經文記「夫人氏」，中間省略了姜字。㊁二子：太子般和閔公。二人都是姜氏和慶父謀害的。㊂或：有的人。

【今譯】不用姜字，是因為夫人殺了兩個兒子，（不稱她的姓）為貶斥她。有的人說，是避諱說齊桓公殺了同姓姊妹。

僖公二年（公元前六百五十八年）

(一)經 二年，春，王正月，城楚丘。

傳 楚丘者何？衛邑也。國而曰城㊀，此邑也，其曰城何也？封衛也㊁。則其不言城衛何也？衛未遷也。其不言衛之遷焉何也？不與齊侯專封也㊂。其言城之者，專辭也。故非天子不得專封諸侯，諸侯不得專封諸侯。雖通其仁㊃，以義而不與也。故曰，仁不勝道㊄。

【今註】㊀城：修築城牆。㊁封衛：把衛國封在那裏。㊂與：贊同。專：擅，擅自。㊃通其仁：行仁，指閔公二年狄人滅衛，而齊桓公讓衛保留，在楚丘為衛修城。㊄道：道義。

【今譯】楚丘是什麼？是衛國的城邑。對國家來說是修城，這是小邑，怎麼說修城呢？是把衛國封在那裏。那為啥不說在衛修城？衛國沒有遷移。為什麼不說衛國遷移？不贊同齊桓公擅自封諸侯。說修城，是擅自的意思。不是天子不能擅自分封諸侯，諸侯不能擅自封諸侯。（齊桓公）即使行仁，根據義就不贊同他的做法。所以說，行仁不能背義。

(二)

經 夏，五月，辛巳，葬我小君哀姜㊀。

【今註】㊀小君：諸侯夫人稱小君。此經無傳。

【今譯】夏季，五月辛巳日，安葬君夫人哀姜。

(三)經　虞師、晉師滅夏陽。

傳　非國而曰滅，重夏陽也(一)。虞無師(二)，其曰師何也？以其先晉(三)，不可以不言師也。其先者何也？為主乎滅夏陽也。夏陽者，虞虢之塞邑也(四)，滅夏陽而虞虢舉矣(五)。虞之為主乎滅夏陽何也？晉獻公欲伐虢，荀息曰(六)：「君何不以屈產之乘(七)，垂棘之璧而借道乎虞乎(八)。」公曰：「此晉國之寶也。如受吾幣而不借吾道(九)，則如之何？」荀息曰：「以小國之所以事大國也。彼不借吾道，必不敢受吾幣。如受吾幣而借吾道，則是我取之中府而藏之外府，取之中廄而置之外廄也(一〇)。」公曰：「宮之奇存焉(一一)，必不使受之也。」荀息曰：「宮之奇之為人也，達心而懦(一二)，又少長於君(一三)。達心則其言略，懦則不能強諫，少長於君，則君輕之。且夫玩好在耳目之前，而患在一國之後，此中知以上乃能慮之(一四)。臣料虞君，中知以下也。」公遂借道而伐虢。宮之奇諫曰：「晉國之使者，其辭卑而幣重，必不便於虞(一五)。」虞公弗聽，遂受其幣而借之道。

宮之奇諫曰：「語曰『脣亡則齒寒』，其斯之謂與。」挈其妻子以奔曹。獻公亡虢㈥，五年而後舉虞㈦。荀息牽馬操璧而前曰：「璧則猶是也，而馬齒加長矣㈧。」

【今註】㈠夏陽：城名。是虢國的要害城邑。㈡虞：國名。㈢先晉：指排在晉國前邊。㈣塞：邊。指兩國邊上交界處。㈤舉：攻克，佔領。㈥荀息：人名，晉國大夫。㈦屈：晉國地名，盛產名馬。㈧垂棘：晉國地名，產美玉。借道乎虞：向虞國借路。晉、虞、虢三國相連，在今山西和陝西南部交界地帶。虞在晉國南部，虢國在虞西部，所以晉攻打虢國要向虞國借路才能過去。古有過邦借道之禮。㈨幣：禮物。指玉、帛、車、馬之類。㈩廄：馬棚。⑪宮之奇：人名。虞國大夫。存：在。⑫達心：心性明達。⑬少長於君：從小（在宮中）和國君一起長大。⑭中知：中等智慧。知：智的古寫。⑮便：利，利益。⑯亡：滅。⑰舉虞：攻佔了虞國。此與左傳有異。左傳云：「師還，館於虞，遂襲虞，滅虞。」⑱齒：年齡。馬一年長一齒，故以齒為年齡。

【今譯】不是國家而稱滅，是認為夏陽重要。虞國沒有軍隊（攻打夏陽），為什麼稱虞師？因為它排在晉師之先，所以不能不稱虞師。為什麼排在晉師前邊？因為它是滅夏陽的主要因素。夏陽，是虞虢交界處的一座城。夏陽被滅後，虞虢二國也就被攻克了。為什麼說虞是滅夏陽的主要因素？晉獻公要攻打虢國。荀息說：「為什麼不用屈地的馬和垂棘的玉向虞國借道？」獻公說：「這些是我們晉國的寶貝。如果虞接受了禮物，卻不借給我們道，那怎麼辦？」荀息說：「這有個小國尊奉大國的道理。它不借給我們道，肯定不敢接受我們的禮物。如果接受了我們的禮物，借給我們道，這就像我們從國內的府庫取出璧玉，放到國外的府庫，從國內馬棚牽出馬，放到國外馬棚一樣。」獻公說：「宮之奇在虞國。」荀息說：「宮之奇這個人，心性明達，可是懦弱，又和國君從小在一起，一塊長大。心性明達說話就簡約；性格懦弱就不能堅決進諫；從小和君王一起長大，君王就會輕視他。再說好東西就放在眼前，禍患是以後的事，這種情況，中等智慧以上的人才能考慮周全。我估計虞君是中等智慧以下的人。」獻公借路攻打虢國。宮之奇勸諫虞公說：「晉國派來的使臣，言語卑微，可帶的禮物豐厚，這肯定對虞國不利。」虞公不聽，接受了禮物，借路給晉國。宮之奇又勸諫說：「俗話說『脣亡齒寒』，指的就是這種情況呵。」他帶著妻兒逃到曹國避難。晉獻公滅了虢國，五年後佔領了虞國。荀息牽著馬，拿著璧玉走到獻公面前說：「璧玉還是這樣子，馬的年齡增長了。」

(四)經 秋，九月，齊侯、宋公、江人、黃人盟于貫。

傳 貫之盟㈠，不期而至者江人黃人也㈡。江人黃人者，遠國之辭也。中國稱齊宋㈢，遠國稱江黃，以為諸侯皆來至也。

【今註】㈠貫：地名，在今山東曹縣南。㈡期：約會。江：國名。江人指江國國君。黃：國名。㈢中國：中原的諸侯。稱：舉。

【今譯】貫地的盟會，沒約請就來的是江人黃人。記下江黃，表示遠方國家參加了。中原一帶的諸侯只舉齊宋，邊遠的舉出江黃二國，認為諸侯都到了。

(五)經 冬，十月，不雨。

傳 不雨者，勤雨也㈠。

【今註】㈠勤：指殷切盼望。

【今譯】記「不雨」，是殷切盼望下雨的意思。

(六)經 楚人侵鄭㈠。

【今註】㈠此經無傳。

【今譯】楚國侵略鄭國。

僖公三年（公元前六百五十七年）

(一)經 三年，春，王正月，不雨。

傳 不雨者㈠，勤雨也。

【今註】㈠周曆正月是夏曆十一月，不下雨正常。

【今譯】記「不雨」，是殷切盼望下雨的意思。

㈡經　夏，四月，不雨。

傳　一時言不雨者㈠，閔雨也㈡。閔雨者，有志乎民者也。

【今註】㈠時：季節。㈡閔雨：為缺雨而憂慮。閔：憂。

【今譯】記載一季不下雨，這是為缺雨而憂心哪。為缺雨而憂心，是為民著想呵。

㈢經　徐人取舒㈠。

【今註】㈠徐、舒：都是國名。此經無傳。

【今譯】徐國攻佔了舒國。

㈣經　六月，雨。

傳　雨云者，喜雨也。喜雨者，有志乎民者也㈠。

【今註】㈠有志乎民：為民考慮。乎：介詞。

【今譯】記下「雨」，是為得雨而心喜。為下雨而心喜，是為民著想呵。

(五)經 秋，齊侯、宋公、江人、黃人會于陽穀。

傳 陽穀之會㈠，桓公委端搢笏而朝諸侯㈡。諸侯皆諭乎桓公之志㈢。

【今註】㈠陽穀：齊國地名。㈡委端：禮服禮帽。委：黑色禮帽，也叫委貌。端：黑色整幅布做的禮服，也叫玄端。搢笏：插著笏板。搢（音進）：插。笏：也叫朝笏。是朝廷的大臣們插在衣帶上的狹長的板子，用來記事。上古時多用玉、象牙、魚骨、竹片等物製成。朝諸侯：讓諸侯朝拜。㈢諭：明白。

【今譯】陽穀這次盟會，齊桓公身著禮服、頭戴禮帽、插著笏板接受諸侯的朝拜。諸侯們都瞭解他的志向。

(六)經 冬，公子季友如齊莅盟。

傳 莅者位也㈠。其不日㈡，前定也。不言及者，以國與之也㈢。不言其人，亦以國與之也。

【今註】㈠莅：臨，臨位。陽穀之會，沒記魯僖公參加。實際是公子季友（魯莊公弟）到位與齊會盟了。㈡不日：不記日期。㈢與：音玉。參與，參加。

【今譯】莅是臨位的意思。不記日期，因為是先前確定的。不記「及」，因為是以國的名義參加的。不記參加會的人，也因為是以國的名義參加的。

(七)經 楚人伐鄭㈠。

【今註】㈠此經無傳。

【今譯】楚國攻伐鄭國。

僖公四年（公元前六百五十六年）

(一)經 四年，春，王正月，公會齊侯、宋公、陳侯、衛侯、鄭伯、許男、曹伯侵蔡。蔡潰。遂伐楚，次于陘。

傳 潰之為言上下不相得也㈠。侵，淺事也㈡。侵蔡而蔡潰。以桓公為知所侵也㈢，不土其地㈣，不分其民，明正也。遂，繼事也㈤。次㈥，止也。

【今註】㈠潰：散，亂。上下不相得：指君民不和。左傳云：「民逃其上曰潰」，義與之相同。㈡淺事：指較輕的軍事行動。㈢為知所侵：為蔡姬侵蔡。桓公愛夫人蔡姬。左傳載：「齊侯與蔡姬乘舟於囿，蕩公，公懼，變色；禁之，不可。公怒，歸之。未之絕也。蔡人嫁之。」㈣土其地：把別人的土地當做土地，即佔有別人土地。㈤繼：承，承接。㈥次：駐留，臨時駐紮。

【今譯】潰是指君民上下不合。侵略，是較輕的軍事行動。齊侵蔡，蔡軍潰散。因為桓公是為蔡姬侵蔡，不佔領蔡的土地，不要蔡的百姓，是光明正大的行動。遂是承接下一事的詞。次是停止駐留的意思。

㈡經夏，許男新臣卒。

傳諸侯死於國，不地㈠。死於外，地。死於師何為不地㈡？內桓師。

【今註】㈠不地：不記載地點。㈡死於師：死在軍隊中。許男是許國國君（男爵），隨同齊桓公等八國諸侯侵蔡伐楚。

【今譯】諸侯死在國內，不記載死的地方。如果死在國外，就記載死的地方。（許男）死在軍中為什麼不記載地點？是把桓公率領的軍隊看做國內了。

㈢經楚屈完來盟于師，盟于召陵。

傳楚無大夫，其曰屈完何也㈠？以其來會桓，成之為大夫也。其不言使，權在屈完也㈡。則是正乎？曰非正也。以其來會諸侯，重之也。來者何？內桓師也。于師，前定也。于召陵㊂，得志乎桓公也㊃。得志者，不得志也㊄，以桓公得志為僅矣㊅。屈完曰：「大國之以兵向楚何也？」桓公曰：「昭王南征不反㊆，菁茅之貢不至㊇，故周室不祭。」屈完曰：「菁茅之貢不至，則諾㊈。昭王南征不反，我將問諸江㊉。」

【今註】 ㊀屈完：楚國大夫。㊁權在屈完：決定權在屈完這兒。㊂召陵：地名，在今河南郾城縣東。㊃得志：達到目的。㊄不得志：指楚國難以制服，齊桓公達不到勝楚的目的。㊅僅：只。指桓公只能達到與楚國議和的目的。㊆昭王南征不反：周昭王到南方巡視沒返回國。昭王荒淫，不理國政，百姓恨他。他到楚國視察，過漢水時，百姓給他乘一隻用膠粘的船，一到江心，船毀人亡。反：返的古字。㊇菁茅：一種香草，楚地特產。菁茅草捆成捆兒，祭神時，把酒倒上，自然滲下去，象徵神飲了酒這叫縮酒。楚不繳納這種貢品，周王室就缺了祭祀縮酒的東西。㊈諾：承諾。承認罪過，並答應送去。㊉江：長江。漢水是長江支流。向江水責問，表示楚國對昭王的死沒有一點責任。

【今譯】 楚國沒有（天子命封的）大夫。稱他屈完是什麼意思？因為他來和桓公會盟，把他視為大夫。不稱他使臣，因為決定權在他這兒。那麼，這對嗎？不對。因為他來會盟諸侯，所以尊重他。來是什麼意思？是把他視為桓公軍隊內的人。軍中，是先前定的。在召陵會盟，桓公達到了（一定的）

目的。達到目的，（實際）是沒達到目的，因為桓公僅達到了會盟議和這麼點兒目的。屈完說：「貴國為什麼對楚用兵呢？」桓公說：「周昭王南行沒返回，楚地的貢品菁茅草不送到，致使周王室不能祭神。」屈完說：「菁茅草不送到，就答應送上。昭王南行沒返回，我們責問長江。」

㈣ 經 齊人執陳袁濤塗。

傳 齊人者，齊侯也。其人之何也？於是哆然外齊侯也㈠，不正其踰國而執也㈡。

【今註】㈠哆然：紛紛指責的樣子。㈡踰國而執：指齊侯到陳國抓袁濤塗。袁濤塗是陳國大夫，他不願供給齊軍糧草，騙齊軍取道東夷，齊侯大怒抓住他。

【今譯】齊人，指的是齊侯。為什麼稱他齊人？因為陳國人紛紛指責他，認為他越過國界抓人是不對的。

㈤ 經 秋，及江人、黃人伐陳。

傳 不言其人及之者何？內師也㈠。

【今註】㈠內師：魯國軍隊。實際是齊命魯跟江、黃二國一起攻伐陳國。

【今譯】為什麼不說「及」字前的人？是魯國軍隊。

(六)經 公至自伐楚。

傳 有二事偶，則以後事致㊀。後事小，則以先事致。其以伐楚致，大伐楚也㊁。

【今註】㊀致：通至。諸侯外出，回國後告祭祖廟叫至。㊁大：認為……大。僖公先參與伐楚，後伐陳。

【今譯】有兩件事，就拿後一件告祭祖廟。如果後一件事小，就拿前一件事告祖。（僖公）拿伐楚這件事告祭祖廟，認為伐楚是大事。

(七)經 葬許穆公㊀。

【今註】㊀許穆公：名新臣，男爵。此經無傳。

【今譯】安葬許穆公。

(八)經 冬，十有二月，公孫茲帥師會齊人㊀、宋人、衛人、鄭人、許人、曹人侵陳。

【今註】㊀公孫茲：魯莊公弟叔牙的兒子，魯國大夫。帥：通率，率領。此經無傳。

【今譯】冬季，十二月，公孫茲領兵會合齊、宋、衛、鄭、許、曹六國攻打陳國。

僖公五年（公元前六百五十五年）

(一)

經 五年，春，晉侯殺其世子申生。

傳 目晉侯斥殺㊀，惡晉侯也。

【今註】㊀晉侯：晉獻公，晉文公父。史載，獻公伐戎，娶戎女驪姬，生子名奚齊。驪姬欲讓奚齊為太子，便進讒獻公，殺害太子申生。斥：不詳。康熙字典亦不見此字。

【今譯】指斥晉侯殺太子，憎恨晉侯。

(二)

經 杞伯姬來朝其子。

傳 婦人既嫁不踰竟㊀，踰竟非禮也。諸侯相見曰朝。伯姬為志乎朝其子也㊁。伯姬為志乎朝其子，則是杞伯失夫之道矣。諸侯相見曰朝，以待人父之道，待人之子，非正也。故曰，杞伯姬來朝其子，參譏也㊂。

【今註】㊀竟：境的古字。古禮，出嫁他國的女子，如果不是歸寧省親、不是被休棄、不是亡國，就不能越境回娘家。㈡伯姬為志乎朝其子：伯姬想讓自己的兒子來魯朝見。伯姬：魯莊公女，嫁給杞成公。此時兒子十三歲，她攜子回魯是以朝魯的名義。朝其子：讓其子朝（魯）。㈢參譏：譏刺三件事。一是伯姬越境回魯；二是杞伯失去為夫之道，放任妻子非禮；三是僖公用招待杞伯之禮招待其子，失掉了法度。

【今譯】女子已經出嫁，不能再隨便越境，越境是違禮的。諸侯互相會見叫朝。伯姬想讓兒子朝魯。讓兒子朝魯是伯姬的意願，這就表明杞伯失去了為夫之道。諸侯相見叫朝，（僖公）用招待杞伯之禮，招待他的兒子，是不對的。所以說，記「杞伯姬來朝其子」譏刺了三件事。

㈢經 夏，公孫茲如牟㈠。

【今註】㈠公孫茲：魯國大夫。魯莊公弟叔牙的兒子。牟：國名。此經無傳。

【今譯】夏天，公孫茲到牟國去。

㈣經 公及齊侯、宋公、陳侯、衛侯、鄭伯、許男、曹伯會王世子于首戴。

傳 及以會，尊之也。何尊焉？王世子云者㈠，唯王之貳也。云可以重之存焉，尊之也。何重焉？天子世子世天下也㈡。

【今註】㈠王世子：周王的太子，即後文說的天子的世子。這裏指周惠王的太子，名叫鄭，即後來的周襄王。經文記諸侯們在首戴會見王太子。㈡世：繼承。

【今譯】經文用「及」和「會」，是尊重王太子。為什麼尊重他？王世子的稱呼，表示他是天子第二，應該重視他，尊敬他。為什麼重視他？天子的太子繼承天下。

㈤經秋，八月，諸侯盟于首戴。

傳無中事而復舉諸侯何也㈠？尊王世子，而不敢與盟也㈡。尊則其不敢與盟何也？盟者，不相信也，故謹信也㈢。不敢以所不信而加之尊者㈣。桓㈤，諸侯也，不能朝天子，是不臣也㈥。王世子，子也，塊然受諸侯之尊己㈦，而立乎其位，是不子也㈧。桓不臣，王世子不子，則其所善焉何也？是則變之正也㈨。天子微㈩，諸侯不享覲⑪。桓控大國，扶小國，統諸侯不能以朝天子，亦不敢致天王⑫，尊王世子于首戴⑬，乃所以尊天王之命也。世子含王命會齊桓，亦所以尊天王之命也。世子受之可乎，是亦變之正也。天子微，諸侯不享覲，世子受諸侯之尊己，而天子尊矣，世子受之可也。

【今註】㊀無中事：指先會見，後結盟，這中間沒有事可記。這種情況，春秋經記結盟不寫「諸侯」二字。可是這次，夏季在首戴會見，中間無事，這條經文卻加了諸侯二字，即「諸侯盟于首戴」。㊁不敢與盟：指不敢記王太子參加結盟。㊂謹信：指慎重地結盟，約束盟者守信。㊃不信：指結盟這種儀式是針對不守信而舉行的。㊄桓：指齊桓公。㊅是不臣：這是不行臣道。㊆塊然：安然無動於衷的樣子。㊇是不子：這不（像）是天子的兒子。㊈變：指變通地看問題。㊉微：衰微。⑪享覲：納貢朝見。⑫致：招致。⑬首戴：地名。左傳作首止。戴、止古音相近。

【今譯】會見與結盟中間沒記事，為什麼記結盟時加上諸侯二字呢？是尊重王太子，不敢記太子參加結盟。為什麼不敢記太子參加結盟？結盟，是因為互相不守信才慎重地簽盟約束盟者守信。所以不敢讓這種出於不信任的事加到尊者頭上。齊桓公是諸侯，不朝天子，也就不像臣了。王世子，是天子的兒子，安然地讓諸侯尊戴自己，坐在尊位，這也就不像天子的兒子了。桓公不像臣，王太子不像太子，那麼他們好在什麼地方？這就是變通地看，他們又是對的。天子地位衰微，諸侯不納貢不朝拜。齊桓公控制大國，扶助小國，統率諸侯而不能朝拜天子，能在首戴尊敬王太子，這也就是尊敬天子命令的一種方式。太子帶著天子的命令會見桓公，這也是尊敬天子的一種方式。太子可以接受諸侯的尊戴，這也是變通地看，是對的。天子地位衰微，諸侯不納貢、不朝拜，太子能受到諸侯的尊戴，也就等於天子受到尊戴了，所以太子接受諸侯的尊戴是可以的。

(六)經 鄭伯逃歸不盟。

傳 以其法諸侯㊀，故逃之也㊁。

【今註】㊀其法諸侯：（齊桓公）用法律控制諸侯。㊁逃之：指鄭文公參加首戴會，又想和楚國親善，所以逃會不盟。

【今譯】因為齊桓公用法律管制諸侯，所以鄭伯逃回國。

(七)經 楚人滅弦，弦子奔黃。

傳 弦㊀，國也。其不曰，微國也㊁。

【今註】㊀弦：國名，國君屬子爵，故稱弦子。國被楚滅掉，弦子逃到黃國。㊁微：小。

【今譯】弦是國名，沒提它，因為是小國。

(八)經 九月，戊申，朔㊀，日有食之㊁。

【今註】㊀朔：每月初一叫朔。㊁食：通蝕。

【今譯】九月，戊申日，初一，出現日蝕。

(九)經　冬，晉人執虞公。

傳　執不言所於地，緼於晉也㈠。其曰公何也？猶曰其下執之之辭也。其猶下執之之辭何也？晉命行乎虞民矣㈡。虞虢之相救㈢，非相為賜也㈣。今日亡虢而明日亡虞矣。

【今註】㈠緼於晉：包括在晉國之內。指虞國被滅，國土已屬於晉了。緼：通蘊，蘊含，包容。㈡晉命行乎虞民：晉國命令虞國百姓捉虞公。㈢虞、虢：兩個國名，緊相比鄰的兩個國家。㈣相為賜：互相給對方好處。事詳僖公二年經傳。

【今譯】抓人不記所在地點，因為包容在晉國境內了。稱虞公是什麼意思？像是說他的下臣抓住他。為什麼像是他的下臣抓住他？是晉國命令虞人抓的。虞虢兩國互相救助，其實誰也沒給誰好處，今天虢國滅亡，第二天虞國也滅亡了。

僖公六年（公元前六百五十四年）

(一)經　六年，春，王正月㈠。

【今註】㈠此經無傳。

【今譯】六年，春天，周曆正月。

(二)經 夏，公會齊侯、宋公、陳侯、衛侯、曹伯伐鄭，圍新城。

傳 伐國不言圍邑，此其言圍何也？病鄭也㈠，著鄭伯之罪也㈡。

【今註】㈠病：不滿。㈡著：顯露。鄭伯之罪：指鄭伯參加首戴之會，逃會不盟。

【今譯】攻伐一國，不記包圍了城邑。這次為什麼記包圍新城？是對鄭國不滿，暴露鄭伯的罪惡。

(三)經 秋，楚人圍許，諸侯遂救許。

傳 善救許也㈠。

【今註】㈠救許：諸侯伐鄭，客觀上就救了許國。因為楚鄭友好，鄭被伐，楚肯定撤除圍許的軍隊，然後救鄭。

【今譯】救許的辦法好。

(四)經 冬，公至自伐鄭。

傳 其不以救許致何也㈠？大救鄭也。

【今註】㈠致：通至。諸侯出行，歸告祖廟叫至。古禮還規定，如果出行不衹幹一件事，要以大事告祖。

【今譯】為什麼不拿救許這件事告祖？因為伐鄭是大事。

僖公七年（公元前六百五十三年）

(一)經 七年，春，齊人伐鄭㊀。

【今註】㊀此經無傳。

【今譯】七年，春季，齊國攻打鄭國。

(二)經 夏，小邾子來朝㊀。

【今註】㊀小邾子：小邾國國君。此經無傳。

【今譯】夏天，小邾子來朝見魯公。

(三)經 鄭殺其大夫申侯。

傳 稱國以殺大夫㊀，殺無罪也。

【今註】㊀稱：舉。

【今譯】舉出國名（鄭），說殺某某大夫，殺的是無罪的人。

(四)經 秋，七月，公會齊侯、宋公、陳世子款、鄭世子華盟于寧母。

傳 衣裳之會也㊀。

【今註】㊀衣裳之會：指和平友好性的會議。齊桓公共主持十一次這樣的會。寧母（魯地名）之會是其中之一，有五國參加，陳、鄭兩國是太子參加會盟。

【今譯】是友好性會盟。

(五)經 曹伯班卒㊀。

【今註】㊀班：曹伯的名，謚號昭公。此經無傳。

【今譯】曹伯去世。

(六)經 公子友如齊㊀。

【今註】㊀公子友：魯莊公弟，僖公叔父。此經無傳。

【今譯】公子友到齊國去。

(七)經 冬，葬曹昭公㊀。

【今註】㈠此經無傳。

【今譯】冬天，安葬曹昭公。

僖公八年（公元前六百五十二年）

㈠經八年，春，王正月，公會王人、齊侯、宋公、衛侯、許男、曹伯、陳世子款盟于洮。鄭伯乞盟。

傳王人之先諸侯何也㈠？貴王命也。朝服雖敝，必加於上。弁冕雖舊㈡，必加於首㈢。周室雖衰，必先諸侯。兵車之會也㈣。以向之逃歸乞之也㈤。乞者，重辭也，重是盟也㈥。乞者，處其所而請與之也㈦。蓋汋之也㈧。

【今註】㈠王人：周天子的使臣。㈡弁冕：王和貴族戴的帽子。㈢首：頭。㈣兵車之會：各國率軍隊參加的會盟。齊桓公共主持四次兵車之會，洮（曹國地名）地之會是其中一次。㈤向：先前，以前。指僖公五年，鄭伯在首戴會上逃歸。㈥重是盟：重視這次盟會。因為是兵車會，鄭伯很害怕。㈦處其所：指鄭伯在自己的住處乞求（不是在會上）。與：音玉，參加，參與。㈧汋：通酌。這裏指喝血。古盟誓時要殺牲，盟誓者各喝一口血，以示永不變心。

【今譯】王人為什麼排在諸侯前面？是尊重天子的命令。朝服雖然破了，也要穿在其他衣服的上面。帽子雖然舊了，一定戴在頭上。周王朝雖然衰微，一定排在諸侯前面。這是兵車之會。鄭伯因為以前逃會回國，這次乞求參加會盟。乞求，表示重視的意思，重視這次盟會。用乞字，表示鄭伯在自己住處乞請參加。大概讓他喝了血（同意他與盟）。

㈡ 經 夏，狄伐晉㊀。

【今註】㊀此經無傳。

【今譯】夏季，狄人攻伐晉國。

㈢ 經 秋，七月，禘于大廟㊀，用致夫人㊁。

【今註】㊀禘：祭名。宗廟五年一次的大祭。大廟：太廟，即周公廟，魯國的祖廟。大：太的古寫。㊁致：通至，告祖。夫人：穀梁氏認為是僖公母，本是莊公的妾，僖公在大祭禮上告祖，立之為夫人。左傳和公羊傳所解，各不相同。

【今譯】秋季七月，在太廟舉行禘祭，僖公告祖，要把母親由妾升為夫人。

傳 用者㊀，不宜用者也。致者㊁，不宜致者也。言夫人必以其氏姓。言夫人而不以氏姓，非夫人也，立妾之辭也，非正也。夫人之㊂，我可以不夫人之乎㊃？夫人卒葬之㊄，我可以不卒葬之乎？一則以宗廟臨之而後貶焉㊅，一則以外之弗夫人而見正焉。

【今註】㊀用：由。指由妾升為夫人。㊁致：通至，告祭祖廟。㊂夫人之：以之為夫人。指僖公把她（母親）看做是夫人。㊃我：指我們記載時。㊄夫人卒葬之：指死了以夫人之禮安葬。㊅以宗廟臨之：在祖廟前。

【今譯】由，是不該由的意思。告祖，是不該告祖的意思。稱夫人一定提姓氏。不提姓氏，就表明不是夫人，是立妾為夫人的意思，這不對。僖公把她看做夫人，記載時可以不看做夫人嗎？死了以夫之禮安葬，記載時可以不如實嗎？一是在祖廟前去掉夫人的姓氏，以貶斥之，一是外國人不把她看做夫人足見是對的。

㈣經冬，十有二月，丁未，天王崩㊀。

【今註】㊀天王：天子，指周惠王。

【今譯】冬季，十二月丁未日，周惠王駕崩。

僖公九年（公元前六百五十一年）

㈠經 九年，春，王三月，丁丑，宋公禦說卒㈠。

【今註】㈠禦說（音月）：宋桓公名。此經無傳。

【今譯】九年，春，周曆三月，丁丑日，宋桓公去世。

㈡經 夏，公會宰周公、齊侯、宋子、衛侯、鄭伯、許男、曹伯于葵丘。

傳 天子之宰㈠，通于四海。宋其稱子何也㈡？未葬之辭也。禮，柩在堂上，孤無外事㈢。今背殯而出會，以宋子為無哀矣。

【今註】㈠宰：官名。宰官掌管六典：治典、教典、禮典、政典、刑典、事典，可以和各諸侯打交道。㈡稱子：指經文稱「宋子」，而沒稱宋公。因為宋桓公還沒安葬，他的太子雖繼位，仍不能稱君和稱公。㈢孤：父死，子稱為孤。外事：指外交事宜。

【今譯】天子的宰官，通達天下。為什麼稱宋子？因君父沒安葬。禮規定，父靈柩在堂（指沒安葬），兒子不參加外事活動。現在宋子離開靈柩外出開會，認為宋子對父親的故去沒有哀傷。

(三)經　秋，七月，乙酉，伯姬卒。

傳　內女也㊀。未適人不卒㊁，此何以卒也？許嫁笄而字之㊂，死則以成人之喪治之。

【今註】㊀內女：魯國姑娘。指僖公女伯姬。㊁適人：嫁人。㊂許嫁：許配人家，指訂婚。笄（音機）：簪子。古時女子到十五歲，可以束髮挽成髻，插簪子。這時要舉行笄禮，表示已成人，從此稱字不稱名了。詳見儀禮士昏禮。

【今譯】是魯國姑娘。女子沒出嫁死了不予記載，這次為什麼記載？因為伯姬已經訂婚，舉行了笄禮，稱她的字了，死了就可以用成年人的喪禮治喪。

(四)經　九月，戊辰，諸侯盟于葵丘。

傳　桓盟不日㊀，此何以日？美之也。為見天子之禁，故備之也。葵丘之會㊁，陳牲而不殺㊂，讀書加於牲上㊃，壹明天子之禁㊄。曰毋雍泉㊅，毋訖糴㊆，毋易樹子㊇，毋以妾為妻，毋使婦女與國事㊈。

【今註】㊀桓盟不日：齊桓公主持的盟會不記日期。㊁葵丘：地名。不詳。㊂陳牲而不殺：指用活牲定盟。古時結盟用牲，或殺或不殺。據孟子告子下篇云：「葵丘之會，諸侯束牲，載書而不歃血」。范寧注引「鄭君云，盟牲，諸侯用牛，大夫用豭。」故知是把牛捆起來。㊃書：指盟辭。㊄壹：專。㊅壅泉：指築堤壟斷水源。㊆糴：買糧。㊇易：換。樹子：太子。㊈與：音玉，參與。

【今譯】齊桓公主持的會盟不記日期，這次為什麼記？是讚美他。他宣佈天子的禁令，所以完備地記載下來。葵丘這次會，祇把牛捆起來不殺，宣讀完盟辭放在牛身上。盟辭上寫明天子的禁令，上邊說：不許築堤防，不許不讓鄰國來買糧，不許廢立太子，不許立妾為妻，不許女人參與國事。

(五) 經 甲子，晉侯詭諸卒㊀。

【今註】㊀詭諸：晉獻公名詭諸。此經無傳。

【今譯】甲子日，晉獻公去世。

(六) 經 冬，晉里克殺其君之子奚齊。

傳 其君之子云者㊀，國人不子也㊁。國人不子何也？不正其殺世子申生而立之也。

【今註】㊀其：指里克，晉國大夫。子：指奚齊，是晉獻公庶子，驪姬所生。驪姬脅獻公害太子申生，又趕走了公子重耳和夷吾，立奚齊為太子。獻公一死，里克就殺了奚齊。㊁不子：不看做新君。

諸侯死，在喪，稱新君為子。

【今譯】稱他君王的兒子，是表明國人不把奚齊看做新君。為什麼？認為他殺太子申生而自立是不對的。

僖公十年（公元前六百五十年）

(一)經 十年，春，王正月，公如齊㊀。

【今註】㊀此經無傳。

【今譯】十年，春天，周曆正月，僖公到齊國去。

(二)經 狄滅溫，溫子奔衛㊀。

【今註】㊀溫子：溫國國君，子爵。此經無傳。

【今譯】狄人滅掉溫國，溫子跑到衛國。

(三)經 晉里克弒其君卓及其大夫荀息。

傳 以尊及卑也㊀，荀息閑也㊁。

【今註】㈠尊：指卓，又稱卓子，是晉獻公庶子，奚齊被殺後，卓子立為君。卑：指荀息，他是卓子的保傅，肩有保護和教導之職。㈡閑：與正事無關，指荀息與立君事無關，他的被殺是由卓子牽連的。

【今譯】由尊者連及到卑者，荀息與其事無關。

㈣ 經 夏，齊侯、許男伐北戎㈠。

【今註】㈠北戎：戎人的一支。此經無傳。

【今譯】夏天，齊國和許國攻打北戎。

㈤ 經 晉殺其大夫里克。

傳 稱國以殺㈠，罪累上也㈡。里克弒二君與一大夫㈢，其以累上之辭言之何也？其殺之不以其罪也㈣。其殺之不以其罪奈何？里克所為殺者，為重耳也㈤。夷吾曰㈥：「是又將殺我乎」，故殺之，不以其罪也。其為重耳弒奈何㈦？晉獻公伐虢㈧，得驪姬㈨，獻公私之，有二子，長曰奚齊㈩，稚曰卓子。驪姬欲為亂，故謂君曰：「吾夜夢夫人趨而來，曰㈡：『吾苦畏㈢。』

胡不使大夫將衛士而衛冢乎㉓。」公曰：「孰可使㉔？」曰：「臣莫尊於世子，則世子可。」故君謂世子曰：「驪姬夢夫人趨而來，曰：『吾苦畏』，女其將衛士而往衛冢乎㉕。」世子曰：「敬諾。」築宮㉖，宮成。驪姬又曰：「吾夜夢夫人趨而來曰：『吾苦飢』，世子之宮已成，則何為不使祠也㉗？」故獻公謂世子曰：「其祠。」世子祠。已祠，致福於君㉘。君田而不在㉙。驪姬以酖為酒㉚，藥脯以毒㉛。獻公田來。驪姬曰：「世子已祠，故致福於君。」君將食，驪姬跪曰：「食自外來者，不可不試也。」覆酒於地而地墳㉜，以脯與犬，犬死。驪姬下堂而啼，呼曰：「天乎！天乎！國，子之國也㉝，子何遲於為君？」君喟然嘆曰：「吾與女未有過切㉞，是何與我之深也？」使人謂世子曰：「爾其圖之㉟。」世子之傅里克謂世子曰㊱：「入自明㊲。入自明，則可以生。不入自明，則不可以生。」世子曰：「吾君已老矣，已昏矣㊳。吾若此而入自明，則驪姬必死。驪姬死，則吾君不安。所以使吾君不安者，吾不若自死。吾寧自殺以安吾君，以重耳為寄矣㉙。」刎脰而死㉚。故里克所為弒者，為重耳也。夷吾曰：「是又將殺我也。」

【今註】㊀稱：舉。㊁上：指君王。㊂二君：指剛繼位的奚齊和卓子。大夫：指荀息。㊃以：因為。㊄重耳：即後來即位的晉文公。太子申生臨死時囑托里克，要保重耳為君。重耳弟夷吾已經搶先為君，他怕里克下一步要殺他，就先下手殺里克。㊅夷吾：晉獻公子，重耳弟。他當了短時間國君，人稱晉惠公。㊆弒：被弒。㊇晉獻公：名詭諸，晉武公子。虢：國名。㊈驪姬：虢國國君的女兒，晉獻公妾。㊉奚齊：獻公庶子，驪姬所生。國語載，驪姬與妹妹同嫁獻公，各生一子，卓子是其妹所生。穀梁氏認為卓子是驪姬所生。⑪夫人：指獻公正夫人，齊女，申生的母親。⑫苦畏：以畏為苦，即怕得很。⑬胡：何，為什麼。將：牽領。冢：墓。⑭孰：誰。⑮女：通汝，你。⑯築宮：在墓地建守墓的房子。宮：室。⑰祠：祭祀。⑱致福：祭祀完畢，送祭肉和酒給君、父叫致福。⑲田：畋的古字，打獵。⑳酖：毒酒。㉑脯：肉乾兒。這裏指肉。㉒墳：突起，高起來。㉓子：您。指太子申生。㉔過切：責備。㉕爾：你。圖：考慮。㉖傅：保傅，諸侯的所有兒女都有保傅，肩有保護和教導的職責，女孩的保傅也稱保姆。㉗入：進宮。自明：自己說明白。㉘昏：昏憒，糊塗。㉙寄：託付。㉚刎脰：割腦袋。

【今譯】舉出國名說殺了某某，是牽連到誰為君的問題。里克殺了兩個君和一位大夫，為什麼說牽連到君王？殺里克不是因為他有罪。怎麼說殺他不是因為有罪？里克被殺，是為重耳。夷吾說：「這人（指里克）又將殺我吧」，就殺了里克。不是因為他有罪。里克為重耳被殺是怎麼回事？晉獻公攻下虢國，得到驪姬，私自娶下為妾，生了兩個兒子，大的叫奚齊，小的叫卓子。驪姬想奪太子權，對獻公說：「我夜裏夢見夫人快步走到跟前說：『我怕得很』。為什麼不派大夫帶兵去守墓？」公說：「誰可以派？」回答說：「沒有哪個比太子地位高，太子可以。」獻公對太子說：「驪姬夜裏夢見夫人快步走來說：『我怕得很』，你帶兵去守墓吧。」太子說：「遵命。」建守墓住的房子，建好了。驪姬又說：「我夜裏夢見夫人快步走來說：『我餓得很』，何不派人去祭祀。」獻公對太子說：「去祭祀。」太子祭祀完，把祭肉和酒送給父親。獻公打獵不在宮裏。驪姬把毒酒滲到酒裏，肉裏放上毒藥。獻公回來，驪姬說：「太子祭完了，把祭肉送給你。」獻公剛要吃，驪姬跪下說道：「食物從外邊送來，不能不試試。」把酒倒在地，地鼓起來。把肉給狗吃，狗死了。驪姬下堂號哭，喊道：「天哪！天哪！國是你的國，為什麼晚一點兒當國君就這麼樣。」獻公長嘆道：「我對你從未有過責備，怎麼對我的仇恨這麼深呢！」派人對太子說：「你自己考慮吧。」太子的保傅里克對太子說：「進宮去，自己說明白。說明白就可以免死，不說明白就得死。」太子說：「我們國君年歲老了，糊塗了。我進宮說明白，驪姬肯定得死。驪姬死，國君就不能安生。假如國君不得安生，我不如自己死。我寧自己死，來讓君王安生。我把弟弟重耳託付給你了。」割掉腦袋就死了。

㈥ 經 秋，七月㊀。

【今註】㊀一季無事，記下首月。此經無傳。

【今譯】秋季，七月。

㈦ 經 冬，大雨雪㊀。

【今註】㊀雨：動詞，降，下。此經無傳。

【今譯】冬季，下大雪。

僖公十一年（公元前六百四十九年）

㈠ 經 十有一年，春，晉殺其大夫丕鄭父。

傳 稱國以殺㊀，罪累上也㊁。

【今註】㊀稱：舉。㊁累上：牽連到君王的事。大夫丕鄭和里克同是擁戴重耳為君的。

【今譯】舉出國名說殺某某，表明罪過牽連到君王的問題。

㈡ 經 夏，公及夫人姜氏會齊侯于陽穀㊀。

【今註】㊀夫人：僖公夫人，齊桓公女兒，名聲姜，也稱姜氏。陽穀：齊國地名。此經無傳。

【今譯】夏天，僖公和夫人在陽穀會見齊侯。

(三)經 秋，八月，大雩。

傳 雩㊀，月㊁，正也。雩得雨曰雩，不得雨曰旱。

【今註】㊀雩：音余，為求雨舉行的祭祀。㊁月：記下月份。

【今譯】為求雨舉行祭祀，記下月份是對的。求雨得雨叫雩，求雨沒得雨叫旱。

(四)經 冬，楚人伐黃㊀。

【今註】㊀此經無傳。

【今譯】冬季，楚國攻打黃國。

僖公十二年（公元前六百四十八年）

(一)經 十有二年，春，王正月，庚午，日有食之㊀。

【今註】㊀食：通蝕。此經無傳。

【今譯】十二年，春，周曆正月，庚午日，出現日蝕。

㈡ 經 夏，楚人滅黃。

傳 貫之盟㈠，管仲曰㈡：「江黃遠齊而近楚㈢。楚，為利之國也。若伐而不能救，則無以宗諸侯矣㈣。」桓公不聽，遂與之盟。管仲死，楚伐江滅黃，桓公不能救，故君子閔之也㈤。

【今註】㈠貫：宋國地名。貫地之盟在僖公二年。㈡管仲：齊桓公的相，精明而富有遠見。㈢江、黃：都是國名。㈣宗：尊崇。㈤閔：昏昧。

【今譯】在貫地那次盟會上，管仲說：「江國黃國遠離齊國而靠近楚國。楚國是個貪利的國家。如果江黃被楚攻打，我們卻不能救援，那麼就沒有辦法讓諸侯尊崇我們了。」齊桓公不聽，就和江國黃國簽了盟。管仲死後，楚國攻打江國，滅了黃國。桓公不能援救。所以君子認為桓公糊塗。

㈢ 經 秋，七月㈠。

【今註】㈠按周代曆法，七月為秋季之首。此經無傳。

【今譯】秋季，七月。

(四)經 冬，十有二月，丁丑，陳侯杵臼卒㊀。

【今註】㊀杵臼：陳宣公的名。此經無傳。

【今譯】冬季，十二月丁丑日，陳宣公去世。

僖公十三年（公元前六百四十七年）

(一)經 十有三年，春，狄侵衛㊀。

【今註】㊀此經無傳。

【今譯】十三年，春天，狄人侵略衛國。

(二)經 夏，四月，葬陳宣公㊀。

【今註】㊀此經無傳。

【今譯】夏季，四月，安葬陳宣公。

(三)經 公會齊侯、宋公、陳侯、衛侯、鄭伯、許男、曹伯于鹹。

傳 兵車之會也㊀。

【今註】㊀兵車之會：各諸侯帶軍隊參加的盟會叫兵車之會。鹹地之會，各國帶軍隊是為了抗狄救衛。

【今譯】是一次兵車之會。

㈣經 秋，九月，大雩㊀。

【今註】㊀雩：為求雨舉行的祭祀。

【今譯】秋季，九月，舉行大規模雩祭。

㈤經 冬，公子友如齊㊀。

【今註】㊀公子友：魯莊公弟，僖公叔，又稱季友。此經無傳。

【今譯】冬季，公子友到齊國去。

僖公十四年（公元前六百四十六年）

㈠經 十有四年，春，諸侯城緣陵。

傳 其曰諸侯㊀，散辭也。聚而曰散何也㊁？諸侯城，有散辭也，桓德衰矣㊂。

【今註】㈠諸侯：這是統稱，而不是按大小順序列出具體國名。㈡聚：指諸侯們聚集在緣陵（杞邑）築城。㈢桓：指齊桓公。桓公勢力已衰，難以統領諸侯了。

【今譯】經文統稱諸侯，表明是分散而至。聚集在緣陵一起築城，為什麼分散而至呢？說諸侯築城，就有分散的意思，表明齊桓公德行衰微了。

㈡

經 夏，六月，季姬及繒子遇于防㈠，使繒子來朝。

【今註】㈠季姬：僖公小女兒。繒子：繒國國君。遇：臨時會見。季姬回魯省親，僖公因繒子不來朝見很生氣，留住女兒。季姬和夫君會見，是為接自己回繒國。防：魯國地名。

【今譯】夏季，六月，季姬和繒子在防地臨時會面，讓繒子來朝見魯公。

傳 遇者，同謀也。來朝者，來請己也㈠。朝不言使㈡，言使，非正也，以病繒子也。

【今註】㈠來請己：季姬讓繒子來朝魯，主要是請求魯公放她回繒國。㈡朝不言使：（朝見應是主動的），不能說讓誰朝見。㈢病：責備。

【今譯】臨時會面，是為共同商量事情。來魯朝見，主要是來為自己請求。朝見不能說讓，說讓（某某朝見）是不對的，用以責備繒子不朝魯。

(三)經　秋，八月，辛卯，沙鹿崩。

傳　林屬於山為鹿㈠。沙，山名也。無崩道而崩，故志之也㈡。其日㈢，重其變也。

【今註】㈠屬：連。鹿：通麓。山腳。㈡志：記。㈢日：記下日期。

【今譯】樹林和山相連的地方叫山麓。沙是山名。沒有崩塌的道理（山腳一般不會崩的）卻崩了，所以記載它。記下日期，表示重視這種變異現象。

(四)經　狄侵鄭㈠。

【今註】㈠此經無傳。

【今譯】狄人侵略鄭國。

(五)經　冬，蔡侯肸卒。

傳　諸侯時卒㈠，惡之也㈡。

【今註】㈠時卒：記下死時的季節。春秋經凡例，諸侯死，要記下具體日期。㈡惡之：認為他壞。之：代蔡侯。自僖公以來，蔡侯一直不參加會盟。

【今譯】諸侯死，祇記季節，是認為他壞。

僖公十五年（公元前六百四十五年）

(一)經 十有五年，春，王正月，公如齊㊀。

【今註】㊀此經無傳。

【今譯】十五年，春，周曆正月，僖公到齊國去。

(二)經 楚人伐徐㊀。

【今註】㊀此經無傳。

【今譯】楚國攻伐徐國。

(三)經 三月，公會齊侯、宋公、陳侯、衛侯、鄭伯、許男、曹伯盟于牡丘。遂次于匡。公孫敖帥師及諸侯之大夫救徐。

傳 兵車之會也㊀。遂，繼事也㊁。次㊂，止也，有畏也㊃。善救徐也。

【今註】㊀兵車之會：諸侯帶軍隊參加的盟會。齊桓公共主持四次兵車之會，牡丘之會是其中之一。㊁繼：承，承接。㊂次：駐留，臨時駐紮。㊃有畏：諸侯們怕楚國，停駐在匡地。

【今譯】這是兵車之會。遂是表承接的連詞。次是停止不前的意思，因為有所懼怕。援救徐國是好事。

㈣ 經 夏，五月，日有食之㊀。

【今註】㊀食：通蝕。

【今譯】夏季，五月，出現日蝕。

㈤ 經 秋，七月，齊師、曹師伐厲㊀。

【今註】㊀厲：國名。此經無傳。

【今譯】秋季，七月，齊國和曹國攻打厲國。

㈥ 經 八月，螽。

傳 螽㊀，蟲災也。甚則月㊁，不甚則時。

【今註】㊀螽：蝗蟲的一種。㊁月：記下月份。甚：嚴重。

【今譯】蝗蟲，造成蟲災。嚴重就記載月份，不嚴重就記載季節。

(七)經 九月，公至自會㈠。

【今註】㈠至：諸侯外出，回國後告祭祖廟。此經無傳。

【今譯】九月，僖公從盟會處回國，告祭祖廟。

(八)經 季姬歸于繒㈠。

【今註】㈠季姬：僖公小女，嫁給繒國國君。這次是省親後回繒。此經無傳。

【今譯】季姬回繒國。

(九)經 己卯，晦，震夷伯之廟。

傳 晦㈠，冥也。震，雷也。夷伯，魯大夫也。因此以見天子至於士皆有廟。天子七廟㈡，諸侯五，大夫三，士二。故德厚者流光㈢，德薄者流卑㈣。是以貴始㈤，德之本也。始封必為祖。

【今註】㈠晦：月末三十這天叫晦。穀梁氏解為「夜」，雖然也說得通，但按春秋經記事的義例，朔指初一，晦指三十。據干支記日法逆推，己卯日也正是九月三十。㈡七廟：據禮記王制註，這七廟是主廟居中，左三昭，右三穆。諸侯以下昭廟穆廟遞減。㈢德厚者：指天子。光：遠。天子可以遠祭七世祖。㈣卑：指近。士人祇能近祭父廟。㈤始：指始受封的君王，即開國之君，如齊國的姜太公呂望。

【今譯】晦指夜裏，震是雷擊的意思。夷伯是魯國大夫。由此可見從天子到士人都有廟。天子有七廟，諸侯五廟，大夫三廟，士人二廟。德高的人可以遠祭世祖，德差的人祇能近祭父廟。因此，始受封的君王地位高，他就是祖。

㈩ 經 冬，宋人伐曹㈠。

【今註】㈠此經無傳。

【今譯】冬季，宋國進攻曹國。

㈩㈠ 經 楚人敗徐于婁林。

傳 夷狄相敗㈠，志也㈡。

【今註】㈠夷狄：穀梁氏把楚、徐都視為夷狄之國。㈡志：記。

【今譯】夷狄打敗夷狄，要記載下來。

㈩㈡ 經 十有一月，壬戌，晉侯及秦伯戰于韓，獲晉侯。

傳 韓之戰㈠，晉侯失民矣㈡，以其民未敗而君獲也㈢。

【今註】㈠韓：晉國地名。韓地一戰是秦穆公大戰晉惠公。㈡晉侯：即晉惠公，名夷吾，晉文公重耳的兄弟。失民：失掉民心。在戰場上晉大夫慶鄭眼看晉侯危急卻不救。㈢獲：被俘獲。

【今譯】韓地一戰，晉侯失掉民心了。因為他的百姓沒敗，君王卻被秦國俘獲了。

僖公十六年（公元前六百四十四年）

(一)經 十有六年，春，王正月，戊申，朔，隕石于宋，五。是月，六鷁退飛，過宋都。

傳 先隕而後石何也㈠，隕而後石也。于宋，四竟之內曰宋㈡。後數㈢，散辭也㈣，耳治也㈤。是月也，決不日而月也㈥。六鷁退飛過宋都㈦，先數㈧，聚辭也㈨，目治也㈩。子曰：「石，無知之物，鷁微有知之物。石無知，故日之㈡。鷁微有知之物，故月之㈢。君子之於物，無所苟而已㈢。」石鷁且猶盡其辭，而況於人乎。故五石六鷁之辭，不設㈣，則王道不亢矣㈤。民所聚曰都。

【今註】㈠先隕而後石：指經文記「隕石」，隕字在先，石字在後。隕石即隕星，也叫石隕星。隕：墜落。㈡竟：境的古字，邊境。㈢數：音蜀，計算。㈣散：指隕石散落到宋國境內。㈤耳治：指用耳朵聽到隕石落地的聲音。㈥決不日而月：指鳥退飛與隕石決不是同一天而是同一個月。㈦鶂：鳥名，也叫鶂，見後文。㈧先數：指數字六記在鶂之先。㈨聚辭：與上文「散辭」相對而言，指六隻鳥聚在一起飛。㈩目治：眼睛看到的。隕石是用耳聽到的，鳥飛是用眼看到的。⑪日：記下日期。⑫月：記下月份。⑬苟：隨隨便便。⑭設：設計、籌劃。這裏指深入考慮。⑮王道：指治國之道。亢：高。

【今譯】為什麼隕字在先而石字在後？因為落下以後才知是石頭。落在宋國，四方邊境之內都屬於宋。石頭落下後才數，表明是分散而落。耳朵聽到落地聲。經文記「是月」，是強調鳥退著飛與隕石決不是發生在同一天，而是同一月。六隻鳥退著飛經過宋國都城。先記數字「六」，表明鳥是聚在一起飛，用眼看到的。孔子說：「石頭是無知之物，鶂鳥是稍有靈性的動物。石頭無知，所以記下日期。鶂鳥稍有靈知，所以記下月份。君子對於萬物，沒有隨隨便便的。」對石頭和鶂鳥尚且詳盡記載，何況對人呢！所以說對五石六鶂記載，不深入考慮，治國的辦法就不會高明。百姓聚集的地方叫都。

(二)經三月，壬申，公子季友卒。

傳大夫日卒㈠，正也。稱公弟叔仲㈡，賢也。大夫不言公子公孫，疏之也㊂。

【今註】㊀日卒：死了記載日期。㊁公弟：莊公弟，即公子季友。他的名叫友，名前加個表兄弟排行的「季」就是字。此種情況多見。如公子遂，字仲遂。羊舌肸，字叔肸（羊舌是氏），因此表排行的叔仲季，可以指人的字。㊂疏：遠。

【今譯】大夫死記載日期是對的。稱莊公弟的字，是因為他賢德。對大夫如果不稱公子或公孫，是表示疏遠的意思。

㈢經 夏，四月，丙申，繒季姬卒㊀。

【今註】㊀季姬：僖公女，嫁與繒子。此經無傳。

【今譯】夏天，四月丙申日，繒季姬去世。

㈣經 秋，七月，甲子，公孫茲卒。

傳 大夫日卒㊀，正也。

【今註】㊀大夫：公孫茲是魯大夫，莊公二弟叔牙的兒子。

【今譯】大夫死記載日期是對的。

(五) 經 冬，十有二月，公會齊侯、宋公、陳侯、衛侯、鄭伯、許男、邢侯、曹伯于淮。

傳 兵車之會也㊀。

【今註】㊀兵車之會：各國都帶軍隊參加的盟會。

【今譯】（淮地會盟）是一次兵車之會。

僖公十七年（公元前六百四十三年）

(一) 經 十有七年，春，齊人、許人伐英氏㊀。

【今註】㊀英氏：國名。此經無傳。

【今譯】十七年，春天，齊國和許國攻打英氏。

(二) 經 夏，滅項。

傳 孰滅之？桓公也㊀。何以不言桓公也？為賢者諱也㊁。項，國也。不可滅而滅之乎？桓公知項之可滅也㊂，而不知己之不可以滅也㊃。既滅人之國矣，何賢乎？君子惡惡疾其始㊄，善善樂其終㊅，桓公嘗有存亡繼絕之功㊆，故君子為之諱也。

【今註】㊀桓公：穀梁氏認為是齊桓公滅了項國，而左傳認為是魯僖公滅了項國。㊁為賢者諱：替賢人避諱。春秋經多諱，為尊者諱，為親者諱，為賢者諱，忌諱提這三者的不足。㊂項之可滅：指項國內政混亂。㊃已之不可滅：指齊桓公一向扶弱濟困，不欺小國。㊄惡惡疾其始：恨壞人，恨他的開始，不做惡則不恨了。㊅善善樂其終：喜歡好人，樂意他終生做好事。㊆存亡：讓亡國得以保存。繼絕：與「存亡」同義。

【今譯】誰滅了項國？是齊桓公。為什麼不記齊桓公，替賢人隱諱。項是個國家，不可以滅卻滅了它。桓公知道項國可滅，卻不知自己不能去滅。已經滅了別人的國家，還算什麼賢人？君子憎恨壞人，憎恨他的當初；喜歡好人，樂意他善始善終。桓公曾有存亡繼絕的功德，所以君子替他隱諱。

㈢經 秋，夫人姜氏會齊侯于卞㊀。

【今註】㊀夫人：僖公夫人，名聲姜，是齊桓公女兒。淮地會盟，僖公被扣留，故聲姜見齊桓公。

此經無傳。

【今譯】秋天，夫人姜氏在卞地見齊侯。

(四) 經 九月，公至自會㈠。

【今註】㈠至：回國告祭祖廟。此經無傳。

【今譯】九月，僖公從淮地回國，告祭祖廟。

(五) 經 冬，十有二月，乙亥，齊侯小白卒。

傳 此不正㈠，其日之何也㈡？其不正前見矣㈢。其不正之前見何也？以不正入虛國㈣，故稱嫌焉爾。

【今註】㈠此：指齊桓公。不正：不正當行為。指桓公最初是乘國君被殺，國中無君的空子，搶先回國才當上君王的。㈡日：記日期。諸侯一生無缺陷的，死了才記下具體日期。㈢前見：指齊桓公的不正行為前面已有記載。㈣虛國：指齊襄公被殺後，國內混亂無君。

【今譯】這人不正，為什麼死了記載日期？他的不正當行為先前已記載了。為什麼說先前就記載了？他以不正當手段，進入無君的齊國，所以說有奪君位之嫌。

僖公十八年（公元前六百四十二年）

(一) 經 十有八年，春，王正月，宋公、曹伯、衛人、邾人伐齊。

傳 非伐喪也㊀。

【今註】㊀桓公死後，五子爭立，眾諸侯護送逃到宋國避難的太子回國。

【今譯】不是趁國喪攻伐。

(二)經 夏，師救齊。

傳 善救齊也㊀。

【今註】㊀救齊：齊國大亂，諸侯來救援。

【今譯】救齊是好事。

(三)經 五月，戊寅，宋師及齊師戰于甗，齊師敗績。

傳 戰不言伐㊀，客不言及㊁，言及，惡宋也㊂。

【今註】㊀戰不言伐：用戰字就不能用伐字。這是將此條經文與上條經文聯繫說。上一條用伐字，這條用戰字。㊁客：攻伐別國的叫客，被攻的叫主。這裏的客指宋師。這句是說主客之間不能用及字。㊂惡：憎恨。

【今譯】用戰字就不能用伐字，宋師後邊不能用及字。用及字，是憎恨宋師的意思。

(四)經 狄救齊。

傳 善救齊也㊀。

【今註】㊀善：認為……好。

【今譯】認為狄人救齊是好事。

(五)經 秋，八月，丁亥，葬齊桓公㊀。

【今註】㊀葬：諸侯死後七個月安葬，可齊桓公死十一個月才葬，因國內混亂。齊世家載，桓公屍在床上六十七日，屍蟲出於戶……。此經無傳。

【今譯】秋季，八月丁亥日，安葬齊桓公。

(六)經 冬，邢人、狄人伐衛。

傳 狄其稱人何也，善累而後進之。伐衛所以救齊也。功近而德遠矣㊀。

【今註】㊀功近：近有伐衛之功。狄離衛國近。德遠：指救了遠方的齊國。狄離齊國遠。

【今譯】為什麼稱狄人？是積累善行而後得以進升的。狄伐衛是為了救齊國。近有伐衛之功，遠有救齊之德。

僖公十九年（公元前六百四十一年）

(一)經　十有九年，春，王三月，宋人執滕子嬰齊㈠。

【今註】㈠嬰齊：滕國國君名。此經無傳。

【今譯】十九年，春，周曆三月，宋國抓了滕國國君。

(二)經　夏，六月，宋公、曹人、邾人盟于曹南㈠。

【今註】㈠曹南：曹國南部。此經無傳。

【今譯】夏季，六月，宋國、曹國和邾國在曹國南部會盟。

(三)經　繒子會盟于邾。己酉，邾人執繒子，用之。

傳　微國之君㈠，因邾以求與之盟㈡。因已以求與之盟㈢，已迎而執之，惡之㈣，故謹而日之也。用之者，叩其鼻以衈社也㈤。

【今註】㈠微國之君：小國的君王，指繒國國君繒子。㈡因：依。與之盟：參與諸侯的結盟。㈢已：

指邾國。㈣惡之：憎恨邾國。㈤衈（音貳）：衅，用人血或牲血抹祭器叫衅。社：土地神。

【今譯】小國國君，想依靠邾國幫助參與諸侯的盟會。想依靠自己的幫助參與會盟，自己迎來卻抓住他。憎恨邾國的做法，所以慎重地記下日子。用之，是指擊打繒子的鼻子，用他的血祭土神。

㈣經 秋，宋人圍曹㈠。

【今註】㈠此經無傳。

【今譯】秋天，宋國包圍了曹國。

㈤經 衛人伐邢㈠。

【今註】㈠邢：國名。此經無傳。

【今譯】衛國攻打邢國。

㈥經 冬，會陳人、蔡人、楚人、鄭人盟于齊㈠。

【今註】㈠會字前省略了主語，當為魯。因為不是僖公，故不提。此經無傳。

【今譯】冬季，魯國會同陳國，蔡國、楚國、鄭國在齊國結盟。

(七)經　梁亡。

傳　自亡也。湎於酒，淫於色，心昏耳目塞。上無正長之治㈠，大臣背叛，民為寇盜。梁亡，自亡也。如加力役焉㈡，湎不足道也。梁亡，鄭棄其師㈢。我無加損焉㈣，正名而已矣。梁亡，出惡正也㈤。鄭棄其師，惡其長也。

【今註】㈠長：通常。㈡加力役：指讓民服繁重徭役。㈢鄭：重。㈣損：減。㈤惡正：國政很糟。正：通政。

【今譯】梁國是自取滅亡。國君沉湎於酒，荒淫好色，頭腦昏憒，聽不進意見。上邊沒有正常的治國之道，大臣背叛，百姓偷盜。梁亡，是自己滅亡的。還有繁重的勞役，沉湎於酒的事不值一提。梁國滅亡，它拋棄了自己的軍隊。我們毫沒有增減事實，只是對其亡正名而已。梁國滅亡，由於它國政很壞，拋棄了自己的軍隊。深深地憎惡它。

僖公二十年（公元前六百四十年）

(一)經　二十年，春，新作南門。

傳　作，為也㈠，有加其度也。言新，有故也㈡，非作也㈢。南門者，法門也㊃。

【今註】㊀為：製作。㊁故：舊。㊂非作：指不是新作。㊃法門：法令由南門出，所以稱南門為法門。

【今譯】作，是製作的意思，加大原來的尺度。說新，表示有舊的，就不是新製作。南門，是法門。

(二)經 夏，郜子來朝㊀。

【今註】㊀郜：國名，國君屬子爵。此經無傳。

【今譯】夏天，郜子來魯朝見。

(三)經 五月，乙巳，西宮災。

傳 謂之新宮㊀，則近為禰宮㊁。以謚言之，則如疏之然㊂，以是為閔宮也。

【今註】㊀新宮：也叫西宮。諸侯有東宮、西宮和北宮。宮：廟。下文同此。㊁禰宮：父廟。禰：父死後在宗廟裏的牌位。㊂疏：遠。稱謚號的是遠祖的廟。

【今譯】西宮也叫新宮，它靠近父廟（這裏指莊公廟）。用謚號稱呼的，是遠祖的廟。根據這點認為著火的是閔公廟。

(四)經 鄭人入滑㊀。

【今註】㊀滑：國名。此經無傳。

【今譯】鄭國攻入滑國。

(五)經 秋，齊人、狄人盟于邢。

傳 邢為主焉爾㊀。邢小，其為主何也？其為主乎救齊。

【今註】㊀邢為主：邢國是主持者。

【今譯】邢國是主持者。邢是小國，為什麼它主持？以邢為主（研究）援救齊國。

(六)經 冬，楚人伐隨㊀。

【今註】㊀此經無傳。

【今譯】冬季，楚國攻伐隨國。

僖公二十一年（公元前六百三十九年）

(一)〔經〕二十有一年，春，狄侵衛㊀。

【今註】㊀此經無傳。

【今譯】二十一年春季，狄人侵略衛國。

(二)〔經〕宋人、齊人、楚人盟于鹿上㊀。

【今註】㊀鹿上：宋國地名。此經無傳。

【今譯】宋國、齊國和楚國在鹿上會盟。

(三)〔經〕夏，大旱。

〔傳〕旱時㊀，正也。

【今註】㊀時：記載季節。

【今譯】天旱記載季節是對的。

(四)〔經〕秋，宋公、楚子、陳侯、蔡侯、鄭伯、許男、曹伯會于雩，執宋公以伐宋。

傳 以重辭也㊀。

【今註】㊀重：指宋公是個重要人物。范寧註云：「國之所重，故曰重辭。」

【今譯】用以字，表示抓到的是個重要人物。

(五)經 冬，公伐邾㊀。

【今註】㊀此經無傳。

【今譯】冬季，魯國攻伐邾國。

(六)經 楚人使宜申來獻捷。

傳 捷，軍得也㊀。其不曰宋捷何也㊁？不與楚捷於宋也㊂。

【今註】㊀軍得：戰鬥獲得的東西，即戰利品。㊁宋捷：伐宋的戰利品。指楚國宜申大夫來魯國，是送伐宋的戰利品。㊂與：音玉。贊同。捷：勝。這裏還是把楚視為蠻夷之國了。

【今譯】捷是指戰利品。為什麼不說伐宋的戰利品？不願意說楚國勝了宋國。

(七)經 十有二月，癸丑，公會諸侯盟于薄。

傳 會者，外為主焉爾，釋宋公㈠。外釋不志㈡，此其志何也？以公之與之盟目之也。不言楚，不與楚專釋也。

【今註】㈠宋公：宋襄公。薄地會盟主要是研究釋放宋公的事。㈡志：記。

【今譯】用會字，表示主要是為國外的事，為釋放宋公。釋放國外的人不必記載，這次為什麼記呢？因為僖公參加會盟看到了。不提楚國，是不願說楚國自己放的人。

僖公二十二年（公元前六百三十八年）

㈠經 二十有二年，春，公伐邾，取須句㈠。

【今註】㈠須句：邾國地名，公羊傳作須朐。此經無傳。

【今譯】二十二年，春天，魯國攻伐邾國，攻下須句。

㈡經 夏，宋公、衛侯、許男、滕子伐鄭㈠。

【今註】㈠此經無傳。

【今譯】夏天，宋國、衛國、許國和滕國攻打鄭國。

(三)經 秋，八月，丁未，及邾人戰于升陘。

傳 內諱敗㈠，舉其可道者也㈡。不言其人㈢，以吾敗也。不言及之者，為內諱也。

【今註】㈠內：指魯國。㈡道：說。㈢其人：指升陘之戰魯國領兵的人，即經文「及」字前省略的主語。

【今譯】忌諱說魯國失敗，就記下可以說得出的。不記魯國領兵的人，因為我們敗了。不提「及」字前邊的，是忌諱提魯國。

(四)經 冬，十有一月，己巳，朔，宋公及楚人戰于泓。宋師敗績。

傳 日事遇朔曰朔㈠。春秋三十有四戰，未有以尊敗乎卑，以師敗乎人者。以尊敗乎卑，以師敗乎人，則驕其敵。襄公以師敗乎人㈡，而不驕其敵何也？責之也。泓之戰㈢，以為復雩之恥也㈣。雩之恥，宋襄公有以自取之。伐齊之喪㈤、執滕子、圍曹、為雩之會，不顧其力之不足，而致楚成王㈥。成王怒而執之。故曰，禮人不答，則反其敬㈦。愛人而不親，則反其仁。

治人而不治，則反其知⑧。過而不改，又之，是謂之過，襄公之謂也⑨。古者，被甲嬰冑⑩，非以興國也，則以征無道也，豈曰以報其恥哉？宋公與楚人戰于泓水之上。司馬子反曰⑪：「楚眾我少，鼓險而擊之⑫，勝無幸焉⑬。」襄公曰：「君子不推人危，不攻人厄⑭，須其出⑮。」既出，旌旗亂於上，陳亂於下⑯。子反曰：「楚眾我少，擊之，勝無幸焉。」襄公曰：「不鼓不成列⑰。」須其成列而後擊之，則眾敗而身傷焉，七月而死。倍則攻⑱，敵則戰⑲，少則守。人之所以為人者，言也。人而不能言⑳，何以為人？言之所以為言者，信也㉑。言而不信，何以為言？信之所以為信者，道也㉒。信而不道，何以為道？道之貴者時㉓，其行勢也㉔。

【今註】 ①遇朔日朔：遇到朔日就記下朔。朔：每月初一。②襄公：宋襄公。齊桓公死後，他爭為諸侯霸主。③泓：水名，在今河南省柘城縣北。④雩之恥：指僖公二十一年秋，七國諸侯在雩地會盟，宋襄公主持，卻被楚成王逮住。雩：宋地名，在今河南睢縣。公羊傳作霍。⑤伐齊之喪：指宋國趁齊桓公死而攻齊。⑥致：讓……到。⑦反其敬：不算敬。下面幾句，句式相同。⑧知：智的古字。⑨襄公之謂：指的是襄公。⑩被：通披。嬰胄：戴胄。胄：士卒戴的頭盔。⑪司馬：官名，掌管軍務。子反：人名。⑫鼓險：趁對方在渡河危險時擊鼓進攻。⑬勝無幸：肯定取勝。幸：通倖。⑭厄：困厄。⑮須：待，等待。⑯陳：陳列。後來寫作陣。⑰不鼓不成列：不進攻沒排成陣列的軍隊。⑱倍則攻：一倍於敵人就主動進攻。⑲敵：匹敵，對等。⑳而：若，假如。㉑信：誠。㉒道：指符合道理。㉓時：時機。㉔勢：形勢。

【今譯】發生事的日子遇上朔日就記朔。春秋經記載三十四次戰役，一般沒有中原國敗於夷狄、人多的敗於人少的。如果中原國敗於夷狄、人多的敗於人少的，那就是因為驕傲輕敵。宋襄公敗於楚人，卻不是因為驕傲輕敵。為什麼記？為責備他。泓之戰，宋公是想以此報復雩之會上的恥辱。雩地會盟時的恥辱，是宋襄公自討的。他趁齊有喪事伐齊、抓滕子，圍攻曹國，主持雩地會盟，不看自己力量夠不夠，把楚成王請到會。楚成王一怒就把宋公抓起來。所以說，禮敬別人卻得不到報答，就不算敬；愛別人卻得不到愛，就不算仁；治理百姓卻治理不好，就不算智；犯了錯誤不改，又犯同樣的錯誤，才叫錯誤。這些說的就是宋襄公。古時，披上鎧甲戴上頭盔，不是為了振興國家，就是討伐無道，難道能用作戰報仇雪恥嗎？宋公和楚國在泓水邊作戰。司馬子反說：「楚國兵多，我們兵少，趁它渡河危險時打它，肯定取勝。」宋公說：「君子不趁人之危，不在別人困厄時攻擊，等他們過河再打。」楚軍已經過了河，上面指揮的軍旗亂了，下面陣容也亂了。子反說：「敵眾我少，趁它亂時打它，肯定能勝。」襄公說：「君子不進攻沒列陣的軍隊。」楚軍排好陣列，而後才進攻。結果，宋軍大敗，宋公自身也受了傷，七個月後就死了。（軍隊作戰），兵力是對方的一倍就主動進攻，兵力和對方相當就可以打，兵力少於對方就堅守不出。人之所以為人，就是因為能說話。人如果不能說話，還算什麼人？言語之所以叫做言語，就是要真誠。說話如果不真誠，還叫什麼言語？真誠之所以真誠，就在於它符合道理。真誠如果不符合道理，那還叫什麼真理。真理的可貴就在於它合乎時機，順應形勢。

僖公二十三年（公元前六百三十七年）

(一)經 二十有三年，春，齊侯伐宋，圍閔。

傳 伐國不言圍邑，此其言圍何也㈠？不正其以惡報惡也㈡。

【今註】㈠圍：指圍閔。閔：左傳作緡，宋邑名。㈡以惡報惡：指齊桓死，宋趁機伐齊。今宋剛敗於楚，宋公又受傷，齊又趁機伐宋。

【今譯】攻伐一國，就不必記包圍了城邑，這次為什麼記載？是認為齊國用壞回報壞是不對的。

(二)經 夏，五月，庚寅，宋公茲父卒。

傳 茲父之不葬何也㈠？失民也。其失民何也？以其不教民戰，則是棄其師也。為人君而棄其師，其民孰以為君哉？

【今註】㊀茲父：宋襄公名叫茲父。史記宋世家作慈甫。不葬：指不記載安葬。諸侯死，何時葬，春秋經都加以記載。

【今譯】為什麼不記載安葬宋襄公？因為他失掉民心。他為什麼失掉民心？因為他不教百姓作戰，這就拋棄了他的軍隊。做為人君，卻拋棄了自己的軍隊，那百姓誰還把他看做國君？

(三)經 秋，楚人伐陳㊀。

【今註】㊀此經無傳。

【今譯】秋季，楚國攻打陳國。

(四)經 冬，十有一月，杞子卒㊀。

【今註】㊀杞子：杞國君王。莊公二十七年稱杞伯，這裏又稱子，不知何故。此經無傳。

【今譯】冬季，十一月，杞國國君去世。

僖公二十四年（公元前六百三十六年）

(一)經 二十有四年，春，王正月㈠。

【今註】㈠一季無事，記下首月。此經無傳。

【今譯】二十四年，春，周曆正月。

(二)經 夏，狄伐鄭㈠。

【今註】㈠此經無傳。

【今譯】夏季，狄人攻打鄭國。

(三)經 秋，七月㈠。

【今註】㈠此經無傳。

【今譯】秋季，七月。

(四)經 冬，天王出居于鄭㈠。

【今註】㈠天王：天子。這裏指周惠王兒子周襄王，因他的弟弟王子帶做亂，他跑到鄭國。

【今譯】冬天，周襄王逃出，住在鄭國。

傳 天子無出，出，失天下也。居者，居其所也㈠。雖失天下，莫敢有也㈡。

【今註】㈠居其所：住在自己的住所。指整個天下都是天子的。㈡莫：沒有誰。

【今譯】天子無所謂出，說出，表明他丟了天下。居，指住在他自己的地方。天子即使失去天下，也沒有誰敢享有天下。

㈤ 經 晉侯夷吾卒㈠。

【今註】㈠夷吾：晉惠公名夷吾。此經無傳。

【今譯】晉惠公去世。

僖公二十五年（公元前六百三十五年）

㈠ 經 二十有五年，春，王正月，丙午，衛侯燬滅邢。

傳 燬之名何也㈠？不正其伐本而滅同姓也㈡。

【今註】㈠燬：衛文公名叫燬。㈡本：根，指先祖。衛和邢同屬姬姓，滅邢就等於傷了先祖。

【今譯】為什麼稱衛侯的名？認為他伐本滅掉同姓國是不對的。

(二)經 夏，四月，癸酉，衛侯燬卒。

【今譯】夏天，四月癸酉日，衛文公去世。

(三)經 宋蕩伯姬來逆婦。

傳 婦人既嫁不踰竟㊀。宋蕩伯姬來逆婦㊁，非正也。其曰婦何也？緣姑言之之辭也㊂。

【今註】㊀竟：境的古字。㊁蕩伯姬：魯女，嫁給宋國大夫蕩氏。來逆婦：來迎兒媳婦。㊂姑：婆母。

【今譯】女子已經出嫁，就不能越過國境。宋國蕩伯姬來迎兒媳婦是不對的。為什麼稱婦？稱婦是從婆母那方面說的。

(四)經 宋殺其大夫。

傳 其不稱名姓，以其在祖之位㊀，尊之也。

【今註】㊀其：指代宋國殺的大夫，叫孔父，他是孔子的六世祖。

【今譯】不稱大夫的名姓，因為他在先祖的地位，尊敬他。

(五)經　秋，楚人圍陳，納頓子于頓㊀。

【今註】㊀頓子：頓國國君，屬子爵。納：使……入。

【今譯】秋季，楚國圍攻陳國，迫使陳國送頓子回國。

傳　納者，內弗受也。圍一事也，納一事也，而遂言之㊀，蓋納頓子者陳也。

【今註】㊀遂：說文解字釋為「繼事詞也」，表示前後兩事緊接著。這裏取緊接之義。

【今譯】用納字，表示國內不願意接受他回去。包圍陳國是一件事，送頓子回國是一件事，經文緊接著說，大概送頓子的是陳國。

(六)經　葬衛文公㊀。

【今註】㊀此經無傳。

【今譯】安葬衛文公。

(七)經　冬，十有二月，癸亥，公會衛子、莒慶盟于洮。

傳 莒無大夫㈠，其曰莒慶何也㈡？以公之會目之也。

【今註】㈠莒無大夫：指莒國沒有天子命封的大夫。㈡莒慶：人名。以國名（莒）為氏，表明他地位高。

【今譯】莒國沒有天子命封的大夫。為什麼稱他莒慶？是因為他與僖公會盟而高看他。

僖公二十六年（公元前六百三十四年）

㈠經 二十有六年，春，王正月，己未，公會莒子、衛甯速，盟于向。

傳 公不會大夫㈠，其曰甯速何也㈡？以其隨莒子可以言會也。

【今註】㈠公不會大夫：魯公不能和別國大夫會盟。因為地位不等。像莒子（莒國之君）便可以與魯公會盟，因為同是諸侯。㈡甯速：人名，衛國大夫，向地之盟，由他代表衛國參與結盟。

【今譯】魯公不能和大夫會盟。為什麼提甯速？因為他隨在莒子之後，可以和魯公會盟。

㈡經 齊人侵我西鄙，公追齊師，至巂，弗及。

傳 人，微者也㈠。侵，淺事也㈡。公之追之㈢，非正也。至巂㈣，急辭也。弗及者，弗與也，可以及而不敢及也。其侵也曰人，其追也曰師，以公之弗及，大之也㊄。弗及，內辭也㊅。

【今註】㊀微者：指齊國帶兵的人地位不高，不是國君。㊁淺：指不嚴重。侵與伐、滅相比，程度較輕。㊂公之追之：僖公（帶兵）追趕齊軍。因為齊侵略魯國西部邊邑。㊃巂：音協，齊國地名。㊄大之：強調齊軍強大。因為師有眾的意思，說齊師就表示它兵多勢大。㊅內辭：指為僖公不敢打齊軍找個脫辭。內：指魯公。

【今譯】稱齊人，表示領兵人地位不高。用侵字，表明不是嚴重的事。僖公追逐齊軍，是不對的。追到巂地，表示急迫追逐的意思。沒追上，是指沒跟齊軍交戰，是可以追得上而不敢追上。說侵略稱齊人；說追逐稱齊師，是因為僖公沒追上，所以要強調齊軍強大。說弗及，是為魯公找個脫辭。

㈢經夏，齊人伐我北鄙㊀。

【今註】㊀鄙：邊邑。此經無傳。

【今譯】夏季，齊國攻打魯國北部邊邑。

㈣經衛人伐齊㊀。

【今註】㊀此經無傳。

【今譯】衛國攻伐齊國。

(五)經 公子遂如楚乞師㈠。

【今註】㈠公子遂：魯卿，魯莊公兒子。

【今譯】公子遂到楚國去請求援兵。

傳 乞，重辭也，重人之死也㈠，非所乞也。師出不必反㈡，戰不必勝，故重之也。

【今註】㈠人之死：指齊軍接連侵犯，魯人傷亡很多。㈡反：返的古字。

【今譯】用乞字，表示嚴重的意思。嚴重是指人們戰死了，不是指乞求的。軍隊出戰返不回，作戰又不勝，所以很嚴重啊。

(六)經 秋，楚人滅夔，以夔子歸。

傳 夔，國也。不日，微國也。以歸㈠，猶愈乎執也㈡。

【今註】㈠以歸：把夔子（夔國國君）帶回國。㈡乎：于，比。

【今譯】夔是國名。不記日期，因為是小國。把夔子帶回楚國，比捉住他還重。

(七)經　冬，楚人伐宋，圍閔。

傳　伐國不言圍邑。此其言圍何也㊀？以吾用其師㊁，目其事也。非道用師也㊂。

【今註】㊀圍：指圍宋國的閔城。閔，左傳作緡。㊁吾用其師：指魯求援，用楚軍伐齊。半路上，楚又伐宋圍閔。㊂非道：不合道義。

【今譯】攻伐一國不必記包圍了城邑。這裏為什麼記圍城呢？因為魯國用楚軍，看到了他們幹的事，認為如此用兵不合道義。

(八)經　公以楚師伐齊，取穀。

傳　以者㊀，不以者也。民者，君之本也。使民以其死，非其正也㊁。

【今註】㊀以：用。㊁非：指責。

【今譯】用，是不該用的意思。百姓是君王的根本。讓百姓征戰而死，指責這不正確的做法。

(九)經　公至自伐齊。

傳 惡事不致㈠，此其致之何也？危之也。

【今註】㈠致：通至。出行歸國，告祭祖廟叫至。

【今譯】做壞事不告祭祖廟，這次為什麼告祭祖廟？認為伐齊危險。

僖公二十七年（公元前六百三十三年）

㈠經 二十有七年，春，杞子來朝㈠。

【今註】㈠此經無傳。

【今譯】二十七年，春天，杞國國君來朝見魯公。

㈡經 夏，六月，庚寅，齊侯昭卒㈠。

【今註】㈠昭：齊孝公名昭。此經無傳。

【今譯】夏天，六月庚寅日，齊孝公去世。

㈢經 秋，八月，乙未，葬齊孝公㈠。

【今註】㈠此經無傳。

【今譯】秋天，八月乙未日，安葬齊孝公。

(四)經 乙巳，公子遂帥師入杞㊀。

【今註】㊀公子遂：魯卿，莊公兒子。帥：通率。此經無傳。

【今譯】乙巳日，公子遂領兵攻入杞國。

(五)經 冬，楚人、陳侯、蔡侯、鄭伯、許男圍宋。

傳 楚人者，楚子也㊀。其曰人何也？人楚子所以人諸侯也㊁。其人諸侯何也？不正其信夷狄而伐中國也㊂。

【今註】㊀楚子：楚成王，屬子爵。㊁人楚子：稱楚子為人。這裏指貶抑。㊂夷狄：指楚。中國：中原諸侯國，指宋國。

【今譯】楚人指楚王。為什麼稱楚人？貶抑楚王是用以貶抑諸侯。為什麼貶抑諸侯？他們相信楚國攻打宋國是不對的。

(六)經 十有二月，甲戌，公會諸侯，盟于宋㊀。

【今註】㊀此經無傳。

【今譯】十二月，甲戌日，僖公會合諸侯跟宋結盟。

僖公二十八年（公元前六百三十二年）

(一)經 二十有八年，春，晉侯侵魯，晉侯伐衛。

傳 再稱晉侯㈠，忌也㈡。

【今註】㈠再：二次。㈡忌：指刺。指刺晉文公又侵又伐。

【今譯】兩次稱晉侯，是指刺的意思。

(二)經 公子買戍衛，不卒戍，刺之。

傳 先名後刺㈠，殺有罪也。公子啟曰㈡：「不卒戍者㈢，可以卒也。可以卒而不卒，譏在公子也㈣，刺之可也。」

【今註】㈠刺：殺。春秋經凡例，殺諸侯國大夫記殺，殺魯國大夫記刺。㈡公子啟：魯國大夫。㈢卒：結束，完畢。戍：守邊。㈣公子：公子買，魯國大夫。他被派到衛國，幫助守衛邊境。魯怕晉國，殺了公子買，以表示不再助衛，以討好晉國。但又怕楚國，就騙楚說，公子買沒守到期限就想走，所以殺他。

【今譯】先提名字後說殺，表示殺的是有罪的人。公子啟說：「守邊沒到期限，是說他可以到期限。可以到卻沒到，是譏諷公子買，殺他應該。」

(三) 經 楚人救衛㊀。

【今註】㊀此經無傳。

【今譯】楚國援救衛國。

(四) 經 三月，丙午，晉侯入曹，執曹伯。畀宋人。

傳 入者，內弗受也。日入㊀，惡入者也㊁，以晉侯而斥執曹伯㊂，惡晉侯也。畀㊃，與也。其曰人何也？不以晉侯畀宋公也㊄。

【今註】㊀日入：記下攻入曹國的日期。㊁惡：憎恨。㊂晉侯：晉文公。曹伯：曹共公。晉文公流亡時，曾路過曹國，曹共公對他不禮貌。這次抓住曹共公是報復。㊃畀（音畢）：給予。指上給下。晉侯把曹的土地分給了宋國。㊄晉侯畀宋公：這不符合「上給下」的意思，所以宋公改稱宋人。

【今譯】用入字，表示曹國不肯接受。記載入曹的日期，是憎恨攻入者。晉侯抓住曹伯，憎惡晉侯的做法。畀是給予的意思。為什麼稱宋人？因為不能說「晉侯畀宋公」。

(五)經 夏，四月，己巳，晉侯、齊師、宋師、秦師及楚人戰于城濮㊀，楚師敗績㊁。

【今註】㊀城濮：衛國地名，在今山東范縣南。城濮之戰是春秋有名的一次戰役。㊁敗績：大敗。此經無傳。

【今譯】夏季，四月己巳日，晉軍、齊軍、宋軍、秦軍跟楚軍在城濮作戰，楚軍大敗。

(六)經 楚殺其大夫得臣㊀。

【今註】㊀得臣：人名，字子玉。城濮之戰時楚軍的頭領，因戰敗而被殺。此經無傳。

【今譯】楚國殺了自己的大夫得臣。

(七)經 衛侯出奔楚㊀。

【今註】㊀衛侯：衛成公。此經無傳。

【今譯】衛侯逃到楚國避難。

(八)經 五月，癸丑，公會晉侯、齊侯、宋公、蔡侯、鄭伯、衛子、莒子，盟于踐土。

傳 諱會天王也㈠。

【今註】㈠周襄王參加了踐土（鄭國地名）之盟。

【今譯】避諱記天子參加了會盟。

㈨ 經 陳侯如會。

傳 如會㈠，外乎會也㈡，於會受命也。

【今註】㈠如：動詞，到……去。㈡外乎會：指盟會以外的非正式成員。

【今譯】如會，表示是盟會以外的，是到會聽命的。

㈩ 經 公朝于王所。

傳 朝不言所㈠。言所者，非其所也㈡。

【今註】㈠朝不言所：朝拜不必說地點。因為諸侯朝拜天子都是在京師王廷。㈡非其所：不是應該朝拜的處所。指周襄王此時為避王子帶之亂，在鄭國避難，魯公到王的住處朝拜。

【今譯】朝拜不必記地點。記了地點，就是指不該在的地點。

㈩ 經 六月，衛侯鄭自楚復歸于衛。

傳 自楚，楚有奉焉爾㈠。復者，復中國也㈡。歸者，歸其所也。鄭之名㈢，失國也。衛元咺出奔晉㈣。

【今註】㈠奉：幫助。㈡中國：指中原諸侯。這裏指衛國。強調他從楚（古人稱夷狄）回國。㈢鄭：衛侯的名。㈣元咺（音宣）：衛國大夫。

【今譯】自楚，表示楚國對衛侯有幫助。復，是指回到衛國。歸，是指衛侯回到自己的地方。稱衛侯的名，是因為他丟了國家。衛國大夫元咺跑到晉國避難。

㈩㈡ 經 陳侯款卒㈠。

【今註】㈠款：陳穆公的名。此經無傳。

【今譯】陳穆公去世。

㈩㈢ 經 秋，杞伯姬來㈠。

【今註】㈠伯姬：魯莊公女，於莊公二十五年嫁給紀國國君，是杞桓公母親。

【今譯】秋天，杞伯姬來魯國。

(十四) 經 公子遂如齊㊀。

【今註】㊀公子遂：魯卿，莊公的兒子。此經無傳。

【今譯】公子遂到齊國去。

(十五) 經 冬，公會晉侯、齊侯、宋公、蔡侯、鄭伯、陳子、莒子、邾子、秦人于溫。

傳 諱會天王也㊀。

【今註】㊀天王：周襄王。襄王參加了溫（地名）地的諸侯盟會，但因天子不該與諸侯同會，所以經文避諱不記。

【今譯】避諱說天子參加盟會。

(十六) 經 天王守于河陽㊀。

【今註】㊀守：通狩。冬天打獵叫狩。河陽：黃河北岸。山的南面，河的北面都叫陽。

【今譯】天子在黃河北面打獵。

傳 全天王之行也。為若將守而遇諸侯之朝也，為天王諱也。水北為陽，山南為陽。溫㈠，河陽也。

【今註】㈠溫：宋國地名。

【今譯】經文所記是美化天王的行動，就像是他準備打獵而臨時遇到了諸侯會盟，這是替天子避諱。河北面叫陽，山南面叫陽。溫地在黃河北面。

(七)經 壬申，公朝于王所。

傳 朝於廟㈠，禮也。於外，非禮也。獨公朝㈡？與諸侯盡朝也。其日㈢，以其再致天子㈣，故謹而日之也。主善以內㈤，目惡以外㈥。言曰公朝，逆辭也，而尊天子。會于溫，言小諸侯㈦。溫，河北地，以河陽言之，大天子也㈧。日繫於月，月繫於時。壬申，公朝于王所。其不月，失其所繫也。以為晉文公之行事，為已顛矣㈨。

【今註】㈠廟：指朝廷。㈡公：僖公。後文同此。㈢日：記載日期。㈣再致天子：兩次請天子到會。指這次和五月的踐土之盟。㈤主善以內：魯公朝天子是做好事。內：指魯。㈥目惡以外：指晉文公召王赴會，是違禮的壞事。㈦小諸侯：使諸侯顯得小。說諸侯在溫地會盟，溫是小城，是用城的編小貶抑諸侯。㈧大天子：說天子在黃河北面打獵，是用地域的遼闊使天子顯得偉大。㈨顛：顛倒：意指晉文公召請天子開會，顛倒了君臣的順序。

【今譯】在朝廷朝拜天子，是合於禮的。在朝廷之外，就非禮了。僖公單獨朝拜？和諸侯一起朝拜。記載日期，是因為晉文公兩次請天子到會，所以慎重地記下日子。魯公朝天子是做好事，晉文公召天子是幹了壞事。說魯公朝天子，是歡迎的意思，是尊奉天子。說在溫地會盟，是貶抑諸侯。溫地，在黃河北面。說在黃河北面打獵，是誇大天子。日連繫月，月連繫季。記壬申日僖公到天子的住所朝拜，沒記月份，失去了連繫，是因為晉文公做事顛倒了。

(十八)【經】晉人執衛侯，歸之于京師。衛元咺自晉復歸于衛。

【傳】此入而執㈠，其不言入何也？不外王命於衛也㈡。歸于於京師㈢，緩辭也，斷在京師也。自晉㈣，晉有奉焉爾㈤。復者，復中國也㈥。歸者，歸其所也。

【今註】㈠此入而執：這是進入衛國抓住衛侯。㈡不外王命於衛：是說天子命令到衛國抓人，沒有什麼進入與在外之分。因為普天之下，都是王土。㈢歸之于京師：把衛侯帶回京師。㈣自晉：是說衛國大夫元咺從晉回國了。㈤奉：幫助。㈥中國：指中原諸侯國。這裏指衛國。

【今譯】這是指進入國內抓衛侯。為什麼不說進入？在衛國執行天子的命令，無所謂內外。把衛侯帶回到京師，是緩和的意思，決斷權在京師。元咺從晉回國，是說晉國幫助了他。復，是說回到衛。歸，是指回到自己的地方。

㈩ 經 諸侯遂圍許。

傳 遂㊀，繼事也㊁。

【今註】㊀遂：表示承接意義的連詞。㊁繼：接。諸侯會盟完畢，接著就包圍許國。

【今譯】遂，表示後一件事接著進行。

(廿) 經 曹伯襄復歸于曹，遂會諸侯圍許。

傳 復者，復中國也㊀。天子免之，因與之會。其曰復，通王命也。遂，繼事也。

【今註】㊀中國：中原諸侯國。這句是指曹共公返回曹國。

【今譯】復，是說回到中原曹國。天子赦免了曹伯，於是他也參加了盟會。說返回國，是天子的命令。遂，表示事情接連著。

僖公二十九年（公元前六百三十一年）

㈠ 經 二十有九年，春，介葛盧來。

傳 介，國也。葛盧，微國之君㊀，未爵者也。其曰來，卑也㊁。

【今註】㊀微：小。㊁卑：低。

【今譯】介是國名。葛盧是小國的國君，沒有爵位。說他來魯朝見，表明他地位低。

㈡ 經 夏，六月，公會王人㊀，晉人、宋人、齊人、陳人、蔡人、秦人，盟于翟泉㊁。

【今註】㊀王人：指周襄王的卿，名叫子虎。㊁翟泉：地名，在今河南洛陽附近。公羊傳作狄泉。何休以為，這次參加會的地位都不高，因此皆稱人。此經無傳。

【今譯】夏季，六月，僖公會合王卿、晉人、宋人、齊人、陳人、蔡人、秦人，在翟泉開會。

㈢ 經 秋，大雨雹㊀。

【今註】㊀雨：動詞，下。此經無傳。

【今譯】秋天，下大雹子。

(四)經 冬，介葛盧來㈠。

【今註】㈠葛盧：人名，介國國君。此經無傳。

【今譯】冬天，介葛盧來朝見魯公。

僖公三十年（公元前六百三十年）

(一)經 三十年，春，王正月㈠。

【今註】㈠此經無傳。

【今譯】三十年，春，周曆正月。

(二)經 夏，狄侵齊㈠。

【今註】㈠此經無傳。

【今譯】夏天，狄國侵略齊國。

(三)經 衛殺其大夫元咺及公子瑕。衛侯鄭歸于衛。

傳 稱國以殺，罪累上也㊀，以是為訟君也㊁。衛侯在外，其以累上之辭言之何也？待其殺而後入也㊂。公子瑕㊃，累也，以尊及卑也。

【今註】㊀罪累上：罪行牽連君王。上：指君。這裏指衛侯，名叫鄭。㊁訟君：指元咺告君王的狀。衛侯逃往楚國時，大夫元咺奉事武叔攝政。衛侯聽信讒言，以為元咺立武叔為君。所以，由楚回國就殺了武叔。元咺逃到晉國告了衛侯的狀。衛侯被晉文公抓去。㊂待：等。衛侯因魯僖公說情，才得以釋放回國。回國前，他派人殺了元咺，和元咺剛立的君王公子瑕。㊃公子瑕：他雖為國君家族，稱公子，但不是命封大夫，所以低於大夫元咺。

【今譯】舉出國名說殺某某，表明罪行牽連到君王，因為元咺告了君王的狀。衛侯在晉國，為什麼說牽連他呢？他等元咺被殺後才回國。公子瑕被殺是元咺牽連的，由尊者到卑者。

(四)經 晉人、秦人圍鄭㊀。

【今註】㊀此經無傳。

【今譯】晉國和秦國包圍鄭國。

(五)經 介人侵蕭㈠。

【今註】㈠介：國名。蕭：宋國邑名。

【今譯】介國侵略蕭城。

(六)經 冬，天王使宰周公來聘。

傳 天子之宰㈠，通于四海。

【今註】㈠宰：官名，也稱太宰，總管王室的內外事務。經文中的周公，是對周襄王宰官的稱呼，因他食邑在周地，故稱周公。

【今譯】天子的宰官，通達天下。

(七)經 公子遂如京師，遂如晉。

傳 以尊遂乎卑㈠，此言不敢叛京師也㈡。

【今註】㈠尊：指京師。卑：指晉。㈡叛京師：是指先說如晉，後說如京師，就等於背叛京師。

【今譯】由京師接著去晉國，這樣說，是不敢把京師放在後。

僖公三十一年（公元前六百二十九年）

㈠經三十有一年，春，取濟西田㈠。

【今註】㈠濟西：濟水以西。此經無傳。

【今譯】三十一年，春天，魯國得到了濟水以西的土地。

㈡經公子遂如晉㈠。

【今註】㈠此經無傳。

【今譯】公子遂到晉國去。

㈢經夏，四月，四卜郊㈠，不從，乃免牲㈡，猶三望㈢。

【今註】㈠郊：祭名。天子或諸侯春季在國都南郊祭天叫郊。㈡免牲：不殺牲。㈢望：祭名。祭祀山川叫望。

【今譯】夏季，四月，四次占卜郊祭，都不吉利，就沒殺牲郊祭，還是舉行了三次望祭。

傳 夏四月，不時也㈠。四卜，非禮也㈡。免牲者，為人緇衣熏裳㈢，有司玄端奉送㈣，至於南郊。免牛亦然。乃者，亡乎人之辭也㈤。猶者，可以已之辭也㈥。

【今註】㈠不時：不合季節。郊祭是在春季祭天。㈡非禮：指為郊祭占卜，最多只卜三次。㈢緇衣熏裳：黑色衣裳。緇：黑。㈣有司：管事人。玄端：整幅布做的黑色禮服。㈤亡乎人：指沒有賢人。亡：通無。㈥已：止。

【今譯】夏季四月，不合郊祭的季節。占卜四次，不合於禮。不殺牲，是指像人似的給羊披上黑衣裳，管事人穿黑色禮服，牽著它到南郊接神。如果是牛，也這樣做。乃，表明沒賢人（治國）的意思。猶，表示可以停止不祭的意思。

㈣經 秋，七月㈠。

【今註】㈠一季無事，記下首月。此經無傳。

【今譯】秋季，七月。

㈤經 冬，杞伯姬來求婦。

傳 婦人既嫁不踰竟㈠，杞伯姬來求婦㈡，非正也。

【今註】㈠竟：境的古字。㈡婦：指兒媳婦。

【今譯】女人出嫁就不能再過國境。杞伯姬來魯接兒媳婦是不對的。

㈥經 狄圍衛。十有二月，衛遷於帝丘㈠。

【今註】㈠帝丘：地名，在今河南濮陽西南。此經無傳。

【今譯】狄人圍攻衛國。十二月，衛國遷到帝丘。

僖公三十二年（公元前六百二十八年）

㈠經 三十有二年，春，王正月㈠。

【今註】㈠此經無傳。

【今譯】三十二年，春，周曆正月。

㈡經 夏，四月，己丑，鄭伯捷卒㈠。

【今註】㈠捷：鄭文公名叫捷。此經無傳。

【今譯】夏季，四月己丑日，鄭文公去世。

(三)經 衛人侵狄。秋，衛人及狄盟㈠。

【今註】㈠此經無傳。

【今譯】衛國侵略狄人。秋季，衛和狄人結盟。

(四)經 冬，十有二月，己卯，晉侯重耳卒㈠。

【今註】㈠重耳：晉文公的名。此經無傳。

【今譯】冬季，十二月己卯日，晉文公故去。

僖公三十三年（公元前六百二十七年）

(一)經 三十有三年，春，王二月，秦人入滑。

傳 滑㈠，國也。

【今註】㈠滑：國名。此次秦沒有得土地。後來滑歸入晉國。

【今譯】滑是個國家。

(二) 經 齊侯使國歸父來聘㈠。

【今註】 ㈠國歸父：齊國大夫。國：其氏；歸父：其字。此經無傳。

【今譯】 齊國派國歸父來魯訪問。

(三) 經 夏，四月，辛巳，晉人及姜戎敗秦師于殽。

傳 不言戰而言敗何也？狄秦也㈠。其狄之何也？秦越千里之險入虛國㈡。進不能守，退敗其師徒，亂人子女之教，無男女之別。秦之為狄，自殽之戰始也㈢。秦伯將襲鄭㈣，百里子㈤與蹇叔子諫曰㈥：「千里而襲人，未有不亡者也。」秦伯曰：「子之冢木已拱矣㈦，何知？」師行，百里子與蹇叔子送其子而戒之，曰：「女死必於殽之巖唫之下㈧，我將尸女於是㈨。」師行，百里子與蹇叔子隨其子而哭之。秦伯怒曰：「何為哭吾師也？」二子曰：「非敢哭師也，哭吾子也。我老矣，彼不死則我死矣。」晉人與姜戎要而擊之殽㈩，匹馬倚輪無反者⑪。晉人者，晉子也⑫。其曰人何也？微之也⑬。何為微之？

不正其釋殯而主乎戰也㊃。

【今註】㊀狄秦：把秦視為夷狄。㊁虛國：指毫無防備的滑國。㊂殽：音姚。山名，在今陝西潼關以東。㊃秦伯：秦穆公。㊄百里子：秦國大夫，名奚，又稱百里奚。㊅蹇叔子：秦國元老。㊆拱：指兩手合圍。㊇巖唫：山的險隘處。唫：通崟，高聳險峻的樣子。㊈女：通汝，你。於是：在這裏。㊉要而擊之：攔腰阻擊。要：腰的古字。㊀倚輪：一隻車輪。倚：通奇，單數，指一。反：返的古寫。㊁晉子：晉文公兒子，襄公。因父死未葬，故稱子。㊂微：輕。㊃釋殯：丟下靈柩。

【今譯】不記戰而記敗是為什麼？是把秦國視為夷狄。為什麼視它為夷狄？它越過千里之遙，攻入毫無防備的滑國，進不能守，退遭失敗，擾亂了滑國的教化，沒了男女的區別。把秦視為夷狄，從殽山之戰開始。秦穆公要偷襲鄭國。百里奚和蹇叔勸諫說：「從千里遠襲擊別國，沒有不敗的。」秦伯說：「你們墳上的樹都該有一拱粗了，知道什麼？」軍隊出發時，百里奚和蹇叔送兒子，並告誡兒子說：「你們肯定死在殽山的險隘處，我將到那裏為你們收屍。」軍隊走了，百里奚和蹇叔追著兒子哭。穆公大怒，說：「為什麼哭我的軍隊？」兩位大夫說：「不敢哭軍隊，是哭我的兒子。我老了，他不死我將死了。」晉國和姜戎在殽山攔腰截擊，秦國沒有一匹馬一隻車輪返回。晉人，指的是晉子。為什麼稱人？是輕視他。為什麼輕視他？他不顧父喪而領兵出戰是不對的。

(四)經 癸巳，葬晉文公。

傳 日葬㈠，危不得葬也㈡。

【今註】㈠日葬：記載安葬的日子。㈡危：指晉秦殽之戰，國不安寧。

【今譯】記載安葬的日子，因為有危難不能安葬。

(五)經 狄侵齊㈠。

【今註】㈠此經無傳。

【今譯】狄人侵犯齊國。

(六)經 公伐邾，取訾樓㈠。

【今註】㈠訾（音資）樓：邾國地名。此經無傳。

【今譯】僖公攻伐邾國，佔領了訾樓。

(七)經 秋，公子遂帥師伐邾㈠。

【今註】㈠公子遂：魯卿，莊公兒子。帥：通率。

【今譯】秋季，公子遂領兵攻打邾國。

(八)經 晉人敗狄于箕㈠。

【今註】㈠箕：晉地名。此經無傳。

【今譯】晉國在箕地打敗狄軍。

(九)經 冬，十月，公如齊㈠。

【今註】㈠此經無傳。

【今譯】冬季，十月，僖公到齊國去。

(十)經 十有二月，公至自齊㈠。

【今註】㈠至：外出回國後，告祭祖廟。此經無傳。

【今譯】十二月，僖公回國，告祭祖廟。

(土)經 乙巳，公薨于小寢。

傳 小寢㈠，非正也。

【今註】㊀小寢：即燕寢。諸侯應死在正寢。

【今譯】（死在）小寢，是不對的。

㈡經隕霜不殺草，李梅實。

傳未可殺而殺㊀，舉重也。可殺而不殺，舉輕也。實之為言猶實㊁。

【今註】㊀殺：衰落。㊁實（後一個）：結果實。之為言：古書註詞的術語。

【今譯】（植物）不該衰落卻衰落了，是說冷的厲害。該衰落而不衰落，是說不太冷。實是結果實的意思。

㈢經晉人、陳人、鄭人伐許㊀。

【今註】㊀此經無傳。

【今譯】晉國、陳國和鄭國攻伐許國。

卷六　文　公

文公元年（公元前六百二十六年）

(一)經 元年，春，王正月，公即位。

傳 繼正即位㊀，正也。

【今註】㊀繼正即位：指君父正常去世，子順理承繼君位。

【今譯】正常地即位，合於禮。

(二)經 二月，癸亥，日有食之㊀。

【今註】㊀食：通蝕。此經無傳。

【今譯】二月，癸亥日，出現日蝕。

(三)經 天王使叔服來會葬。

傳 葬曰會㊀，其志重天子之禮也㊁。

【今註】㈠會：指各諸侯都來參加的葬禮。周天子也派了內史叔服赴會。㈡志：記。

【今譯】（僖公的）葬禮是會葬。記載，是重視天子的禮義。

(四)經 夏，四月，丁巳，葬我君僖公。

傳 薨稱公㈠，舉上也。葬我君，接上下也。僖公葬而後舉謚㈡，謚所以成德也，於卒事乎加之矣。

【今註】㈠薨：諸侯死叫薨。㈡謚：古時，在人死後按其生前事蹟評定褒貶給予的稱號。

【今譯】僖公死時稱公，是尊上之稱。葬時稱我君，是連繫上下的稱呼。安葬後加命謚號，用以表彰他的德行。謚號是死後追加的。

(五)經 天王使毛伯來錫公命。

傳 禮有受命，無來錫命㈠。錫命非正也。

【今註】㈠錫：通賜，指上對下的給予。

【今譯】根據禮，有去天子那接受命封的，沒有賞賜命封的。天子派人來賜予對文公的任命是不對的。

(六)經 晉侯伐衛㈠。

【今註】㊀此經無傳。

【今譯】晉國攻伐衛國。

(七)經 叔孫得臣如京師㊀。

【今註】㊀叔孫得臣：魯國大夫、莊公弟叔牙之孫。他到京師拜謝天子賜命。此經無傳。

【今譯】叔孫得臣去京城。

(八)經 衛人伐晉㊀。

【今註】㊀此經無傳。

【今譯】衛國攻打晉國。

(九)經 秋，公孫敖會晉侯于戚㊀。

【今註】㊀公孫敖：魯卿。戚：地名，在今河南濮陽縣北。此經無傳。

【今譯】秋天，公孫敖到戚地會見晉侯。

(十)經 冬，十月，丁未，楚世子商臣弒其君髡。

傳日髡之卒㊀，所以謹商臣之弒也㊁。夷狄不言正不正。

【今註】㊀髡：楚成王的名。㊁商臣：人名，楚成王的太子，即位後就是楚穆王。

【今譯】記下楚成王死的日子，用以對楚穆王的弒君表示重視。對夷狄人不說對與不對。

(十)經公孫敖如齊㊀。

【今註】㊀此經無傳。

【今譯】公孫敖到齊國去。

文公二年（公元前六百二十五年）

(一)經二年，春，王二月，甲子，晉侯及秦師戰于彭衙㊀，秦師敗績㊁。

【今註】㊀彭衙：地名，在今陝西白水縣東北。㊁敗績：大敗。此經無傳。

【今譯】二年，春天，周曆二月，甲子日，晉秦在彭衙作戰，秦軍大敗。

(二)經丁丑，作僖公主。

傳 作，為也㊀，為僖公主也㊁。立主，喪主於虞㊂，吉主於練㊃。作僖公主，譏其後也㊄。作主壞廟㊅，有時日於練焉㊆。壞廟，壞廟之道，易檐可也㊇，改塗可也㊈。

【今註】㊀為：立。㊁主：代死人受祭的牌位。㊂喪主於虞：非正常死的，在安葬後的虞祭時立牌位。虞：祭名，葬後即祭叫虞祭。㊃吉主於練：正常死的在練祭時立牌位。練：祭名，人死後十三個月舉行的祭祀。㊄後：晚。僖公死後已十五個月才立主，晚了兩個月。㊅壞廟，指修廟。㊆時日：指時間。㊇易檐：更換檐木。㊈改塗：重新粉刷。

【今譯】作，是立的意思，指為僖公在廟裏立牌位。立牌位，非正常死的在虞祭時，正常死的在練祭時。記載為僖公立牌位，是譏諷立晚了。修廟立牌位，時間規定在練祭時。修廟，有修廟的規定，更換檐木可以，重新粉刷可以。

㈢經 三月，乙巳，及晉處父盟。

傳 不言公㊀，處父伉也㊁，為公諱也。何以知其與公盟？以其日也㊂。何以不言公之如晉？所恥也。出不書㊃，反不致也㊄。

【今註】㊀公：指文公。㊁處父：晉國大夫。伉：匹敵，對等。㊂日：記載日子。春秋經凡魯公參與的結盟都記日期。㈣書：記。㈤反：返的古字。致：通至，指出行後歸告祖廟。

【今譯】不提文公，是怕與晉國大夫匹敵，所以為文公隱諱。怎麼知道是文公參與結盟？因為記下了具體日期。為什麼不記文公到晉國去（結盟）？認為恥辱，出行時不記載，回國後也不告祭祖廟。

㈣經 夏，六月，公孫敖會宋公、陳侯、鄭伯、晉士縠盟于垂隴。

傳 內大夫可以會外諸侯㈠。

【今註】㈠內大夫：指魯卿公孫敖。卿，可以泛稱為大夫。

【今譯】魯國大夫可以和各諸侯會盟。

㈤經 自十有二月不雨，至於秋七月。

傳 歷時而言不雨㈠，文不憂雨也㈡。不憂雨者，無志乎民也㈢。

【今註】㈠時：季，季節。㈡文：文公。㈢志乎民：為民著想。

【今譯】過了季節才記不下雨，表明文公不為雨發愁。不為下雨的事發愁的人，不為百姓著想呵。

㈥經 八月，丁卯，大事于大廟，躋僖公。

傳 大事者何㈠？大是事也㈡，著祫嘗㈢。祫祭者，毀廟之主㈣，陳于大祖㈤，未毀廟之主㈥，皆升合祭於大祖。躋，升也。先親而後祖也，逆祀也㈦。逆祀，則是無昭穆也㈧。無昭穆則是無祖也，無祖則無天也。故曰文無天㈨。無天者，是無天而行也。君子不以親親害尊尊㈩，此春秋之義也。

【今註】㈠大事：祭祀。古人視戰爭和祭祀為大事。㈡大是事：認為這件事重要。㈢祫：祭名。把所有的神位放在一起合祭。嘗：秋季的祭祀。合祭必在秋季，所以祫嘗連文。㈣毀廟之主：指遠過高祖，已遷出的牌位。㈤太祖：指太祖廟，即周公廟。㈥未毀廟之主：指高祖以下，供在廟中的神主。㈦逆祀：違背祭祀順序。比如把父位放在祖位之先的祭祀，就叫逆祀。㈧昭穆：古時宗廟排列的順序，太祖廟居中，左昭右穆。如果父為昭，子就為穆，孫為昭，以此遞相下排。㈨文：指魯文公。㈩親親：愛親人。尊尊：敬長者。

【今譯】大事是什麼意思？是認為這事重要，指合祭嘗祭。合祭是指遷出廟的和未遷出廟的神主都陳列到周公廟一起祭祀。躋是升的意思。文公把父親僖公的牌位升到閔公前面，就違背了祭祖的順序。這樣祭祀，就沒了昭穆的順序。沒了昭穆的順序就是無視祖宗，無視祖宗就是無視天道。所以說，文公無視天道。無視天道的人，就不按天意辦事。君子不因愛親人而損害敬長的大義，這就是春秋經倡導的義。

(七)經　冬，晉人、宋人、陳人、鄭人伐秦㊀。

【今註】㊀此經無傳。

【今譯】冬季，晉國、宋國、陳國、鄭國攻打秦國。

(八)經　公子遂如齊納幣㊀。

【今註】㊀納幣：送彩禮。因文公娶齊女為元妃。此經無傳。

【今譯】公子遂到齊國去送彩禮。

文公三年（公元前六百二十四年）

(一)經　三年，春，王正月，叔孫得臣會晉人、宋人、陳人、衛人、鄭人伐沈，沈潰㊀。

【今註】㊀沈：國名，在今安徽阜陽縣西北。

【今譯】三年，春天，周曆正月，魯國大夫叔孫得臣會合晉、宋、陳、衛、鄭各路諸侯攻伐沈國，沈國失敗。

(二) 經 夏，五月，王子虎卒。

傳 叔服也㊀。此不卒者，何以卒之？以其來會葬㊁，我卒之也。或曰㊂，以其嘗執重以守也㊃。

【今註】㊀叔服：即經文中的王子虎。㊁其來會葬：指文公元年叔服來參加僖公的葬禮。㊂或：有的，有人。㊃執重以守：指周襄王出居鄭國時，叔服曾承擔重任，留守周室。

【今譯】是叔服，這樣的人去世不該記載。為什麼記載他的死呢？因為他來參加過僖公的會葬，所以我們記載他的死。有人說，是因為他曾擔重任，替天子守國。

(三) 經 秦人伐晉㊀。

【今註】㊀此經無傳。

【今譯】秦國攻伐晉國。

(四) 經 秋，楚人圍江㊀。

【今註】㊀江：國名。此經無傳。

【今譯】秋季，楚國圍江國。

(五)經 雨螽于宋。

傳 外災不志，此何以志也？曰，災甚也㈠。其甚奈何？茅茨盡矣㈡。著於上見於下謂之雨。

【今註】㈠災甚：災情嚴重。指蝗蟲像下雨一樣落到宋國。㈡茅茨：用茅草蓋的屋頂。

【今譯】魯以外的國家鬧災，春秋經不予記載，這次為什麼記呢？說，因為災情嚴重。嚴重到什麼樣？蓋屋頂的茅草都被蟲吃光了。明顯地看到從上落到下的叫雨。

(六)經 公如晉，十有二月，己巳，公及晉侯盟㈠。

【今註】㈠此經無傳。

【今譯】冬天，文公到晉國去。十二月己巳日，文公和晉侯結盟。

(七)經 晉陽處父帥師伐楚救江。

傳 此伐楚其言救江何也？江遠楚近㈠，伐楚所以救江也㈡。

【今註】㈠江遠：江國離晉國遠。江國在今河南息縣南。㈡救江：指楚國遭攻擊後，必然無力圍江，江圍自解。

【今譯】這是攻打楚國，為什麼說救江呢？因為江國離得遠，楚國離得近，用攻楚的辦法來援救江國。

文公四年（公元前六百二十三年）

(一)經 四年，春，公至自晉㈠。

【今註】㈠至：外出歸國後告祭祖廟。此經無傳。

【今譯】四年，春天，文公由晉回國，告祭祖廟。

(二)經 夏，逆婦姜于齊。

傳 其曰婦姜，為其禮成乎齊也㈠。其逆者誰也㈡？親逆而稱婦，或者公與㈢？何其速婦之也㈣。曰，公也。其不言公何也？非成禮于齊也。曰婦，有姑之辭也㈤。其不言氏何也？貶之也。何為貶之也？夫人與有貶也。

【今註】㈠禮成乎齊：婚禮在齊國完成。㈡逆：迎。㈢與：歟的古字。㈣婦之：稱之為婦。迎親時稱之女，婚禮後才能稱婦。㈤姑：婆母。

【今譯】稱婦姜，表明婚禮在齊國完成。迎親的人是誰？娶者親自迎親才稱婦，是文公吧？為什麼這麼快就稱婦?說,是文公。為什麼不提文公?婚禮在齊完成是不對的。稱婦,是有婆婆在的意思。為什麼不稱姜氏(只稱姜)?是貶斥她。為什麼貶斥她?對夫人和文公都有貶斥。

(三)經 秋,楚人滅江㊀。

【今註】㊀此經無傳。

【今譯】秋天,楚國滅掉江國。

(四)經 晉人伐秦㊀。

【今註】㊀此經無傳。

【今譯】晉國攻打秦國。

(五)經 衛侯使甯俞來聘㊀。

【今註】㊀甯俞:衛國大夫。此經無傳。

【今譯】衛侯派甯俞來魯國訪問。

(六)經 冬,十有一月,壬寅,夫人風氏薨㊀。

【今註】㊀風氏：莊公夫人，僖公母。諸侯夫人死也稱薨。此經無傳。

【今譯】冬季，十一月壬寅日，夫人風氏去世。

文公五年（公元前六百二十二年）

㈠經 五年，春，王正月，王使榮叔歸含且賵。

傳 含一事也㊀，賵一事也㊁，兼歸之㊂，非正也。其曰且，志兼也。其不言來，不周事之用也。賵以早㊃，而含以晚。

【今註】㊀含：死人曰中含的珠玉等物。㊁賵：音奉，送給喪家安葬所用的禮物，如馬、帛等。㊂兼：一起。㊃早：送賵應在葬禮舉行前，送含應在入斂以前，一起送，就賵早含晚了。

【今譯】送含是一件事，送賵是一件事，一起送，就不對了。用「且」，說明是一起送。不說來，周王室的事不用來字。賵送早了，含送晚了。

㈡經 三月，辛亥，葬我小君成風㊀。

【今註】㊀小君：諸侯夫人稱小君。成風：即風氏。此經無傳。

【今譯】三月辛亥日，安葬風氏。

㈢ 經 王使毛伯來會葬。

傳 會葬之禮于郚上㊀。

【今註】㊀郚：邊邑。

【今譯】葬禮在邊境小城舉行。（天子也派人來參加）

㈣ 經 夏，公孫敖如晉㊀。

【今註】㊀公孫敖：魯卿。此經無傳。

【今譯】夏天，公孫敖到晉國去。

㈤ 經 秦人入鄀㊀。

【今註】㊀鄀：秦、楚界上的小國。此經無傳。

【今譯】秦國侵入鄀國。

㈥ 經 秋，楚人滅六㊀。

【今註】㊀六：國名，在今安徽六安縣北。此經無傳。

【今譯】秋天，楚國滅了六國。

(七)經 冬，十月，甲申，許男業卒㊀。

【今註】㊀業：許僖公的名。男：爵名。此經無傳。

【今譯】冬，十月甲申日，許僖公去世。

文公六年（公元前六百二十一年）

(一)經 六年，春，葬許僖公㊀。

【今註】㊀此經無傳。

【今譯】六年，春天，安葬許僖公。

(二)經 夏，季孫行父如陳㊀。

【今註】㊀季孫行父：魯卿，又叫季文子。此經無傳。

【今譯】夏天，季孫行父到陳國去。

(三)經 秋，季孫行父如晉㈠。

【今註】㈠此經無傳。

【今譯】秋季，季孫行父到晉國去。

(四)經 八月，乙亥，晉侯驩卒㈠。

【今註】驩：晉襄公名名叫驩，此經無傳。

【今譯】八月乙亥日，晉襄公去世。

(五)經 冬，十月，公子遂如晉㈠。

【今註】㈠公子遂：魯卿。去晉參加葬禮。此經無傳。

【今譯】冬，十月，公子遂到晉國去。

(六)經 葬晉襄公㈠。

【今註】㈠此經無傳。

【今譯】安葬晉襄公。

(七)經 晉殺其大夫陽處父。

傳 稱國以殺㈠，罪累上也。襄公已葬，其以累上之辭言之何也？君漏言也。上泄則下暗㈡，下暗則上聾，且暗且聾㈢，無以相通。夜姑㈣，殺者也。夜姑之殺奈何？曰，晉將與狄戰，使狐夜姑為將軍，趙盾佐之㈤。陽處父曰：「不可。古者君之使臣也，使仁者佐賢者㈥，不使賢者佐仁者。今趙盾賢，夜姑仁，其不可乎㈦。」襄公曰：「諾。」謂夜姑曰：「吾始使趙盾佐女㈧，今女佐盾矣。」夜姑曰：「敬諾。」襄公死。處父主境上㈨，夜姑使人殺之。君漏言也。故士造辟而言㈩，詭辭而出，曰：「用我則可，不用我則無亂其德。」

【今註】㈠稱：舉。㈡暗：秘密，不顯露。這裏指不露真情。㈢且：又。㈣夜姑：晉國大夫，姓狐，故後文又稱狐夜姑。㈤趙盾：晉卿，又稱趙宣子。㈥賢：有才能。㈦其：恐怕。㈧女：通汝，你。㈨主境上：指到魯國邊境上參加風氏的葬禮。㈩士：士人，指官員。造：到。辟：君。

【今譯】舉出國名說殺某某，表示罪過牽連到君王。晉襄公已經安葬，怎麼還說牽連到君王呢？是君王洩漏了大臣的話。君王洩密，下臣就不敢講真話。下臣不講真話，君王就會像聾子一樣聽不到真情。這樣又暗又聾，就沒有辦法互相溝通。夜姑是殺人的。夜姑為什麼殺陽處父？說，晉國要跟狄人作戰。襄公讓夜姑當將軍，讓趙盾當副手。陽處父說：「不行。古時君王任命大臣，讓仁者輔佐有才幹的，不讓有才幹的輔佐仁者。趙盾有才幹，夜姑仁德，恐怕您的安排不可以吧。」襄公說：「嗯。」對夜姑說：「我先前讓趙盾給你做副手，現在你給盾做副手。」夜姑說：「遵命。」襄公去世。陽處父到魯國邊境參加風氏的葬禮，夜姑派人殺了他，是因為襄公洩漏了陽處父的話。所以（君王如果洩密）官員們到君王面前，就說假話，出來後還說：「用我的也可，不用也不會害了我的德行。」

(八) 經 晉狐夜姑出奔狄㈠。

【今註】㈠此經無傳。

【今譯】晉國大夫狐夜姑逃到狄國。

(九) 經 閏月不告月，猶朝于廟。

傳 不告月者何也㈠？不告朔也。不告朔則何為不言朔也？閏月者，附月之餘日也，積分而成於月者也。天子不以告朔，而喪事不數也㈡。猶之為言可以已也㈢。

【今註】㈠告月：即告朔，每月初一，天子或諸侯到太廟告祭神主，然後在廟前向下臣傳命一個月內的政事，這叫聽朔。聽朔後祭祀諸廟叫朝廟。經文記「朝于廟」即是朝廟。㈡喪事不數：遺誤的政事數不清。喪：失。㈢已：止。這句的意思是，朝廟儀式可以免了。不告朔，還朝廟幹什麼？

【今譯】什麼叫不告月？就是不告朔。不告朔，那為什麼不提朔字？閏月，是每月多餘的一天，一點點積累夠一個月，附在月後就是了。天子不告朔，遺誤的事就無數。「猶」字是說可以停止（即不朝廟了）。

文公七年（公元前六百二十年）

㈠經　七年，春，公伐邾㈠。

【今註】㈠此經無傳。

【今譯】七年，春，文公領兵攻打邾國。

㈡經　三月，甲戌，取須句。

傳　取邑不日㈠。此其日何也？不正其再取㈡，故謹而日之也。

【今註】㈠不日：不記日期。㈡再取：兩次攻取須句（邾國的小城）。僖公二十二年已伐邾取須句。

【今譯】攻取城邑不必記下日期。這次為什麼記？認為魯國兩次攻取是不對的，所以慎重地記下日期。

(三)經 遂城郚。

傳 遂，繼事也㈠。

【今註】㈠繼事：緊接著另一事。這裏指魯攻取須句，緊接著就在郚地（魯地名）修築城牆。

【今譯】遂，表示緊接著另一事。

(四)經 夏，四月，宋公王臣卒㈠。

【今註】㈠王臣：人名，宋成公名。此經無傳。

【今譯】夏季，四月，宋成公去世。

(五)經 宋人殺其大夫。

傳 稱人以殺㈠，誅有罪也。

【今註】㈠這句是解釋春秋經用字的條例。

【今譯】記人殺了某某，表示殺的是有罪的人。

(六)經 戊子，晉人及秦人戰于令狐，晉先蔑奔秦。

傳 不言出㊀，在外也㊁，輟戰而奔秦㊂，以是為逃軍也。

【今註】㊀不言出：不用出字。指經文記「奔秦」，不記「出奔秦」。㊁在外：指在外國（秦國的令狐）作戰。㊂輟：中止。這句指大夫先蔑中途跑了。

【今譯】不用出字，因為是在外國作戰。作戰中間跑到秦國，因此認為他是逃兵。

(七)經 狄侵我西鄙㊀。

【今註】㊀鄙：邊邑。此經無傳。

【今譯】狄人侵犯魯國西部邊境。

(八)經 秋，八月，公會諸侯、晉大夫盟于扈。

傳 其曰諸侯，略之也㊀。

【今註】㊀略：省略。

【今譯】稱諸侯，是省略的記法。

(九)經 冬，徐伐莒㊀。

【今註】㊀此經無傳。

【今譯】冬季，徐國攻伐莒國。

㈩經 公孫敖如莒莅盟。

傳 莅㊀，位也。其曰位何也？前定也㊁。其不日，前定之盟不日也。

【今註】㊀莅：臨，到位。㊁前定：結盟前定好了日期、內容等。

【今譯】莅是到位的意思。為什麼說到位就行？事前已確定了。不記日期，是因為事前確定的結盟不記日期。

文公八年（公元前六百一十九年）

㈠經 八年，春，王正月㊀。

【今註】㊀此經無傳。

【今譯】八年，春天，周曆正月。

(二) 經 夏，四月㊀。

【今註】㊀一季無事，記下首月。此經無傳。

【今譯】夏季，四月。

(三) 經 秋，八月，戊申，天王崩㊀。

【今註】㊀崩：天子死叫崩。此經無傳。

【今譯】秋天，八月戊申日，周襄王駕崩。

(四) 經 冬，十月，壬午，公子遂會晉趙盾盟于衡雍㊀。

【今註】㊀趙盾：晉卿。衡雍：鄭國地名。此經無傳。

【今譯】冬季，十月壬午日，魯國公子遂和晉國的趙盾在衡雍會盟。

(五) 經 乙酉，公子遂會雒戎盟于暴㊀。

【今註】㊀公子遂：魯卿。雒戎：戎人的一支，雒音洛。暴：地名，在今河南原陽縣西。此經無傳。

【今譯】乙酉日，公子遂和戎人在暴地會盟。

(六) 經 公孫敖如京師，不至而復。丙戌，奔莒。

傳 不言所至，未如也㈠。未如則未復也。未如而曰如，不廢君命也㈡。未復而曰復，不專君命也㈢。其如非如也，其復非復也，唯奔莒之為信㈣，故謹而日之也。

【今註】㈠如：到……去。㈡君命：指文公命大夫公孫敖到京城去。㈢專：獨斷專行。㈣唯：只。信：誠，真。

【今譯】不說到的地方，是因為沒去。沒去也就沒返回。沒去卻說去，表示不敢丟掉君王的命令。沒返回卻說返回，表示對君命不敢獨斷專行。（其實）說他去，根本沒有去；說他回，根本就沒回，只有跑到莒國是真的，所以慎重地記下日子。

(七) 經 螽。

【今註】㈠螽：蝗蟲的一種。蟲多成災，經文加以記載。此經無傳。

【今譯】蝗蟲成災。

(八) 經 宋人殺其大夫司馬，宋司城來奔。

傳 司馬㈠，官也。其以官稱，無君之辭也㈡。司城㈢，官也。其以官稱，無君之辭也。來奔者不言出㈣，舉其接我也㈤。

【今註】㈠司馬：官名，掌管軍事。㈡無君：指無人君之德，具體指宋昭公無德，昭公對祖母不以禮相待，祖母就派人殺了昭公的司馬官。㈢司城：官名，原本叫司空，掌管工程建築。因宋武公名叫司空，所以宋國改司空為司城。㈣不言出：不說出奔。㈤我：指魯國。

【今譯】司馬是官名。記載時稱官名，表明君王無人君之德。司城是官名。記載時稱官名，表明君王無德。記「來奔」，不說出奔，因為是跑來魯國避難。

文公九年（公元前六百一十八年）

㈠經 九年，春，毛伯來求金。

傳 求車猶可，求金甚矣㈠。

【今註】㈠求金：要（治喪用的）錢物。周襄王死還沒安葬，周派大夫毛伯到魯國要錢。

【今譯】要車還可以，要錢就過分了。

㈡經 夫人姜氏如齊㈠。

【今註】㈠姜氏：文公夫人，齊桓公孫女。此經無傳。

【今譯】夫人姜氏到齊國去。

(三)經 二月，叔孫得臣如京師。辛丑，葬襄王。

傳 京，大也。師，眾也。言周必以眾與大言之也㈠。天子志崩不志葬㈡，舉天下而葬一人㈢，其道不疑也。志葬，危不得葬也。日之，甚矣，其不葬之辭也。

【今註】㈠周：指周天子的都城。㈡不志葬：不記載安葬。㈢舉：全。這句是說全天下人為天子送葬。魯大夫叔孫得臣就是來參加葬禮的。

【今譯】京是大的意思。師是眾的意思。稱周天子的都城，一定要用大，用眾多來稱呼。天子駕崩要記載，安葬時不必記載。天下人安葬天子一個人，這道理是不容置疑的。記載安葬，表明有危難不能安葬。記載日期，就嚴重了，是不能葬的意思。

(四)經 晉人殺其大夫先都㈠。

【今註】㈠先都：人名。此經無傳。

【今譯】晉國殺了它的大夫先都。

(五)經 三月，夫人姜氏至自齊。

傳 卑以尊致㈠，病文公也㈡。

【今註】㈠卑：指姜氏。尊：指君王。致：通至，出行歸國後告祭祖廟。古禮，諸侯夫人出行，歸來後不必告祭祖廟。㈡病：責備。

【今譯】卑者卻像尊者一樣告祭祖廟，這是責備文公（寵慣妻子）。

(六)經 晉人殺其大夫士縠及箕鄭父。

傳 稱人以殺，誅有罪也㈠，鄭父累也㈡。

【今註】㈠誅：殺。㈡鄭父：即經文的箕鄭父，他和士縠都是晉國大夫。累：連累。

【今譯】說人殺了某某，殺的是有罪的人。鄭父是被連累的。

(七)經 楚人伐鄭㈠。

【今註】㈠此經無傳。

【今譯】楚國攻伐鄭國。

(八)經 公子遂會晉人、宋人、衛人、許人救鄭㈠。

【今註】㈠公子遂：魯卿。此經無傳。

【今譯】公子遂會合晉國、宋國、衛國和許國，一起援救鄭國。

(九)經 夏，狄侵齊㈠。

【今註】㈠此經無傳。

【今譯】夏季，狄人侵略齊國。

(十)經 秋，八月，曹伯襄卒㈠。

【今註】㈠襄：曹共公的名。此經無傳。

【今譯】秋天，八月，曹共公去世。

(土)經 九月，癸酉，地震。

傳 震，動也，地不震者也。震，故謹而日之也㈠。

【今註】㈠日：記下日期。

【今譯】震是動的意思。大地本不震動。震動了，所以慎重地記下震動的日期。

(十二)經 冬，楚子使萩來聘。

傳 楚無大夫㊀，其曰萩何也㊁？以其來我，褒之也。

【今註】㊀楚無大夫：指楚國沒有天子命封的大夫。㊁萩：楚國大夫。

【今譯】楚沒有天子命封的大夫，為什麼提萩呢？因為他來魯國（訪問），所以稱讚他。

(十三)經 秦人來歸僖公、成風之襚㊀。

【今註】㊀成風：又稱風氏，僖公母。襚：音遂，贈送給死者的衣服。魯僖公死了已經十年，才送襚，不知何故何意。

【今譯】秦國送來僖公和成風的襚衣。

傳 秦人弗夫人也㊀，即外之弗夫人而見正焉。

【今註】㊀弗夫人：指不稱成風為夫人。成風本是魯莊公的妾，僖公當了國君後，祭祖時，把她提到夫人的地位。詳見僖公八年文。

【今譯】秦國不稱成風為夫人。國外不把成風看做夫人，可見是對的。

(十四) 經 葬曹共公㊀。

【今註】㊀此經無傳。

【今譯】安葬曹共公。

文公十年（公元前六百一十七年）

(一) 經 十年，春，王三月，辛卯，臧孫辰卒㊀。

【今註】㊀臧孫臣：魯卿。此經無傳。

【今譯】十年，春天，周曆三月，辛卯日，臧孫臣去世。

(二) 經 夏，秦伐晉㊀。

【今註】㊀此經無傳。

【今譯】夏季，秦國攻伐晉國。

(三) 經 楚殺其大夫宜申㊀。

【今註】㊀宜申：楚大夫，字叫子西。此經無傳。

【今譯】楚國殺了大夫宜申。

(四)經 自正月不雨，至於秋七月。

傳 歷時而言不雨㈠，文不閔雨也㈡。不閔雨者，無志乎民也。

【今註】㈠歷：過。時：季、季節。㈡文：文公。閔：憂。

【今譯】過了兩個季節才記無雨，表明文公不為下雨的事憂慮。不為下雨憂慮的人，不為民著想呵。

(五)經 及蘇子盟于女栗㈠。

【今註】㈠蘇子：周王的卿。女栗：地名，不詳。此經無傳。

【今譯】魯公和蘇子在女栗會盟。

(六)經 冬，狄侵宋㈠。

【今註】㈠此經無傳。

【今譯】冬季，狄人侵略宋國。

(七)經 楚子、蔡侯次于厥貉㈠。

【今註】㊀次：臨時駐紮。厥貉：地名，不詳。此經無傳。

【今譯】楚王、蔡侯臨時駐留在厥貉。

文公十一年（公元前六百一十六年）

(一)經 十有一年，春，楚子伐麇㊀。

【今註】㊀麇：國名。此經無傳。

【今譯】十一年，春，楚國攻伐麇國。

(二)經 夏，叔彭生會晉郤缺于承匡㊀。

【今註】㊀叔彭生：魯國大夫。郤缺：晉國大夫。承匡：宋國地名。

【今譯】夏天，叔彭生和晉國的郤缺在承匡會見。

(三)經 秋，曹伯來朝㊀。

【今註】㊀曹伯：曹文公。此經無傳。

【今譯】秋天，曹文公來魯朝見。

(四) 經 公子遂如宋㊀。

【今註】㊀公子遂：魯卿。此經無傳。

【今譯】公子遂到宋國去。

(五) 經 狄侵齊㊀。

【今註】㊀此經無傳。

【今譯】狄人侵略齊國。

(六) 經 冬，十月，甲午，叔孫得臣敗狄于鹹。

傳 不言帥師而言敗何也？直敗，一人之辭也。一人而曰敗何也？以眾焉言之也。傳曰，長狄也㊀，弟兄三人，佚害中國㊁，瓦石不能害㊂。叔孫得臣㊃，最善射者也。射其目，身横九畝㊄。斷其首，眉見於軾㊅。然則何為不言獲也？曰，古者，不重創㊆，不擒二毛㊇，故不言獲，為內諱也㊈。其之齊者㊉，王子成父殺之㊁，則未知其之晉者也㊂。

【今註】㊀長狄：狄人的一支。㊁佚：通迭，交替，輪番。中國：指中原諸侯國。㊂害：傷。這句是說長狄肌膚強健，瓦石都不能傷著他們。㊃叔孫得臣：魯國大夫。㊄畝：古時長百步，寬一步為一畝。㊅軾：車前橫木。這句是說狄人頭大，車廂裝不下，眉毛碰在車前橫木上。㊆重（音蟲）創：傷後又傷。㊇二毛：頭髮花白，黑白二色都有，借指老人。㊈內：指魯國。㊉其之齊者：兄弟三個當中，到齊國侵犯的。⑪王子成父：齊國大夫。父：音福，男子美稱。⑫之晉者：指兄弟三人中去晉國侵犯的。據國語魯語記載，被叔孫打敗的名叫僑如。被齊打敗的叫榮如，去晉騷擾的叫焚如。

【今譯】不說叔孫得臣率領軍隊，卻直接說打敗狄人是為什麼？因為狄方就一個人。一個人為什麼說打敗？以眾人口氣說的。狄人指長狄，弟兄三個，輪流騷擾中原諸侯，（他們肌膚強健）瓦石都打不傷他們。叔孫得臣是最善射的人，射中狄人的眼睛。（他倒下）身子橫佔了九畝地。割下頭裝在車裏，眉毛碰上車前橫木。如此，那麼為什麼不說擒獲長狄呢？古時，不射已經受傷的人，不擒拿頭髮半白的老人。所以不說擒獲，是魯國隱諱重傷長狄（射目又斷首）。那個到齊國去的，王子成父殺了他。不知去晉國侵犯的，是被誰殺的。

文公十二年（公元前六百一十五年）

(一)經 十有二年，春，王正月，郕伯來奔㊀。

【今註】㈠此經無傳。

【今譯】十二年，春，周曆正月，郕國國君跑到魯國避難。

㈡經 杞伯來朝㈠。

【今註】㈠杞伯：前稱杞子，此稱杞伯，可能是晉升了。此經無傳。

【今譯】杞國國君來朝見魯君。

㈢經 二月，庚子，子叔姬卒。

傳 其曰子叔姬㈠，貴也，公之母姊妹也。其一傳曰，許嫁㈡，以卒之也。男子二十而冠㈢，冠而列。丈夫三十而娶。女子十五而許嫁，二十而嫁。

【今註】㈠子叔姬：魯女，與文公是同母所生的兄妹。㈡許嫁：許配人家，指訂婚。國君女兒訂婚後，即使沒出嫁，死了也要予以記載。㈢冠：行冠禮，舉行加冠儀式。

【今譯】稱子叔姬，因為她尊貴，是文公的同母姊妹。又一種解釋是，訂了婚，死後要記載。男子二十歲行冠禮，行冠禮後就列入成年，三十歲娶妻。女子十五歲訂婚，二十出嫁。

(四) 經 夏，楚人圍巢㊀。

【今註】㊀巢：國名。此經無傳。

【今譯】夏天，楚國包圍巢國。

(五) 經 秋，滕子來朝㊀。

【今註】㊀此經無傳。

【今譯】秋天，滕國國君來朝見魯君。

(六) 經 秦伯使術來聘㊀。

【今註】㊀術：秦國大夫，又稱西乞術。此經無傳。

【今譯】秦伯派大夫西乞術來訪問魯國。

(七) 經 冬，十有二月，戊午，晉人、秦人戰于河曲。

傳 不言及，秦晉之戰已亟㊀，故略之也。

【今註】㊀亟：音汽，屢次，多次。

【今譯】不用及字，因為秦晉交戰已多次，所以省略不用。

(八) 經 季孫行父帥師城諸及鄆。

傳 稱帥師㈠，言有難也㈡。

【今註】㈠帥：通率。季孫氏領兵在諸和鄆二地修城。㈡難：指別國來攻打爭地。

【今譯】說領兵（修城），是因為有危難。

文公十三年（公元前六百一十四年）

(一) 經 十有三年，春，王正月㈠。

【今註】㈠此經無傳。

【今譯】十三年，春，周曆正月。

(二) 經 夏，五月，壬午，陳侯朔卒㈠。

【今註】㈠朔：陳共公的名。此經無傳。

【今譯】夏季，五月壬午日，陳共公去世。

(三)經 邾子籧篨卒㈠。

【今註】㈠籧篨（音渠除）：邾文公的名。此經無傳。

【今譯】邾文公去世。

(四)經 自正月不雨，至於秋七月㈠。

【今註】㈠此經無傳。

【今譯】從正月就沒下雨，一直到秋季七月。

(五)經 大室屋壞。

傳 大室屋壞者㈠，有壞道也，譏不修也。大室猶世室也㈡。周公曰大廟，伯禽曰大室㈢，群公曰宮。禮，宗廟之事㈣，君親割㈤，夫人親舂㈥，敬之至也。為社稷之主，而先君之廟壞，極稱之㈦，志不敬也。

【今註】㈠大室：世祖的廟。屋：房舍的上蓋。㈡世室：指世世不廢的廟。㈢伯禽：周公的長子。周公被封在魯，可他一直在周輔佐周成王，便派伯禽在魯理政。因此，也有人稱伯禽為魯的開國之君。㊃宗廟之事：指祭祀。㊄割：宰割牲肉。㊅春：指春祭祀用的穀物。㊆極：房屋的中棟。稱：通撐。

【今譯】世祖廟的頂蓋壞了，有壞的道理，譏斥不修繕。大室就像是世室。周公的廟叫太廟，伯禽的廟叫世廟，其他魯公的廟叫宮。禮規定，祭祀用的牲肉要由國君親自宰割，祭祀用的穀物由君夫人親自舂好，表示對神祖恭敬到極點了。做為國家的君主，先君的廟毀壞了，房樑在撐者。記載下來，表明文公不敬祖。

(六)經 冬，公如晉。衛侯會公于沓㊀。

【今註】㊀沓：衛國地名。此經無傳。

【今譯】冬季，文公到晉國去，在沓地會見衛侯。

(七)經 狄侵衛㊀。

【今註】㊀此經無傳。

【今譯】狄人侵略衛國。

(八)經 十有二月，乙丑，公及晉侯盟㊀。

【今註】㊀此經無傳。

【今譯】十二月，乙丑日，文公和晉侯結盟。

(九)經 公還自晉，鄭伯會公于棐。

傳 還者㊀，事未畢也，自晉事畢也。

【今註】㊀還：返回，不是指回到。

【今譯】用還字，表示事情沒辦完，在晉國的事辦完了。

文王十四年（公元前六百一十三年）

(一)經 十有四年，春，王正月，公至自晉㊀。

【今註】㊀此經無傳。

【今譯】十四年，春，周曆正月，文公從晉回國，告祭祖廟。

(二)經 邾人伐我南鄙㊀，叔彭生帥師伐邾㊁。

【今註】㊀鄙：邊邑。㊁叔彭生：魯國大夫。此經無傳。

【今譯】郲國攻伐魯國南部邊邑。叔彭生率領軍隊討伐郲國。

(三)經 夏，五月，乙亥，齊侯潘卒㊀。

【今註】㊀潘：齊昭公名叫潘。此經無傳。

【今譯】夏天，五月乙亥日，齊昭公去世。

(四)經 六月，公會宋公、陳侯、衛侯、鄭伯、許伯、曹伯、晉趙盾。癸酉，同盟于新城。

傳 同者，有同也㊀，同外楚也。

【今註】㊀有同：指有共同目的。

【今譯】同，表示有共同目的，一同對付楚國。

(五)經 秋，七月，有星孛入于北斗。

傳 孛之為言猶茀也㊀。其曰入北斗，斗有環域也㊁。

【今註】㊀茀：音勃，彗星。據晉書天文志：「孛亦彗屬。偏指曰彗，芒氣四出曰孛」。孛是彗星的一種。彗星的光偏向一邊，像掃帚形；孛星的光芒四射，蓬蓬勃勃的樣子。㊁環域：區域。

【今譯】孛就是指彗星。說它進入北斗，表明北斗星有一定區域。

(六)經 公至自會㈠。

【今註】㈠至：諸侯出行，回國後告祭祖廟。此經無傳。

【今譯】文公會盟後回國告祭祖廟。

(七)經 晉人納捷菑于邾，弗克納。

傳 是郤克也㈠。其曰人何也？微之也㈡。何為微之也？長轂五百乘㈢，綿地千里㈣，過宋鄭滕薛㈤，夐入千乘之國㈥，欲變人之主㈦。至城下，然後知，何知之晚也。弗克納㈧。未伐而曰弗克何也？弗克其義也。捷菑，晉出也。貜且，齊出也。貜且，正也。捷菑，不正也。

【今註】㈠是：指代經文中的「晉人」。郤克：晉國大夫。㈡微：輕。㈢長轂：長長的車隊。轂：音古，車輪中心的圓木，這裏指車。㈣綿地千里：指佔地綿延上千里。㈤這句是說從晉到邾國路經宋鄭滕薛四個國家。㈥夐：通迥，遠。㈦欲變人之主：想改換邾國的君主。邾文公死後，齊女（邾文公的嫡夫人）所生的太子叫貜且（音渠居），即位為君。晉女所生的叫捷菑，逃到姥家晉國。晉國想讓捷菑為君，故派人護送回邾。㈧弗克納：沒能送進邾國。納：讓……進入。

【今譯】晉人指的是郤克。稱他人，是輕視他。為什麼輕視他？（他率領）長長的五百輛車隊，綿延上千里，經過宋鄭滕薛四國，到遠方，想進入邾國，改換人家的君主。到了城下，才知道不對。為什麼知道得這麼晚。沒能把捷菑送回國。沒攻伐怎麼就說不能？按道理就不能。捷菑是晉女生的，貜且是齊女生的。貜且（是太子）為君是合禮的。捷菑要當君王，是不對的。

㈧ 經 九月，甲申，公孫敖卒于齊。

傳 奔大夫不言卒㈠，而言卒何也？為受其喪㈡，不可不卒也㈢。其地於外也。

【今註】㈠奔大夫：逃亡的大夫。公孫敖在文公八年借去京師之機逃到莒國，今又死在齊國。㈡喪：指屍體。㈢不卒：不記卒。

【今譯】逃亡的大夫死了不予記載，這次為什麼記？因為要取回屍體，不能不記他的死。他死在國外。

㈨ 經 齊公子商人弒其君舍。

傳 舍未踰年㈠，其曰君何也？成舍之為君，所以重商人之弒也㈡。商人其不以國氏何也㈢？不以嫌代嫌也㈣。舍之不日何也㈤？

未成為君也。

【今註】㈠舍：齊昭公的太子。未踰年：指昭公死沒過一年。古禮：諸侯死不滿一年，新君不得稱為君。㈡商人：齊國大夫。齊桓公兒子。㈢以國氏：指名字前冠以國名。㈣嫌：嫌隙。穀梁氏認為舍不當立而立是一嫌；商人弒君是又一嫌。㈤不日：指不日卒，不記死的日期。

【今譯】舍的君父死不滿一年，為什麼稱他為君？稱舍為君，是用以表示商人弒君的嚴重性。商人為什麼不冠以國名？不用嫌隙代替嫌隙。舍死了不記日期是為什麼？他還沒正式當君王。

㈩經 宋子哀來奔。

傳 其曰子哀㈠，失之也。

【今註】㈠子哀：宋大夫，名哀，字子哀。大夫逃亡別國應稱名，不能稱字。

【今譯】稱他子哀，失禮了。

㈪經 冬，單伯如齊㈠。

【今註】㈠單伯：魯國大夫。此經無傳。

【今譯】冬天，單伯到齊國去。

(十二)經 齊人執單伯。

傳 私罪也㊀。單伯淫于齊，齊人執之。

【今註】㊀私罪：指通姦罪。

【今譯】是通姦罪。單伯在齊淫亂，齊國捉住他。

(十三)經 齊人執子叔姬。

傳 叔姬同罪也㊀。

【今註】㊀同罪：指單伯與叔姬私通。

【今譯】叔姬和單伯一起犯罪。

文公十五年（公元前六百一十二年）

(一)經 十有五年，春，季孫行父如晉㊀。

【今註】㊀季孫行父：魯卿。此經無傳。

【今譯】十五年，春天，季孫行父到晉國去。

(二)經 三月，宋司馬華孫來盟。

傳 司馬㈠，官也。其以官稱，無君之辭也。來盟者何？前定也。不言及者，以國與之也。

【今註】㈠司馬：官名，掌管軍事。

【今譯】司馬是官名。用官名稱呼，是沒有君王的意思。來盟是什麼意思？是先前約定好的。不說華孫和誰簽盟，因為是以國的名義跟他簽盟。

(三)經 夏，曹伯來朝㈠。

【今註】㈠此經無傳。

【今譯】夏天，曹伯來魯朝見。

(四)經 齊人歸公孫敖之喪㈠。

【今註】㈠公孫敖：魯大夫，逃於莒，死於齊。喪：指屍體。此經無傳。

【今譯】齊國把公孫敖的屍體送回魯國。

(五)經 六月，辛丑，朔，日有食之。

傳 鼓，用牲于社㊀。

【今註】㊀鼓：指擊鼓。㊁社：土地神。

【今譯】擊鼓、殺牲祭土神（來救日蝕）。

(六)經 單伯至自齊。

傳 大夫執則致㊀，致則名㊁。此其不名何也？天子之命大夫也。

【今註】㊀執：指被執。致：通至，回國後告祭祖廟。㊁名：記名。

【今譯】大夫被抓，回國後要告祭祖廟，告祖就要記載名。這次為什麼不記名？因為是天子命封的大夫。

(七)經 晉郤缺帥師伐蔡㊀，戊申，入蔡。

【今註】㊀郤缺：晉國大夫。帥：通率。此經無傳。

【今譯】晉國的郤缺領兵攻蔡國，戊申日，攻入蔡國。

(八)經 秋，齊人侵我西鄙。

傳 其曰鄙㊀，遠之也。其遠之何也？不以難介我國也㊁。

【今註】㊀鄙：邊邑。㊁介：近。國：指國都。

【今譯】提邊邑，是強調它遠。為什麼要強調它遠？不讓危難接近魯國國都。

(九) 經 季孫行父如晉㊀。

【今註】㊀季孫行父：魯卿。此經無傳。

【今譯】季孫行父到晉國去。

(十) 經 冬，十有一月，諸侯盟于扈㊀。

【今註】㊀諸侯：凡是魯公沒參加的會盟，春秋經記載時，一律籠統寫諸侯。扈：鄭國地名。此經無傳。

【今譯】冬季，十一月，諸侯在扈地結盟。

(土) 經 十有二月，齊人來歸子叔姬。

傳 其曰子叔姬㊀，貴之也。其言來歸何也？父母之於子，雖有罪，猶欲其免也。

【今註】㈠子叔姬：魯女，嫁於齊國，因和單伯私通而被抓，今齊把她送回魯國。

【今譯】稱子叔姬，是尊稱她。來歸是什麼意思？父母對子女，即使有罪，也想赦免他。

(十二)經 齊侯侵我西鄙㈠，遂伐曹，入其郛㈡。

【今註】㈠鄙：邊邑。㈡郛：即郭，外城。此經無傳。

【今譯】齊國侵犯魯國西部邊邑，順路又攻伐曹國，進入曹都的外城。

文公十六年（公元前六百一十一年）

(一)經 十有六年，春，季孫行父會齊侯于陽穀，齊侯弗及盟。

傳 弗及者㈠，內辭也㈡。行父失命矣㈢。齊得㈣。內辭也。

【今註】㈠弗及：不與。指齊侯不跟季孫行父簽盟。一君一臣，地位不等。㈡內辭：為魯隱諱的意思。㈢行父：即魯卿季孫行父。㈣齊得：指齊侯不肯與臣結盟是合於禮的。

【今譯】用「弗及」，是替魯隱諱的意思。季孫行父沒有完成君命。齊侯做得對。替魯國隱諱。

㈡ 經 夏，五月，公四不視朔。

傳 天子告朔於諸侯㊀，諸侯受乎禰廟㊁，禮也。四不視朔㊂，公不臣也，以公為厭政以甚矣。

【今註】㊀告朔：也叫告月。每月初一，即朔日這天，天子或諸侯要告祭祖廟，然後向臣下佈置一個月的政事。㊁禰廟：父廟。諸侯初一這天在父廟聽天子對一個月政事的命令，這叫聽朔。㊂視朔：即聽朔。四：指四個月（二到五月）。

【今譯】天子向諸侯告朔，諸侯在父廟聽朔，這是禮。文公四個月不聽朔，這是不盡臣禮，認為他太厭政了。

㈢ 經 六月，戊辰，公子遂及齊侯盟于師丘。

傳 復行父之盟也㊀。

【今註】㊀行父之盟：指春季，魯派季孫行父去，而齊侯不肯簽約的那次。

【今譯】又是季孫行父那次的盟約。

㈣ 經 秋，八月，辛未，夫人姜氏薨㊀。

【今註】㊀夫人：僖公夫人，文公母親。此經無傳。

【今譯】秋天，八月辛未日，夫人姜氏去世。

(五)經 毀泉臺。

傳 喪不貳事㊀，貳事，緩喪也，以文為多失道矣。自古為之，今毀之，不如勿處而已矣㊁。

【今註】㊀貳事：指又辦喪事，又拆毀泉臺。㊁處：住。姜氏住在泉宮，宮內有泉臺。

【今譯】在母喪時不能辦兩件事，辦兩件事就要延緩喪事。認為文公做了很多失禮的事。古時造了臺，現在拆毀它，不如不住算了。

(六)經 楚人、秦人、巴人滅庸㊀。

【今註】㊀巴：國名，不詳。庸：國名，在今湖北竹山縣附近。此經無傳。

【今譯】楚國、秦國和巴國滅了庸國。

(七)經 冬，十有一月，宋人弒其君杵臼㊀。

【今註】㊀杵臼：宋昭公名杵臼。此經無傳。

【今譯】宋人殺了他們的國君。

文公十七年（公元前六百一十年）

㈠經 十有七年，春，晉人、衛人、陳人、鄭人伐宋㊀。

【今註】㊀此經無傳。

【今譯】十七年，春，晉國、衛國、陳國和鄭國攻打宋國。

㈡經 夏，四月，癸亥，葬我小君聲姜㊀。

【今註】㊀小君：諸侯夫人稱小君。聲姜：僖公夫人，文公母親。此經無傳。

【今譯】夏天，四月癸亥日，安葬君夫人聲姜。

㈢經 齊侯伐我西鄙㊀。六月，癸未，公及齊侯盟于穀。

【今註】㊀鄙：邊邑。此經無傳。

【今譯】齊國攻伐魯國西部邊邑。六月，癸未日，魯公和齊侯在穀地會盟。

(四)經 諸侯會于扈㊀。

【今註】㊀扈：地名。文公沒參加扈之會。此經無傳。

【今譯】諸侯在扈地會盟。

(五)經 公至自穀㊀。

【今註】㊀至：回國告祭祖廟。此經無傳。

【今譯】文公從穀地回國，告祭祖廟。

(六)經 冬，公子遂如齊㊀。

【今註】㊀公子遂：魯卿此時已老。此經無傳。

【今譯】冬天，公子遂到齊國去。

文公十八年（公元前六百零九年）

(一)經 十有八年，春，王二月，丁丑，公薨于臺下。

傳 臺下非正也㊀。

【今註】㊀臺下：什麼臺不詳。文公是猝死於臺下。諸侯應死在正寢。

【今譯】臺下，不是應死的處所。

(二)經 秦伯罃卒㊀。

【今註】㊀罃：秦康公名叫罃。此經無傳。

【今譯】秦康公去世。

(三)經 夏，五月，戊戌，齊人弒其君商人㊀。

【今註】㊀商人：齊懿公的名。他殺了齊昭公後，自立為君。此經無傳。

【今譯】夏天，五月戊戌日，齊人殺了自己的國君。

(四)經 六月，癸酉，葬我君文公㊀。

【今註】㊀此經無傳。

【今譯】六月癸酉日，安葬魯文公。

(五)經 秋，公子遂，叔孫得臣如齊。

傳 使舉上客㈠，而不稱介㈡，不正其同倫而相介㈢，故列而數之也。

【今註】㈠上客：指主事人，正使。㈡介：副，副手，副使。㈢同倫：地位相同。指公子遂和叔孫得臣同是魯國的卿，地位相同。

【今譯】使臣，只提正使，不必提副手。認為同等地位而分正副是不對的，所以列數出來。

(六)經 冬，十月，子卒。

傳 子卒㈠，不日，故也㈡。

【今註】㈠子：魯文公的太子。㈡故：緣故。指隱諱其被殺而死。

【今譯】太子死，不記載日期，是有緣故的。

(七)經 夫人姜氏歸于齊。

傳 惡宣公也㈠。有不待貶絕㈡，而罪惡見者㈢；有待貶絕，而惡從之者。姪娣者㈣，不孤子之意也㈤。一人有子，三人緩帶㈥。一曰就賢也㈦。

【今註】㈠宣公：文公庶子，妃子敬嬴所生。㈡貶絕：貶斥。㈢見：現的古寫，顯現，顯露。㈣姪娣：指眾妃子。㊄不孤子：指太子不是一人的。言外之意，不該害太子。㊅三人：眾人，指其他的妻妾，即姪娣。緩帶：衣帶寬鬆了。指為子操心變瘦了。古詩有「衣帶日已緩」句。㊆指宣公有才。

【今譯】認為宣公壞。有的人，不貶斥他，罪惡就顯露出來。有的人，一貶斥他，罪惡才暴露出來。所謂姪娣，表明太子不是一人的。一妻生了子，許多妻妾都要為之操心。一種說法，認為宣公賢能而就位為君。

(八)【經】季孫行父如齊㊀。

【今註】㊀此經無傳。

【今譯】季孫行父到齊國去。

(九)【經】莒弒其君庶其㊀。

【今註】㊀庶其：莒君的名。此經無傳。

【今譯】莒國殺了自己的國君庶其。

卷七　宣　公

宣公元年（公元前六百零八年）

㈠經元年，春，王正月，公即位。

傳繼故而言即位，與聞乎故也㊀。

【今註】㊀與聞乎故：指文公死時，宣公參與篡位之爭了。與：音玉，參與。

【今譯】繼承非正常故去的君位，記載即位，表明參與了篡位之爭。

㈡經公子遂如齊逆女㊀。

【今註】㊀逆：迎。宣公娶齊女，派卿出迎。此經無傳。

【今譯】公子遂到齊國迎親。

㈢經三月，遂以夫人婦姜至自齊。

傳其不言氏㊀，喪未畢㊁，故略之也。其曰婦，緣姑言之之辭也㊂。遂之挈由上致之也㊃。

【今註】㊀不言氏：指不稱姜氏。齊女姜姓。㊁喪未畢：指文公死未滿一年。㊂姑：婆母。㊃挈：領著。上：指國君宣公。致：通至，告祭祖廟。

【今譯】不稱姜氏，因為文公喪期未滿，所以省略它。稱婦，是對婆婆而言。公子遂領著，由君王告祭祖廟。

(四)經　夏，季孫行父如齊㊀。

【今註】㊀此經無傳。

【今譯】夏天，季孫行父到齊國去。

(五)經　晉放其大夫胥甲父于衛。

傳　放㊀，猶屏也。稱國以放㊁，放無罪也㊂。

【今註】㊀放：放逐。㊁稱：舉。㊂指胥甲父大夫無罪。

【今譯】放逐，就是指摒棄不用。舉出國名說放逐某某，放逐的是沒罪的人。

(六)經 公會齊侯于平州㈠。

【今註】㈠平州：齊國地名。此經無傳。

【今譯】宣公和齊侯在平州會見。

(七)經 公子遂如齊㈠。

【今註】㈠公子遂：魯卿。此經無傳。

【今譯】公子遂到齊國去。

(八)經 六月，齊人取濟西田。

傳 內不言取㈠，言取，授之也，以是為賂齊也。

【今註】㈠內不言取：（外國得到）魯的土地不能說取。指齊國得到魯濟水以西的土地。

【今譯】外國得了魯的土地不能說取，說取，表明是送給的，魯用土地賄賂齊國。

(九)經 秋，邾子來朝㈠。

【今註】㈠此經無傳。

【今譯】秋天，郲國國君來朝見宣公。

(十)經 楚子、鄭人侵陳，遂侵宋。晉趙盾帥師救陳。宋公、陳侯、衛侯、曹伯會晉師于棐林，伐鄭。

傳 遂，繼事也㈠。善救陳也。列數諸侯而會晉趙盾㈡，大趙盾之事也。其曰師何也？以其大之也。于棐林㈢，地而後伐鄭，疑辭也。此其地何？則著其美也。

【今註】㈠繼：承，接。㈡趙盾：晉國的卿。㈢棐林：地名，公羊傳作斐林，不詳。

【今譯】用遂字，表示緊接著後一件事。援救陳國是好事。列數諸侯，然後說和趙盾會師，是強調趙盾的重要地位。稱晉師，也是為顯示它人數眾多。在棐林會師。先記會師地點，然後記攻伐，表示對攻伐有疑慮（需會合商討）。這次記地點是為什麼？是讚美趙盾主會的功績。

(土)經 冬，晉趙穿帥師侵崇㈠。

【今註】㈠趙穿：晉國大夫。帥：通率。此經無傳。

【今譯】冬天，晉國的趙穿領兵侵略崇國。

(十一)經 晉人、宋人伐鄭㊀。

【今註】㊀此經無傳。

【今譯】晉國、宋國攻伐鄭國。

宣公二年(公元前六百零七年)

(一)經 二年,春,王二月,壬子,宋華元帥師及鄭公子歸生帥師,戰于大棘,宋師敗績,獲宋華元。

傳 獲者,不與之辭也㊀。言盡其眾㊁,以救其將也。以三軍敵華元㊂。華元雖獲㊃,不病矣㊄。

【今註】㊀與:贊許。㊁盡其眾:指宋軍方面全力(救主將)。㊂三軍:全軍。這句指鄭軍。古制,諸侯軍隊分上中下三軍。㊃獲:被擒獲。㊄病:責備。

【今譯】用獲字,表示不贊許的意思。宋軍全力救自己的主將。鄭國方面全軍抵擋華元。華元雖然被擒,也不該責備。

(二)經 秦師伐晉㊀。

【今註】㊀此經無傳。

【今譯】秦軍攻伐晉國。

(三)經夏，晉人、宋人、衛人、陳人侵鄭㊀。

【今註】㊀此經無傳。

【今譯】夏天，晉國、宋國、衛國和陳國侵略鄭國。

(四)經秋，九月，乙丑，晉趙盾弒其君夷皐。

傳穿弒也㊀，盾不弒㊁，而曰盾弒何也？以罪盾也。其以罪盾何也？曰靈公朝諸大夫而暴彈之㊂，觀其辟丸也㊃。趙盾入諫，不聽。出亡，至於郊。趙穿弒公，而後反趙盾㊄。史狐書賊曰㊅：「趙盾弒公。」盾曰：「天乎！天乎！予無罪㊆，孰為盾而忍弒其君者乎？」史狐曰：「子為正卿㊇，入諫不聽，出亡不遠。君弒㊈，反不討賊，則志同㊉。志同則書重⑪，非子而誰？」故書之曰，晉趙盾弒其君夷皐者，過在下也。曰，於盾也，見忠臣之至，於許世子止㊂，見孝子之至。

【今註】㊀穿：趙穿，晉國大夫。㊁盾：趙盾，晉卿，跟趙穿同族。㊂靈公：晉文公孫子，名叫夷皐。彈之：用彈丸射人。㊃辟：避的古字。㊄反：返的古字。㊅狐：史官的名。書：記。賊：殺人兇手。㊆予：我。㊇正卿：官名，卿的總管。㊈弒：被弒。㊉志同：想法相同。⑪重：指官位高的。⑫許世子止：許穆公太子，名叫止。史書載，穆公病，止餵藥，父喝後死去，因止事先沒嚐藥，便被誣為弒父罪。

【今譯】是趙穿弒君，趙盾沒弒君。為什麼記趙盾弒君？認為趙盾有罪。為什麼認為趙盾有罪？說，晉靈公朝見大夫時，殘暴地用彈丸射人，觀看人躲避彈丸的狼狽樣兒。趙盾勸諫，靈公不聽，趙盾要逃出晉國，跑到國都郊外。趙穿殺死靈公，趙盾聽說後返回國都。史官狐記載殺人兇手，寫道：「趙盾殺君。」趙盾說：「天哪！天哪！我沒罪，誰認為我能忍心殺國君呢？」狐說：「你是正卿，勸諫王不聽，要出逃又沒走多遠，君王被殺，你回來不討伐罪人，那就說明你和趙穿相同。想法相同，就記載地位高的，不是你是誰？」因此說，經文記趙盾殺君王，其實兇手在下邊。可以說，在趙盾身上，看到了最好的忠臣；在許太子身上，看到了最好的孝子。

(五)經　冬，十月，乙亥，天王崩㊀。

【今註】㊀天王：周匡王。此經無傳。

【今譯】冬天，十月乙亥日，周匡王駕崩。

宣公三年（公元前六百零六年）

(一)經 三年，春，王正月，郊牛之口傷。

傳 之口㊀，緩辭也，傷自牛作也。改卜牛，牛死，乃不郊，事之變也。乃者，亡乎人之辭也㊁。猶三望㊂。

【今註】㊀口：指郊祭用的牛嘴傷了。祈求豐收的春祭叫郊祭。郊祭用牛，先占卜選擇牛，吉則養之。㊁亡乎人：指無賢人。暗指宣公不賢，天神不保佑。亡：通無。㊂三望：三次望祭。望：祭山川叫望。魯國的三望是祭泰山，祭東海，祭淮河。

【今譯】郊祭用的牛嘴受了傷，表示祭祀要延緩的意思。是牛自己傷的。又另占卜選擇牛，牛又死了，便不能舉行郊祭，事情有了變故。用乃字，表示沒有賢人的意思。還是舉行了三次望祭。

(二)經 葬匡王㊀。

【今註】㊀此經無傳。

【今譯】安葬周匡王。

(三)經 楚子伐陸渾戎㊀。

【今註】㊀陸渾戎：戎人的一支。此經無傳。

【今譯】楚王攻伐戎人。

(四)經 夏，楚人侵鄭㊀。

【今註】㊀此經無傳。

【今譯】夏天，楚國侵略宋國。

(五)經 秋，赤狄侵齊㊀。

【今註】㊀赤狄：狄人有赤狄、白狄之分。此經無傳。

【今譯】秋季，赤狄侵犯齊國。

(六)經 宋師圍曹㊀。

【今註】㊀此經無傳。

【今譯】宋軍包圍了曹國。

(七)經 冬，十月，丙戌，鄭伯蘭卒㊀。

【今註】㊀蘭：鄭穆公的名。此經無傳。

【今譯】冬季，十月丙戌日，鄭穆公去世。

(八)經 葬鄭穆公㊀。

【今註】㊀此經無傳。

【今譯】安葬鄭穆公。

宣公四年（公元前六百零五年）

(一)經 四年，春，王正月，公及齊侯平莒及郯，莒人不肯。公伐莒，取向。

傳 及者，內為志焉爾㊀。平㊁，成也㊂。不肯者，可以肯也。伐猶可，取向甚矣㊃。莒人辭不受治也。伐莒，義兵也。取向，非也，乘義而為利也。

【今註】㊀內為志：魯國提出的主意。內：指魯。㊁平：媾和。莒國和郯國有矛盾，宣公會齊侯調和兩國的關係。㊂成：講和。㊃向：邑名。莒國的城邑。魯宣公出面，讓莒、郯和好。莒不肯，宣公就討伐莒，並攻佔了向邑。

【今譯】用及字，表明是魯國提出的主意。平是講和的意思。不肯，正表明可以肯。討伐莒國還可以，佔領向邑就過分了。莒國不接受管轄。攻伐莒，是為正義而出兵；佔領向邑，是不對的，是乘做好事之機撈取利益。

(二)經 秦伯稻卒㊀。

【今註】㊀稻：秦共公的名。此經無傳。

【今譯】秦共公去世。

(三)經 夏，六月，乙酉，鄭公子歸生弒其君夷㊀。

【今註】㊀歸生：鄭國大夫。夷：鄭靈公名叫夷。此經無傳。

【今譯】夏季，六月乙酉日，鄭國公子歸生殺了鄭靈公。

(四)經 赤狄侵齊㊀。

【今註】㊀赤狄：狄人的一支。此經無傳。

【今譯】狄人侵犯齊國。

(五)經 秋，公如齊㊀。

【今註】㊀此經無傳。

【今譯】宣公到齊國去。

(六)經 公至自齊㊀。

【今註】㊀此經無傳。

【今譯】宣公從齊國歸來，告祭祖廟。

(七)經 冬，楚子伐鄭㊀。

【今註】㊀楚子：楚莊王。此經無傳。

【今譯】冬天，楚國攻伐鄭國。

宣公五年（公元前六百零四年）

(一)經 五年，春，公如齊㊀。

【今註】㊀此經無傳。

【今譯】五年，春天，宣公到齊國去。

(二)經 夏，公至自齊㊀。

【今註】㊀此經無傳。

【今譯】夏天，宣公從齊返回國，告祭祖廟。

(三)經 秋，九月，齊高固來迎子叔姬㊀。

【今註】㊀高固：齊國大夫。子叔姬：左傳作叔姬，文公女兒，宣公姊妹。

【今譯】齊國的高固來魯，迎娶子叔姬。

傳 諸侯之嫁子於大夫㊀，主大夫以與之㊁。來者，接內也㊂。不正其接內，故不與夫婦之稱也。

【今註】㊀子：女兒。㊁主大夫：指主婚大夫。㊂接內：到魯國來接。

【今譯】諸侯嫁女給別國大夫，應由主婚大夫去送女。來，是到魯國來接的意思。這是不對的，所以不用夫婦的稱呼。

(四) 經 叔孫得臣卒㊀。

【今註】㊀叔孫得臣：魯國的卿。此經無傳。

【今譯】叔孫得臣去世。

(五) 經 冬，齊高固及子叔姬來。

傳 及者，及吾子叔姬也㊀。為使來者㊁，不使得歸之意也。

【今註】㊀子叔姬：魯文公女。㊁為使來者：以使臣身分來的。和妻子一道來，就違禮了。

【今譯】用及字，是強調跟我們魯女子叔姬一道來的。以使臣身分來，（和妻子同來）就不能回去了。

(六) 經 楚人伐鄭㊀。

【今註】㊀此經無傳。

【今譯】楚國攻伐鄭國。

宣公六年（公元前六百零三年）

(一) 經 六年，春，晉趙盾、衛孫免侵陳。

傳 此帥師也㈠，其不言帥師何也？不正其敗前事㈡，故不與帥師也。

【今註】㈠帥師：率領軍隊。帥：通率。這句是說晉國的趙盾，和衛國的孫免大夫，是率領大軍攻打陳國。㈡前事：指元年趙盾領兵救陳。今又攻陳，因此說敗壞了先前所做的好事。

【今譯】這次是率領軍隊攻打陳國。為什麼不說率領軍隊？趙盾敗壞了先前所做的好事，是不對的，不贊同他領兵攻陳。

㈡經 夏，四月㈠。

【今註】㈠一季無事，記下首月。此經無傳。

【今譯】夏季，四月。

㈢經 秋，八月，螽㈠。

【今註】㈠螽：蝗蟲的一種。這裏指蟲多成災。此經無傳。

【今譯】秋季，八月，蝗蟲成災。

(四)經　冬，十月㊀。

【今註】㊀此經無傳。

【今譯】冬季，十月。

宣公七年（公元前六百零二年）

(一)經　七年，春，衛侯使孫良夫來盟。

傳　來盟，前定也。不言及者㊀，以國與之。不言其人，亦以國與之。不日㊁，前定之盟不日。

【今註】㊀不言及者：不記孫良夫跟誰簽盟。㊁不日：不記日期。

【今譯】記「來盟」，表明是先前商定好的。不記孫良夫跟誰簽盟，魯國是以國家名義跟衛結盟。不記具體簽盟的人，也是以國家名義簽訂。不記日期，是因為事前商定好的都不記日期。

(二)經　夏，公會齊侯伐萊㊀。

【今註】㊀萊：國名，此經無傳。

【今譯】夏天，宣公會合齊國，攻伐萊國。

(三)經 秋，公至自伐萊㊀。

【今註】㊀此經無傳。

【今譯】秋天，宣公伐萊後回國，告祭祖廟。

(四)經 冬，公會晉侯、宋公、衛侯、鄭伯、曹伯于黑壤㊀。

【今註】㊀黑壤：又名黃父，晉國地名。此經無傳。

【今譯】冬天，宣公和晉侯、宋公、衛侯、鄭伯、曹伯在黑壤會盟。

宣公八年（公元前六百零一年）

(一)經 八年，春，公至自會㊀。

【今註】㊀會：指黑壤之會。此經無傳。

【今譯】八年，春，宣公從黑壤回國，告祭祖廟。

(二)經 夏，六月，公子遂如齊，至黃乃復。

傳 乃者，亡乎人之辭也㊀。復者，事畢也，不專公命也㊁。

【今註】㊀亡乎人：指沒有人（可派）。亡：通無。魯派公子遂（此時年事已高）去齊國，大概是因病發作，到了黃地就返回了。㊁專公命：專擅君命。指奉君命出使，辦完事而不復命。

【今譯】用乃字，表明沒有人（可派）的意思。用復字，表示辦完事回國報告，對君命不獨斷專行。

(三)經 辛巳，有事於大廟㊀。仲遂卒于垂㊁。壬午，猶繹㊂。萬入㊃，去籥㊄。

【今註】㊀事：指祭祀。大廟：即太廟，周公廟。㊁仲遂：公子遂，排行仲，仲也是他的字。垂：地名。㊂繹：祭祀的第二天接著祭祀。㊃萬：舞名，包括文舞和武舞，文舞拿著樂器或野雞翎跳，武舞舉著干戚一類的武器跳。㊄籥：音月，竹製的管形的樂器，文舞時拿著，用聲響調節舞步。連續祭祀，已經違禮，還跳萬舞，怕人聽見，徹去籥器，更說明是明知故犯。

【今譯】辛巳日，在周公廟舉行祭祀。仲遂死在垂地。壬午日，連著舉行祭祀，跳萬舞，去掉籥器。

傳 為若反命而後卒也㊀。此公子也，其曰仲何也？疏之也㊁。何為疏之也？是不卒者也㊂。不疏則無用見其不卒也㊃。則其卒之何也？以譏乎宣也。其譏乎宣何也？聞大夫之喪，則去樂卒事㊄。猶者，可以已之辭也㊅。繹者，祭之旦日之享賓也㊆。

以其為之變㈧，譏之也。

【今註】㈠反命：返命：返回國復命。反：返的古字。公子遂，八月記他由齊國的黃地返回，這裏記他死在垂地，他還沒到魯國就死了。就是說他死在路上，沒能回國復命。㈡疏：遠。㈢是：這個人。指公子遂。不卒：不該記載（他的）死。㈣用：由。㈤卒事：結束祭祀。㈥已：止，停止。㈦旦日：第二天，明日。㈧變：指怕出聲響，去掉籥管。

【今譯】（經文所記）就像仲遂回國復命後才死。這人是公子，為什麼稱仲遂？是表示疏遠他。為什麼表示疏遠他？因為這個人死不該記載，不疏遠，就沒法表明不該記他的死。那為什麼還記他的死？是用以譏斥宣公。為什麼譏斥宣公？聽說大夫死，就應該徹去樂舞，結束祭祀。用猶字，表示可以停止的意思。繹，指祭祀的第二天用酒食宴享賓客。因為宣公變換方法，徹去籥器祭祀，譏斥他。

(四)經 戊子，夫人熊氏薨㈠。

【今註】㈠熊氏：當為嬴氏，文公夫人。此經無傳。

【今譯】戊子日，文公夫人去世。

(五)經 晉師、白狄伐秦㈠。

【今註】㊀白狄：狄人的一支。此經無傳。

【今譯】晉國和狄人攻打秦國。

(六)經 楚人滅舒蓼㊀。

【今註】㊀舒蓼：國名。此經無傳。

【今譯】楚國滅掉舒蓼國。

(七)經 秋，七月，甲子，日有食之㊀，既㊁。

【今註】㊀食：通蝕。㊁既：盡。此經無傳。

【今譯】秋季，七月甲子日，出現日蝕，日全蝕。

(八)經 冬，十月，己丑，葬我小君頃熊。雨，不克葬。庚寅，日中而克葬。

傳 葬既有日，不為雨止，禮也。雨不克葬㊀，喪不以制也㊁。而，緩辭也，足乎日之辭也㊂。

【今註】㊀雨不克葬：下雨了，不能安葬。克：能。這句是說安葬文公夫人頃熊（當為敬嬴）時，因有雨不能下葬。㈡不以制：不按禮制的規定。㈢足乎日：指時間充裕，從日中到日落，可以從從容容地安葬。

【今譯】安葬既然有確定的日子，就不能因為有雨而停止，這是禮。如果因雨就不下葬，喪禮就不是按禮制的規定辦了。而，表示寬緩，時間充裕的意思。

(九)經 城平陽㈠。

【今註】㈠平陽：魯國邑名。此經無傳。

【今譯】在平陽修城牆。

(十)經 楚師伐陳㈠。

【今註】㈠此經無傳。

【今譯】楚軍攻打陳國。

宣公九年（公元前六百年）

(一)經 九年，春，王正月，公如齊㈠。

【今註】㊀此經無傳。

【今譯】九年，春天，周曆正月，宣公到齊國去。

㈡經 公至自齊㊀。

【今註】㊀此經無傳。

【今譯】宣公從齊國返回，告祭祖廟。

㈢經 夏，仲孫蔑如京師㊀。

【今註】㊀仲孫蔑：魯國大夫。此經無傳。

【今譯】仲孫蔑到京城去。

㈣經 齊侯伐萊㊀。

【今註】㊀萊：國名。此經無傳。

【今譯】齊侯攻伐萊國。

㈤經 秋，取根牟㊀。

【今註】㊀根牟：國名。此經無傳。

【今譯】秋天，魯國佔領了根牟。

(六)經 八月，滕子卒㊀。

【今註】㊀滕子：滕昭公。此經無傳。

【今譯】八月，滕昭公去世。

(七)經 九月，晉侯、宋公、衛侯、鄭伯、曹伯會于扈㊀。

【今註】㊀扈：鄭國地名。此經無傳。

【今譯】九月，晉侯、宋公、衛侯、鄭伯、曹伯在扈地會盟。

(八)經 晉荀林父帥師伐陳㊀。

【今註】㊀荀林父：晉國大夫。帥：通率。此經無傳。

【今譯】晉國由荀林父率兵攻伐陳國。

(九)經 辛酉，晉侯黑臀卒于扈。

傳 其地㈠，於外也。其日㈡，未踰竟也㈢。

【今註】㈠地：指扈地。諸侯應死在正寢，而晉成公（名叫黑臀）死在扈地。㈡日：記下日期。㈢竟：境的古字。穀梁氏認為扈是晉地。

【今譯】記載地點，因為他死在外地。記載日期，因為沒越過國境。

㈩ 經 冬，十月，癸酉，衛侯鄭卒㈠。

【今註】㈠鄭：衛成公的名。此經無傳。

【今譯】冬，十月癸酉日，衛成公去世。

(土) 經 宋人圍滕㈠。

【今註】㈠此經無傳。

【今譯】宋國包圍滕國。

(土) 經 楚子伐鄭㈠。

【今註】㈠楚子：楚莊王。此經無傳。

【今譯】楚國攻伐鄭國。

(十三) 經 晉郤缺帥師救鄭㈠。

【今註】㈠郤缺：晉國大夫。帥：通率。此經無傳。

【今譯】晉國由郤缺領兵援救鄭國。

(十四) 經 陳殺其大夫泄治。

傳 稱國以殺其大夫，殺無罪也。泄治之無罪如何㈠？陳靈公通於夏徵舒之家㈡。公孫寧㈢、儀行父亦通其家㈣。或衣其衣㈤，或衷其襦㈥，以相戲於朝。泄治聞之，入諫曰：「使國人聞之則猶可㈦，使仁人聞之則不可。」君愧於泄治，不能用其言而殺之。

【今註】㈠泄治：陳國大夫。㈡夏徵舒：陳國大夫。家：這裏指家人，徵舒母夏姬淫蕩，與君私通。㈢公孫寧：陳國的卿。㈣儀行父：陳國的卿。㈤或：有的。㈥衷：穿在裏邊的內衣。襦：短衣。㈦國：國都。這裏指宮內。

【今譯】舉出國名說殺某某大夫，殺的是無罪的人。泄治怎麼沒罪？陳靈公和夏徵舒的母親私通，公孫寧、儀行父也與夏姬私通。有時穿夏姬的衣服，有時還把夏姬的短衣貼身穿，在朝廷上互相取笑。泄治聽到後，勸諫靈公說：「讓宮內人聽說還行，讓仁人聽到就不行了。」靈公對泄治表示慚愧，但不聽勸諫，還殺了泄治。

宣公十年（公元前五百九十九年）

(一)經　十年，春，公如齊㈠。

【今註】㈠此經無傳。

【今譯】十年，春天，宣公到齊國去。

(二)經　公至自齊㈠。

【今註】㈠此經無傳。

【今譯】宣公從齊回國，告祭祖廟。

(三)經　齊人歸我濟西田。

傳　公娶齊，齊由以為兄弟反之㈠。不言來，公如齊受之也。

【今註】㊀反之：指把濟西田返給魯國。宣公元年把濟水以西的土地給了齊國。

【今譯】宣公娶齊女為夫人，齊國由此把魯視為兄弟，把土地返回給魯國。不說來歸，是宣公到齊國接受過來的。

㈣經 夏，四月，丙辰，日有食之㊀。

【今註】㊀食：通蝕。此經無傳。

【今譯】夏天，四月丙辰日，出現日蝕。

㈤經 己巳，齊侯元卒㊀。

【今註】㊀元：齊惠公的名。此經無傳。

【今譯】己巳日，齊惠公去世。

㈥經 齊崔氏出奔衛。

傳 氏者，舉族而出之之辭也㊀。

【今註】㊀舉：全。

【今譯】用氏字，表示全家族出逃。

(七)經　公如齊㈠。

【今註】㈠此經無傳。

【今譯】宣公到齊國去。

(八)經　公至自齊㈠。

【今註】㈠此經無傳。

【今譯】宣公由齊國返回，告祭祖廟。

(九)經　癸巳，陳夏徵舒弒其君平果㈠。

【今註】㈠夏徵舒：陳國大夫。平國：陳靈公的名。此經無傳。

【今譯】癸巳日，陳國的夏徵舒殺了自己的國君。

(十)經　六月，宋師伐滕㈠。

【今註】㈠此經無傳。

【今譯】六月，宋國攻打滕國。

(十一)經 公孫歸父如齊㊀，葬齊惠公。

【今註】㊀公孫歸父：魯卿，公子遂的兒子。此經無傳。

【今譯】公孫歸父到齊國去，參加齊惠公的葬禮。

(十二)經 晉人、宋人、衛人、曹人伐鄭㊀。

【今註】㊀此經無傳。

【今譯】晉國、宋國、衛國和曹國攻打鄭國。

(十三)經 秋，天王使王季子來聘。

傳 其曰王季㊀，王子也。其曰子，尊之也。聘，問也。

【今註】㊀王季：周定王的小兒子。公羊傳認為是匡王子，定王弟。

【今譯】稱王季，表明是天子的兒子。稱子，是尊稱。聘是訪問的意思。

(十四)經 公孫歸父帥師伐邾取繹㊀。

【今註】㊀公孫歸父：魯卿。繹：邾國城邑。此經無傳。

【今譯】公孫歸父領兵攻打邾國，佔領了繹城。

(十五) 經 大水㊀。

【今註】㊀此經無傳。

【今譯】發大水。

(十六) 經 季孫行父如齊㊀。

【今註】㊀季孫行父：魯卿。此經無傳。

【今譯】季孫行父到齊國去。

(十七) 經 冬，公孫歸父如齊㊀。

【今註】㊀此經無傳。

【今譯】公孫歸父到齊國去。

(十八) 經 齊侯使國佐來聘㊀。

【今註】㊀國佐：齊卿。國是氏名。此經無傳。

【今譯】齊侯派國佐來魯國訪問。

(十九) 經 饑㊀。

【今註】㊀因水災鬧饑荒。此經無傳。

【今譯】鬧饑荒。

(廿) 經 楚子伐鄭㊀。

【今註】㊀此經無傳。

【今譯】楚國攻伐鄭國。

宣公十一年（公元前五百九十八年）

(一) 經 十有一年，春，王正月㊀。

【今註】㊀此經無傳。

【今譯】十一年，春天，周曆正月。

(二)經 夏，楚子、陳侯、鄭伯盟于夷陵㈠。

【今註】㈠夷陵：陳國地名。此經無傳。

【今譯】夏天，楚子、陳侯和鄭伯在夷陵結盟。

(三)經 公孫歸父會齊人伐莒㈠。

【今註】㈠此經無傳。

【今譯】公孫歸父會合齊軍攻伐莒國。

(四)經 秋，晉侯會狄于欑函。

傳 不言及㈠，外狄。

【今註】㈠不言及：指不記「晉侯及狄」。

【今譯】不用及字，是把狄看成諸侯以外的國家。

(五)經 冬，十月，楚人殺陳夏徵舒。

傳 此入而殺也。其不言入何也？外徵舒於陳也㈠。其外徵舒於陳何也？明楚之討有罪也㈡。

【今註】㈠徵舒：即夏徵舒，陳國大夫。㈡有罪：指夏徵舒於上一年五月殺了陳靈公。

【今譯】這是進入陳國殺的，為什麼不說進入陳國呢？是把徵舒視為陳國以外的人。為什麼這樣？為了表明楚國討伐的是有罪的人。

㈥經 丁亥，楚子入陳。

傳 入者，內弗受也。日入㈠，惡入者也。何用弗受也㈡？不使夷狄為中國人㈢。

【今註】㈠日入：記載攻入陳國的日期。㈡用：由。㈢夷狄：指楚國。中國：中原諸侯。

【今譯】用入，表示陳國不讓進入。記下攻入陳國的日期，是對攻入者表示憎恨。為什麼陳國不接受楚國的做法？不讓夷狄支配中原的諸侯。

㈦經 納公孫寧，儀行父于陳。

傳 納者㈠，內弗受也。輔人之不能民而討猶可，入人之國，制人之上下，使不得其君臣之道㈡，不可。

【今註】㊀納：使……入。這裏是指楚莊王讓公孫寧和儀行父回陳國。㊁不得其君臣之道：指陳國大夫公孫寧和儀行父和陳靈公一起私通夏姬，淫而亂國。靈公被弒，二大夫逃楚，楚又護送回陳，是亂君臣之道。

【今譯】用納字，表示陳國不接受。幫助不能治理百姓的人進行討伐還可以；進入別人的國家，約制人家的君臣，亂了君臣道，就不可以了。

宣公十二年（公元前五百九十七年）

(一)經 十有二年，春，葬陳靈公㊀。

【今註】㊀此經無傳。

【今譯】十二年，春天，安葬陳靈公。

(二)經 楚子圍鄭㊀。

【今註】㊀此經無傳。

【今譯】楚國包圍鄭國。

㈢ 經 夏，六月，乙卯，晉荀林父帥師及楚子戰于邲，晉師敗績。

傳 績，功也。功，事也。日其事，敗也㊀。

【今註】㊀敗：指晉楚邲之戰，晉國大敗。

【今譯】績是功的意思。功是事的意思。記載那件事，晉國失敗了。

㈣ 經 秋，七月㊀。

【今註】㊀一季無事，記下首月。此經無傳。

【今譯】秋季，七月。

㈤ 經 冬，十有二月，戊寅，楚子滅蕭㊀。

【今註】㊀蕭：國名。此經無傳。

【今譯】冬天，十二月戊寅日，楚國滅掉蕭國。

㈥ 經 晉人、宋人、衛人、曹人同盟于清丘㊀。

【今註】㊀清丘：地名，在今河南濮陽縣東南。此經無傳。

【今譯】晉國、宋國、衛國和曹國在清丘結盟。

(七)經 宋師伐陳，衛人救陳㊀。

【今註】㊀此經無傳。

【今譯】宋國攻打陳國，衛國援救陳國。

宣公十三年（公元前五百九十六年）

(一)經 十有三年，春，齊師伐莒㊀。

【今註】㊀此經無傳。

【今譯】十三年，春天，齊國攻伐莒國。

(二)經 夏，楚子伐宋㊀。

【今註】㊀此經無傳。

【今譯】夏季，楚國攻伐宋國。

(三)經 秋，螽㈠。

【今註】㈠螽：蝗蟲。這裏指蟲多成災。此經無傳。

【今譯】秋天，蝗蟲成災。

(四)經 冬，晉殺其大夫先縠㈠。

【今註】㈠此經無傳。

【今譯】冬天，晉國殺了它的大夫先縠。

宣公十四年（公元前五百九十五年）

(一)經 十有四年，春，衞殺其大夫孔達㈠。

【今註】㈠此經無傳。

【今譯】十四年，春天，衞國殺了它的大夫孔達。

(二)經 夏，五月，壬申，曹伯壽卒㈠。

【今註】㈠壽：曹文公的名。此經無傳。

【今譯】夏天，五月壬申日，曹文公去世。

㈢ 經 晉侯伐鄭㊀。

【今註】㊀此經無傳。

【今譯】晉國攻伐鄭國。

㈣ 經 秋，九月，楚子圍宋㊀。

【今註】㊀此經無傳。

【今譯】秋季，九月，楚國圍攻宋國。

㈤ 經 葬曹文公㊀。

【今註】㊀此經無傳。

【今譯】安葬曹文公。

㈥ 經 冬，公孫歸父會齊侯于穀㊀。

【今註】㊀穀：齊國邑名。此經無傳。

【今譯】冬天，公孫歸父在穀地會見齊侯。

宣公十五年（公元前五百九十四年）

(一)經　十有五年，春，公孫歸父會楚子于宋㊀。

【今註】㊀此經無傳。

【今譯】十五年，春天，公孫歸父在宋國會見楚王。

(二)經　夏、五月，宋人及楚人平。

傳　平者㊀，成也。善其量力而反義也㊁。人者，眾辭也。平稱眾，上下欲之也。外平不道㊂，以吾人之存焉道之也㊃。

【今註】㊀平：講和。下文的兩個「平」和「成」都是此義。㊁反義：歸於仁義（指不再動兵打仗）。反：返的古字。㊂道：說。這裏指記載。㊃吾人：指魯卿公孫歸父。楚宋和好是公孫歸父幫助促成的。

【今譯】平是講和的意思。認為兩國估計自己的力量，歸於仁義和好是好事。稱楚人宋人，表示眾多的意思，是說兩國上上下下都想和好。外國之間講和，不必記載，這次記載是由於宋楚和好是魯人幫助的結果。

(三) 經 六月，癸卯，晉師滅赤狄潞氏，以潞子嬰兒歸。

傳 滅國有三術㈠，中國謹日㈡，卑國月，夷狄不日。其日，潞子嬰兒賢也㈢。

【今註】㈠三術：三種記載規則。㈡中國：指中原諸侯國被滅。㈢潞子：潞國國君。嬰兒：人名。

【今譯】滅掉國家有三種記載規則。中原諸侯國被滅記日期，小國被滅記月份，夷狄被滅不記日期。這次記日，是因為潞子賢德。

(四) 經 秦人伐晉㈠。

【今註】㈠此經無傳。

【今譯】秦國攻伐晉國。

(五) 經 王札子殺召伯、毛伯。

傳 王札子者㈠，當上之辭也。殺召伯、毛伯，不言其何也㈡？兩下相殺也㈢。兩下相殺，不志乎春秋㈣，此其志何也？矯王命以殺之㊄，非忿怒相殺也。故曰，以王命殺也。以王命殺則何志焉？為天下主者，天也。繼天者㊅，君也。君之所存者，命也。為人臣而侵其君之命而用之，是不臣也㊆。為人君而失君命，是不君也。君不君，臣不臣，此天下所以傾也。

【今註】㊀王札子：即公子札，周定王的卿。㊁不言其：指召伯、毛伯之前不用「其」字。㊂兩下：指兩方面都是下臣。召伯和毛伯也是周王的卿。㊃志：記。春秋：指春秋經。㊄矯：假託。王札子假稱王命殺了召伯和毛伯。㊅繼：接。㊆是：這。不臣：不行臣道，即不像臣樣兒。

【今譯】記王札子，是在上位的意思。他殺了召伯、毛伯，為什麼不說「其召伯、毛伯」？雙方都是下臣。下臣殺下臣，春秋經不予記載，這次為什麼記？是王札子假託王命殺的，不是互相生氣殺的。所以說是用天子的命令殺的。主管天下的是天，接著天往下排是君。君王的權柄在於命令。做人臣的干犯君命就不是（好）臣。君王丟了命令，就不像個君王了。君不像君，臣不像臣，這就是天下傾覆的原因。

㈥經秋，螽㊀。

【今註】㊀此經無傳。

【今譯】秋天，鬧蟲災。

(七)經　仲孫蔑會齊高固于無婁㈠。

【今註】㈠仲孫蔑：魯國大夫。高固：齊國的卿。無婁：杞國邑名。此經無傳。

【今譯】仲孫蔑在無婁會見齊國的高固。

(八)經　初稅畝。

傳　初者，始也。古者什一㈠，藉而不稅㈡。初稅畝㈢，非正也。古者三百步為里㈣，名曰井田㈤。井田者，九百畝，公田居一。私田稼不善則非吏㈥，公田稼不善則非民。初稅畝者，非公之去公田，而履畝十取一也㈦。以公之與民為已悉矣㈧。古者公田為居，井灶葱韭盡取焉。

【今註】㈠什一：十分抽一的稅率。㈡藉而不稅：借民力耕種公田，不收稅。㈢初稅畝：徵收田賦的開始。㈣三百步：指縱橫各三百步，面積九百畝。㈤井田：指井田制，殷周時代的一種土地制度。九百畝分成井字形，每塊一百畝，中間一塊為公田，其餘八塊為私田，分給八家耕種。他們先耕公田，然後耕自己的私田。㈥非：責備。吏：田官，管農事的官。㈦履：實行。㈧悉：全，全力。

【今譯】初是始的意思。古時抽十分之一的稅率，借民力耕種公家的田，不收私家的稅。開始徵收田稅，是不對的。古時縱橫各三百步為一方里，分成井字形叫井田。井田，共九百畝，公家田一百畝居中。私田的莊稼長不好，責備農官，公田莊稼長不好，就責備百姓。如果開始收田賦，百姓除了耕種公田，還要實行十抽一的稅率，這就是公家要百姓盡全力了。古時百姓居住在公田周圍，水井、火灶、蔥、韮菜之類全都可以就地取用。

(九)經 冬，蝝生。

傳 蝝非災㈠。其曰蝝，非稅畝之災也㈡。

【今註】㈠蝝：飛蝗的幼蟲。㈡非：責備。本來是蝗蟲成災，穀梁氏卻認為是初稅畝造成災害。

【今譯】蝝蟲不是災害。記蝝蟲，是責難初稅畝造成災害。

(十)經 饑㈠。

【今註】㈠此經無傳。

【今譯】鬧饑荒。

宣公十六年（公元前五百九十三年）

㈠ 經 十有六年，春，王正月，晉人滅赤狄甲氏及留吁㈠。

【今註】㈠赤狄：狄人的分支，而甲氏和留吁又是赤狄的兩個分支。此經無傳。

【今譯】十六年，春天，周曆正月，晉國滅掉了赤狄的甲氏和留吁兩個分支。

㈡ 經 夏，成周宣榭災。

傳 周災㈠，不志也㈡。其曰宣榭何也㈢？以樂器之所藏㈣，目之也。

【今註】㈠周：即經文中的成周。范寧說成周是東周的洛陽，西周時還不是京師，所以稱成周。災：火災。㈡志：記。㈢宣榭：周宣王的榭。榭：類似於現在的亭子。㈣穀梁氏以為榭是放樂器的地方。國語楚語篇記載，榭是講武習射的地方，較為合理。

【今譯】成周著火，不該記載。宣榭是幹什麼的？是儲藏樂器的地方，看到它著火了。

㈢ 經 秋，郯伯姬來歸㈠。

【今註】㈠伯姬：魯女，嫁給郯國國君。此經無傳。

【今譯】秋天，郯伯姬回魯國。

(四)經 冬，大有年。

傳 五穀大熟為大有年㊀。

【今註】㊀有年：豐收年。

【今譯】五穀豐收叫大有年。

宣公十七年（公元前五百九十二年）

(一)經 十有七年，春，王正月，庚子，許男賜我卒㊀。

【今註】㊀賜我：許昭公名叫賜我，男爵。此經無傳。

【今譯】十七年，春天，周曆正月，庚子日，許昭公去世。

(二)經 丁未，蔡侯申卒㊀。

【今註】㊀申：蔡文公的名。此經無傳。

【今譯】丁未日，蔡文公去世。

(三)經 夏，葬許昭公㊀。

【今註】㊀此經無傳。

【今譯】夏天，安葬許昭公。

(四)經　葬蔡文公㊀。

【今註】㊀此經無傳。

【今譯】安葬蔡文公。

(五)經　六月，癸卯，日有食之㊀。

【今註】㊀食：通蝕。此經無傳。

【今譯】六月，癸卯日，出現日蝕。

(六)經　己未，公會晉侯、衛侯、曹伯、邾子，同盟于斷道。

傳　同者，有同也，同外楚也㊀。

【今註】㊀同外楚：共同對付楚國。

【今譯】同，表明有共同之處，共同對付楚國。

(七)經 秋，公至自會㊀。

【今註】㊀此經無傳。

【今譯】秋天，宣公從會盟地回國，告祭祖廟。

(八)經 冬，十有一月，壬午，公弟叔肸卒。

傳 其曰公弟叔肸㊀，賢之也。其賢之何也？宣弒而非之也㊁。非之則胡為不去也㊂？曰：「兄弟也，何去而之㊃？」與之財，則曰：「我足矣。」織屨而食㊄，終身不食宣公之食。君子以是為通恩也，以取貴乎春秋㊅。

【今註】㊀叔肸：宣公的同母弟。㊁宣弒而非之：宣公殺太子赤自立為君（赤實際是公子遂殺的），叔肸反對這樣做。㊂胡：何。去：離開。㊃之：到……去。㊄屨：音距，鞋。㊅貴：重。

【今譯】稱公弟叔肸，是認為他賢德。為什麼認為他賢德？宣公殺太子自立，他反對。反對，為什麼不離開宣公？說：「是親兄弟，怎能離開到別處去？」給他錢，就說：「我夠了。」靠打草鞋為生，一直不吃宣公的食物。君子認為他通曉恩義。因此得到春秋經的重視。

宣公十八年（公元前五百九十一年）

(一)經　十有八年，春，晉侯、衛世子臧伐齊㊀。

【今註】㊀臧：人名，衛穆公的太子。此經無傳。

【今譯】十八年，春，晉侯和衛國太子領兵攻齊。

(二)經　公伐杞㊀。

【今註】㊀此經無傳。

【今譯】宣公攻伐杞國。

(三)經　夏，四月㊀。

【今註】㊀此經無傳。

【今譯】夏季，四月。

(四)經　秋，七月，邾人戕繒子于繒。

傳 戕猶殘也㊀，梲殺也㊁。

【今註】㊀戕：音槍。殘害。㊁梲：音脫，木棒。鄫人用木棒打死繒國國君。

【今譯】戕就是殘害的意思，用木棒打死人。

(五)經 甲戌，楚子呂卒。

傳 夷狄不卒㊀，卒，少進也。卒而不日㊁，日，少進也。日而不言正㊂，不正，簡之也。

【今註】㊀不卒：死了不記載。㊁不日：不記日期。㊂正：通政。指政績。下句同此。

【今譯】夷狄國君死，春秋經不記載。記了，表明地位稍微進升了。記死不記日期，（這次）記了日期，表明又稍稍進升了。記日期不記政績，不記政績，簡而不論。

(六)經 公孫歸父如晉㊀。

【今註】㊀此經無傳。

【今譯】公孫歸父到晉國去。

(七)經 冬，十月，壬戌，公薨于路寢。

傳 正寢也㊀。

【今註】㊀正寢：也叫路寢，諸侯齋戒、祭祀和有病時住在正寢。

【今譯】宣公死在正寢。

(八)經 歸父還自晉，至檉，遂奔齊。

傳 還者，事未畢也，自晉事畢也。與人之子㊀，守其父之殯㊁。捐殯而奔其父之使者㊂。是以奔父也。遂，繼事也㊃。

【今註】㊀人之子：指宣公的兒子，即太子。㊁父之殯：指宣公的靈柩。㊂捐殯：指太子（即成公）不守父的靈柩。捐：棄。奔其父之使者：追逐父親（宣公）的使臣。使者：即公孫歸父。歸父的父親公子遂是殺文公太子的兇手，所以這時全家被成公所逐。㊃繼：承、接。

【今譯】用還字，表示事情沒辦完，在晉國的事辦完了。（公孫歸父本應回國）跟太子一起，為宣公守喪。（太子）不守喪，追逐公孫歸父。這個人是因為父親（的罪）而逃。遂，表示緊接著另一件事。

卷八　成　公

成公元年（公元前五百九十年）

(一) 經 元年，春，王正月，公即位㊀。

【今註】㊀此經無傳。

【今譯】元年，春天，周曆正月，成公即位。

(二) 經 二月，辛酉，葬我君宣公㊀。

【今註】㊀此經無傳。

【今譯】二月辛酉日，安葬魯君宣公。

(三) 經 無冰。

傳 終時無冰則志㊀。此未終時而言無冰何也？終無冰矣，加之寒之辭也。

【今註】㈠終時：指冬季過完了。古代有藏冰的習慣和禮儀，周曆二月，即夏曆的十二月是取冰的季節。

【今譯】冬季結束，沒有冰才予以記載。這次冬季還沒過完，怎麼就說沒冰呢？冬季沒有冰了，因為最寒冷的時候都沒冰。

㈣

經 三月，作丘甲。

傳 作，為也㈠，丘為甲也㈡。丘甲，國之事也。丘作甲非正也。丘作甲之為非正何也？古者，立國家㈢，百官具，農工皆有職以事上。古者，有四民，有士民㈣，有商民，有農民、有工民。夫甲，非人人之所能為也。丘作甲非正也。

【今註】㈠為：製做。㈡丘為甲：讓各丘的百姓做鎧甲。丘：古代田地的區劃。據周禮載「四井為一邑，四邑為丘，四丘為甸。」作丘甲是一種制度，規定每一丘出一定數量的軍賦，供做鎧甲以備軍用。穀梁氏認為是讓各丘百姓做鎧甲，恐誤矣。㈢國：諸侯的封地。家：大夫的封地。㈣士：指讀書人。

【今譯】作是製做的意思，讓丘裏的百姓做鎧甲。做鎧甲是國家的事，讓丘裏百姓做鎧甲是不對的。為什麼不對？古時候，立國封家，各種職官都具備，農夫工匠都各有自己的職責，共同事奉君王。古時有四種百姓。有讀書人，有商人，有農夫，有工匠。那鎧甲，不是人人都能做的。讓丘裏百姓做鎧甲是不對的。

㈤ 經 夏，臧孫許及晉侯盟于赤棘㈠。

【今註】㈠臧孫許：魯卿。赤棘：地名，不詳。此經無傳。

【今譯】夏天，臧孫許和晉侯在赤棘結盟。

㈥ 經 秋，王師敗績于貿戎。

傳 不言戰，莫之敢敵也㈠。為尊者諱敵不諱敗。為親者諱敗不諱敵㈡，尊尊親親之義也。然則孰敗之㈢？晉也。

【今註】㈠莫之敢敵：沒有誰敢和王師為敵，換言之，王者無敵。㈡親者：指魯國。㈢敗之：打敗了王師。

【今譯】不記作戰，是表示沒有誰敢與天子的軍隊為敵。對地位高的忌諱說有敵手，不忌諱說失敗。對親者忌諱說失敗，不忌諱說有敵手。這就是敬尊者愛親者的義例。如此，那麼誰打敗了王師？是晉國。

㈦ 經 冬，十月㈠。

【今註】㊀此經無傳。

【今譯】冬季，十月。

(八)傳季孫行父禿㊀，晉郤克眇㊁，衛孫良夫跛㊂，曹公子手僂㊃，同時聘於齊。齊侯使禿者御禿者㊄，使眇者御眇者，使跛者御跛者，使僂者御僂者。蕭同姪子處臺上而笑之㊅。聞於客，客不說而去㊆，相與立胥閭而語㊇，移日不解㊈。齊人有知之者曰：「齊之患，必自此始矣。」

【今註】㊀此傳無經。季孫行父：魯卿。㊁郤克：晉卿。左傳所記與之有出入，記郤克跛。眇：一隻眼。㊂孫良夫：衛國大夫。㊃手：人名。曹國公子名手。僂：駝背。㊄齊侯：齊頃公。御：音迓。迎接。㊅蕭同姪子：齊頃公姊。一說為頃公母。㊆說：悅的古字。去：離開。㊇胥閭：城門名。㊈移日：日影移動，指時間很長。

【今譯】季孫行父禿頭，晉國的郤克一隻眼，衛國的孫良夫腿跛，曹公子駝背。他們同時到齊國訪問。齊侯讓禿子迎接季孫行父，讓一隻眼的迎接郤克，讓跛子迎接孫良夫，讓駝背人迎接曹公子。蕭同姪子在高臺上笑他們。客人聽到了，很不高興地離開了，一起站在城門外談，長時間沒散。有個齊國人知道了這件事，說：「齊國的禍患，肯定從此開始了。」

成公二年（公元前五百八十九年）

(一)經 二年，春，齊侯伐我北鄙㊀。

【今註】㊀鄙：邊邑。此經無傳。

【今譯】二年，春天，齊侯攻伐魯國北部邊邑。

(二)經 夏，四月，丙戌，衛孫良夫帥師及齊師戰于新築㊀。衛師敗績㊁。

【今註】㊀新築：衛國地名。帥：通率。㊁敗績：大敗。此經無傳。

【今譯】夏天，四月丙戌日，衛國的孫良夫領兵在新築跟齊軍作戰。衛軍大敗。

(三)經 六月，癸酉，季孫行父、臧孫許、叔孫僑如、公孫嬰齊帥師會晉郤克、衛孫良夫、曹公子手及齊侯戰于鞌，齊師敗績。

傳 其日，或曰日其戰也㊀，或曰日其悉也㊁。曹無大夫。其曰公子何也？以吾之四大夫在焉，舉其貴者也。

【今註】㊀或：有的。㊁悉：全。指魯國的四個卿大夫全參戰了。季孫行父和叔僑如是卿，另兩個是大夫。

【今譯】記載日期，有的說是為作戰記日期，有的說是為魯國的四個卿大夫全參戰而記日期。曹國沒有天子命封的大夫。為什麼稱公子？因為魯國的四大夫在軍中，所以要稱高貴之稱。

㈣經　秋，七月，齊侯使國佐如師。乙酉，及國佐盟于爰婁。

傳　鞌㊀，去國五百里㊁。爰婁㊂，去國五十里。一戰緜地五百里，焚雍門之茨㊃，侵車東至海。君子聞之曰：「夫甚。」甚之辭焉，齊有以取之也。齊之有以取之何也？敗衛師于新築㊄，侵我北鄙㊅，敖郤獻子㊆，齊有以取之也。爰婁在師之外。郤克曰：「反魯衛之侵地㊇，以紀侯之甗來㊈，以蕭同姪子之母為質㊉，使耕者皆東其畝⑪，然後與子盟。」國佐曰⑫：「反魯衛之侵地，以紀侯之甗來，則諾。以蕭同姪子之母為質，則是齊侯之母也。齊侯之母，猶晉君之母也，晉君之母猶齊侯之母也。使耕者盡東其畝，則是終士齊也⑬，不可。請一戰，一戰不克⑭，請再⑮；再不克，請三；三不克，請四；四不克，請五；五不克，舉國而授㈥。」於是而與之盟。

【今註】㈠鞌（音安）：齊國地名，在今山東濟南東北。㈡去：離開。國：國都。㈢爰婁：齊國地名。鞌地一戰，齊軍大敗，對方一直追到離國都僅五十里的爰婁城。㈣雍門：城門名。茨：蓋，指門頂。㈤新築：衛國地名。四月新築一戰，衛被齊打敗。㈥鄙：邊邑。㈦敖郤獻子：對郤獻子無禮。指郤獻子訪問時，齊國笑他一隻眼。郤獻子：即郤克，謚號「獻」，晉卿。敖：通傲。傲視。㈧反：返的古字。㈨甗：玉製的寶物。齊滅紀國時得到紀侯的甗。㈩蕭同姪子：齊侯姐姐。（一一）東其畝：讓田地的壟溝東西走向。這樣便於晉國的兵車向東行進，侵略齊國。（一二）國佐：齊國的卿。（一三）士齊：把齊國當士看待。士：最下等的臣。（一四）克：勝。（一五）再：兩次。（一六）舉國：全國，整個齊國。

【今譯】鞌，離國都五百里。爰婁，離國都五十里。一次作戰晉軍綿延佔地五百里，燒了城門頂蓋，兵車向東一直排到海邊。君子聽說後，認為晉軍過分了。齊國也有招禍的原因。什麼原因？在新築打敗衛國軍隊，侵略魯國北鄙邊邑，對郤克無禮，所以說齊國有招禍的原因。爰婁就在軍隊前面。郤克說：「齊國要返回侵佔魯衛二國的土地，把紀侯的甗獻來，讓蕭同姪子的母親做人質，讓田地的壟溝東西走向，然後才能跟你結盟。」國佐說：「返回魯衛被侵佔的土地，獻出紀侯的甗，答應。讓蕭同姪子的母親當人質，這是齊侯的母親呵！齊侯的母親就如同晉君的母親；晉君的母親就如同齊侯的母親呵。讓田畝的壟溝東西向走，這就等於始終把齊國當下臣看待，這不行。我們請求再決一戰。一戰不勝，決兩戰；兩戰不勝，決三戰；三戰不勝，決四戰；四戰不勝，決五戰。五戰不勝，整個齊國都給晉。」於是晉國跟他簽了盟。

(五) 經 八月，壬午，宋公鮑卒㊀。

【今註】㊀鮑：宋文公名鮑。此經無傳。

【今譯】八月，壬午日，宋文公去世。

(六) 經 庚寅，衛侯速卒㊀。

【今註】㊀速：衛穆公的名。此經無傳。

【今譯】庚寅日，衛穆公去世。

(七) 經 取汶陽田㊀。

【今註】㊀汶陽：魯地名。按爰婁之盟，齊國歸還侵地。此經無傳。

【今譯】魯取回汶陽的土地。

(八) 經 冬，楚師、鄭師侵衛㊀。

【今註】㈠此經無傳。

【今譯】冬季，楚軍和鄭國軍隊一起侵略衛國。

(九) 經 十有一月，公會楚公子嬰齊于蜀。

傳 楚無大夫㈠，其曰公子何也？嬰齊亢也㈡。

【今註】㈠楚無大夫：指楚國沒有天子命封的大夫。㈡嬰齊：楚國的令尹，官位與卿同等。亢：通抗，匹敵，相當。

【今譯】楚國沒有天子命封的大夫。為什麼稱公子？因為嬰齊和魯公處於相當的地位。

(十) 經 丙申，公及楚人、秦人、宋人、陳人、衛人、鄭人、齊人、曹人、邾人、薛人、繒人盟于蜀。

傳 楚其稱人何也？于是而後公得其所也㈠。會與盟同月，則地會㈡，不地盟。不同月，則地會地盟。此其地會地盟何也？以公得其所，申其事也㈢。今之屈㈣，向之驕也㈤。

【今註】㈠公得其所：指魯公得到了地位。對另十一個國都稱人，祇有魯稱公，才顯出成公地位高。㈡地會：記開會的地點。下文同此。㈢申：明。㈣今之屈：指楚公子嬰齊，這次稱他楚人是委屈了他。㊄向之驕：指楚嬰齊十一月會魯公時稱公子，與諸侯匹敵，是為驕亢。向：先前。

【今譯】對楚國為什麼稱人？這樣之後魯公才顯出地位。開會和結盟如果在同一個月，就記載開會的地點，不必記結盟的地點。如果不在同一個月，就開會結盟都記地點。這次為什麼開會記地點，結盟也記地點？因為魯公得到了地位，要申明這件事。楚國這次委屈了，先前驕亢了。

成公三年（公元前五百八十八年）

㈠經三年，春，王正月，公會晉侯、宋公、衛侯、曹伯伐鄭㊀。

【今註】㊀此經無傳。

【今譯】三年，春天，成公會合晉侯、宋公、衛侯和曹伯攻伐鄭國。

㈡經辛亥，葬衛穆公㊀。

【今註】㊀此經無傳。

【今譯】辛亥日，安葬衛穆公。

㈢經二月，公至自伐鄭㊀。

【今註】㊀此經無傳。

【今譯】二月，成公伐鄭歸來，告祭祖廟。

㈣經 甲子，新宮災，三日哭。

傳 新宮者，禰宮也㊀。三日哭，哀也。其哀，禮也。迫近不敢稱謚㊁，恭也。其辭恭且哀，以成公為無譏矣。

【今註】㊀禰宮：父廟。宣公去世剛三年，神主才放進廟，所以又稱新宮。㊁稱謚：稱宣公廟，宣是謚號。

【今譯】新宮就是父廟。（父廟著火）成公哭了三天，哀痛呵。哀痛是合於禮的。父親是最親近的先輩，不敢稱宣公廟，這是恭敬。做到了又恭敬又哀痛，對成公沒有可譏斥的了。

㈤經 乙亥，葬宋文公㊀。

【今註】㊀此經無傳。

【今譯】乙亥日，安葬宋文公。

㈥經 夏，公如晉㊀。

【今註】㊀此經無傳。

【今譯】夏天，成公到晉國去。

(七)經 鄭公子去疾帥師伐許㊀。

【今註】㊀去疾：人名，鄭文公兒子。帥：通率。此經無傳。

【今譯】鄭國公子去疾領兵攻伐許國。

(八)經 公至自晉㊀。

【今註】㊀此經無傳。

【今譯】成公從晉國回來，告祭祖廟。

(九)經 秋，叔孫僑如帥師圍棘㊀。

【今註】㊀叔孫僑如：魯卿。帥：通率。棘：魯地名。棘人不服管轄，故施以武力。此經無傳。

【今譯】秋天，叔孫僑如領兵包圍棘地。

(十)經 大雩㊀。

【今註】㈠雩：祭名。求天降雨的祭祀。此經無傳。

【今譯】舉行大規模的求雨祭祀。

㈩經 晉郤克、衛孫良夫伐廧咎如㈠。

【今註】㈠孫良夫：衛國大夫。廧咎如：赤狄的一支。此經無傳。

【今譯】晉國的郤克和衛國的孫良夫攻伐廧咎如。

⑾經 冬，十有一月，晉侯使荀庚來聘㈠。

【今註】㈠荀庚：晉國大夫。此經無傳。

【今譯】冬季，十一月，晉侯派荀庚來魯訪問。

⑿經 衛侯使孫良夫來聘㈠。

【今註】㈠此經無傳。

【今譯】衛侯派孫良夫來魯訪問。

⒀經 丙午，及荀庚盟㈠。

【今註】㊀此經無傳。

【今譯】丙午日，魯公和荀庚簽盟。

㈤ 經 丁未，及孫良夫盟。

傳 其日，公也。來聘而求盟。不言及之者，以國與之也。不言其人㊀，亦以國與之也。不言求，兩欲之也㊁。

【今註】㊀其人：魯國簽盟的人，指成公。㊁兩：雙方面。

【今譯】記具體日期，因為魯公參加了。晉衛來訪問，是為了求得結盟。不記誰跟孫良夫結盟，因為是以國的名義結盟。不記簽盟的人，也是以國的名義。不說他們來求結盟，是因為雙方都想結盟。

㈥ 經 鄭伐許㊀。

【今註】㊀此經無傳。

【今譯】鄭國攻伐許國。

成公四年（公元前五百八十七年）

(一)經 四年，春，宋公使華元來聘㊀。

【今註】㊀華元：宋卿。此經無傳。

【今譯】四年，春天，宋公派華元來魯訪問。

(二)經 三月，壬申，鄭伯堅卒㊀。

【今註】㊀堅：鄭襄公的名。此經無傳。

【今譯】三月，壬申日，鄭襄公去世。

(三)經 杞伯來朝㊀。

【今註】㊀此經無傳。

【今譯】杞國國君來朝見魯公。

(四)經 夏，四月，甲寅，臧孫許卒㊀。

【今註】㊀臧孫許：魯國大夫。此經無傳。

【今譯】夏天，四月甲寅日，臧孫許去世。

(五)經　公如晉㊀。

【今註】㊀此經無傳。

【今譯】成公到晉國去。

(六)經　葬鄭襄公㊀。

【今註】㊀此經無傳。

【今譯】安葬鄭襄公。

(七)經　秋，公至自晉㊀。

【今註】㊀此經無傳。

【今譯】秋天，成公從晉回國，告祭祖廟。

(八)經　城鄆㊀。

【今註】㊀鄆：魯地名。此經無傳。

【今譯】在鄆地修城牆。

(九)經 鄭伯伐許㊀。

【今註】㊀此經無傳。

【今譯】鄭伐攻伐許國。

成公五年（公元前五百八十六年）

(一)經 五年，春，王正月，杞叔姬來歸。

傳 婦人之義，嫁曰歸，反回來歸㊀。

【今註】㊀反：返的古字。這裏指被休棄返回娘家。魯女叔姬嫁給杞國被休棄。

【今譯】婦人的禮義，出嫁叫歸，被休棄返回娘家叫來歸。

(二)經 仲孫蔑如宋㊀。

【今註】㊀仲孫蔑：魯國大夫。此經無傳。

【今譯】仲孫蔑到宋國去。

(三)經 夏，叔孫僑如會晉荀首于穀㊀。

【今註】㊀叔孫僑如：魯卿。荀首：晉國大夫。此經無傳。

【今譯】夏天，叔孫僑如在穀地會見晉國的荀首。

(四)

經 梁山崩。

傳 不日何也？高者有崩道也。有崩道則何以書也㊀？曰梁山崩㊁，壅遏河㊂，三日不流，晉君召伯尊而問焉㊃。伯尊來遇輦者㊄，輦者不辟㊅，使車右下而鞭之㊆。輦者曰：「所以鞭我者，其取道遠矣㊇。」伯尊下車而問焉，曰：「子有聞乎？」對曰：「梁山崩，壅遏河，三日不流。」伯尊曰：「君為此召我也，為之奈何？」輦者曰：「天有山，天崩之。天有河，天壅之，雖召伯尊如之何？」伯尊由忠問焉，輦者曰：「君親素縞㊈，帥群臣而哭之，既而祠焉㊉，斯流矣㊁。」伯尊至，君問之曰：「梁山崩，壅遏河，三日不流，為之奈何？」伯尊曰：「君親素縞，帥群臣而哭之，既而祠焉，斯流矣。」孔子聞之曰：「伯尊其無績乎㊂，攘善也㊂。」

【今註】㊀書：記，記載。㊁梁山：山名，在晉國。㊂壅遏：堵塞。河：指黃河。㊃晉君：晉景公。伯尊：晉國大夫。㈤輦：人力推挽的車。㈥辟：避的古字。㈦車右：也叫驂乘，居車右邊的位置，由力士承擔，有從事力役和防禦的職責。㈧其：大概，恐怕。㈨素縞：指白色孝服。㈩祠：祭祀。⑪斯：就。⑫績：功。⑬攘：本指扣留別人的東西。這裏指偷盜。

【今譯】為什麼不記載日期？太高的山就會崩塌。高山會崩塌，那為什麼還記載？解釋說，梁山崩塌，堵住了黃河，三天水不能流動。晉侯召見伯尊問這件事。伯尊在路上遇到個推車的人，不給他讓路。伯尊讓車右下車鞭打那個推車的人。推車人說：「打我的原因，恐怕是為趕遠道吧。」伯尊下車問他，說：「你聽說什麼啦？」回答說：「梁山崩塌，堵住黃河，三天水不能流動。」伯尊說：「君王為這件事召見我，對此該怎麼辦？」推車人說：「老天爺造了山，老天爺又讓它崩塌。老天爺造了河，老天爺又堵住它。即使召見伯尊，又能怎樣？」伯尊誠懇地問他，推車人說：「君王親自穿孝服，領著群臣一起哭，然後祭祀，水就會流動了。」伯尊到了京城，君王問他說：「梁山崩塌，堵住黃河，三天水不能流動，對此怎麼辦？」伯尊說：「君王親自穿孝服，領群臣一起哭，然後祭祀，水就會流動了」。孔子聽說這事，說：「伯尊恐怕沒有功勞吧，他盜用了別人的好主意。」

㈤【經】秋，大水㈠。

【今註】㈠此經無傳。

【今譯】秋季，發大水。

(六)經冬，十有一月，己酉，天王崩㊀。

【今註】㊀天王：周定王。此經無傳。

【今譯】冬季，十一月，己酉日，周定王駕崩。

(七)經十有二月，己丑，公會晉侯、齊侯、宋公、衛侯、鄭伯、曹伯、邾子、杞伯同盟于蟲牢㊀。

【今註】㊀蟲牢：鄭國地名。此經無傳。

【今譯】十二月己丑日，成公和晉侯、齊侯、宋公、衛侯、鄭伯、曹伯、邾子、杞伯在蟲牢會盟。

成公六年（公元前五百八十五年）

(一)經六年，春，王正月，公至自會㊀。

【今註】㊀此經無傳。

【今譯】六年，春天，周曆正月，成公從會盟地回國，告祭祖廟。

(二)經二月，辛巳，立武宮。

傳 立者，不宜立也㈠。

【今註】㈠宜：應當。為搴地之戰的勝利，魯國建了武宮廟。穀梁氏認為搴地之戰主要是晉的功勞，魯是承受援助的，不該建武宮。

【今譯】立武宮，是不應該立的。

㈢經 取鄟。

傳 鄟㈠，國也。

【今註】㈠鄟：公羊傳以為是邾國的城邑。

【今譯】鄟是個國家。

㈣經 衛孫良夫帥師侵宋㈠。

【今註】㈠孫良夫：衛國大夫。帥：通率。此經無傳。

【今譯】衛國的孫良夫領兵侵略宋國。

㈤經 夏，六月，邾子來朝㈠。

【今註】㈠此經無傳。

【今譯】夏季，六月，郲國國君來魯朝見。

㈥ 經 公孫嬰齊如晉㈠。

【今註】㈠公孫嬰齊：魯國大夫。此經無傳。

【今譯】公孫嬰齊到晉國去。

㈦ 經 壬申，鄭伯費卒㈠。

【今註】㈠費：鄭悼公的名。此經無傳。

【今譯】壬申日，鄭悼公去世。

㈧ 經 秋，仲孫蔑。叔孫僑如帥師侵宋㈠。

【今註】㈠仲孫蔑：魯國大夫。叔孫僑如：魯卿。帥：通率。此經無傳。

【今譯】秋天，仲孫蔑和叔孫僑如領兵侵略宋國。

㈨ 經 楚公子嬰齊帥師伐鄭㈠。

【今註】㈠嬰齊：楚國大夫。帥：通率。此經無傳。

【今譯】楚國公子嬰齊領兵攻伐鄭國。

㈩經 冬，季孫行父如晉㈠。

【今註】㈠此經無傳。

【今譯】冬天，季孫行父到晉國去。

㈩㈠經 晉欒書帥師救鄭㈠。

【今註】㈠欒書：晉卿。此經無傳。

【今譯】晉國欒書領兵援救鄭國。

成公七年（公元前五百八十四年）

㈠經 七年，春，王正月，鼷鼠食郊牛角，改卜牛。鼷鼠又食郊牛角，乃免牛。

傳 不言日，急辭也。過有司也㈠。郊牛㈡，日展斛角而知傷㈢，展道盡矣㈣，其所以備災之道不盡也。又，有繼之辭也。其，緩辭也。曰，亡乎人矣㊄，非人之所能也，所以免有司之過也。乃，亡乎人之辭也。免牲者，為之緇衣纁裳㊅，有司玄端㊆，奉送至於南郊。免牛亦然。免牲不日不郊㊇，免牛亦然。

【今註】㊀有司：管事的人。過：責備。㊁郊：祭名，春季在國都南郊祭天，祈求豐收。郊祭要用牛。要先占卜選擇牛，占卜選用的牛養起來備祭祀用。然後占卜郊祭的日期。沒卜日期之前，祭祀用的牛稱牛，卜完日期就稱牲。㊂展：檢查。斛：形容牛角的樣子圓乎乎的。㊃展道盡：全面檢查。盡：全。下句同此。㊄亡乎人：指沒有賢君。亡：通無。㊅緇衣纁裳：黑衣黑裙。㊆玄端：整幅布做的黑色的禮服。㊇不郊：不舉行郊祭。

【今譯】不記日期，表示急迫的意思。責備管事的人。郊祭用的牛，每天檢查圓乎乎的牛角，知道牛角被（小鼠）咬傷了。全面檢查了，用以防備災患的辦法不完備。又字，是接續的意思。其字，表示舒緩的意思。是沒有賢君哪。（郊牛又被咬傷角）表明不是人所能管得了的，用以免去管事人的罪過。用乃字，表明沒有賢君的意思。免去殺牲祭祀的儀式，給牛披上黑衣黑裳，管事人穿黑色禮服，把牛送到國都南郊。免去用牛也是這樣做。免去殺牲，不記日期，不舉行郊祭。免去用牛也是這樣。

(二)經　吳伐郯㊀。

【今註】㈠此經無傳。

【今譯】吳國攻伐郯國。

㈢經夏，五月，曹伯來朝㈠。

【今註】㈠此經無傳。

【今譯】夏天，五月，曹國國君來魯朝見。

㈣經不郊，猶三望㈠。

【今註】㈠三望：三次望祭，祭東海，祭泰山，祭淮水。望：祭名，祭祀山川。此經無傳。

【今譯】沒舉行郊祭，仍舉行三次望祭。

㈤經秋，楚公子嬰齊帥師伐鄭㈠。

【今註】㈠此經無傳。

【今譯】秋天，楚公子嬰齊領兵攻伐鄭國。

㈥經公會晉侯、齊侯、宋公、衛侯、曹伯、莒子、邾子、杞伯救鄭。八月，戊辰，同盟于馬陵㈠。

【今註】㈠馬陵：地名，在今河北大名縣東。此經無傳。

【今譯】成公會合晉侯、齊侯、宋公、衛侯、曹伯、莒子、邾子、杞伯，一起救鄭。八月戊辰日，在馬陵會盟。

(七)經 公至自會㈠。

【今註】㈠此經無傳。

【今譯】成公從會盟地回國告祭祖廟。

(八)經 吳入州來㈠。

【今註】㈠州來：楚國地名。此經無傳。

【今譯】吳國攻入州來。

(九)經 冬，大雩。

傳 雩不月而時㈠，非之也。冬無為雩也。

【今註】㊀雩：為求雨而舉行的祭祀。不月而時：不記月份而記季節。

【今譯】雩祭，不記載舉行的月份，卻記下季節，是不對的。冬季沒有舉行雩祭的。

(十)經 衛孫林父出奔晉㊀。

【今註】㊀衛孫林父：衛國大夫孫良夫的兒子。此經無傳。

【今譯】衛國的孫林父跑到晉國去。

成公八年（公元前五百八十三年）

(一)經 八年，春，晉侯使韓穿來言汶陽之田㊀，歸之於齊。

【今註】㊀韓穿：晉國大夫。汶陽：魯國地名。鞌地之戰，齊國大敗，晉讓齊國把侵佔的汶陽之田歸還給魯。此又讓魯把田給齊。

【今譯】八年，春天，晉侯派韓穿到魯國商談汶陽土地的事，讓魯把汶陽給齊。

傳 於齊，緩辭也㊀。不使盡我也㊁。

【今註】㊀緩：和。㊁盡：全。我：指魯國。

【今譯】給齊，是調和的意思。不讓晉國完全控制魯國。

(二)經 晉欒書帥師侵蔡㊀。

【今註】㊀帥：通率。此經無傳。

【今譯】晉卿欒書領兵侵略蔡國。

(三)經 公孫嬰齊如莒㊀。

【今註】㊀公孫嬰齊：魯國大夫。此經無傳。

【今譯】公孫嬰齊到莒國去。

(四)經 宋公使華元來聘㊀。

【今註】㊀華元：宋卿。此經無傳。

【今譯】宋共公派華元來魯國訪問。

(五)經 宋公使公孫壽來納幣㊀。

【今註】㊀公孫壽：宋國大夫。納幣：下聘禮。宋共公娶魯成公妹為夫人。

【今譯】宋公派公孫壽來魯國送聘禮。

(六)經　晉殺其大夫趙同、趙括㊀。

【今註】㊀此經無傳。

【今譯】晉國殺了自己的大夫趙同、趙括。

(七)經　秋，七月，天子使召伯來錫公命。

傳　禮有受命，無來錫命㊀，錫命，非正也。曰天子何也？曰見一稱也㊁。

【今註】㊀錫：通賜，賜予。㊁見一稱：又見到一種稱呼。前面的經文都稱天王，這是第一次稱天子。

【今譯】按禮，有（到天子那）接受命令的，沒有來賜予命令的。天子派召伯來魯向成公賜予命令是不對的。為什麼稱天子？又見到一種稱呼。

(八)經　冬，十月，癸卯，杞叔姬卒㊀。

【今註】㊀叔姬：魯女，嫁於杞國國君，成公三年被休棄回魯。此經無傳。

【今譯】冬天，十月癸卯日，杞叔姬去世。

(九)經 晉侯使士燮來聘㊀。

【今註】㊀士燮：晉國大夫。此經無傳。

【今譯】晉侯派士燮來魯訪問。

(十)經 叔孫僑如會晉士燮、齊人、邾人伐郯㊀。

【今註】㊀叔孫僑如：魯卿。此經無傳。

【今譯】叔孫僑如會合晉國的士燮、齊人、邾人，一起攻伐郯國。

(十一)經 衛人來媵。

傳 媵㊀，淺事也，不志。此其志何也？以伯姬之不得其所㊁，故盡其事也。

【今註】㊀媵：音迎。古禮，國君女兒嫁給別國國君，需要兩個同姓國送女當陪嫁，陪嫁過去當妾，稱為媵。成公妹伯姬出嫁，衛與魯同姓姬，故衛國送陪嫁女。㊁不得其所：指伯姬所嫁的宋共公沒德行。

【今譯】送陪嫁女，是不重要的事，不必記載。這次為什麼記載？因為魯伯姬沒嫁到好去處，所以詳盡記下她的事。

成公九年（公元前五百八十二年）

(一)經 九年，春，王正月，杞伯來迎叔姬之喪以歸。

傳 夫無逆出妻之喪而為之也㈠。

【今註】㈠逆：迎。出妻之喪：被休棄的妻子的靈柩。

【今譯】夫君沒有迎被休出妻子的靈柩回國的。

(二)經 公會晉侯、齊侯、宋公、衛侯、鄭伯、曹伯、莒子、杞伯同盟于蒲㈠。

【今註】㈠蒲：衛國地名。此經無傳。

【今譯】成公和晉侯、齊侯、宋公、衛侯、鄭伯、曹伯、莒子、杞伯在蒲地會盟。

(三)經 公至自會㈠。

【今註】㈠此經無傳。

【今譯】成公從會盟地回國，告祭祖廟。

(四)經 二月，伯姬歸于宋㈠。

【今註】㈠歸：出嫁。此經無傳。

【今譯】二月，伯姬出嫁到宋國。

(五)經 夏，季孫行父如宋致女。

傳 致者，不致者也。婦人在家制於父，既嫁制於夫㈠。如宋致女㈡，是以我盡之也㈢，不正，故不與內稱也㈣。逆者微㈤，故致女詳其事，賢伯姬也㈥。

【今註】㈠既：已經。㈡致女：依杜預解，嫁女三月，又派大夫隨聘叫致女。㈢以我盡之：由魯國全面管。我：指魯。㈣內稱：魯國卿大夫出行稱使。內：指魯國。㈤逆者：迎親的人。微：地位低，指不是君親迎。㈥伯姬：成公妹。

【今譯】用致字，表示不該致的意思。女子出嫁前在家由父親管，已經出嫁了由丈夫管。（伯姬已經出嫁又派季孫）到宋國問候，這就等於由魯國全面管了，是不對的，所以不稱季孫為使臣。（當初宋國）迎親的人地位低，所以又去問候，把事辦周全。伯姬賢德。

(六) 經 晉人來媵。

傳 媵㊀，淺事也，不志。此其志何也？以伯姬之不得其所㊁，故盡其事也。

【今註】㊀媵：一國君嫁女，需要兩個同姓國送陪嫁女，陪嫁的當妾，稱為媵。㊁伯姬：魯成公妹嫁給宋共公。晉和魯同姓姬，所以晉國送陪嫁女。

【今譯】送陪嫁女，是不重要的事，不必記載。這次為什麼記載？因為伯姬沒嫁到好去處，所以詳盡地記下她的事。

(七) 經 秋，七月，丙子，齊侯無野卒㊀。

【今註】㊀無野：齊頃公的名。此經無傳。

【今譯】秋季，七月丙子日，齊頃公去世。

(八) 經 晉人執鄭伯㊀。

【今註】㊀鄭伯：鄭成公。此經無傳。

【今譯】晉國捉住了鄭成公。

(九) 經 晉欒書帥師伐鄭

傳 不言戰，以鄭伯也㊀。為尊者諱恥，為賢者諱過，為親者諱疾。

【今註】㊀鄭伯：鄭伯是君，晉國的欒書是臣，君臣不對等，所以不提作戰。

【今譯】不說作戰，是為鄭伯隱諱。對有地位的人，隱諱他的恥辱；對賢德的人，隱諱他的過錯，對親人，隱諱他的病。

(十) 經 冬，十有一月，葬齊頃公㊀。

【今註】㊀此經無傳。

【今譯】冬季，十一月，安葬齊頃公。

(土) 經 楚公子嬰齊帥師伐莒。庚申，莒潰，楚人入鄆。

傳 其日，莒雖夷狄，猶中國也㊀。大夫潰莒而之楚㊁，是以知其上為事也㊂。惡之，故謹而日之也。

【今註】㊀猶中國：像中原諸侯國一樣。㊁之：到……去，動詞。㊂上：指莒國國君。

【今譯】記下日期，莒國雖是夷狄，也像中原諸侯國一樣。莒國的大夫潰敗後跑到楚國去，因此知道它的君無道。憎惡他，所以嚴謹地記下日子。

(十二) 經 秦人、白狄伐晉㈠。

【今註】㈠白狄：狄人的一支。此經無傳。

【今譯】秦國和白狄攻伐晉國。

(十三) 經 鄭人圍許㈠。

【今註】㈠此經無傳。

【今譯】鄭國攻伐許國。

(十四) 經 城中城。

傳 城中城者㈠，非外民也㈡。

【今註】㈠中城：內城。指魯都曲阜的內城。㈡非：反對。這裏指防禦。

【今譯】修築內城城牆，是為防禦外民。

成公十年（公元前五百八十一年）

(一)經 十年，春，衛侯之弟黑背帥師侵鄭㊀。

【今註】㊀黑背：人名，衛定公的同母弟。帥：通率。此經無傳。

【今譯】十年，春天，衛侯的弟弟領兵侵略鄭國。

(二)經 夏，四月，五卜郊，不從，乃不郊。

傳 夏四月，不時也㊀。五卜㊁，強也。乃者，亡乎人之辭也㊂。

【今註】㊀不時：不合乎季節。郊祭是祈求豐收的祭祀，在春季舉行。㊁五卜：郊祭前應占卜三次。㊂亡乎人：指沒有賢君。亡：通無。

【今譯】夏季四月才為郊祭占卜，不合乎季節。五次占卜，表明太勉強了。用「乃」字，表明沒有賢君。

(三)經 五月，公會晉侯、齊侯、宋公、衛侯、曹伯伐鄭㊀。

【今註】㊀此經無傳。

【今譯】五月，成公會合晉侯、齊侯、宋公、衛侯和曹伯攻伐鄭國。

(四)經 齊人來媵㊀。

【今註】㈠媵：諸侯女出嫁，要由兩個同姓國送女陪嫁，這叫媵。齊、魯不同姓，不知為誰送媵。此經無傳。

【今譯】齊國送來陪嫁女。

㈤經　丙午，晉侯獳卒㈠。

【今註】㈠獳：晉景公的名。此經無傳。

【今譯】丙午日，晉景公去世。

㈥經　秋，七月，公如晉㈠。

【今註】㈠此經無傳。

【今譯】秋季，七月，成公到晉國去。

㈦經　冬，十月㈠。

【今註】㈠此經無傳。

【今譯】冬季十月。

成公十一年（公元前五百八十年）

(一)經 十有一年，春，王三月，公至自晉㊀。

【今註】㊀此經無傳。

【今譯】十一年，春天，周曆三月，成公從晉返回國，告祭祖廟。

(二)經 晉侯使郤犨來聘㊀，己丑，及郤犨盟。

【今註】㊀郤犨（音抽）：晉國大夫。此經無傳。

【今譯】晉侯派郤犨來魯訪問，己丑日，魯跟郤犨簽盟。

(三)經 夏，季孫行父如晉㊀。

【今註】㊀季孫行父：魯卿。此經無傳。

【今譯】夏天，季孫行父到晉國去。

(四)經 秋，叔孫僑如如齊㊀。

【今註】㈠叔孫僑如：魯卿。此經無傳。

【今譯】秋天，叔孫僑如到齊國去。

㈤經 冬，十月㈠。

【今註】㈠一季無事，記首月。此經無傳。

【今譯】冬季，十月。

成公十二年（公元前五百七十九年）

㈠經 十有二年，春，周公出奔晉㈠。

【今註】㈠周公：周簡王的宰官，又稱周公楚。周是食邑名，楚是其名。他跟人爭權不成，逃到晉國。

【今譯】十二年，春天，周公跑到晉國避難。

傳 周有入無出㈠。曰出，上下一見之也㈡。言其上下之道，無以存也。上雖失之，下孰敢有之㈢？今上下皆失之矣。

【今註】㈠周有入無出：指普天之下，都是周天子的土地。㈡上：指天子。僖公二十四年，周襄王因王子帶作亂而出奔到鄭國。下：下臣，指周公奔晉。㊂有之：有逃離之心。

【今譯】對周來說，祇可說進入，無所謂出。說出奔，君臣各見到一次，是說天子臣下都無法在國內了（而逃出）。天子即使不對，下臣誰敢有逃離之心？如今天子臣下都不對。

(二)經 夏，公會晉侯、衛侯于瑣澤㊀。

【今註】㊀瑣澤：晉國地名，公羊傳作沙澤。此經無傳。

【今譯】夏天，成公在瑣澤會見晉侯和衛侯。

(三)經 秋，晉人敗狄于交剛。

傳 中國與夷狄不言戰。皆曰敗之㊀，夷狄不日。

【今註】㊀皆曰敗之：打敗夷狄都加以記載。

【今譯】不說中原諸侯國和夷狄作戰。打敗夷狄都加以記載，不記日期。

(四)經 冬，十月㊀。

【今註】㊀此經無傳。

【今譯】冬季，十月。

成公十三年（公元前五百七十八年）

(一)【經】十有三年，春，晉侯使郤錡來乞師。

【傳】乞㈠，重辭也。古之人重師，故以乞言之也。

【今註】㈠乞：求。經文是說晉侯派郤錡來魯國請求援兵。

【今譯】用乞字，是程度重的意思。古人很重視軍隊，所以用乞字表示請求援兵。

(二)【經】三月，公如京師。

【傳】公如京師㈠，不月。月非如也。非如而曰如，不叛京師也㈡。

【今註】㈠如京師：到京城朝天子。㈡叛：背離。這次魯公是路過京師而朝天子。如果過而不朝就是背離天子了。

【今譯】成公到京城朝天子，不必記載月份。如果記月份就是沒去。沒去而說去，表示不能過而不朝。

(三)【經】夏，五月，公自京師，遂會晉侯、宋公、衛侯、鄭伯、曹伯、邾人、滕人伐秦。

傳 言受命㊀，不敢叛周也。

【今註】㊀受命：指從京師接受了伐秦的命令。

【今譯】是說接受天子命令，不敢背叛周朝。

(四)經 曹伯盧卒於師。

傳 閔之也㊀。公大夫在師曰師，在會曰會。

【今註】㊀閔：憐憫。之：指代曹伯（名盧）。

【今譯】憐憫曹伯。諸侯或大夫死在軍中就記載「於師」，死在盟會上就記載「於會」。

(五)經 秋，七月，公至自伐秦㊀。

【今註】㊀此經無傳。

【今譯】秋季，七月，成公伐秦後回國，告祭祖廟。

(六)經 冬，葬曹宣公。

傳 葬時㊀，正也。

【今註】㈠時：季節。

【今譯】安葬記載季節，是對的。

成公十四年（公元前五百七十七年）

㈠經 十有四年，春，王正月，莒子朱卒㈠。

【今註】㈠朱：莒國國君名朱。此經無傳。

【今譯】十四年，春，周曆正月，莒子去世。

㈡經 夏，衛孫林父自晉歸于衛㈠。

【今註】㈠孫林父：衛國大夫。七年前逃到晉國，今回國。此經無傳。

【今譯】衛國的孫林父從晉返回衛國。

㈢經 秋，叔孫僑如如齊逆女㈠。

【今註】㈠逆：迎。齊女嫁給成公。此經無傳。

【今譯】秋天，叔孫僑如到齊國替成公迎親。

(四) 經 鄭公子喜帥師伐齊㊀。

【今註】㊀喜：人名，鄭穆公兒子。此經無傳。

【今譯】鄭公子領兵攻打齊國。

(五) 經 九月，僑如以夫人婦姜氏至自齊。

傳 大夫不以夫人㊀，以夫人非正也，刺不親迎也。僑如之挈㊁，由上致之也㊂。

【今註】㊀夫人：成公夫人。㊁挈：帶領。㊂上：指成公。致之：告祭祖廟。

【今譯】大夫不能領著諸侯夫人，領夫人是不對的，這是指刺成公不親自迎親。叔孫僑如帶領姜氏回國，由成公告祭祖廟。

(六) 經 冬，十月，庚寅，衛侯臧卒㊀。

【今註】㊀臧：衛定公的名。此經無傳。

【今譯】冬季，十月庚寅日，衛定公去世。

(七)經 秦伯卒㊀。

【今註】㊀秦伯：秦桓公。此經無傳。

【今譯】秦伯去世。

成公十五年（公元前五百七十六年）

(一)經 十有五年，春，王二月，葬衛定公㊀。

【今註】㊀此經無傳。

【今譯】十五年，春天，周曆二月，安葬衛定公。

(二)經 三月，乙巳，仲嬰齊卒。

傳 此公孫也㊀。其曰仲何也？子由父疏之也㊁。

【今註】㊀此：指仲嬰齊，是公子遂的兒子。公子之子應稱公孫。㊁疏：被疏遠。公子遂因有弒君之嫌，所以兒子也因為他被疏遠，不稱公孫而稱排行（仲）。

【今譯】這個人是公孫。為什麼稱仲？兒子由於父親的原因被疏遠。

㈢ 經 癸丑，公會晉侯、衛侯、鄭伯、曹伯、宋世子成、齊國佐、邾人同盟於戚。晉侯執曹伯，歸于京師。

傳 以晉侯而斥執曹伯，惡晉侯也。不言之㊀，急辭也。斷在晉侯也㊁。

【今註】㊀不言之：不用之字。指經文記「歸于」，而不記「歸之于」。㊁斷：決。

【今譯】因為晉侯指使人捉了曹伯，對晉侯表示憎恨。不用之字，表示急迫的意思。決定權在晉侯。

㈣ 經 公至自會㊀。

【今註】㊀此經無傳。

【今譯】成公從會盟地回國，告祭祖廟。

㈤ 經 夏，六月，宋公固卒㊀。

【今註】㊀固：宋共公名固。此經無傳。

【今譯】夏季，六月，宋共公去世。

(六)［經］楚子伐鄭㈠。

【今註】㈠此經無傳。

【今譯】楚國攻伐鄭國。

(七)［經］秋，八月，庚長，葬宋共公。

［傳］月卒日葬㈠，非葬者也。此其言葬何也？以其葬共姬㈡，不可不葬共公也。葬共姬，則其不可不葬共公何也？夫人之義，不可踰君。為賢者崇也㈢。

【今註】㈠月卒日葬：指對宋共公死記月份，安葬記日期。這與春秋經記事的義例死記日期，安葬記季節不同。㈡共姬：魯女伯姬，成公妹妹，因嫁給宋共公，又稱共姬。㈢賢者：指共姬。崇：高。

【今譯】死記月份安葬記日子，不是正常的安葬。這裏為什麼說是安葬？因為安葬共姬，不能不葬共公。為什麼不能不葬共公？夫人的禮義，不能超過國君。因為共姬賢德而抬高他。

(八)［經］宋華元出奔晉㈠。

【今註】㈠此經無傳。

【今譯】宋國的華元逃到晉國。

(九)經 宋華元自晉歸于宋㊀。

【今註】㊀此經無傳。

【今譯】宋國華元從晉返回宋國。

(十)經 宋殺其大夫山㊀。

【今註】㊀山：人名，宋國的司馬，宋世家作唐山。此經無傳。

【今譯】宋國殺了自己的大夫山。

(十一)經 宋魚石出奔楚㊀。

【今註】㊀魚石：宋國的卿。此經無傳。

【今譯】宋國的魚石跑到楚國避難。

(十二)經 冬，十有一月，叔孫僑如會晉士燮、齊高無咎、宋華元、衛孫林父、鄭公子鰌、邾人，會吳于鍾離。

傳 會又會㈠，外之也㈡。

【今註】㈠會又會：指經文前後用了兩個會字。㈡外之：把吳視為諸侯之外的夷狄之國。

【今譯】用了會字又用會字，是把吳國視為諸侯之外的國家了。

㈢經 許遷于葉。

傳 遷者，猶得其國家以往者也㈠。其地，許復見也㈡。

【今註】㈠國家：指封地。㈡見：現的古字。

【今譯】用遷字，就像是得到封地往那去似的。記遷往的地點，許國又出現了。

成公十六年（公元前五百七十五年）

㈠經 十有六年，春，王正月，雨，木冰。

傳 雨而木冰㈠，志異也。傳曰，根枝折。

【今註】㈠木冰：樹上結了冰掛兒。

【今譯】下雨後樹上結了冰掛，記載這種怪異現象。解釋說，樹枝都折斷了。

(二)經 夏，四月，辛未，滕子卒㈠。

【今註】㈠此經無傳。

【今譯】夏季，四月辛未日，滕國國君去世。

(三)經 鄭公子喜帥師侵宋㈠。

【今註】㈠此經無傳。

【今譯】鄭國公子喜領兵侵略宋國。

(四)經 六月，丙寅，朔㈠，日有食之㈡。

【今註】㈠朔：每月初一日。㈡食：通蝕。此經無傳。

【今譯】六月，丙寅日，初一，出現日蝕。

(五)經 甲午，晦，晉侯及楚子、鄭伯，戰于鄢陵。楚子、鄭師敗績。

傳 日事遇晦曰晦㈠，四體偏斷曰敗㈡，此其敗則目也㈢。楚不言師㈣，君重於師也。

【今註】㈠晦：每月的最後一天叫晦。㈡四體偏斷：指斷一隻胳膊或腿。㈢目：眼。指鄢陵之戰，楚共王被射中眼睛。㈣不言師：指經文稱楚子，而不稱楚師。

【今譯】記事遇到晦日就記下晦日。傷一隻胳膊或腿叫敗。這次記敗是指眼睛受傷。不稱楚師，稱楚子比稱楚師顯得重。

㈥經 楚殺其大夫公子側㈠。

【今註】㈠側：字叫子反，是楚國令尹。大夫是泛稱。鄢陵之戰中，側飲酒敗事，故殺。此經無傳。

【今譯】楚國殺了自己的大夫公子側。

㈦經 秋，公會晉侯、齊侯、衛侯、宋華元、邾人于沙隨，不見公。

傳 不見公者㈠，可以見公也。可以見公而不見公，譏在諸侯也㈡。

【今註】㈠不見公：成公本是去參加沙隨的集會，晉侯聽了別人的壞話，不見成公。㈡諸侯：指魯晉以外的諸侯。

【今譯】不見公，是說可以見公。可以見卻不見，是譏斥諸侯不幫忙。

㈧經 公至自會㈠。

【今註】㈠此經無傳。

【今譯】成公從開會處回國，告祭祖廟。

(九)經 公會尹子㈠、晉侯、齊國佐、邾人伐鄭。

【今註】㈠尹子：周王的卿。此經無傳。

【今譯】成公會合尹子、晉侯、齊卿、和邾人，攻伐鄭國。

(十)經 曹伯歸自京師。

傳 不言所歸㈠，歸之善者也。出入不名㈡，以為不失其國也。歸為善，自某歸次之。

【今註】㈠所歸：指歸的地方。實際是回國。㈡出入：指離開曹國回到曹國。

【今譯】不記歸的地方，讓他歸是好事。離國回國不記名字，因為他沒失掉國家。回國是好事，從哪兒回是次要的。

(土)經 九月，晉人執季孫行父，舍之於苕丘。

傳 執者不舍㈠，而舍公所也㈡。執者致㈢，而不致，公在也。何其執而辭也？猶存公也。存意公亦存也，公存也。

【今註】㊀舍：住一宿。㊁舍公所：指晉人把魯卿季孫行父扣留一宿。當時成公被扣留在苕丘，行父也是在苕丘留一宿。㊂致：通至。

【今譯】捉人不記留宿，季孫行父留宿在成公的住所。被捉回國後要告祭祖廟。行父回國不告祖，是因為成公還在晉國苕丘。為什麼捉住季孫行父又放他回國？因為成公還在晉國。扣留成公，成公留在晉國。

(十二)經 冬，十月，乙亥，叔孫僑如出奔齊㊀。

【今註】㊀叔孫僑如：魯卿。他誣告成公和季孫行父，想奪權的陰謀沒得逞，便逃了。此經無傳。

【今譯】冬季，十月乙亥日，叔孫僑如逃到齊國。

(十三)經 十有二月，乙丑，季孫行父及晉郤犨盟于扈㊀。

【今註】㊀郤犨：晉國大夫。此經無傳。

【今譯】十二月乙丑日，魯季孫行父和晉國的郤犨在扈地結盟。

(十四) 經 公至自會㊀。

【今註】㊀自會：從會盟地。實際是從晉國，成公一直留在晉。此經無傳。

【今譯】成公從晉回國，告祭祖廟。

(十五) 經 乙酉，刺公子偃。

傳 大夫日卒㊀，正也。先刺後名，殺無罪也。

【今註】㊀大夫：指公子偃，成公的庶弟。日卒：記載死的日期。

【今譯】大夫死了記載日期是對的。先記被刺，後記名，表明殺的是無罪的人。

成公十七年（公元前五百七十四年）

(一) 經 十有七年，春，衛北宮括帥師侵鄭㊀。

【今註】㊀北宮括：衛國大夫。公羊傳作北宮結。帥：通率。此經無傳。

【今譯】十七年，春天，衛國的北宮括領兵侵略鄭國。

(二) 經 夏，公會尹子、單子、晉侯、齊侯、宋公、衛侯、曹伯、邾人伐鄭㈠。

【今註】㈠尹子：周王的卿。單（音善）子：周王的卿。此經無傳。

【今譯】夏天，成公會合尹子、單子、晉侯、齊侯、宋公、衛侯、曹伯、邾人攻伐鄭國。

㈢ 經 六月，乙酉，同盟于柯陵。

傳 柯陵之盟㈠，謀復伐鄭也。

【今註】㈠柯陵：地名，在今河南許昌市南。

【今譯】柯陵這次會盟，謀劃再一次攻伐鄭國。

㈣ 經 秋，公至自會。

傳 不曰至自伐鄭也，公不周乎伐鄭也㈠。何以知公之不周乎伐鄭？以其以會致也㈡。何以知其盟復伐鄭也？以其後會之人盡盟者也。不周乎伐鄭，則何為日也？言公之不背柯陵之盟也。

【今註】㈠周：鞏固，引申為堅定的意思。范寧釋為「信也」，亦可。㈡致：通至。

【今譯】不記成公從伐鄭那兒回國，因為成公不是誠心地伐鄭。怎麼知道成公對伐鄭不堅定？因為記的是從會盟地回國。怎麼知道會盟以後又攻伐鄭國？因為後來參加會的人都是先前參與結盟的人。不誠心伐鄭，為什麼還記日子？表明成公不違背柯陵之盟。

(五) 經 齊高無咎出奔莒㈠。

【今註】㈠高無咎：齊卿。此經無傳。

【今譯】齊國的高無咎逃到莒國。

(六) 經 九月，辛丑，用郊。

傳 夏之始可以承春㈠，以秋之末㈡，承春之始，蓋不可矣。九月用郊㈢。用者，不宜用也。宮室不設，不可以祭。衣服不脩㈣，不可以祭。車馬器械不備，不可以祭。有司一人不備其職，不可以祭。祭者，薦其時也㈤，薦其敬也，薦其美也，非享味也。

【今註】㈠承：接。㈡秋之末：指九月。七八九三個月為秋季，九為秋之末。㈢用郊：舉行郊祭。郊：祭名，春季裏舉行祈求豐收的祭祀。㈣脩：通修，整治。㈤薦：進獻。

【今譯】夏季的開頭緊接著春季，還可以。用秋季的末尾，接著春季而舉行郊祭，大概不可以了。九月舉行郊祭。用，是不該用的意思。房屋沒擺設好，不能祭祀。衣服沒準備好，不能祭祀。車馬器具沒齊備，不能祭祀。假如有一個管事人沒準備好自己的事，也不能祭祀。祭祀是獻上時令，獻上敬意，獻上美好的東西，不是祇讓神享受美味。

(七)經 晉侯使荀罃來乞師㊀。

【今註】㊀荀罃：晉國丈夫。此經無傳。

【今譯】晉侯派荀罃來魯請求援兵。

(八)經 冬，公會單子、晉侯、宋公、衛侯、曹伯、齊人、邾人伐鄭。

傳 言公不背柯陵之盟也㊀。

【今註】㊀柯陵之盟：指六月在柯陵八國會盟，商討伐鄭之事。

【今譯】記成公不違背柯陵之盟。

(九)經 十有一月，公至自伐鄭㊀。

【今註】㊀此經無傳。

【今譯】十一月，成公伐鄭歸來，告祭祖廟。

(十)經　壬申，公孫嬰齊卒於貍蜃。

傳　十一月無壬申，壬申乃十月也。致公而後錄㈠，臣子之義。其地㈡，未踰竟也㈢。

【今註】㈠致公：記成公回國告祭祖廟。致：通至。錄：記。㈡地：記下地點，指魯國的貍蜃。㈢竟：境的古字。

【今譯】十一月沒有壬申日，壬申日乃是十月。這是因為先記成公回國，後記大夫之死，是根據先君後臣的禮義。記下嬰齊死的地點，沒有越出國境。

(土)經　十有二月，丁巳，朔㈠，日有食之㈡。

【今註】㈠朔：每月的初一。㈡食：通蝕。此經無傳。

【今譯】十二月，丁巳日，初一，出現日蝕。

(土)經　邾子貜且卒㈠。

【今註】㈠貜且（音渠居）：邾定公的名。此經無傳。

【今譯】邾定公去世。

(十三)經 晉殺其大夫郤錡、郤犫、郤至。

傳 自禍於是起矣㈠。

【今註】㈠自禍：指晉厲公自己被殺。於是：從這件事，指殺郤氏三大夫。

【今譯】晉厲公自己的禍從此起頭了。

(十四)經 楚人滅舒庸㈠。

【今註】㈠此經無傳。

【今譯】楚國滅了舒庸國。

成公十八年（公元前五百七十三年）

(一)經 十有八年，春，王正月，晉殺其大夫胥童㈠。

【今註】㈠胥童：晉厲公的寵臣。此經無傳。

【今譯】十八年，春天，周曆正月，晉國殺了大夫胥童。

(二)經 庚申，晉弒其君州蒲。

傳　稱國以弒其君㊀，君惡甚矣㊁。

【今註】㊀稱：舉。㊁君：指晉厲公，名州蒲。

【今譯】舉出國名（晉）弒自己的君，表明君王太壞了。

㈢經　齊殺其大夫國佐㊀。

【今註】㊀國佐：齊卿。大夫是泛稱。國是他的氏。此經無傳。

【今譯】齊國殺了它的大夫國佐。

㈣經　公如晉㊀。

【今註】㊀去晉朝見剛即位的悼公。此經無傳。

【今譯】成公到晉國去。

㈤經　夏，楚子、鄭伯伐宋。宋魚石復入于彭城㊀。

【今註】㊀魚石：宋國大夫。成公十五年跑到楚國。這次楚送他回國。

【今譯】楚王和鄭伯領兵攻宋，魚石又回國進入彭城。

(六)經 公至自晉㈠。

【今註】㈠此經無傳。

【今譯】成公從晉國歸來，告祭祖廟。

(七)經 晉侯使士匄來聘㈠。

【今註】㈠士匄（音蓋）：晉卿。此經無傳。

【今譯】晉侯派士匄來魯國訪問。

(八)經 秋，杞伯來朝㈠。

【今註】㈠此經無傳。

【今譯】秋天，杞國國君來魯朝見。

(九)經 八月，邾子來朝㈠。

【今註】㈠此經無傳。

【今譯】八月，邾國國君來魯朝見。

(十) 經 築鹿囿。

傳 築不志㈠，此其志何也㈡？山林藪澤之利㈢，所以與民共也。虞之㈣，非正也。

【今註】㈠志：記。㈡此：指建築養鹿的園囿。㈢藪：湖澤的通稱。㈣虞：官名，掌管山林湖澤。

【今譯】建築之類的事不必記載。這次為什麼記載？山林湖澤的利益，用以和百姓共用。設置虞官，是不對的。

(十一) 經 己丑，公薨于路寢。

傳 路寢㈠，正也。男子不絕婦人之手，以齊終也㈡。

【今註】㈠路寢：也叫正寢，是天子或諸侯齋戒和疾病時的寢宮。㈡齊：通齋。指清心潔身。

【今譯】死在路寢是合於禮的。男人不能死於女色，要清心潔身而死。

(十二) 經 冬，楚人、鄭人侵宋㈠。

【今註】㈠此經無傳。

【今譯】冬天，楚國和鄭國侵略宋國。

(十三)經 晉侯使士魴來乞師㈠。

【今註】㈠士魴：晉國大夫。此經無傳。

【今譯】晉侯派士魴來魯請求援兵。

(十四)經 十有二月，仲孫蔑會晉侯、宋公、衛侯、邾子、齊崔杼，同盟于虛朾㈠。

【今註】㈠仲孫蔑：魯國大夫。崔杼：齊國大夫。虛朾：宋國地名。

【今譯】十二月，仲孫蔑會見晉侯、宋公、衛侯、邾子、齊大夫崔杼，在虛朾共同結盟。

(十五)經 丁未，葬我君成公㈠。

【今註】㈠此經無傳。

【今譯】丁未日，安葬魯君成公。

卷九　襄公

襄公元年（公元前五百七十二年）

(一)經　元年，春，王正月，公即位。

傳　繼正即立㈠，正也。

【今註】㈠正：指成公正常地謝世。

【今譯】正常地繼承君位，合於禮。

(二)經　仲孫蔑會晉欒黶、宋華元、衛寧殖、曹人、莒人、邾人、滕人、薛人，圍宋彭城。

傳　繫彭城於宋者㈠，不與魚石正也㈡。

【今註】㈠繫：連。㈡與：贊同。楚國於成公十八年送宋大夫魚石回彭城。這次九國包圍彭城，反對魚石回國。

【今譯】將彭城連繫上宋國，表明不贊同魚石回彭城。

㈢ 經 夏，晉韓厥帥師伐鄭㊀。仲孫蔑會齊崔杼、曹人、邾人、杞人次于鄫㊁。

【今註】㊀韓厥：晉國大夫。㊁崔杼：齊國大夫。次：臨時駐紮。鄫：鄭國地名。此經無傳。

【今譯】夏天，晉國由韓厥領兵伐鄭。魯國的仲孫蔑會合齊大夫崔杼、曹人、邾人、杞人，臨時駐紮在鄫地。

㈣ 經 秋，楚公子壬夫帥師侵宋㊀。

【今註】㊀壬夫：人名。楚令尹子反的弟弟。帥：通率。此經無傳。

【今譯】秋天，楚公子王夫領兵侵略宋國。

㈤ 經 九月，辛酉，天王崩㊀。

【今註】㊀天王：周簡王。此經無傳。

【今譯】九月辛酉日，周簡王駕崩。

㈥ 經 邾子來朝㊀。

【今註】㊀此經無傳。

【今譯】郲國國君來魯朝見。

(七)經　冬，衛侯使公孫剽來聘㊀。晉侯使荀罃來聘㊁。

【今註】㊀公孫剽：衛穆公孫子，故稱公孫。㊁荀罃：晉國大夫。此經無傳。

【今譯】冬天，衛國派公孫剽到魯訪問。晉國派荀罃來魯國訪問。

襄公二年（公元前五百七十一年）

(一)經　二年，春，王正月，葬簡王㊀。

【今註】㊀此經無傳。

【今譯】二年，春天，周曆正月，安葬周簡王。

(二)經　夏，五月，庚寅，夫人姜氏薨㊀。

【今註】㊀姜氏：魯成公夫人。此經無傳。

【今譯】夏季，五月庚寅日，成公夫人謝世。

㈢ 經 六月，庚辰，鄭伯睔卒㊀。

【今註】㊀睔（音棍）：鄭成公的名。此經無傳。

【今譯】六月庚辰日，鄭成公去世。

㈣ 經 晉師、宋師、衛寧殖侵鄭。

傳 其曰衛寧殖㊀，如是而稱於前事也㊁。

【今註】㊀寧殖：人名。衛國的卿。㊁稱於前事：指成公二年，衛侯死，鄭趁國喪攻衛。今鄭成公剛死，衛國也趁機伐喪，所以記主帥的名。

【今譯】記載時稱衛寧殖，像這樣稱呼是根據以前的事來稱呼。

㈥ 經 秋，七月，仲孫蔑會晉荀罃、宋華元、衛孫林父、曹人、邾人于戚㊀。

【今註】㊀戚：衛國地名。此經無傳。

【今譯】秋季，七月，魯國的仲孫蔑在戚地會見晉荀罃、宋卿華元、衛卿孫林父、曹人和邾人。

(七) 經 己丑，葬我小君齊姜㈠。

【今註】㈠小君：諸侯夫人稱小君。齊姜：成公夫人。此經無傳。

【今譯】己丑日，安葬魯君夫人齊姜。

(八) 經 叔孫豹如宋㈠。

【今註】㈠叔孫豹：魯卿叔孫僑如的弟弟。此經無傳。

【今譯】叔孫豹到宋國去。

(九) 經 冬，仲孫蔑會晉荀罃、齊崔杼、宋華元、衛孫林父、曹人、邾人、滕人、薛人、小邾人于戚，城于虎牢。

傳 若言中國焉㈠，內鄭也。

【今註】㈠中國：國中。春秋經記「城」，都是指在魯國境內修築城牆。這次各諸侯集會，在鄭國的虎牢築城，卻不說虎牢是鄭國的。

【今譯】像是說國中的城，把鄭看成魯的一部分了。

(十)經 楚殺其大夫公子申㊀。

【今註】㊀此經無傳。

【今譯】楚國殺了自己的大夫公子申。

襄公三年（公元前五百七十年）

(一)經 三年，春，楚公子嬰齊帥師伐吳㊀。

【今註】㊀嬰齊：楚國令尹。吳楚爭強從此開始。此經無傳。

【今譯】三年春，楚公子嬰齊領兵攻伐吳國。

(二)經 公如晉。夏，四月，壬戌，公及晉侯盟于長樗㊀。

【今註】㊀長樗：晉國地名。此經無傳。

【今譯】襄公到晉國去。夏天，四月壬戌日，襄公和晉侯在長樗會盟。

(三)經 公至自晉㊀。

【今註】㊀此經無傳。

【今譯】襄公從晉回國，告祭祖廟。

(四)經　六月，公會單子、晉侯、宋公、衛侯、鄭伯、莒子、邾子、齊世子光，己未，同盟于雞澤。

傳　同者，有同也㊀，同外楚也。

【今註】㊀有同：指有共同的對手。

【今譯】同，表示有共同的對手，共同對付中原以外的楚國。

(五)經　陳侯使袁僑如會。

傳　如會，外乎會也㊀，於會受命也。

【今註】㊀外乎會：指會以外的成員。

【今譯】如會，表明是會以外的成員，是到會聽取命令。

(六)經　戊寅，叔孫豹及諸侯之大夫及陳袁盟。

傳　及以及㊀，與之也㊁。諸侯以為可與，則與之；不可與，則釋之。諸侯盟，又大夫相與私盟，是大夫張也㊂。故雞澤之會㊃，諸侯始失正矣㊄，大夫執國權。曰袁僑異之也㊅。

【今註】㊀及以及：指經文用了兩個及字。㊁與：和，同。㊂張：擴張。㊃雞澤：地名，在今河北邯鄲市東。㊄正：通政。㊅袁僑：陳國大夫。

【今譯】經文用了「及」字又用「及」字，都是和的意思。諸侯認為可以和誰結盟，就和誰；不可以和誰，就丟一邊。諸侯間結盟，大夫又互相私下結盟，這樣大夫就擴張了權限。所以說雞澤這次盟會，諸侯開始失政了，大夫掌握國家大權。說，袁僑跟別國大夫不一樣。

(七)經 秋，公至自會㊀。

【今註】㊀此經無傳。

【今譯】秋天，襄公從會盟地回國，告祭祖廟。

(八)經 冬，晉荀罃帥師伐許㊀。

【今註】㊀荀罃：晉國大國。此經無傳。

【今譯】冬天，晉國的荀罃領兵攻伐許國。

襄公四年（公元前五百六十九年）

(一)經 四年，春，王三月，己酉，陳侯午卒㊀。

【今註】㊀午：陳成公名叫午。此經無傳。

【今譯】四年春，王三月，己酉日，陳成公去世。

(二)經 夏，叔孫豹如晉㊀。

【今註】㊀叔孫豹：魯卿。此經無傳。

【今譯】夏天，叔孫豹到晉國去。

(三)經 秋，七月，戊子，夫人姒氏薨㊀。

【今註】㊀姒氏：成公妾，襄公生母。此經無傳。

【今譯】秋，七月戊子日，成公夫人姒氏去世。

(四)經 葬陳成公㊀。

【今註】㊀此經無傳。

【今譯】安葬陳成公。

(五)經 八月，辛亥，葬我小君定姒㊀。

【今註】㊀小君：諸侯夫人，定：姒氏的謚號。此經無傳。

【今譯】八月辛亥日，安葬魯君的夫人定姒。

(六)經 冬，公如晉㊀。

【今註】㊀此經無傳。

【今譯】冬天，襄公到晉國去。

(七)經 陳人圍頓㊀。

【今註】㊀頓：國名。此經無傳。

【今譯】陳國包圍了頓國。

襄公五年（公元前五百六十八年）

(一)經 五年，春，公至自晉㊀。

【今註】㊀此經無傳。

【今譯】五年春，襄公從晉回國，告祭祖廟。

(二)經 夏，鄭伯使公子發來聘㊀。

【今註】㊀公子發：鄭國大夫，子產父。此經無傳。

【今譯】夏天，鄭伯派公子發來魯訪問。

(三)經 叔孫豹、繒世子巫如晉。

傳 外不言如㊀，而言如，為我事往也。

【今註】㊀外：指繒國太子，名巫。

【今譯】對魯國以外的人到哪兒去不加以記載，這次卻記了，因為他是為魯國事去的。

(四)經 仲孫蔑、衛孫林父會吳于善稻。

傳 吳謂善伊㊀，謂稻緩。號從中國㊁，名從主人。

【今註】㈠吳謂善伊：吳地方言，善讀伊，稻讀緩。㈡號：指地號，地名。中國：中原諸侯國。

【今譯】吳國善字讀伊，稻字讀緩。地名按中原各諸侯國的叫法，人名遵從主人的叫法。

(五)經 秋，大雩㈠。

【今註】㈠雩：祈求下雨的祭祀。此經無傳。

【今譯】秋季，舉行盛大的求雨祭祀。

(六)經 楚殺其大夫公子壬夫㈠。

【今註】㈠此經無傳。

【今譯】楚國殺了自己的大夫壬夫。

(七)經 公會晉侯、宋公、陳侯、衛侯、鄭伯、曹伯、莒子、邾子、滕子、薛伯、齊世子光、吳人、繒人于戚㈠。

【今註】㈠光：齊靈公的太子。此經無傳。

【今譯】襄公在戚地會見晉侯、宋公、陳侯、衛侯、鄭伯、曹伯、莒子、邾子、滕子、薛伯、齊國太子、吳人和繒人。

(八)經 公至自會㈠。

【今註】㈠此經無傳。

【今譯】襄公從開會地回國，告祭祖廟。

(九)經 冬，戍陳。

傳 內辭也㈠。

【今註】㈠內：指魯國。

【今譯】魯國派兵戍守陳國。

(十)經 楚公子貞帥師伐陳㈠。

【今註】㈠貞：人名，楚莊王兒子。此經無傳。

【今譯】楚公子貞領兵攻伐陳國。

(土)經 公會晉侯、宋公、衛侯、鄭伯、曹伯、莒子、邾子、滕子、薛伯、齊世子光救陳㈠。

【今註】㈠此經無傳。

【今譯】襄公會合晉侯、宋公、衛侯、鄭伯、曹伯、莒子、邾子、滕子、薛伯、齊國太子，一起援救陳國。

⑽經十有二月，公至自救陳。

傳善救陳也㈠。

【今註】㈠善：好。救陳是攘夷狄（指楚），故善之。

【今譯】救陳是好事。

⑾經辛未，季孫行父卒㈠。

【今註】㈠季孫行父：魯卿。此經無傳。

【今譯】辛未，季孫行父去世。

襄公六年（公元前五百六十七年）

㈠經六年，春，王三月，壬午，杞伯姑容卒㈠。

【今註】㈠姑容：杞桓公的名。此經無傳。

【今譯】六年春，周曆三月，壬午日，杞桓公去世。

㈡經 夏，宋華弱來奔㈠。

【今註】㈠華弱：宋國的司馬。此經無傳。

【今譯】夏天，宋國的華弱跑到魯避難。

㈢經 秋，葬杞桓公㈠。

【今註】㈠此經無傳。

【今譯】秋天，安葬杞桓公。

㈣經 滕子來朝㈠。

【今註】㈠此經無傳。

【今譯】滕國國君來魯朝見。

㈤經 莒人滅繒。

傳 非滅也。中國日㈠，卑國月㈡，夷狄時㈢。繒，中國也，而時，非滅也。家有既亡㈣，國有既滅，滅而不自知，由別之而不別也。莒人滅繒，非滅也，非其立異姓以蒞祭祀㈤，滅亡之道也。

【今註】㈠中國日：中原諸侯國被滅，要記日期。㈡卑國月：小國被滅記月份。㈢夷狄時：夷狄被滅記季節。㈣家：卿大夫的封地。㈤立異姓：立別姓為太子。繒君前夫人生了太子，名叫巫。繒君愛後夫人，後夫人沒生兒，祇生個女兒，嫁給莒國國君，生個兒子叫但。繒君廢太子巫，而立外孫但。立異姓為嗣，來接替祭祀，這就意味著斷了香火要滅亡了。非：責備。蒞：臨。

【今譯】不是滅亡。中原諸侯國被滅，記載日期；小國被滅記載月份；夷狄被滅記載季節。繒國，屬於中原諸侯國，記載季節，表明它不是滅亡。有的封地已經被滅，有的國已經被滅，被滅了自己卻不知道，有區別也就無法區別了。說莒國滅了繒國，不是滅亡了，是責備立了異姓為嗣來接替祭祀，這也就是滅亡的途徑。

(六)經 冬，叔孫豹如邾㈠。

【今註】㈠此經無傳。

【今譯】冬天，叔孫豹到邾國去。

(七)經季孫宿如晉㊀。

【今註】㊀季孫宿：季孫行父的兒子，繼父位為魯卿。此經無傳。

【今譯】季孫宿到晉國去。

(八)經十有二月，齊侯滅萊㊀。

【今註】㊀萊：國名。此經無傳。

【今譯】十二月，齊國滅掉萊國。

襄公七年（公元前五百六十六年）

(一)經七年，春，郯子來朝㊀。

【今註】㊀此經無傳。

【今譯】七年，春天，郯國國君來魯朝見。

(二)經夏，四月，三卜郊，不從，乃免牲。

傳夏四月，不時也㊀。三卜，禮也。乃者，亡乎人之辭也㊁。

【今註】㈠不時：不符合季節。郊祭是春季祈求豐年的祭祀。㈡亡乎人：指沒賢人，即沒有好君王。亡：通無。

【今譯】夏季四月（舉行郊祭）不合時令。三次占卜，合於禮。用乃字，是沒有賢人的意思。

㈢經 小邾子來朝㈠。

【今註】㈠小邾：國名。此經無傳。

【今譯】小邾國國君來魯朝見。

㈣經 城費㈠。

【今註】㈠費：邑名。季孫氏的封邑。此經無傳。

【今譯】在費邑修築城牆。

㈤經 秋，季孫宿如衛㈠。

【今註】㈠季孫宿：魯卿，季孫行父的兒子。此經無傳。

【今譯】秋天，季孫宿到衛國去。

(六)經　八月，螽。

【今註】此經無傳。

【今譯】八月，蟲成災。

(七)經　冬，十月，衛侯使孫林父來聘，壬戌，及孫林父盟㈠。

【今註】㈠此經無傳。

【今譯】冬天，十月，衛侯派孫林父來魯訪問，壬戌日，跟孫林父簽盟。

(八)經　楚公子貞帥師圍陳㈠。

【今註】㈠此經無傳。

【今譯】楚公子貞領兵包圍陳國。

(九)經　十有二月，公會晉侯、宋公、陳侯、衛侯、曹伯、莒子、邾子于鄬。鄭伯髡原如會，未見諸侯。丙戌，卒於操。

傳　未見諸侯㈠，其曰如會何也？致其志也㈡。禮，諸侯不生名㈢，此其生名何也？卒之名也。卒之名則何為加之如會之上？見以如會卒也。其見以如會卒何也？鄭伯將會中國㊃，其臣欲從楚，不勝其臣，弒而死。其不言弒何也？不使夷狄之民㊄，加乎中原之君也。其地，於外也㊅。其日，未踰竟也㊆。日卒時葬，正也。

【今註】㊀未見諸侯：指鄭伯（名髡原）參加鄬（音維）地會盟，沒能到會，就被殺了。㊁致其志：他的心意到了。㊂不生名：活著時不記名。㊃中國：中原各諸侯國。㊄夷狄：指楚國。㊅於外：指國都之外。㊆竟：境的古字。

【今譯】（鄭伯）沒見到諸侯，為什麼還說到會了呢？是他的心意到會了。按禮，諸侯活著時不稱名，這裏為什麼稱他的名呢？是死了才稱名。死了稱名為什麼加在「如會」之前呢？足見他赴會時死了。怎麼見得他赴會時死了？鄭伯將要參加中原諸侯的會盟，他的臣想歸順楚國，他沒能勝過大臣，被殺而死。為什麼不說被殺呢？不讓楚國之民勝過中原之君。記他死的地點，是因為他死在國都以外。記他死的日期，是因為他死在國境之內。死時記日期，安葬時記季節是對的。

㈩經陳侯逃歸。

傳 以其去諸侯㊀，故逃之也。

【今註】㊀去諸侯：離開中原各諸侯國。想親楚。

【今譯】因為他想離開諸侯（親楚），所以逃會回國。

襄公八年（公元前五百六十五年）

(一) 經 八年，春，王正月，公如晉㊀。

【今註】㊀此經無傳。

【今譯】八年，春天，周曆正月，襄公到晉國去。

(二) 經 夏，葬鄭僖公㊀。

【今註】㊀此經無傳。

【今譯】夏季，安葬鄭僖公。

(三) 經 鄭人侵蔡，獲蔡公子濕。

傳 人，微者也㊀。侵，淺事也㊁。而獲公子，公子病矣㊂。

【今註】㈠微：微賤，指名位不高。㈡淺：不重。㈢公子：蔡景公兒子，名叫濕，左傳和公羊傳作「公子燮」。病：楊士勛釋為病弱，並引徐邈語證之。

【今譯】稱人，表明是名位不高的人。侵，是一般的軍事進攻。擒獲蔡公子，是因為公子病弱（不勝將帥之任）。

㈣經季孫宿會晉侯、鄭伯、齊人、宋人、衛人、邾人于邢丘。

傳見魯之失正也，公在而大夫會也㈠。

【今註】㈠大夫：指魯卿季孫宿，大夫是泛稱。

【今譯】可見魯國亂政了，襄公在，卻是大夫參加會。

㈤經公至自晉㈠。

【今註】㈠此經無傳。

【今譯】襄公從晉回國，告祭祖廟。

㈥經莒人伐我東鄙㈠。

【今註】㈠鄙：邊邑。此經無傳。

【今譯】莒人攻伐魯國東部邊邑。

(七)經 秋，九月，大雩㈠。

【今註】㈡雩：求雨的祭祀。此經無傳。

【今譯】秋季，九月，舉行盛大的求雨祭祀。

(八)經 楚公子貞帥師伐鄭㈠。

【今註】㈠帥：通率。此經無傳。

【今譯】楚公子貞領兵攻打鄭國。

(九)經 晉侯使士匄來聘㈠。

【今註】㈠士匄（音蓋）：晉卿，又稱范宣子。此經無傳。

【今譯】晉侯派士匄來魯國訪問。

襄公九年（公元前五百六十四年）

(一)經 九年，春，宋災。

傳 外災不志。此其志何也？故宋也㊀。

【今註】㊀范寧解「故猶先也」。孔子的先人在宋國。

【今譯】春秋經對魯以外的國家受災不予記載。這次為什麼記載？因為孔子的先祖在宋國。

(二)經 季孫宿如晉㊀。

【今註】㊀季孫宿：魯卿。此經無傳。

【今譯】季孫宿到晉國去。

(三)經 五月，辛酉，夫人姜氏薨㊀。

【今註】㊀姜氏：指穆姜，成公母，襄公祖母。此經無傳。

【今譯】五月，辛酉日，夫人姜氏去世。

(四)經 秋，八月，癸未，葬我小君穆姜㊀。

【今註】㊀小君：諸侯夫人稱小君。此是宣公夫人。此經無傳。

【今譯】秋季，八月癸未日，安葬魯宣公夫人穆姜。

(五)經 冬，公會晉侯、宋公、衛侯、曹伯、莒子、邾子、滕子、薛伯、小邾子、齊世子光伐鄭㈠。十月二月，己亥，同盟于戲㈡。

【今註】㈠光：齊靈公太子。閩本、毛本和監本在「薛伯」下有杞伯二字。㈡戲：鄭國邑名。

【今譯】冬天，襄公會合晉侯、宋公、衛侯、曹伯、莒子、邾子、滕子、薛伯和小邾子、齊太子光一起攻伐鄭國。十二月己亥日，在戲邑和鄭國結盟。

傳 不異言鄭，善得鄭也。不致㈠，恥不能據鄭也㈡。

【今註】㈠不致：即不至。這是對襄公十年的第三條經文而言，說襄公回國，不以得鄭之事告祭祖廟。㈡不能據鄭：這句是對下一條經文而言。楚又來攻伐鄭國，說明魯和其他諸侯不能長久得到鄭國。

【今譯】不另提鄭國。得到鄭國（指結盟）是好事。不以得鄭告祭祖廟，是恥於不能長久得鄭。

(六)經 楚子伐鄭㈠。

【今註】㈠此經無傳。

【今譯】楚國攻伐鄭國。

襄公十年（公元前五百六十三年）

㈠經 十年，春，公會晉侯、宋公、衛侯、曹伯、莒子、邾子、滕子、薛伯、杞伯、小邾子、齊世子光，會吳于柤。

傳 會又會㊀，外之也㊁。

【今註】㊀會又會：指這條經文用了兩個會字。㊁之：代吳國。

【今譯】會字的後文又用了會字，是因為把吳國視為中原以外的夷狄了。

㈡經 夏，五月，甲午，遂滅傅陽。

傳 遂㊀，直遂也。其曰遂何？不以中國從夷狄也㊁。

【今註】㊀遂：於是，就。㊁從夷狄：跟在吳的後面。因為柤（音查）地之會商討滅傅陽（國名）事。所以怕吳國先下手。范寧認為是吳滅了傅陽，與穀梁氏違。

【今譯】遂，是徑直的意思。為什麼說會後徑直就滅了傅陽國？不讓中原諸侯落在夷狄後面。

㈢經 公至自會。

傳 會夷狄不致㊀，惡事不致，此其致何也？存中國也㊁。中國有善事，則並焉。無善事，則異之存之也。汲鄭㊂，逃歸陳侯㊃，柤之會㊄，存中國也。

【今註】㊀致：通至。後兩個致同此。㊁存中國：有中原諸侯國在。此依楊士勛解。㊂汲鄭：指鄭僖公想參加鄬地的諸侯盟會而被弒。汲：引。㊃逃歸陳侯：指陳侯參加鄬地會盟，因下臣親楚而嚇得逃會回國。㊄柤之會：指十三個諸侯國參加的柤（音查）地之會。

【今譯】諸侯外出，如果會見夷狄之君，不能告祖；做了壞事不能告祖。這次襄公會見了吳人，為什麼回國後還告祭祖廟？因為有中原諸侯國在會。中原諸侯國有好事，就一起做；沒有好事，就存異而做。吸引鄭伯參加的會，陳侯逃離的會，柤地之會，都有中原諸侯國在會。

(四) 經 楚公子貞、鄭公孫輒帥師伐宋㊀。

【今註】㊀公孫輒：鄭國大夫。此經無傳。

【今譯】楚公子貞和鄭國的公孫輒領兵伐宋。

(五) 經 晉師伐秦㊀。

【今註】㊀此經無傳。

【今譯】晉軍攻伐秦國。

㈥經 秋，莒人伐我東鄙㊀。

【今註】㊀此經無傳。

【今譯】秋天，莒國攻伐魯國東部的邊邑。

㈦經 公會晉侯、宋公、衛侯、曹伯、莒子、邾子、齊世子光、滕子、薛伯、杞伯、小邾子伐鄭㊀。

【今註】㊀此經無傳。

【今譯】襄公會合晉侯、宋公、衛侯、曹伯、莒子、邾子、齊世子光、滕子、薛伯、杞伯、小邾子，一起攻伐鄭國。

㈧經 冬，盜殺鄭公子斐、公子發、公孫輒。

傳 稱盜以殺大夫㊀，弗以上下道，惡上也㊁。

【今註】㊀盜：作亂的人。大夫是泛稱，實際公子斐是鄭國的正卿，公子發是司馬，公孫輒是司空，部屬國卿。㈡惡：憎恨。上：指鄭伯。

【今譯】說作亂的人殺了大夫，這不是按地位的上下記載的。對鄭伯表示憎恨。

㈨經戍鄭虎牢。

傳其曰鄭虎牢㈠，決鄭乎虎牢。

【今註】㈠虎牢：鄭國地名，被晉佔有。

【今譯】稱鄭虎牢，表明虎牢要歸還給鄭了。

㈩經楚公子貞帥師救鄭㈠。

【今註】㈠此經無傳。

【今譯】楚公子貞領兵援救鄭國。

(十一)經公至自伐鄭㈠。

【今註】㈠此經無傳。

【今譯】襄公伐鄭後回國，告祭祖廟。

襄公十一年（公元前五百六十二年）

(一)經　十有一年，春，王正月，作三軍。
傳　作，為也㈠。古者天子六師㈡，諸侯一軍。作三軍，非正也。
【今註】㈠為：編制。㈡六師：六軍。據周禮司馬法：「萬有二千五百人為軍，王（天子）六軍，大國三軍，次國二軍，小國一軍，其將皆命卿。」
【今譯】作，是編制的意思。古時，天子擁有六軍，諸侯一軍。編制三軍，是不對的。

(二)經　夏，四月，四卜郊，不從，乃不郊。
傳　夏四月，不時也㈠。四卜㈡，非禮也。
【今註】㈠不時：不合季節。郊祭是春季祈求豐年的祭祀，夏季才為郊祭占卜，顯然不合時令。㈡四卜：為郊祭擇日，卜了四次。禮規定祇能卜三次。
【今譯】夏季四月，不合郊祭的時令。卜四次，不合於禮。

(三)經　鄭公孫舍之帥師侵宋㈠。

【今註】㊀公孫舍之：字子展，鄭國大夫。此經無傳。

【今譯】鄭國的公孫舍之領兵侵略宋國。

㈣ 經 公會晉侯、宋公、衛侯、曹伯、齊世子光、莒子、邾子、滕子、薛伯、杞伯、小邾子伐鄭㊀。

【今註】㊀此經無傳。

【今譯】襄公會合晉侯、宋公、衛侯、曹伯、齊太子光、莒子、邾子、滕子、薛伯、杞伯、小邾子，一起攻伐鄭國。

㈤ 經 秋，七月，己未，同盟于京城北㊀。

【今註】㊀京城：左傳作「亳城」。此經無傳。

【今譯】秋季，七月己未日，攻伐鄭的十二國跟鄭國在京城北結盟。

㈥ 經 公至自伐鄭。

傳 不以後致㊀，盟後復伐鄭也。

【今註】㊀後：指後一件事，即諸侯跟鄭結盟。

【今譯】不拿後一事告祭祖廟，因為結盟後又攻伐鄭國。

(七)經 楚子、鄭伯伐宋㈠。

【今註】㈠此經無傳。

【今譯】楚國和鄭國攻伐宋國。

(八)經 公會晉侯、宋公、衛侯、曹伯、齊世子光、莒子、邾子、滕子、薛伯、杞伯、小邾子伐鄭，會于蕭魚㈠。

【今註】㈠蕭魚：地名。不詳。此經無傳。

【今譯】襄公會合晉侯、宋公、衛侯、曹伯、齊太子光、莒子、邾子、滕子、薛伯、杞伯、小邾子，一起攻伐鄭國。在蕭魚會盟。

(九)經 公至自會。

傳 伐而後會，不以伐鄭致㈠，得鄭伯之辭也㈡。

【今註】㈠致：通至。㈡得鄭伯：指鄭伯歸服了。

【今譯】伐鄭之後會盟，不拿伐鄭這件事告祭祖廟，表明鄭伯歸服了。

(十)經　楚人執鄭行人良霄。

傳　行人者㊀，挈國之辭也㊁。

【今註】㊀行人：外交使者。㊁挈：領，帶著。

【今譯】外交使臣，是帶有國家使命的人。

(土)經　冬，秦人伐晉㊀。

【今註】㊀此經無傳。

【今譯】冬天，秦國攻伐晉國。

襄公十二年（公元前五百六十一年）

(一)經　十有二年，春，王三月，莒人伐我東鄙，圍邰。

傳　伐國不言圍邑，舉重也。取邑不書㊀，圍，安足書也？

【今註】㊀取邑：攻佔了城邑。書：記。

【今譯】攻伐一個不必記包圍了城邑，記重要的。佔領城邑都不必記，包圍城邑，哪值得記呢？

(二)經　季孫宿帥師救郚，遂入鄆。

傳　遂，繼事也㊀。受命而救郚㊁，不受命而入鄆㊂。惡季孫宿也㊃。

【今註】㊀繼：承，接。㊁郚：魯邑名，在今山東費縣東南。㊂鄆：魯邑名，在今山東沂水縣東北。㊃季孫宿：魯卿。

【今譯】遂，表示緊接著另一件事。接受命令拯救郚邑，沒得到命令就擅自進入鄆城。對季孫宿表示憎恨。

(三)經　夏，晉侯使士魴來聘㊀。

【今註】㊀士魴：晉卿。此經無傳。

【今譯】夏天，晉侯派士魴來魯訪問。

(四)經　秋，九月，吳子乘卒㊀。

【今註】㊀乘：吳王的名。此經無傳。

【今譯】秋天，九月，吳王乘去世。

(五)經 冬，楚公子貞帥師侵宋㊀。

【今註】㊀此經無傳。

【今譯】冬天，楚國公子貞領兵侵略宋國。

(六)經 公如晉㊀。

【今註】㊀此經無傳。

【今譯】襄公到晉國去。

襄公十三年（公元前五百六十年）

(一)經 十有三年，春，公至自晉㊀。

【今註】㊀此經無傳。

【今譯】十三年，春天，襄公從晉回國，告祭祖廟。

(二)經 夏，取邿㊀。

【今註】㊀邿（音師）：魯的附庸國。此經無傳。

【今譯】夏天，佔領了郜國。

(三)經　秋，九月，庚辰，楚子審卒㊀。

【今註】㊀審：楚共王名審。此經無傳。

【今譯】秋天，九月庚辰日，楚共王去世。

(四)經　冬，城防㊀。

【今註】㊀防：魯地名。此經無傳。

【今譯】冬天，在防地修築城牆。

襄公十四年（公元前五百五十九年）

(一)經　十有四年，春，王正月，季孫宿、叔老㊀，會晉士匄、齊人、宋人、衛人、鄭公孫蠆、曹人、莒人、邾人、滕人、薛人、杞人、小邾人，會吳于向㊁。

【今註】㊀叔老：魯卿。㊁向：地名，在今河南尉氏縣西南。此經無傳。

【今譯】十四年，春天，周曆正月，魯國的季孫宿和叔老在向地同晉卿士匄、齊人、宋人、衛人、鄭大夫公孫蠆、曹人、莒人、邾人、滕人、薛人、杞人、小邾人、吳人會盟。

㈡經二月，乙未，朔㈠，日有食之㈡。

【今註】㈠朔：每月初一日叫朔。㈡此經無傳。

【今譯】二月乙未日，初一，出現日蝕。

㈢經夏，四月，叔孫豹會晉荀偃、齊人、宋人、衛北宮括、鄭公孫蠆、曹人、莒人、邾人、滕人、薛人、杞人、小邾人伐秦㈠。

【今註】㈠此經無傳。

【今譯】夏季，四月，魯卿叔孫豹同晉卿荀偃、齊人、宋人、衛大夫北宮括、鄭大夫公孫蠆、曹人、莒人、邾人、滕人、薛人、杞人、小邾人一起攻伐秦國。

㈣經己未，衛侯出奔齊㈠。

【今註】㈠衛侯：衛獻公。大夫孫林父作亂，逼君離國。此經無傳。

【今譯】己未日，衛侯逃到齊國避難。

(五) 經 莒人侵我東鄙㊀。

【今註】㊀鄙：邊邑。此經無傳。

【今譯】莒國侵犯魯國東部邊邑。

(六) 經 秋，楚公子貞帥師伐吳㊀。

【今註】㊀此經無傳。

【今譯】秋天，楚國公子貞領兵攻伐吳國。

(七) 經 冬，季孫宿會晉士匄、宋華閱、衛孫林父、鄭公孫蠆、莒人、邾人于戚㊀。

【今註】㊀戚：衛國邑名，是孫林父的食邑。此經無傳。

【今譯】冬天，魯卿季孫宿在戚地和晉卿士匄、宋國的華閱、衛國的孫林父、鄭國的公孫蠆、莒人、邾人會盟。

襄公十五年（公元前五百五十八年）

(一)經 十有五年，春，宋公使向戌來聘㊀。二月，己亥，及向戌盟于劉㊁。

【今註】㊀向戌：宋國大夫。㊁劉：地名，在今曲阜附近。

【今譯】十五年，春天，宋公派向戌來魯訪問。二月乙亥日，跟向戌在劉地結盟。

(二)經 劉夏逆王后于齊㊀。

【今註】㊀劉夏：周頃王的下大夫。逆：迎。

【今譯】劉夏到齊國接王后。

傳 過我㊀，故志之也。

【今註】㊀我：指魯。

【今譯】經過魯國，所以記載這件事。

(三)經 齊侯伐我北鄙，圍成㊀。公救成，至遇㊁。

【今註】㊀成：也作郕，地名，在今山東寧陽縣東。㊁遇：地名，在曲阜和寧陽之間。

【今譯】齊國攻打魯國北部邊邑，包圍了成邑。襄公領兵救成，到遇地（齊兵就退了）。

(四)經 季孫宿、叔孫豹帥師城成郛㈠。

【今註】㈠郛：也叫郭，外城。古時城牆有內外兩道。齊軍毀了外城，故需修復。

【今譯】季孫宿和叔孫豹領軍隊修復成邑的外城。

(五)經 秋，八月，丁巳，日有食之㈠。

【今註】㈠杜預註：「八月無丁巳，當為七月朔日」。此經無傳。

【今譯】秋天，八月丁巳日，出現日蝕。

(六)經 邾人伐我南鄙㈠。

【今註】㈠此經無傳。

【今譯】邾國攻打魯國南部邊邑。

(七)經 冬，十一月癸亥，晉侯周卒㈠。

【今註】㈠周：晉悼公的名。此經無傳。

【今譯】冬季，十一月癸亥日，晉悼公去世。

襄公十六年（公元前五百五十七年）

(一)經　十有六年，春，王正月，葬晉悼公㈠。

【今註】㈠此經無傳。

【今譯】十六年，春天，周曆正月，安葬晉悼公。

(二)經　三月，公會晉侯、宋公、衛侯、鄭伯、曹伯、莒子、邾子、薛伯、杞伯、小邾子于溴梁。戊寅，大夫盟。

傳　溴梁之會㈠，諸侯失正矣㈡。諸侯會，而曰大夫盟，正在大夫也。諸侯在，而不曰諸侯之大夫，大夫不臣也。

【今註】㈠溴（音浩）梁：地名，在今河南濟源縣西。㈡正：通政。下句同此。

【今譯】溴梁之會，表明諸侯失去了政權。諸侯開會，卻說大夫結盟，表明政權在大夫手。諸侯在，卻不說諸侯的大夫，表明大夫不行臣道。

(三)經 晉人執莒子、邾子以歸㊀。

【今註】㊀此經無傳。

【今譯】晉國捉住莒、邾二國的國君，帶回國。

(四)經 齊侯伐我北鄙㊀。

【今註】㊀鄙：邊邑。此經無傳。

【今譯】齊國侵犯魯國北部邊邑。

(五)經 夏，公至自會㊀。

【今註】㊀會：指溴梁之會。此經無傳。

【今譯】夏天，襄公從溴梁回國，告祭祖廟。

(六)經 五月，甲子，地震㊀。

【今註】㊀此經無傳。

【今譯】五月甲子日，發生地震。

(七)經　叔老會鄭伯、晉荀偃、衛寧殖、宋人伐許㊀。

【今註】㊀叔老：魯卿。荀偃：晉卿。寧殖：衛國大夫。此經無傳。

【今譯】叔老會同鄭伯、晉卿荀偃、衛國的寧殖、宋人，一起攻伐許國。

(八)經　秋，齊侯伐我北鄙，圍成㊀。

【今註】㊀成：魯邑名，也作「郕」。此經無傳。

【今譯】秋天，齊國攻伐魯國北部邊邑，包圍了成邑。

(九)經　大雩㊀。

【今註】㊀此經無傳。

【今譯】舉行盛大的求雨的祭祀。

(十)經　冬，叔孫豹如晉㊀。

【今註】㊀叔孫豹：魯卿。此經無傳。

【今譯】叔孫豹到晉國去。

襄公十七年（公元前五百五十六年）

㈠經 十有七年，春，王二月，庚午，邾子瞷卒㊀。

【今註】㊀瞷：左傳作牼，邾宣公的名。此經無傳。

【今譯】十七年，春天，周曆二月庚午日，邾宣公去世。

㈡經 宋人伐陳㊀。

【今註】㊀此經無傳。

【今譯】宋國攻打陳國。

㈢經 夏，衛石買帥師伐曹㊀。

【今註】㊀石買：衛國大夫。此經無傳。

【今譯】夏天，衛國的石買領兵攻伐曹國。

㈣經 秋，齊侯伐我北鄙，圍桃。齊高厚帥師伐我北鄙㊀，圍防㊁。

【今註】㊀高厚：齊卿。㊁防和桃都是魯國地名。桃，公羊傳作洮。此經無傳。

【今譯】秋天，齊國攻打魯國北部邊邑，包圍桃地。齊卿高厚又領兵攻伐魯國北部邊邑，包圍了防地。

(五)經　九月，大雩㊀。

【今註】㊀此經無傳。

【今譯】九月，舉行盛大的求雨祭祀。

(六)經　宋華臣出奔陳㊀。

【今註】㊀華臣：宋國的卿。此經無傳。

【今譯】宋國的華臣逃到陳國避難。

(七)經　冬，邾人伐我南鄙㊀。

【今註】㊀此經無傳。

【今譯】冬天，邾國攻打魯國南部邊邑。

襄公十八年（公元前五百五十五年）

(一)經 十有八年，春，白狄來㈠。

【今註】㈠白狄：狄人的一支。此經無傳。

【今譯】十八年，春天，白狄人來魯國友好交往。

(二)經 夏，晉人執衛行人石買。

傳 稱行人㈠，怨接於上也㈡。

【今註】㈠行人：外交使臣。㈡上：指君。

【今譯】稱石買為使臣，表明仇恨是指向衛侯。

(三)經 秋，齊侯伐我北鄙㈠。

【今註】㈠齊國已五次伐魯。此經無傳。

【今譯】秋天，齊國侵犯魯國北部邊邑。

(四)經 冬，十月，公會晉侯、宋公、衛侯、鄭伯、曹伯、莒子、邾子、薛伯、杞伯、小邾子同圍齊。

傳 非圍而曰圍。齊有大焉，亦有病焉㊀。非大而足同焉，諸侯同罪之也㊁，亦病矣。

【今註】㊀病：指罪過。㊁罪之：歸罪於它。

【今譯】不該包圍卻包圍了。齊是大國，也有罪過。不是大國，值得諸侯共同行動嗎？諸侯一齊歸罪於它，也就說明它有罪過。

(五) 經 曹伯負芻卒於師。

傳 於師，閔之也㊀。

【今註】㊀閔：同憫，憐念。之：指曹伯，名叫負芻。

【今譯】強調死在軍中，是對曹伯表示憐念。

(六) 經 楚公子午帥師伐鄭㊀。

【今註】㊀此經無傳。

【今譯】楚公子午領兵攻伐鄭國。

襄公十九年（公元前五百五十四年）

㈠【經】十有九年，春，王正月，諸侯盟于祝柯㈠。晉人執邾子㈡。

【今註】㈠祝柯：地名，在今山東省長清縣東北。㈡圍齊的十二國在祝柯結盟後，又因邾國也屢次侵犯魯國邊邑，所以又抓住了邾國國君。此經無傳。

【今譯】十九年，春天，周曆正月，諸侯在祝柯結盟。晉國捉住了邾君。

㈡【經】公至自伐齊。

【傳】春秋之義㈠，已伐而盟，復伐者則以伐致㈡。盟不復伐者，則以會致。祝柯之盟，盟復伐齊與㈢？曰，非也。然則何為以伐致也？曰，與人同事，或執其君㈣，或取其地㈤。

【今註】㈠義：指記事的義例。㈡致：通至。外出回國，告祭祖廟。㈢與：歟的古字，語氣詞。㈣執其君：指晉人逮住邾君。㈤取其地：指魯國佔有了邾國土地，見下一條經文。

【今譯】春秋經記事的義例是，討伐後結盟，結盟後又攻伐，就拿攻伐的事告祭祖廟。如果結盟後不再攻伐，就拿結盟的事告祭祖廟。祝柯這次結盟，完後又攻伐齊國了嗎？解釋說，沒有。那麼為啥拿攻伐的事告祭祖廟呢？解釋說，跟人一起行動，有的捉住邾君，有的取得邾國的土地。

(三) 經 取邾田，自漷水。

傳 軋辭也㈠。其不日，惡盟也㈡。

【今註】㈠軋：輾壓。引申有委曲的意思。穀梁氏認為，經文說魯國取得了漷河以北的邾國的土地，是委婉曲折地道出了魯佔領的土田之多。㈡惡盟：指憎恨祝柯這次會盟，因其又捉人，又奪田。

【今譯】（自漷水）是委婉地用詞。不記載日期，是因為憎恨會盟。

(四) 經 季孫宿如晉㈠。

【今註】㈠此經無傳。

【今譯】魯卿季孫宿到晉國去。

(五) 經 葬曹成公㈠。

【今註】㈠此經無傳。

【今譯】安葬曹成公。

(六)經 夏，衛孫林父帥師伐齊㈠。

【今註】㈠此經無傳。

【今譯】夏天，衛國的孫林父領兵攻伐齊國。

(七)經 秋，七月，辛卯，齊侯環卒㈠。

【今註】㈠環：齊靈公的名。此經無傳。

【今譯】秋季，七月辛卯日，齊靈公去世。

(八)經 晉士匄帥師侵齊，至穀，聞齊侯卒，乃還。

傳 還者，事未畢之辭也。受命而誅生，死無所加其怒，不伐喪，善之也。善之則何為未畢也？君不尸小事㈠，臣不專大名㈡。善則稱君㈢，過則稱己，則民作讓矣㈣。士匄外專君命㈤，故非之也。然則為士匄者宜奈何？宜墠帷而歸命乎介㈥。

【今註】㈠尸：主。㈡專大名：指獨享美名。這裏指不伐喪的美名。㈢善則稱君：好事就說君王做的。㈣作讓：講謙讓。㈤士匄（音蓋）：晉卿，又稱范宣子。專君命：指他擅自違背君命，停止攻齊而返國。㈥墠（音善）：清除一塊整潔地面供祭祀。介：副手。

【今譯】返還，是事情沒辦完的意思。接受君命去懲罰活人。聽說齊侯死了，不加怒給齊，不攻伐有喪事的國家，這種做法很好。認為好為啥還說沒辦完事？國君不主持小事，大臣不能獨享美名。好事就說是君王做的，錯事歸罪於自己，百姓就都講謙讓了。士匄在外擅自違背君命，所以責備他。如此，那麼做為士匄應該怎麼辦才對？應該除地做墠場祭祀，張設帷幕暫住，派副使回國請命。

(九)經 八月，丙辰，仲孫蔑卒㈠。

【今註】㈠此經無傳。

【今譯】八月丙辰日，魯卿仲孫蔑去世。

(十)經 齊殺其大夫高厚㈠。

【今註】㈠高氏世世為齊卿，經文稱大夫是泛稱。此經無傳。

【今譯】齊國殺了它的大夫高厚。

(土)經 鄭殺其大夫公子嘉㈠。

【今註】㈠此經無傳。

【今譯】鄭國殺了它的大夫公子嘉。

(十二) 經 冬，葬齊靈公㈠。

【今註】㈠此經無傳。

【今譯】冬天，安葬齊靈公。

(十三) 經 城西郛㈠。

【今註】㈠郛：也叫郭，外城。此經無傳。

【今譯】修築魯都西面的外道城牆。

(十四) 經 叔孫豹會晉士匄于柯㈠。

【今註】㈠柯：地名，在今河南內黃縣東北。此經無傳。

【今譯】魯卿叔孫豹在柯地會見晉卿士匄。

(十五) 經 城武城㈠。

【今註】㈠武城：魯地名，在今山東嘉祥縣。此經無傳。

【今譯】在武城築城牆。

襄公二十年（公元前五百五十三年）

(一)經　二十年，春，王正月，辛亥，仲孫速會莒人，盟于向㊀。

【今註】㊀仲孫速：魯國大夫。仲孫蔑的兒子。此經無傳。

【今譯】二十年，春天，周曆正月辛亥日，仲孫速會見莒人，在向地結盟。

(二)經　夏，六月，庚申，公會晉侯、齊侯、宋公、衛侯、鄭伯、曹伯、莒子、邾子、滕子、薛伯、杞伯、小邾子，盟于澶淵㊀。

【今註】㊀澶淵：衛國地名，在今河南濮陽縣西北。此經無傳。

【今譯】夏季，六月庚申日，襄公跟晉侯、齊侯、宋公、衛侯、鄭伯、曹伯、莒子、邾子、滕子、薛伯、杞伯、小邾子在澶淵會盟。

(三)經　秋，公至自會㊀。

【今註】㊀此經無傳。

【今譯】秋天，襄公從會盟地回國，告祭祖廟。

㈣ 經 仲孫速帥師伐邾㊀。

【今註】㊀仲孫速：魯國大夫，仲孫蔑的兒子。此經無傳。

【今譯】仲孫速領兵攻伐邾國。

㈤ 經 蔡殺其大夫公子濕，蔡公子履出奔楚㊀。

【今註】㊀濕和履都是人名，皆為蔡莊公兒子。此經無傳。

【今譯】蔡國殺了自己的大夫公子濕，蔡公子履逃到楚國避難。

㈥ 經 陳侯之弟光出奔楚。

傳 諸侯之尊，弟兄不能以屬通㊀。其弟云者，親之也。親而奔之，惡也。

【今註】㊀以屬通：以親屬相稱。

【今譯】諸侯最尊貴，弟兄也不能跟他以親屬相稱。經文稱其弟，表示與陳侯關係親近。親近還逃出避難，憎恨陳侯。

(七)經叔老如齊㊀。

【今註】㊀叔老：魯國大夫。此經無傳。

【今譯】叔老到齊國去。

(八)經冬，十月，丙辰，朔，日有食之㊀。

【今註】㊀此經無傳。

【今譯】冬季，十月丙辰日，初一，出現日蝕。

(九)經季孫宿如宋㊀。

【今註】㊀此經無傳。

【今譯】魯卿季孫宿到宋國去。

襄公二十一年（公元前五百五十二年）

(一)經二十有一年，春，王正月，公如晉㊀。

【今註】㊀此經無傳。

【今譯】二十一年，春天，周曆正月，襄公到晉國去。

(二)經 邾庶其以漆、閭丘來奔㊀。

【今註】㊀庶其：邾國的大夫。漆、閭丘：都是地名，在今山東鄒縣。

【今譯】邾庶其帶著漆、閭丘兩處土地逃奔到魯。

傳 以者㊀，不以者也。來奔者不言出，舉其接我者也。漆、閭丘不言及，大小敵也㊁。

【今註】㊀以：拿。㊁敵：匹敵，相當。經文用及字的義例是，大者在及字前，小者在及字後。

【今譯】拿的，是不能拿的東西（指土地）。說來奔而不說出奔，是因為他來到魯國。漆、閭丘中不用及字，因為兩地大小相當。

(三)經 夏，公至自晉㊀。

【今註】㊀此經無傳。

【今譯】夏天，襄公從晉回國，告祭祖廟。

(四)【經】秋，晉欒盈出奔楚㈠。

【今註】㈠欒盈：晉卿。此經無傳。

【今譯】秋天，晉卿欒盈逃到楚國避難。

(五)【經】九月，庚戌，朔，日有食之㈠。

【今註】㈠此經無傳。

【今譯】九月庚戌日，初一，出現日蝕。

(六)【經】冬，十月，庚辰，朔，日有食之㈠。

【今註】㈠此經無傳。

【今譯】冬季，十月庚辰日，初一，出現日蝕。

(七)【經】曹伯來朝㈠。

【今註】㈠此經無傳。

【今譯】曹國國君來魯朝見。

(八)經 公會晉侯、齊侯、宋公、衛侯、鄭伯、曹伯、莒子、邾子于商任㊀。

【今註】㊀商任：地名，不詳。此經無傳。

【今譯】襄公跟晉侯、齊侯、宋公、衛侯、鄭伯、曹伯、莒子、邾子在商任開會。

(九)經 庚子，孔子生㊀。

【今註】㊀此經無傳。

【今譯】庚子日，孔子降生。

襄公二十二年（公元前五百五十一年）

(一)經 二十有二年，春，王正月，公至自會㊀。

【今註】㊀此經無傳。

【今譯】二十二年，春天，周曆正月，襄公從商任回國，告祭祖廟。

(二)經 夏，四月㊀。

【今註】㊀一季無事，記下首月。此經無傳。

【今譯】夏季，四月。

(三)經 秋，七月，辛酉，叔老卒㊀。

【今註】㊀此經無傳。

【今譯】秋季，七月辛酉日，叔老去世。

(四)經 冬，公會晉侯、齊侯、宋公、衛侯、鄭伯、曹伯、莒子、邾子、滕子、薛伯、杞伯、小邾子于沙隨㊀。

【今註】㊀沙隨：宋國地名，在今河南寧陵縣西北。此經無傳。

【今譯】冬天，襄公跟晉侯、齊侯、宋公、衛侯、鄭伯、曹伯、莒子、邾子、滕子、薛伯、杞伯、小邾子在沙隨開會。

(五)經 公至自會㊀。

【今註】㊀此經無傳。

【今譯】襄公從沙隨回國，告祭祖廟。

(六)經 楚殺其大夫公子追舒㊀。

【今註】㊀追舒：字叫子南，楚國的令尹。此經無傳。

【今譯】楚國殺了自己的大夫公子追舒。

襄公二十三年（公元前五百五十年）

(一)經 二十有三年，春，王二月，癸酉，朔，日有食之㊀。

【今註】㊀此經無傳。

【今譯】二十三年，春天，周曆二月，癸酉日，初一，出現日蝕。

(二)經 三月，己巳，杞伯匄卒㊀。

【今註】㊀匄：杞孝公名匄。此經無傳。

【今譯】三月己巳日，杞孝公去世。

(三)經 夏，邾畀我來奔㊀。

【今註】㊀畀我：人名。公羊傳作鼻我。此經無傳。

【今譯】夏天，郳國的畀我逃來魯國。

(四) 經 葬杞孝公㈠。

【今註】㈠此經無傳。

【今譯】安葬杞孝公。

(五) 經 陳殺其大夫慶虎及慶寅。

傳 稱國以殺，罪累上也㈠。及慶寅㈡，慶寅累也。

【今註】㈠上：君王。這裏指陳侯。㈡慶寅：與慶虎為兄弟。

【今譯】舉出國名說殺某某，表明罪惡牽連到君王。經文記「及慶寅」，表明慶寅是受連累。

(六) 經 陳侯之弟光自楚歸于陳㈠。

【今註】㈠光：左傳作黃。光於二年前避慶氏跑到楚國。此經無傳。

【今譯】陳侯的弟弟公子光從楚回到陳。

(七) 經 晉欒盈復入于晉，入于曲沃㈠。

【今註】㊀曲沃：晉國的古都。此經無傳。

【今譯】晉國的欒盈又回到晉國，進入曲沃城。

(八)經 秋，齊侯伐衛，遂伐晉㊀。

【今註】㊀此經無傳。

【今譯】秋天，齊侯攻伐衛國，緊接著攻伐晉國。

(九)經 八月，叔孫豹帥師救晉，次于雍渝。

傳 言救後次㊀，非救也。

【今註】㊀次：駐紮。

【今譯】說是援救，後邊又說駐紮，不是真正地援救。

(十)經 己卯，仲孫速卒㊀。

【今註】㊀此經無傳。

【今譯】己卯日，魯大夫仲孫速去世。

(十一) 經 冬，十月，乙亥，臧孫紇出奔邾。

傳 其日，正臧孫紇之出也㈠。蘧伯玉曰㈡：「不以道事其君者其出乎。」

【今註】㈠臧孫紇：魯國的司寇。㈡蘧伯玉：衛國大夫。孔子在衛時，曾住伯玉家。

【今譯】記載日子，表明臧孫紇出逃是對的。蘧伯玉說：「不用事奉君長的禮道事君，恐伯就要出逃吧。」

(十二) 經 晉人殺欒盈。

傳 惡之㈠，弗有也。

【今註】㈠之：指代欒盈。直稱其名，不稱「大夫欒盈」是表示憎惡。

【今譯】憎惡他，（好像晉國根本）沒有這個人。

(十三) 經 齊侯襲莒㈠。

【今註】㈠此經無傳。

【今譯】齊國偷襲莒國。

襄公二十四年（公元前五百四十九年）

㈠經 二十有四年，春，叔孫豹如晉㈠。

【今註】㈠此經無傳。

【今譯】二十四年，春天，叔孫豹到晉國去。

㈡經 仲孫羯帥師侵齊㈠。

【今註】㈠仲孫羯：仲孫速的兒子，魯大夫。此經無傳。

【今譯】仲孫羯領兵侵略齊國。

㈢經 夏，楚子伐吳㈠。

【今註】㈠此經無傳。

【今譯】夏季，楚王攻伐吳國。

㈣經 秋，七月，甲子，朔，日有食之，既㈠。

【今註】㊀既：盡，全。此經無傳。

【今譯】秋季，七月甲子日，初一，出現日全蝕。

(五)經 齊崔杼帥師伐莒㊀。

【今註】㊀崔杼：齊國大夫。此經無傳。

【今譯】齊國由崔杼領兵攻伐莒國。

(六)經 大水㊀。

【今註】㊀此經無傳。

【今譯】發大水。

(七)經 八月，癸巳，朔，日有食之㊀。

【今註】㊀此經無傳。

【今譯】八月癸巳日，初一，出現日蝕。

(八)經 公會晉侯、宋公、衛侯、鄭伯、曹伯、莒子、邾子、滕子、薛伯、杞伯、小邾子于夷儀㈠。

【今註】㈠此經無傳。

【今譯】襄公跟晉侯、宋公、衛侯、鄭伯、曹伯、莒子、邾子、滕子、薛伯、杞伯、小邾子在夷儀開會。

(九)經 冬，楚子、蔡侯、陳侯、許男伐鄭㈠。

【今註】㈠此經無傳。

【今譯】冬天，楚王、蔡侯、陳侯和許男領兵攻伐鄭國。

(十)經 公至自會㈠。

【今註】㈠此經無傳。

【今譯】襄公從夷儀回國，告祭祖廟。

(土)經 陳鍼宜咎出奔楚㈠。

【今註】㈠鍼宜咎：陳國大夫。此經無傳。

【今譯】陳國的鍼宜咎逃亡到楚國。

(十二)經　叔孫豹如京師㊀。

【今註】㊀此經無傳。

【今譯】魯國的叔孫豹到京師去。

(十三)經　大饑。

傳　五穀不升謂之大饑㊀，一穀不升謂之嗛㊁，二穀不升謂之饑，三穀不升謂之饉，四穀不升謂之康，五穀不升謂之大侵。大侵之禮，君食不兼味，臺榭不塗，弛侯㊂，廷道不除㊃，百官布而不制㊄，鬼神禱而不祀，此大侵之禮也。

【今註】㊀升：成熟。㊁嗛：通歉，歉收。㊂弛侯：廢除射禮。侯：射侯。這裏指射宴之禮。古之射禮，要召賓客宴飲，一邊飲酒，一邊比射。㊃不除：不必整修。㊄布：設置。

【今譯】五種穀物不收叫大饑，一種穀物不收叫歉，兩種穀物不收叫饑，三種穀物不收叫饉，四種穀物不收叫康，五種穀物不收又叫大侵。大饑之年，君王不吃兩樣菜，高臺亭榭不再塗漆粉飾，廢除宴射，宮廷內的路不必整修，設百官不必舉行儀式，對鬼神只祈禱不祭祀，這就是大饑之年的禮節。

襄公二十五年（公元前五百四十八年）

(一)經 二十有五年，春，齊崔杼帥師伐我北鄙㊀。

【今註】㊀崔杼：齊國大夫。此經無傳。

【今譯】二十五年，春天，齊國崔杼領兵攻伐魯國北部邊邑。

(二)經 夏，五月，乙亥，齊崔杼弒其君光。

傳 莊公失言㊀，淫於崔氏㊁。

【今註】㊀莊公：名叫光，齊靈公嫡子。㊁淫於崔氏：莊公與崔杼妻私通。

【今譯】莊公說漏了話，他與崔氏私通。

(三)經 公會晉侯、宋公、衛侯、鄭伯、曹伯、莒子、邾子、滕子、薛伯、杞伯、小邾子于夷儀㊀。

【今註】㊀此經無傳。

【今譯】襄公跟晉侯、宋公、衛侯、鄭伯、曹伯、莒子、邾子、滕子、薛伯、杞伯、小邾子在夷儀開會。

(四)經 六月，壬子，鄭公孫舍之帥師入陳㈠。

【今註】㈠舍之：鄭國大夫。此經無傳。

【今譯】六月壬子日，鄭國的公孫舍之領兵攻入陳國。

(五)經 秋，八月，己巳，諸侯同盟于重丘㈠。

【今註】㈠重丘：地名，不詳。此經無傳。

【今譯】秋季，八月己巳日，諸侯在重丘會盟。

(六)經 公至自會㈠。

【今註】㈠此經無傳。

【今譯】襄公從會盟地回國，告祭祖廟。

(七)經 衛侯入于夷儀㈠。

【今註】㈠此經無傳。

【今譯】衛侯進入夷儀。

(八) 經 楚屈建帥師滅舒鳩㈠。

【今註】 ㈠屈建：楚國的令尹。舒鳩：國名。此經無傳。

【今譯】 楚國的屈建領兵滅掉舒鳩國。

(九) 經 冬，鄭公孫夏帥師伐陳㈠。

【今註】 ㈠夏：鄭國大夫。此經無傳。

【今譯】 冬季，鄭國的公孫夏領兵攻伐陳國。

(十) 經 十有二月，吳子謁伐楚，門於巢，卒。

傳 以伐楚之事，門於巢㈠，卒也。於巢者，外乎楚也。門於巢，乃伐楚也。諸侯不生名㈡，取卒之名，加之伐楚之上者㈢，見以伐楚卒也。其見以伐楚卒何也？古者大國過小邑，小邑必飾城而請罪㈣，禮也。吳子謁伐楚，至巢，入其門，門人射吳子，有矢創，反舍而卒㈤。古者雖有文事，必有武備。非巢之不飾城而請罪㈥，非吳子之自輕也。

【今註】㊀巢：邑名。㊁不生名：活著時不稱名。㊂加之伐楚之上：吳王名叫謁，經文將「謁」放在「伐楚」的上面。㊃飾城：指打掃城門內外，把城門裝飾一新。㊄反舍：返回住地。反，返的古字。㊅非：責備。

【今譯】因為伐楚這件事，進入巢邑的城門，死了。記「於巢」，表明是在楚國之外。記「門於巢」，表明是伐楚路經巢邑。諸侯活著時不稱名，死了稱名。將吳王的名放在「伐楚」上面，可見是因為伐楚而死。怎麼見得是因為伐楚而死？古時，大國之君路過小城，小城一定要把城門裝飾一新，而且要請罪，這是禮節。吳王伐楚，到巢邑，進城門時，守門人射吳王，射傷了，返回住地就死了。古時，即使是辦政事，也要有武裝防備。責備巢邑不打掃城門，不請罪；責備吳王太輕率。

襄公二十六年（公元前五百四十七年）

(一)經　二十有六年，春，王二月，辛卯，衛寧喜弒其君剽。

傳　此不正，其日何也？殖也立之㊀，喜也君之㊁，正也。

【今註】㊀殖也立之：寧殖擁立剽（衛殤公的名）當國君。寧殖：衛國的卿。㊁喜：即寧喜，寧殖的兒子。父親立了君，他也應視之為君，可他卻殺了君。所以穀梁氏開始便說「不正」。

【今譯】這不對，為什麼記下日子？父親立了君，兒子也視之為君，才是對的。

㈡ 經 衛孫林父入于戚以叛㊀。

【今註】㊀戚：地名，孫林父的封地。孫見寧喜弒君，便跑回自己的封地。此經無傳。

【今譯】衛國的孫林父進入戚地，反叛衛國。

㈢ 經 甲午，衛侯衎復歸于衛。

傳 日歸㊀，見知弒也㊁。

【今註】㊀日歸：記載（衛侯衎）回國的日期。辛卯日衛君剽被弒，到甲午日衎回國，只有三天功夫。㊁見知弒：可見（衎，音看）知道弒君的事。由衎返國的迅速，推論他事先知道。言外之意，他參與了弒君的陰謀。

【今譯】記下衎回國的日子，可見他知道弒君的事。

㈣ 經 夏，晉侯使荀吳來聘㊀。

【今註】㊀荀吳：晉卿荀偃的兒子。此經無傳。

【今譯】夏天，晉侯派荀吳來魯國訪問。

(五)經 公會晉人、鄭良霄、宋人、曹人于澶淵㊀。

【今註】㊀此經無傳。

【今譯】襄公跟晉人、鄭國的良霄、宋人、曹人在澶淵開會。

(六)經 宋公殺其世子痤㊀。

【今註】㊀痤（音ㄘㄨㄛˊ）：人名。宋平公聽讒言殺太子。此經無傳。

【今譯】宋公殺了自己的太子痤。

(七)經 晉人執衛寧喜㊀

【今註】㊀此經無傳。

【今譯】晉人逮住了衛國的寧喜。

(八)經 八月，壬午，許男寧卒于楚㊀。

【今註】㊀寧：許靈公的名，男是爵位。此經無傳。

【今譯】八月壬午日，許君死在楚國。

(九)經 冬，楚子、蔡侯、陳侯伐鄭㈠。

【今註】㈠此經無傳。

【今譯】冬天，楚國、蔡國、陳國攻伐鄭國。

(十)經 葬許靈公㈠。

【今註】㈠此經無傳。

【今譯】安葬許靈公。

襄公二十七年（公元前五百四十六年）

(一)經 二十有七年，春，齊侯使慶封來聘㈠。

【今註】㈠慶封：齊國正卿。此經無傳。

【今譯】二十七年，春天，齊侯派慶封來魯訪問。

(二)經 夏，叔孫豹會晉趙武、楚屈建、蔡公孫歸生、衛石惡、陳孔奐、鄭良霄、許人、曹人于宋㈠。

【今註】㊀各諸侯國的卿集會。此經無傳。

【今譯】夏天，魯國的叔孫豹跟晉國趙武、楚國屈建、蔡公孫歸生、衛國石惡、陳國孔奐、鄭國良霄、還有許人、曹人在宋國開會。

(三)經　衛殺其大夫寧喜。

傳　稱國以殺，罪累上也。寧喜弒君，其以累上之辭言之何也？嘗為大夫，與之涉公事矣㊀。寧喜由君弒君㊁，而不以弒君之罪罪之者，惡獻公也。

【今註】㊀涉公事：牽連到誰當國君的事之中。㊁由君弒君：由衛獻公指使，殺了衛殤公。

【今譯】舉出國名說殺某某，表明罪惡牽連到君王。寧喜殺了國君，為什麼說牽連到君王？他曾經當大夫，參與、牽連到君王的事當中。寧喜由獻公指使殺了殤公。不以弒君之罪判他，是因為憎恨獻公啊。

(四)經　衛侯之弟專出奔晉。

傳　專㊀，喜之徒也㊁。專之為喜之徒何也？己雖急納其兄，與人之臣謀弒其君㊂，是亦弒君者也。專其曰弟何也？專有是信者，君賂不入乎喜而殺喜㊃，是君不直乎喜也㊄。故出奔晉，織絢邯鄲㈥，終身不言衛。專之去㈦，合乎春秋。

【今註】㈠專：衛獻公同母弟。左傳作鱄。㈡喜：即寧喜。㈢人之臣：指殤公的臣，仍指寧喜一夥人。㈣賂：送財物。獻公、專跟寧喜謀劃，弒君成功後，給寧喜財物。可是獻公復位後，不但不給，反而殺了寧喜。㈤不直：理屈。㈥絢（音渠）：鞋前部的裝飾，有孔，可穿鞋帶兒。這裏指代鞋。邯鄲：地名，先屬晉，後來屬衛。㈦去：離開。

【今譯】專，是寧喜一伙的。為什麼說專是寧喜一伙的？專自己急於接納他的哥哥回國，就跟寧喜謀劃殺了國君，這也就算弒君的人了。稱他弟是為什麼？專是守信用的人，獻公不給寧喜財物，反而殺了喜，這是獻公對寧喜理屈。所以專逃到晉國，在邯鄲編草鞋，一輩子不提衛國。專的離去，合乎春秋之義。

(五)經秋，七月，辛巳，豹及諸侯之大夫盟于宋。

傳湨梁之會㈠，諸侯在而不曰諸侯之大夫，大夫不臣也，晉趙武恥之㈡。豹云者㈢，恭也。諸侯不在而曰諸侯之大夫，大夫臣也，其臣恭也。晉趙武為之會也。

【今註】㈠湨梁之會：指襄公十六年三月，十一國諸侯在湨梁會盟。㈡趙武：晉卿。趙盾的後人。

㊂豹：魯卿叔孫豹，經文祇稱豹。

【今譯】溴梁那次盟會，諸侯都在會，卻不記諸侯之大夫，那是大夫不行臣道，晉卿趙武對此感到恥辱。（這條經文）「豹及諸侯」的記載，是恭敬的意思。諸侯不在，卻記諸侯的大夫，表明大夫行臣道，下臣很恭敬。晉卿趙武主持這次盟會。

(六)經 冬，十有二月，乙亥，朔，日有食之㊀。

【今註】㊀此經無傳。

【今譯】冬季，十二月乙亥日，初一，出現日蝕。

襄公二十八年（公元前五百四十五年）

(一)經 二十有八年，春，無冰㊀。

【今註】㊀此經無傳。

【今譯】二十八年，春天，沒有冰。

(二)經 夏，衛石惡出奔晉㊀。

【今註】㊀石惡：衛國大夫。此經無傳。

【今譯】夏天，衛國的石惡逃到晉國避難。

㈢經 邾子來朝㊀。

【今註】㊀此經無傳。

【今譯】邾國國君來魯朝見。

㈣經 秋，八月，大雩㊀。

【今註】㊀此經無傳。

【今譯】秋季，八月，舉行盛大的求雨祭祀。

㈤經 仲孫羯如晉㊀。

【今註】㊀此經無傳。

【今譯】魯仲孫羯到晉國去。

㈥經 冬，齊慶封來奔㊀。

【今註】㊀慶封：齊國正卿。此經無傳。

【今譯】冬天，齊國的慶封逃到魯國來。

(七)經 十有一月，公如楚㊀。

【今註】㊀此經無傳。

【今譯】十一月，襄公到楚國去。

(八)經 十有二月，甲寅，天王崩㊀。

【今註】㊀天王：周靈王。此經無傳。

【今譯】十二月甲寅日，周靈王駕崩。

(九)經 乙未，楚子昭卒㊀。

【今註】㊀昭：楚康王名昭。此經無傳。

【今譯】乙未日，楚康王去世。

襄公二十九年（公元前五百四十四年）

㈠經二十有九年，春，王正月，公在楚。

傳閔公也㈠。

【今註】㈠閔：同憫，憐憫。楚輕視襄公，讓襄公守喪。

【今譯】憐憫襄公。

㈡經夏，五月，公至自楚。

傳喜之也。致君者，殆其往㈠，而喜其反㈡，此致君之意義也。

【今註】㈠殆：不安。㈡反：返的古字。

【今譯】為他歡喜。記載君王回國，為他的外出而擔心，為他的返國而歡喜，這就是記載君王回國的意義。

㈢經庚午，衛侯衎卒㈠。

【今註】㈠衎：衛獻公的名。此經無傳。

【今譯】庚午日，衛獻公去世。

㈣ 經 閽殺吳子餘祭。

傳 閽㈠，門者也，寺人也㈡。不稱名姓，閽不得齊於人。不稱其君，閽不得君其君也。禮，君不使無恥，不近刑人，不狎敵㈢，不邇怨㈣。賤人非所貴也，貴人非所刑也，刑人非所近也。舉至賤而加之吳㈤，吳子近刑人也㈥。閽殺吳子餘祭，仇人也。

【今註】㈠閽：看門的人。㈡寺人：供驅使的下人。㈢狎：親近。㈣邇：近。怨：仇。㈤至賤：最卑賤的人，指閽者，他是吳伐越時擒獲的俘虜。㈥吳子：吳王，名叫餘祭。

【今譯】閽，是看門的人，是供使令的下人。不稱呼他姓名，因為他不能和一般人同等地位。不稱他的國君，因為閽者沒有權利稱國君為君。按禮，君王不能使喚不知廉恥的人，不能接近受過刑的人，不能親近敵人，不能靠近仇人。下賤人沒有高貴的德行，高貴的人不能受刑，受刑的人不能接近。提拔最卑賤的人放到吳國做事，表明吳王接近了受過刑的人。門人殺了吳王，他是仇人呵。

㈤ 經 仲孫羯會晉荀盈、齊高止、宋華定、衛世叔儀、鄭公孫段、曹人、莒人、邾人、滕人、薛人、小邾人，城杞。

傳 古者，天子封諸侯，其地足以容其民，其民足以滿城以自守也。杞危而不能自守，故諸侯之大夫，相帥以城之㊀，此變之正也㊁。

【今註】㊀城之：給杞修築城牆。帥：通率。㊁變：權變。

【今譯】古時侯，天子分封諸侯，分給諸侯的土地，足可以容納下他的百姓，百姓滿城居住，自己守住城池。杞國遇到危難，自己守不住城池。所以各諸侯國的大夫，一起領兵給杞國修城。這種權變的做法是對的。

(六) 經 晉侯使士鞅來聘㊀。

【今註】㊀士鞅：晉國的卿，又稱范獻子。此經無傳。

【今譯】晉侯派士鞅來魯訪問。

(七) 經 杞子來盟㊀。

【今註】㊀杞子：杞文公。此經無傳。

【今譯】杞文公來和魯國結盟。

(八)經 吳子使札來聘。

傳 吳其稱子何也？善使延陵季子㈠，故進之也。身賢，賢也。使賢，亦賢也。延陵季子之賢，尊君也。其名，成尊於上也㈡。

【今註】㈠延陵季子：又稱季札，季是字，是排行，札是名，吳王壽夢的小兒子。㈡上：君王。

【今譯】為什麼稱君為吳子？因為他善於任用延陵季子，所以進升他為子爵。他自己賢德，是好事。能任用賢德的人，也是好事。延陵季子賢德，尊敬君王。稱他的名，成全他尊敬君王的美德。

(九)經 秋，九月，葬衛獻公㈠。

【今註】㈠此經無傳。

【今譯】秋季，九月，安葬衛獻公。

(十)經 齊高止出奔北燕。

傳 其曰北燕，從史文也㈠。

【今註】㈠史文：史書的記載。當時人直稱燕國。史書上分南燕，姓姞；北燕，姓姬。

【今譯】稱北燕，是根據史書的記載。

(十一) 經 仲孫羯如晉㊀。

【今註】 ㊀此經無傳。

【今譯】 魯國的仲孫羯到晉國去。

襄公三十年（公元前五百四十三年）

(一) 經 三十年，春，王正月，楚子使薳罷來聘㊀。

【今註】 ㊀薳罷：楚國大夫。此經無傳。

【今譯】 三十年，春天，周曆正月，楚子派薳罷來魯訪問。

(二) 經 夏，四月，蔡世子般弒其君固。

傳 其不日，子奪父政㊀，是謂夷之。

【今註】 ㊀子奪父政：指蔡景侯（名叫固）的太子（名叫般）殺父奪取君位。

【今譯】 不記載日期，是因為兒子奪了父親的政權，這就是夷狄了。

(三) 經 五月，甲午，宋災，宋伯姬卒。

傳 取卒之日加之災上者，見以災卒也。其見以災卒奈何？伯姬之舍失火㊀，左右曰：「夫人少辟火乎㊁。」伯姬曰：「婦人之義，傅母不在㊂，宵不下堂㊃。」左右又曰：「少辟火乎。」伯姬曰：「婦人之義，保母不在，宵不下堂。」遂逮於火而死㊄。婦人以貞為行者也。伯姬之婦道盡矣。詳其事，賢伯姬也。

【今註】㊀伯姬：宋共公夫人，魯女嫁與宋君。㊁少：稍。辟：避的古字。㊂傅母：也叫保母。古代後宮婦人大都有保母，由老年婦人擔任，負責保護安全和輔正舉止。㊃下堂：指出屋。堂：指內室，婦人的住屋。㊄逮：及，趕上。

【今譯】把死的日期放在災的上面，可見是因為火災而死。怎麼是因為火災而死？伯姬的住處失火，伯姬身邊的侍人說：「夫人稍微避避火吧。」伯姬說：「女人的規矩，保母不在身邊，夜裏不能出屋。」身邊的人又說：「夫人避一會兒火吧。」伯姬說：「女人的規矩，保母不在，夜裏不能出屋。」於是就趕上火災被燒死了。女人把貞節做為行為準則，伯姬堅守女人的規矩。詳細記載此事，因為伯姬賢德。

㈣ 經 天王殺其弟佞夫。

傳 傳曰，諸侯且不首惡㈠，況於天子乎？君無忍親之義。天子諸侯所親者，唯長子母弟耳。天王殺其弟佞夫㈡，甚之也。

【今註】㈠首惡：惡名之首。㈡天王：周景王。佞夫：人名，景王同母弟。

【今譯】諸侯尚且不首當惡名，何況天子呢？天子不能對親人殘忍。天子諸侯的親人，祇有長子和同母弟罷了。周景王殺自己弟弟佞夫，太過分了。

(五)

經 王子瑕奔晉㈠。

【今註】㈠瑕：周靈王庶子。此經無傳。

【今譯】王子瑕跑到晉國避難。

(六)

經 秋，七月，叔弓如宋葬共姬。

傳 外夫人不書葬㈠，此其言葬何也？吾女也㈡，卒災，故隱而葬之也。

【今註】㈠書：記載。㈡吾：指魯國。伯姬是魯女嫁給宋共公為夫人。還可以用丈夫的謚號「共」字做氏，所以經文又稱共姬。

【今譯】魯國以外的君夫人安葬不必記載，這次為什麼記載？因為伯姬是魯女，死於火災，所以痛心地記載她的葬禮。

(七)經 鄭良霄出奔許，自許入于鄭，鄭人殺良霄。

傳 不言大夫㈠，惡之也。

【今註】㈠大夫：指鄭國大夫（實際是執政的卿）良霄。他逃到許國，又從許國跑回鄭國。此經無傳。

【今譯】不稱良霄為大夫，是憎惡他。

(八)經 冬，十月，葬蔡景公。

傳 不日卒而月葬㈠，不葬者也㈡。卒而葬之，不忍使父失民於子也。

【今註】㈠不日卒：不記蔡侯死的日期。春秋經的義例是，諸侯死記日子，安葬時記季節。而蔡侯四月被太子殺死，祇記了月份。今葬時，不記季節而記月份，都是違例的。㈡不葬：指不是正常的安葬。

【今譯】不記死的日期而記載安葬的月份，表明不是正常的安葬。記載安葬，是不忍心讓父親在兒子前失去民心。

(九)經 晉人、齊人、宋人、衛人、鄭人、曹人、莒人、邾人、滕人、薛人、杞人、小邾人，會于澶淵，宋災故。

傳 會不言其所為，其曰宋災故何也？不言災故，則無以見其善也。其曰人何也？救災以眾，何救焉？更宋之所喪財也㊀。澶淵之會，中國侵伐夷狄，夷狄不入中國，無侵伐八年，善之也。晉趙武、楚屈建之功也㊁。

【今註】㊀更：抵償。這裏指各諸侯贈送財物給宋。㊁屈建：楚國令尹。趙武：晉卿。

【今譯】不記開會做了什麼，為什麼說是為了宋國火災的緣故？不說宋國火災的緣故，就不能看出這次會的好處。經文為什麼稱人？救災靠眾人，沒有人怎麼救災。各國贈送財物，補償宋國的損失。澶淵這次會後，中原諸侯不再侵犯夷狄，夷狄不再進攻中原，八年沒有征戰，太好了。是晉國的趙武和楚國屈建的功勞。

襄公三十一年（公元前五百四十二年）

(一)經 三十有一年，春，王正月㊀。

【今註】㊀此經無傳。

【今譯】三十一年，春天，周曆正月。

(二)經夏，六月，辛巳，公薨於于宮。

傳楚宮㈠，非正也。

【今註】㈠楚宮：襄公到楚國去（於二十八年），看到楚國的宮室美，回國後命人仿楚國的樣式營建，名曰楚宮。它不是正寢，而國君應死在正寢。

【今譯】死在楚宮，不合於禮。

(三)經秋，九月，癸巳，子野卒。

傳子卒日㈠，正也。

【今註】㈠子：指太子。襄公的太子（名叫野）因悲痛過度而死。

【今譯】太子死記載日期是對的。

(四)經己亥，仲孫羯卒㈠。

【今註】㈠此經無傳。

【今譯】己亥日，仲孫羯去世。

(五)經 冬，十月，滕子來會葬㊀。

【今註】㊀會葬：各諸侯國都派人來參加葬禮。此經無傳。

【今譯】滕國國君來參加襄公的葬禮。

(六)經 癸酉，葬我君襄公㊀。

【今註】㊀此經無傳。

【今譯】癸酉日，安葬魯君襄公。

(七)經 十月一月，莒人弒其君密州㊀。

【今註】㊀密州：人名。此經無傳。

【今譯】十一月，莒國人殺了自己的國君密州。

卷十　昭　公

昭公元年（公元前五百四十一年）

(一)經　元年，春，王正月，公即位。

傳　繼正即位㊀，正也。

【今註】㊀繼正：正常地繼承。太子野沒即位就死了，所以襄公的次子（名叫稠）屬於正常繼位。

【今譯】正常地繼承君位當國君，合於禮。

(二)經　叔孫豹會晉趙武、楚公子圍、齊國弱、宋向戌、衛齊惡、陳公子招、蔡公孫歸生、鄭罕虎、許人、曹人于郭㊀。

【今註】㊀郭：國名，左傳作虢。郭地之會，十一個諸侯國都是派卿參加。此經無傳。

【今譯】魯叔孫豹同晉國的趙武、楚公子圍、齊卿國弱、宋卿向戌、衛國的齊惡，陳公子招、蔡公孫歸生、鄭國的罕虎、許人、曹人在郭地開會。

㈢經三月，取鄟㈠。

【今註】㈠鄟：鄟城本屬魯，成公九年被莒國奪去。今又奪回，此經無傳。

【今譯】三月，取回鄟城。

㈣經夏，秦伯之弟鍼出奔晉。

傳諸侯之尊，弟兄不得以屬通㈠。其弟云者，親之也。親而奔之，惡也。

【今註】㈠屬：親屬。這句是說，君王和親弟弟也要君臣相稱。

【今譯】諸侯最尊貴，即使和親弟也不能兄弟相稱。經文稱弟，表示關係親近。親近還出逃，是秦伯壞。

㈤經六月，丁巳，邾子華卒㈠。

【今註】㈠此經無傳。

【今譯】六月丁巳日，邾國國君去世。

㈥經晉荀吳帥師敗狄于大原。

傳 傳曰，中國曰大原㊀，夷狄曰大鹵，號從中國㊁，名從主人。

【今註】㊀中國：指中原諸侯國。㊁號：指地號。

【今譯】中原諸侯國稱它為大原，夷狄國稱它大鹵。地名隨從中原諸侯國的叫法，人名隨從主人的叫法。

(七)經 秋，莒去疾自齊入于莒㊀，莒展出奔吳㊁。

【今註】㊀去疾：莒國公子，襄公三十一年逃到齊國避難。㊁展：莒國公子，殺父自立為君，今又被趕出。此經無傳。

【今譯】秋天，莒國的去疾由齊國回到莒國。莒公子展逃到吳國。

(八)經 叔弓帥師疆鄆田。

傳 疆之為言猶竟也㊀。

【今註】㊀竟：境的古字，邊境。經文是說叔弓領兵整修鄆田的邊界。

【今譯】疆就是邊境的意思。

(九)經 葬邾悼公㊀。

【今註】㊀此經無傳。

【今譯】安葬郲悼公。

(十)經冬，十有一月，己酉，楚子卷卒㊀。

【今註】㊀卷：楚君的名，左傳作麇。此經無傳。

【今譯】冬天，十一月己酉日，楚子去世。

(十一)經楚公子比出奔晉㊀。

【今註】㊀比：人名。此經無傳。

【今譯】楚公子比逃到晉國避難。

昭公二年（公元前五百四十年）

(一)經二年，春，晉侯使韓起來聘㊀。

【今註】㊀韓起：晉國的卿。此經無傳。

【今譯】二年，春天，晉侯派韓起來魯訪問。

(二) 經 夏，叔弓如晉㊀。

【今註】㊀叔弓：魯卿，叔老之子。此經無傳。

【今譯】夏天，叔弓到晉國去。

(三) 經 秋，鄭殺其大夫公孫黑㊀。

【今註】㊀此經無傳。

【今譯】秋天，鄭國殺了它的大夫公孫黑。

(四) 經 冬，公如晉，至河乃復。

傳 恥如晉，故著有疾也㊀。

【今註】㊀著：稱。昭公第一次到晉國就被拒於國外。

【今譯】恥於說到晉國去，所以聲稱有病而返。

(五) 經 季孫宿如晉。

傳 公如晉而不得入，季孫宿如晉而得入㊀，惡季孫宿也。

【今註】㈠季孫宿：魯國正卿。他與晉有暗交，說了昭公壞話。

【今譯】昭公去晉國沒能進去，季孫宿到晉國就能進去。季孫宿壞。

昭公三年（公元前五百三十九年）

㈠經 三年，春，王正月，丁未，滕子原卒㈠。

【今註】㈠原：滕成公的名。此經無傳。

【今譯】三年，春天，周曆正月，丁未日，滕成公去世。

㈡經 夏，叔弓如滕㈠。

【今註】㈠叔弓：魯卿。去滕弔喪。此經無傳。

【今譯】夏天，叔弓去滕國。

㈢經 五月，葬滕成公㈠。

【今註】㈠此經無傳。

【今譯】五月，安葬滕成公。

(四)經 秋，小邾子來朝㊀。

【今註】㊀此經無傳。

【今譯】秋天，小邾子國君來魯朝見。

(五)經 八月，大雩㊀。

【今註】㊀此經無傳。

【今譯】八月，舉行盛大的求雨的祭祀。

(六)經 冬，大雨雹㊀。

【今註】㊀雨：動詞，下。此經無傳。

【今譯】冬天，下大雹子。

(七)經 北燕伯款出奔齊。

傳 其曰北燕，從史文也㊀。

【今註】㊀史文：史書的記載。

【今譯】稱北燕國，是沿從史書的叫法。

昭公四年（公元前五百三十八年）

(一)經 四年，春，王正月，大雨雪㈠。

【今註】㈠左傳作大雨雹。此經無傳。

【今譯】四年，春天，周曆正月，下大雪。

(二)經 夏，楚子、蔡侯、陳侯、鄭伯、許男、徐子、滕子、頓子、胡子、沈子、小邾子、宋世子佐、淮夷會于申㈠。

【今註】㈠申：國名。淮夷：國名。這是楚靈王要稱霸諸侯，第一次主持諸侯的集會。此經無傳。

【今譯】夏天，楚子、蔡侯、陳侯、鄭伯、許男、徐子、滕子、頓子、胡子、沈子、小邾子、宋太子佐、淮夷，在申國集會。

(三)經 楚人執徐子㈠。

【今註】㈠此經無傳。

【今譯】楚國逮捕了徐國國君。

(四)

經 秋，七月，楚子，蔡侯、陳侯、許男、頓子、胡子、沈子、淮夷伐吳，執齊慶封，殺之。遂滅厲。

傳 此入而殺，其不言入何也？慶封封乎吳鍾離㊀，其不言伐鍾離何也？不與吳封也。慶封其以齊氏何也㊁？為齊討也。靈王使人以慶封令於軍中曰㊂：「有若慶封弒君者乎？」慶封曰：「子一息㊃，我亦且一言。」曰：「有若楚公子圍弒其兄之子而代之為君者乎？」軍人粲然皆笑㊄。慶封弒其君而不以弒君之罪罪之者，慶封不為靈王服也。不與楚討也。春秋之義，用貴治賤，用賢治不肖，不以亂治亂也。孔子曰：「懷惡而討，雖死不服，其斯之謂與㊅。」遂，繼事也。

【今註】㊀慶封：齊國大夫。崔杼弒齊莊公，慶封和崔杼是同伙，畏罪逃到吳國。鍾離：吳的附屬國。㊁慶封其以齊氏：指經文稱慶封為齊慶封。㊂靈王：楚靈王。他本為公子，名圍，不當繼位。他殺死侄兒奪得君位。㊃息：止，停。㊄粲然皆笑：都開心地笑了。粲然：露齒大笑的樣子。㊅斯：這。文中指靈王殺慶封而慶封不服。與：歟的古字。

【今譯】這是進入吳國殺的。為什麼不說進入吳呢？慶封被封在吳附屬的鍾離。為什麼不說攻伐鍾離？不贊同吳國封他呵。為什麼稱齊國的慶封？因為齊國討伐他。楚靈王讓人牽著慶封在軍中示眾說：「有像慶封這樣殺自己君王的嗎？」慶封說：「停一下，我只說一句。」說：「有像楚公子圍，殺了侄兒取代君位的嗎？」軍中人都開心地大笑。慶封弒君卻沒以弒君之罪判他。慶封沒服楚靈王，不贊同楚靈王的聲討。春秋的大義是用高貴的治服卑賤的，用有德治服無德的，而不是用亂治亂。孔子說：「自己有壞名聲，去聲討別人。別人即使掉腦袋也不會服的，大概指的就是這件事吧。」遂，表示緊接著另一事。

(五)經　九月，取鄫㈠。

【今註】㈠鄫：邑名，屬莒國。前是個小國，襄公六年被莒所滅。此經無傳。

【今譯】九月，佔領了鄫邑。

(六)經　十有二月，乙卯，叔孫豹卒㈠。

【今註】㈠此經無傳。

【今譯】十二月乙卯日，魯卿叔孫豹去世。

昭公五年（公元前五百三十七年）

㈠經 五年，春，王正月，舍中軍。

傳 貴復正也㊀。

【今註】㊀復正：恢復正規。魯屬中等國，應編二軍。襄公十一年，季孫宿卻編為上中下三軍，如今去掉中軍，所以穀梁氏認為做得對。

【今譯】貴在恢復正規。

㈡經 楚殺其大夫屈申㊀。

【今註】㊀此經無傳。

【今譯】楚國殺了它的大夫屈申。

㈢經 公如晉㊀。

【今註】㊀此經無傳。

【今譯】昭公到晉國去。

(四) 經 夏，莒牟夷以牟婁及防、茲來奔。

傳 以者，不以者也。來奔者，不言出。及防、茲，以大及小也㊀。莒無大夫，其曰牟夷何也㊁？以其地來也。以其地來，則何以書也？重地也。

【今註】㊀以大及小：這是指春秋經記事的義例，「及」字前為大者，「及」後邊的為小者。防地、茲地在「及」後，說明它比牟婁小。㊁牟夷：莒國大夫，但不是天子命封的，封邑在牟婁。他帶著土地投奔魯國。

【今譯】拿的，是不能拿的東西。說來奔，不說出奔。經文記「及防、茲」，是由大及小的意思。莒國沒有天子命封的大夫。為什麼稱他牟夷？因為他帶著土地逃來魯國。帶著土地來，為什麼就記載？重視土地。

(五) 經 秋，七月，公至自晉㊀。

【今註】㊀此經無傳。

【今譯】秋季，七月，昭公從晉回國，告祭祖廟。

(六)經 戊辰，叔弓帥師敗莒于蕡泉。

傳 狄人謂蕡泉失台㊀，號從中國，名從主人。

【今註】㊀蕡泉：魯國地名。左傳作蚡泉；公羊傳作濆泉。

【今譯】夷狄人把蕡泉叫做失台。地名隨從中原諸侯國的叫法，人名隨從主人的叫法。

(七)經 秦伯卒㊀。

【今註】㊀秦伯：指秦景公。此經無傳。

【今譯】秦景公去世。

(八)經 冬，楚子，蔡侯、陳侯、許男、頓子、沈子、徐人、越人伐吳㊀。

【今註】㊀此經無傳。

【今譯】冬天，楚王、蔡侯、陳侯、許男、頓子、沈子、徐人、越人攻伐吳國。

昭公六年（公元前五百三十六年）

(一)經 元年，春，王正月，杞伯益姑卒㊀。

【今註】㊀益姑：杞文公的名。此經無傳。

【今譯】六年，春天，周曆正月，杞文公去世。

(二)經 葬秦景公㊀。

【今註】㊀此經無傳。

【今譯】安葬秦景公。

(三)經 季孫宿如晉㊀。

【今註】㊀季孫宿：魯國的卿。此經無傳。

【今譯】季孫宿到晉國去。

(四)經 葬杞文公㊀。

【今註】㊀此經無傳。

【今譯】安葬杞文公。

(五) 經 宋華合比出奔衛㊀。

【今註】㊀華合比：宋國大夫。此經無傳。

【今譯】宋國的華合比逃到衛國去。

(六) 經 秋，九月，大雩㊀。

【今註】㊀此經無傳。

【今譯】秋季，九月，舉行盛大的求雨祭祀。

(七) 經 冬，楚薳罷帥師伐吳㊀。

【今註】㊀薳罷：楚國大夫。此經無傳。

【今譯】冬天，楚國的薳罷領兵攻伐吳國。

(八) 經 叔弓如楚㊀。

【今註】㊀此經無傳。

【今譯】叔弓到楚國去。

(九)經 齊侯伐北燕㈠。

【今註】㈠此經無傳。

【今譯】齊國攻打北燕國。

昭公七年（公元前五百三十五年）

(一)經 七年，春，王正月，暨齊平。

傳 平者，成也㈠。暨猶暨暨也㈡。暨者，不得已也。以外及內曰暨㈢。

【今註】㈠成：講和。㈡暨暨：堅決果斷的樣子。㈢內：指魯國。這句是解釋春秋經用詞的義例，說外國同魯國怎樣，中間用暨字。說魯國同外國怎樣，中間用及字。實際這次是齊燕兩國講和，穀梁氏誤認為齊國同魯國講和。

【今譯】平，是講和的意思。暨就是堅決果斷之義。而這條經文的暨，是不得已之義。記載外國同魯國如何如何，中間用暨字。

(二)經 三月，公如楚㈠。

【今註】㈠此經無傳。

【今譯】三月，昭公到楚國去。

㈢經 叔孫婼如齊莅盟。

傳 莅㈠，位也。內之前定之辭謂之莅㈡，外之前定之辭謂之來。

【今註】㈠莅：到，臨。㈡內：指魯國。這句是說叔孫婼到齊國簽盟是昭公去楚之前就決定的，是受君命前去簽約。

【今譯】莅，是到位的意思。魯國按先前決定的簽盟叫莅盟。如果是外國按先前的約定來簽約叫來盟。

㈣經 夏，四月，甲辰，朔，日有食之㈠。

【今註】㈠此經無傳。

【今譯】夏季，四月甲辰日，初一，出現日蝕。

㈤經 秋，八月，戊辰，衛侯惡卒。

傳 鄉曰衛齊惡㈠，今曰衛侯惡㈡，此何為君臣同名也？君子不奪人名，不奪人親之所名㈢，重其所以來也。王父名子也㈣。

【今註】㊀鄉：先前，指昭公元年的虢地集會，衛國是齊惡參加的。齊惡：人名，衛國的卿。㊁衛侯：衛襄公。他的名也叫惡。㊂所名：所命的名。㊃王父：祖父。

【今譯】先前記載有衛國的齊惡，現在又記載衛侯惡，為什麼君臣同名呢？有德的人不奪別人的名，不奪人親人給命的名，重視名字的由來。祖父給孩子命名。

(六)經 九月，公至自楚㊀。

【今註】㊀此經無傳。

【今譯】九月，昭公從楚國歸來，告祭祖廟。

(七)經 冬，十有一月，癸未，季孫宿卒㊀。

【今註】㊀此經無傳。

【今譯】冬天，十一月癸未日，魯卿季孫宿去世。

(八)經 十有二月，葬衛襄公㊀。

【今註】㊀此經無傳。

【今譯】安葬衛襄公。

昭公八年（公元前五百三十四年）

㈠經 八年，春，陳侯之弟招殺陳世子偃師。

傳 鄉曰陳公子招㈠，今曰陳侯之弟招何也？曰，盡其親㈡，所以惡招也。兩下相殺不志乎春秋，此其志何也？世子云者㈢，唯君之貳也。云可以重之存焉志之也。諸侯之尊，兄弟不得以屬通。其弟云者，親之也。親而殺之，惡也。

【今註】㈠鄉：先前，指昭公元年的虢地的集會，陳公子招赴會。招：人名，陳哀公的同母弟。㈡盡其親：把親屬關係全擺出來。稱公子，表明是先君之親；稱弟，表明是今君之親。㈢世子：太子，指陳哀公太子，名叫偃師。

【今譯】先前稱陳公子招，現在為什麼稱陳侯之弟招？是把親屬關係全擺出來，用以表明招很壞。兩下互相殘殺，春秋經不予記載，這次為什麼記載？太子，只有他才是君王的繼承人，被殺了應該慎重地加以記載。諸侯是一國之尊，即使是同母弟也不能與之兄弟相稱。稱弟，表明關係親。親還殺太子，說明招太壞。

㈡經 夏，四月，辛丑，陳侯溺卒㈠。

【今註】㊀溺：陳哀公的名。此經無傳。

【今譯】夏天，四月辛丑日，陳哀公去世。

(三)經 叔弓如晉㊀。

【今註】㊀此經無傳。

【今譯】魯叔弓到晉國去。

(四)經 楚人執陳行人干徵師，殺之。

傳 稱人以執大夫㊀，執有罪也。稱行人㊁，怨接於上也。

【今註】㊀大夫：指干徵師，陳國大夫。㊁行人：使臣。

【今譯】記人捉了某某大夫，表明捉的是有罪的人。稱他使臣，表明怨恨牽連到君王。

(五)經 陳公子留出奔鄭㊀。

【今註】㊀留：人名，陳哀公庶子。哀公死，立留為君，諸子爭立，留逃走。此經無傳。

【今譯】陳公子留跑到鄭國去避難。

(六)經 秋，蒐于紅。

傳 正也。因蒐狩以習用武事㈠，禮之大者也。艾蘭以為防㈡，置旃以為轅門㈢，以葛覆質以為槷㈣。流旁握㈤，御轚者不得入㈥。車軌塵，馬候蹄㈦，揜禽旅㈧。御者不失其馳，然後射者能中。過防弗逐，不從奔之道也。面傷不獻，不成禽不獻㈨。禽雖多，天子取三十焉，其餘與士眾，以習射於射宮㈩。射而中，田不得禽⑪，則得禽。田得禽而射不中，則不得禽。是以知古之貴仁義而賤勇力也。

【今註】 ㈠蒐狩：打獵。㈡艾蘭以為防：用艾蘭香草做圍牆。㈢旃：純赤色的旃旗。轅門：豎立起兩輛車，車轅相向對接，形成半圓形的門。㈣槷（音聶）：門橛。㈤流旁握：車軸頭至門框有一握寬。流：至。握：四寸。㈥轚（音及）：車轄相撞擊。這裏指車轄撞門。㈦候蹄：指馬後蹄伺候踏上前蹄的印。㈧揜：罩住。旅：眾。禽：禽獸。㈨不成禽：指沒長成的小獸。㈩射宮：天子或諸侯演習射獵的地方。在射宮裏習射要講禮讓，是學禮的一個途徑。⑪田：畋的古字，打獵。

【今譯】（在紅地打獵）是對的。古時用打獵的方式演習武功，這是一種大禮。演練場（即圍獵場）周圍一圈種植的是艾蘭香草。出入口處，仰起兩輛車，車轅相向對接，做成轅門，插上紅旗做為標誌。門中的質木橛用葛草包上，以防傷了馬蹄。轅門的寬度足以讓車出入。車軸頭離門框四寸寬。車軸頭撞上門的不得進去。車馬揚起的塵土只在軌轍上。戰馬四蹄高抬，後蹄踏上前蹄的印兒，圍住眾獸。趕車人有節奏地駕車，這樣射手才能射中。被追者越過了艾蘭樹牆，便不再追逐。箭傷嚴重，看不清面目的獵物不能獻祭，沒長成的小獸不能獻祭。即使射得的禽獸很多，天子只拿三十隻，其餘的分給眾人，用以在射宮裏演習射禮。射中了，即使畋獵時沒得到的也分給禽獸。畋獵時得到了，按射禮卻射不中，這時就得不到禽獸。因此得知，古人崇尚仁義而不崇尚勇力。

(七)經 陳人殺其大夫公子過㈠。

【今註】㈠過：陳哀公弟弟。此經無傳。

【今譯】陳國殺了自己的大夫公子過。

(八)經 大雩㈠。

【今註】㈠此經無傳。

【今譯】舉行盛大的求雨祭祀。

(九)經 冬，十月，壬午，楚師滅陳，執陳公子招，放之于越㈠，殺陳孔奐㊁。

【今註】㊀越：地名，不詳。㊁孔奐：陳國大夫，和公子招同夥，合謀殺太子。

【今譯】楚軍滅了陳國，逮住陳公子招，把他流放到越地，殺了孔奐。

傳 惡楚子也㊀。

【今註】㊀楚子：楚靈王。

【今譯】憎恨楚靈王（的做法）。

(十) 經 葬陳哀公。

傳 不與楚滅㊀，閔之也㊁。

【今註】㊀與：贊許，贊同。㊁閔：同憫，憐憫，同情。

【今譯】不贊同楚國滅陳國，同情陳哀公。

昭公九年（公元前五百三十三年）

(一) 經 九年，春，叔弓會楚子于陳㊀。

【今註】㊀據杜預註：「以事往，非行會禮」，知是一般的會見。此經無傳。

【今譯】九年，春天，魯卿叔弓在陳會見楚靈王。

㈡經 許遷于夷㊀。

【今註】㊀夷：地名，在今安徽亳縣東南。

【今譯】許國遷徙到夷地。

㈢經 夏，四月，陳火。

傳 國曰災，邑曰火㊀。火不志，此何以志？閔陳而存之也。

【今註】㊀邑曰火：城邑發生火災叫火。左傳記「陳災」，而穀梁氏記「陳火」，表明穀梁氏認為陳已被楚滅，只剩一座城了。

【今譯】國發生火災叫災，城邑發生火災叫火。對「火」不記載，這次為什麼記？同情陳國，希望它保存下來。

㈣經 秋，仲孫貜如齊㊀。

【今註】㊀仲孫貜（音決）：魯卿，謚號僖，又稱孟僖子。此經無傳。

【今譯】仲孫貜到齊國去。

(五)經 冬，築郎囿㈠。

【今註】㈠囿：天子或諸侯養禽獸的園林。此經無傳。

【今譯】在郎地修建園囿。

昭公十年（公元前五百三十二年）

(一)經 十年，春，王正月㈠。

【今註】㈠此經無傳。

【今譯】十年，春天，周曆正月。

(二)經 夏，齊欒施來奔㈠。

【今註】㈠欒施：人名，不詳。此經無傳。

【今譯】夏天，齊國的欒施逃到魯國。

(三)經 秋，七月，季孫意如、叔弓、仲孫貜帥師伐莒㈠。

【今註】㈠季孫意如：魯卿，季孫宿的兒子。此經無傳。

【今譯】秋天，七月，季孫意如、叔弓和仲孫貜領兵攻伐莒國。

(四)經 戊子，晉侯彪卒㈠。

【今註】㈠彪：晉平公的名。此經無傳。

【今譯】戊子日，晉平公去世。

(五)經 九月，叔孫婼如晉，葬晉平公㈠。

【今註】㈠此經無傳。

【今譯】九月，魯卿叔孫婼到晉國，參加晉平公的葬禮。

(六)經 十有二月，甲子，宋公成卒㈠。

【今註】㈠成：宋平公的名。此經無傳。

【今譯】十二月甲子日，宋平公去世。

昭公十一年（公元前五百三十一年）

㈠經十有一年，春，王二月，叔弓如宋，葬宋平公㈠。

【今註】㈠此經無傳。

【今譯】十一年，春天，周曆二月，魯卿叔弓去宋國，參加宋平公的葬禮。

㈡經夏，四月，丁巳，楚子虔誘蔡侯般殺之於申。

傳何為名之㈠？夷狄之君誘中國之君，故謹而名之也。稱時稱月稱日稱地，謹之也。

【今註】㈠名之：稱他們的名。指稱楚靈王名虔，蔡靈侯名般。楚靈王本名叫圍，所以前面的經文稱他公子圍，即位後更名叫虔。

【今譯】為什麼稱他們的名？夷狄國的國君誘殺中原諸侯的國君，所以慎重地記載他們的名字。記季節記月份記日子記地點，是表示重視這件事。

㈢經楚公子棄疾帥師圍蔡㈠。

【今註】㈠棄疾：楚國大夫。此經無傳。

【今譯】楚公子棄疾領兵圍攻蔡國。

㈣經 五月，甲申，夫人歸氏薨㈠。

【今註】㈠歸氏：襄公夫人，昭公母親。此經無傳。

【今譯】五月甲申日，夫人歸氏去世。

㈤經 大蒐于比蒲㈠。

【今註】㈠蒐：打獵。比蒲：地名，不詳。此經無傳。

【今譯】在比蒲大規模地打獵。

㈥經 仲孫貜會邾子，盟于祲祥㈠。

【今註】㈠祲祥：地名，公羊傳作祲羊。其地在魯都近郊。此經無傳。

【今譯】魯卿仲孫貜會見邾國國君，在祲祥結盟。

㈦經 秋，季孫意如會晉韓起、齊國弱、宋華亥、衛北宮佗、鄭罕虎、曹人、杞人于厥憖㊀。

【今註】㊀季孫意如：季孫宿的兒子，魯卿。其他各國也都是卿參加這次集會。厥憖（音印）：地名，不詳。此經無傳。

【今譯】秋天，季孫意如和晉國的韓起，齊卿國弱、宋卿華亥、衛國的北宮佗、鄭國的罕虎，曹人、杞人在厥憖集會。

(八)經　九月，己亥，葬我小君齊歸㊀。

【今註】㊀小君：諸侯夫人。齊歸：即歸氏，齊是諡號。此經無傳。

【今譯】九月己亥日，安葬魯夫人齊歸。

(九)經　冬，十有一月，丁酉，楚師滅蔡，執蔡世子友以歸，用之。

傳　此子也㊀。其曰世子何也？不與楚殺也㊁。一事注乎志，所以惡楚子也。

【今註】㊀此：指代蔡靈侯的太子，名叫友。子：應該稱子。靈侯死，友繼位，因處在父喪時，應該稱子不稱君。㊁不與楚殺：不贊同楚靈王殺蔡太子友。友被殺，還被用做祭祀的犧牲品。

【今譯】記載此人應稱子。為什麼稱太子？因為不贊同楚靈王殺他，所以把這一事專門記載下來，用以對楚靈王表示憎恨。

昭公十二年（公元前五百三十年）

㈠經十有二年，春，齊高偃帥師納北燕伯于陽。

傳納者㊀，內不受也。燕伯之不名何也㊁？不以高偃挈燕伯也㊂。

【今註】㊀納：使……進入。㊁燕伯：燕國國君，名叫款，於昭王三年逃到齊國，今齊卿高偃領兵送他回燕國。不名：不稱名。春秋經的義例是，國君無論出國還是回國，記名則表示他有罪。㊂挈：領。

【今譯】納，表示國內不願意接受。為什麼不記燕伯的名？是不願高偃領（一個有罪的）燕伯。

㈡經三月，壬申，鄭伯嘉卒㊀。

【今註】㊀嘉：鄭簡公名嘉。此經無傳。

【今譯】三月，壬申日，鄭簡公去世。

(三)經 夏，宋公使華定來聘㊀。

【今註】㊀華定：宋國大夫。此經無傳。

【今譯】夏天，宋公派華定來魯訪問。

(四)經 公如晉，至河乃還。

傳 季孫氏不使遂乎晉也㊀。

【今註】㊀季孫氏：魯卿季孫意如。他在晉侯面前說了昭公的壞話，故晉侯不讓昭公進入晉國。遂：成。

【今譯】季孫氏不讓昭公去晉這件事成行。

(五)經 五月，葬鄭簡公㊀。

【今註】㊀此經無傳。

【今譯】五月，安葬鄭簡公。

(六)經 楚殺其大夫成虎㊀。

【今註】㊀成虎：左傳作成熊。熊是其名，虎是字。此經無傳。

【今譯】楚國殺了自己的大夫成虎。

(七)經 秋，七月㈠。

【今註】㈠此經無傳。

【今譯】秋季，七月。

(八)經 冬，十月，公子慭出奔齊㈠。

【今註】㈠慭：魯國大夫。此經無傳。

【今譯】冬季，十月，魯公子慭逃到齊國。

(九)經 楚子伐許㈠。

【今註】㈠此經無傳。

【今譯】楚國攻伐許國。

(十)經 晉伐鮮虞。

傳 其曰晉，狄之也㈠。其狄之何也？不正其與夷狄交伐中國㈡，故狄稱之也。

【今註】㈠狄之：把它視為夷狄。㈡夷狄：指楚國。交：一齊，共同。中國：中原諸侯國。其實，晉攻伐的鮮虞國是白狄人所建立的，和晉同姓，都屬姬姓。

【今譯】記下晉國，把它視為夷狄。為什麼視為夷狄？它跟夷狄國一齊攻伐中原諸侯國是不對的，所以用狄稱呼它。

昭公十三年（公元前五百二十九年）

㈠經 十有三年，春，叔弓帥師圍費㈠。

【今註】㈠此經無傳。

【今譯】十三年，春天，魯卿叔弓領兵包圍費城。

㈡經 夏，四月，楚公子比自晉歸于楚，弒其君虔于乾溪。

傳 自晉，晉有奉焉爾㈠。歸而弒。不言歸，言歸，非弒也㈡。歸一事也，弒一事也，而遂言之㈢，以比之歸弒。比不弒也。弒君者日，不日，不弒也㈣。

【今註】㈠晉有奉焉：晉幫助他。奉：幫助。公子比是楚靈王的弟弟。靈王當了國君後，比逃到晉國，晉又幫助他回國。㈡這句是說，表示回國做好事用歸這個詞，用了歸字，就不能說弒君。㈢遂：承，接。㈣不弒：不是被殺的。楚靈王在乾溪自縊而死。

【今譯】記「自晉」，表明晉國幫助他回國。回國而後弒君。不說歸，因為說歸，就不能說弒。回國是一件事，弒君又是一件事，接著記載，就會認為是公子比殺了國君。公子比沒有殺國君。國君被殺要記載日子，不記日子，就說明國君不是被殺死的。

㈢經 楚公子棄疾殺公子比。

傳 當上之辭也㈠。當上之辭者，謂不稱人以殺，乃以君殺之也。討賊以當上之辭㈡，殺非弒也。比之不弒有四㈢。取國者，稱國以弒㈣。楚公子棄疾殺公子比㈤，比不嫌也。春秋不以嫌代嫌，棄疾主其事，故嫌也。

【今註】㈠當上：指君上，君王。㈡賊：作亂殺人的人。㈢比之不弒有四：說公子比沒有弒君有四點根據。前一條經文已敘述了二點，一是沒記載日期，二是歸國與弒君分兩件事記載。三是經文沒記「某人殺某」，四是仍稱比為公子。㈣這句是說，如果想奪得國而弒君以代之，經文就記「某國殺某」了。㈤棄疾：楚共王最小的兒子，公子比的弟弟，後來即位，史稱楚平。

【今譯】是指君王的意思。指君王，就是指經文不記某人殺某，乃是以君王的身分殺的。聲討作亂的人是以君王身分，表示殺的不是弒君的人。公子比沒有殺國君的依據有四點。如果為奪得一國而殺君，經文記載時，就舉出國名。經文記「楚公子棄疾殺公子比」，仍稱比為公子，表明比沒有殺君之嫌。春秋經不讓有殺君之嫌的替代有嫌的，棄疾主持殺了沒有殺君的人，他倒有奪君位之嫌。

(四)經 秋，公會劉子、晉侯、齊侯、宋公、衛侯、鄭伯、曹伯、莒子、邾子、滕子、薛伯、杞伯、小邾子于平丘㈠。

【今註】㈠劉子：周景王的卿。平丘：地名，在今河南長垣縣。

【今譯】秋天，昭公和劉子、晉侯、齊侯、宋公、衛侯、鄭伯、曹伯、莒子、邾子、滕子、薛伯、杞伯、小邾子在平丘開會。

(五)經 八月，甲戌，同盟于平丘，公不與盟。

傳 同者，有同也，同外楚也。公不與盟者㈠，可以與而不與，譏在公也。其日，善是盟也㈡。

【今註】㈠與：參與。㈡是盟：指平丘十三國之盟。

【今譯】經文用同字，表明諸侯有共同的對手，共同對付楚國。昭公沒能參與結盟。可以參與而不參與，譏斥昭公。記載日期，是認為這次結盟很好。

(六)經 晉人執季孫意如以歸㈠。

【今註】㈠季孫意如：魯卿，季孫宿的兒子。此經無傳。

【今譯】晉人捉住季孫意如，把他帶回國。

(七)經 公至自會㈠。

【今註】㈠此經無傳。

【今譯】昭公從平丘回國，告祭祖廟。

(八)經 蔡侯廬歸于蔡。陳侯吳歸于陳。

傳 善其成之會而歸之㈠，故謹而日之。此未嘗有國也，使如失國辭然者，不與楚滅也。

【今註】㈠歸之：讓他們回國。指讓蔡平侯（名叫廬）和陳惠公（名叫吳）分別回國。

【今譯】認為這次會成全了陳、蔡，讓二君回國，所以慎重地記載日期。這二君不曾有過國家，經文的記載卻讓他們像失掉了國家的樣子，是表示不贊同楚國滅陳蔡。

(九)經 冬，十月，葬蔡靈公。

傳 變之不葬有三，失德不葬，弒君不葬，滅國不葬。然且葬之㈠，不與楚滅，且成諸侯之事也㈡。

【今註】㈠葬之：指記載安葬蔡靈公。㈡諸侯之事：指諸侯平丘之會讓陳、蔡二君回國。

【今譯】春秋經改變義例，不記載安葬的諸侯有三種情況，沒德行的不記，殺君王的不記，被滅國的不記。卻記載蔡靈公的葬禮，是由於不贊同楚滅蔡國，同時也為成全諸侯平丘之會做的好事。

(十)經 公如晉，至河乃復㈠。

【今註】㈠此經無傳。

【今譯】昭公去晉國，到黃河邊就返回了。

(土)經 吳滅州來㈠。

【今註】㈠州來：楚的附屬國。此經無傳。

【今譯】吳國滅了州來。

昭公十四年（公元前五百二十八年）

(一)經　十有四年，春，意如至自晉。

傳　大夫執則致㈠，致則名。意如惡，然而致，見君臣之禮也㈡。

【今註】㈠致：通至。㈡見：現的古寫。

【今譯】大夫出國，如果被抓，回國後要告祭祖廟，這樣的要記載名字。季孫意如很壞，但是也要記他告祭祖廟。這是為表現君臣之禮義。

(二)經　三月，曹伯滕卒㈠。

【今註】㈠滕：曹武公名。此經無傳。

【今譯】三月，曹武公去世。

(三)經　夏，四月㈠。

【今註】㈠此經無傳。

【今譯】夏季，四月。

(四) 經 秋，葬曹武公㊀。

【今註】㊀此經無傳。

【今譯】秋天，安葬曹武公。

(五) 經 八月，莒子去疾卒㊀。

【今註】㊀去疾：莒君的名。此經無傳。

【今譯】八月，莒國國君去疾去世。

(六) 經 冬，莒殺其公子意恢。

傳 言公子而不言大夫，莒無大夫也。莒無大夫而曰公子意恢㊀，意恢賢也。曹莒皆無大夫，其所以無大夫者，其義異也㊁。

【今註】㊀意恢：人名，莒國公子。㊁異：不同。周武王封其弟曹叔於曹，建立曹國，後來逐漸衰弱，沒有天子命封的大夫。莒屬夷狄之國，天子不加封夷狄的大夫。

【今譯】稱公子而不稱大夫，因為莒國沒有天子命封的大夫。莒國沒有天子命封的大夫而稱公子意恢，是因為意恢賢德。曹國莒國都沒有天子命封的大夫，其原因不同。

昭公十五年（公元前五百二十七年）

㈠ 經 十有五年，春，王正月，吳子夷末卒㈠。

【今註】㈠夷末：吳君的名。此經無傳。

【今譯】十五年，春天，周曆正月，吳君夷末去世。

㈡ 經 二月，癸酉，有事于武宮㈠，籥入㈡，叔弓卒，去樂，卒事㈢。

【今註】㈠武宮：魯武公的廟。武公是魯國的第五代君王。㈡籥：竹製的樂器。古祭祀時要奏樂跳舞，先跳文舞，舞時手拿羽翎或籥；後跳武舞，舞時手拿干戚等武器。㈢卒事：把事情進行到終了。

【今譯】二月癸酉日，在武宮舉行祭祀，籥舞剛開始，叔弓猝死。撤去音樂，繼續祭祀，直到完畢。

傳 君在祭樂之中，聞大夫之喪，則去樂卒事，禮也。君在祭樂之中，大夫有變，以聞㈠，可乎？大夫國體也㈡。古之人重死，君命無所不通。

【今註】㈠聞：指聽樂音。㈡體：部分。

【今譯】君王在祭祀聽樂當中，聽說大夫死了，撤去音樂把祭祀進行完畢，這合乎禮。君王在祭祀當中，大夫有了急變，還讓他聽到樂音，可以嗎？大夫是國的一部分呵。古人重視死，君王的命令沒有達不到的地方。

(三)經 夏，蔡朝吳出奔鄭㊀。

【今註】㊀朝吳：人名。此經無傳。

【今譯】夏天，蔡國的朝吳跑到鄭國去。

(四)經 六月，丁巳，朔，日有食之㊀。

【今註】㊀此經無傳。

【今譯】六月丁巳日，初一，出現日蝕。

(五)經 秋，晉荀吳帥師伐鮮虞㊀。

【今註】㊀荀吳，晉國的卿。鮮虞：國名。戰國時改叫中山國。此經無傳。

【今譯】秋天，晉國的荀吳領兵攻伐鮮虞。

(六)經冬，公如晉㊀。

【今註】㊀此經無傳。

【今譯】冬天，昭公到晉國去。

昭公十六年（公元前五百二十六年）

(一)經十有六年，春，齊侯伐徐㊀。

【今註】㊀徐：國名。此經無傳。

【今譯】十六年，春天，齊國攻伐徐國。

(二)經楚子誘戎蠻子殺之㊀。

【今註】㊀蠻：國名，因為它是戎人所建，所以又稱戎蠻，在今河南臨汝縣南。此經無傳。

【今譯】楚平王誘騙戎蠻的國君，殺了他。

(三)經夏，公至自晉㊀。

【今註】㊀此經無傳。

【今譯】昭公從晉回國，告祭祖廟。

(四)經 秋，八月，己亥，晉侯夷卒㊀。

【今註】㊀夷：晉昭公的名。此經無傳。

【今譯】八月己亥日，晉昭公去世。

(五)經 九月，大雩㊀。

【今註】㊀此經無傳。

【今譯】九月，舉行盛大的求雨祭祀。

(六)經 季孫意如如晉㊀。

【今註】㊀季孫意如：魯卿。去晉參加葬禮。此經無傳。

【今譯】季孫意如到晉國去。

(七)經 冬，十月，葬晉昭公㊀。

【今註】㊀此經無傳。

【今譯】冬季，十月，安葬晉昭公。

昭公十七年（公元前五百二十五年）

㈠經 十有七年，春，小邾子來朝㊀。

【今註】㊀此經無傳。

【今譯】十七年，春天，小邾國國君來魯朝見。

㈡經 夏，六月，甲戌，朔，日有食之㊀。

【今註】㊀此經無傳。

【今譯】夏季，六月甲戌日，初一，出現日蝕。

㈢經 秋，郯子來朝㊀。

【今註】㊀郯：國名。此經無傳。

【今譯】秋天，郯國國君來魯朝見。

(四)經 八月，晉荀吳帥師滅陸渾戎㊀。

【今註】㊀陸渾戎：戎人的一支。此經無傳。

【今譯】八月，晉卿荀吳領兵滅了陸渾戎國。

(五)經 有星孛於大辰。

傳 一有一亡曰有㊀。於大辰者㊁，濫於大辰也㊂。

【今註】㊀亡：通無。㊁大辰：星宿名，即二十八星宿中的心宿，又叫大火。㊂濫：侵瀆。這裏是指彗星侵掃到大辰星宿。

【今譯】「有」指時有時無的有。「於大辰」，是說侵掃到大辰星宿。

(六)經 楚人及吳戰于長岸。

傳 兩夷狄曰敗㊀，中國與夷狄亦曰敗。楚人及吳戰于長岸㊁，進楚子，故曰戰。

【今註】㊀敗：指強調楚國敗。㊁長岸：地名。不詳。

【今譯】楚國和夷狄打仗，要如實記載楚國的失敗。中原諸侯國和楚國打仗，也要記錄楚國的失敗。

楚國跟吳國在長岸打仗（楚敗），為了進升楚王，所以稱作戰。

昭公十八年（公元前五百二十四年）

(一) 經 十有八年，春，王三月，曹伯須卒㊀。

【今註】㊀須：曹平公的名。此經無傳。

【今譯】十八年，春天，周曆三月，曹平公去世。

(二) 經 夏，五月，壬午，宋、衛、陳、鄭災。

傳 其志，以同日也㊀。其日，亦以同日也。或曰㊁：「人有謂子產曰㊂：『某日有災』，子產曰：『天者神，子惡知之㊃？』」是人也，同日為四國災也。

【今註】㊀以：因為。㊁或：有人。㊂子產：鄭國大夫，後升為卿。㊃惡：疑問詞，怎麼。

【今譯】記載，因為發生在同一天。記日子，也是因為在同一天。有人說：「一個人對子產說：『某天有火災』，子產說：『天是神，您怎麼能知道呢？』」這個人說對了，同一天四個國家發生火災。

(三)經 六月，邾人入鄅㈠。

【今註】㈠此經無傳。

【今譯】六月，邾國攻入鄅國。

(四)經 秋，葬曹平公㈠。

【今註】㈠此經無傳。

【今譯】秋天，安葬曹平公。

(五)經 冬，許遷于白羽㈠。

【今註】㈠白羽：地名，在今河南西峽縣一帶。此經無傳。

【今譯】冬天，許國遷移到白羽。

昭公十九年（公元前五百二十三年）

(一)經 十有九年，春，宋公伐邾㈠。

【今註】㈠此經無傳。

【今譯】十九年，春天，宋國攻伐邾國。

(二)經 夏，五月，戊辰，許世子弒其君買。

傳 曰弒，正卒也㊀。正卒則止不弒也㊁。不弒而曰弒，責止也。止曰：「我與夫弒者。」不立乎其位，以與其弟虺㊂，哭泣歠飦粥㊃，嗌不容粒㊄，未踰年而死。故君子即止自責而責之。

【今註】㊀正卒：正常地死去。㊁止：人名，許悼公的太子。悼公有病，止餵藥沒有先嚐，悼公喝完藥，不一會就死了。㊂虺（音毀）：止的弟弟。㊃歠（音輟）：喝。飦（音乾）粥：稠一點兒的粥。㊄嗌（音意）：咽喉。

【今譯】記載被弒的日期，表明是正常死去。正常死去就說明太子止沒有弒君。沒弒君卻記載弒君，是責備太子止。止說：「我跟那些弒君的太子同罪。」沒繼承君位，把君位給了他的弟弟虺，哭得喉嚨都腫了，喝稠粥都咽不下去，沒過一年就死了。所以君子就太子能自責這一點要求人們（學習）。

(三)經 己卯，地震㊀。

【今註】㊀此經無傳。

【今譯】己卯日發生地震。

(四) 經 秋，齊高發帥師伐莒㈠。

【今註】㈠高發：齊國的卿。此經無傳。

【今譯】秋天，齊國高發領兵攻伐莒國。

(五) 經 冬，葬許悼公。

傳 日卒時葬㈠，不使止為弒父也㈡。曰，子既生，不免於水火，母之罪也。羈貫成童㈢，不就師傅，父之罪也。就師學問無方，心志不通，身之罪也㈣。心志既通，而名譽不聞，友之罪也。名譽既聞，有司不舉㈤，有司之罪也。有司舉之，王者不用，王者之過也。許世子不知嘗藥，累及許君也。

【今註】㈠日卒時葬：記載死的日期，記載安葬的季節。㈡不使止為弒父：不讓許太子止承擔弒父的罪名。他的錯誤就是餵父藥時沒先嚐藥。㈢羈貫：兒童的髮髻。㈣身：自己。㈤有司：管事的人。

【今譯】許悼公死了記日期，安葬記季節，是為了不讓太子止承擔弒父的罪名。孩子出生後，被水火弄傷了，是母親的罪過。梳上髮髻到了童年，還不拜師學習，是父親的罪過。到老師那兒，學習沒方法，頭腦不開竅，是自己的罪過。頭腦已開竅（學得很好），可是聲望不高，是朋友的罪過。有了聲望。管事人不舉薦，是管事人的罪過。管事人舉薦，而君王不任用，是君王的過失。許太子不懂先嚐藥的道理，這罪責牽連到許君。

昭公二十年（公元前五百二十二年）

(一)經 二十年，春，王正月㊀。

【今註】㊀此經無傳。

【今譯】二十年，春天，周曆正月。

(二)經 夏，曹公孫會自夢出奔宋。

傳 自夢者㊀，專乎夢也。曹無大夫，其曰公孫何也㊁？言其以貴取之，而不以叛也。

【今註】㊀夢：地名，曹國的城邑，在今山東菏澤縣西北。㊁公孫：曹宣公的孫子，所以稱公孫，名叫會，封邑在夢。

【今譯】經文記「自夢」，表明夢地為公孫會專有。曹國沒有天子命封的大夫，稱他公孫，是說他因地位高取得土地，不能帶著土地叛逃。

(三)經　秋，盜殺衛侯之兄輒。

傳　盜，賤也。其曰兄，母兄也。目衛侯，衛侯累也㊀。然則何為不為君也？曰有天疾者㊁，不得入乎宗廟。輒者何也？曰兩足不能相過㊂，齊謂綦，楚謂之踂，衛謂之輒。

【今註】㊀累：連及。衛侯：指衛靈公。他的哥哥腳有病，這句是說他指使人殺了哥哥。㊁天疾：天生的毛病。㊂兩足不能相過：兩隻腳不能互相邁過。指不能像正常人那樣行走，後腳邁過前腳，前腳再邁過已經邁過它的後腳。

【今譯】強盜，是低賤人。稱兄，表明是同母所生的兄長。指衛侯，是說牽連到衛侯。是兄為什麼沒當國君？因他天生有殘疾，不能進宗廟。輒是什麼病？兩隻腳不能互相邁過，齊國把這種病叫綦，楚國叫踂，衛國叫輒。

(四)經　冬，十月，宋華亥、向寧、華定出奔陳㊀。

【今註】㊀華亥等三位大夫因宋元公要加害而出逃。此經無傳。

【今譯】冬季，十月，宋國的華亥、向寧和華定逃到陳國。

(五)經 十有一月，辛卯，蔡侯廬卒㈠。

【今註】㈠廬：蔡平公的名。此經無傳。

【今譯】十一月辛卯日，蔡平公去世。

昭公二十一年（公元前五百二十一年）

(一)經 二十有一年，春，王三月，葬蔡平公㈠。

【今註】㈠此經無傳。

【今譯】二十一年，春天，周曆三月，安葬蔡平公。

(二)經 夏，晉侯使士鞅來聘㈠。

【今註】㈠此經無傳。

【今譯】夏天，晉侯派士鞅來魯訪問。

(三)經 宋華亥、向寧、華定自陳入于宋南里以叛。

傳 自陳，陳有奉焉爾㈠。入者，內弗受也。其曰宋南里㈡，宋之南鄙也㊂。以者，不以者也。叛，直叛也。

【今註】㊀奉：幫助。㊁南里：杜預認為是宋城內的一條街道名。穀梁氏認為是宋國南部邊區，較為合理。㊂鄙：邊邑。

【今譯】經文記「自陳」，表明是陳國幫助的。用入字，表示陳國不接受他們。稱宋南里，是宋國南部邊區。用以字，表示不該憑藉（南里）的意思。用叛字，表示祇是背叛。（沒有作亂）

(四)經 秋，七月，壬午，朔，日有食之㊀。

【今註】㊀此經無傳。

【今譯】秋季，七月壬午日，初一，出現日蝕。

(五)經 八月，乙亥，叔輒卒㊀。

【今註】㊀叔輒：魯卿叔弓的兒子。此經無傳。

【今譯】八月乙亥日，叔輒去世。

(六)經 冬，蔡侯東出奔楚。

傳 東者，東國也㊀。何為謂之東也？王父誘而殺焉㊁，父執而用焉㊂。奔而又奔之。曰東，惡之而貶之也。

【今註】㊀東國：人名，又稱東。左傳作朱，楊伯峻考證朱、東是兩個人。東是蔡靈侯的孫子。㊁王父：祖父。蔡靈侯被楚共王誘騙殺死。㊂父執而用：父親被抓而且用做祭祀的犧牲品。指蔡靈侯的太子（名叫友）於昭公十一年被楚靈王抓去，並殺了用以祭祀。

【今譯】東，就是東國。為什麼稱他名呢？他的祖父被誘騙殺死，父親被抓而且做了犧牲品。（幾代人）逃而又逃，稱名，是對他表示憎惡和貶斥。

(七)經 公如晉，至河乃復㊀。

【今註】㊀這是第四次被晉拒之國門之外。此經無傳。

【今譯】昭公去晉國，到黃河邊便返回了。

昭公二十二年（公元前五百二十年）

(一)經 二十有二年，春，齊侯伐莒㊀。

【今註】㊀此經無傳。

【今譯】二十二年，春天，齊國攻伐莒國。

(二)經 宋華亥、向寧、華定自宋南里出奔楚。

傳 自宋南里者㈠，專也。

【今註】㈠南里：指南部邊區。

【今譯】經文記「自宋南里」，表明那兒被三個大夫專有了。

(三)經 大蒐於昌間。

傳 秋而曰蒐㈠。此春也，其曰蒐何也？以蒐事也㈡。

【今註】㈠蒐：春季打獵。爾雅等都稱秋天打獵叫獮。穀梁氏說秋獵叫蒐，不知何據。㈡以蒐事：以打獵方式演習武事。武事即武功。

【今譯】秋季打獵叫蒐。這是春季，為什麼叫蒐？這是用打獵方式演習武功。

(四)經 夏，四月，乙丑，天王崩㈠。

【今註】㈠天王：天子，指周景王。此經無傳。

【今譯】夏季，四月乙丑日，周景王駕崩。

(五)經 六月，叔鞅如京師，葬景王㈠。

【今註】㈠叔鞅：魯卿叔弓的兒子。此經無傳。

【今譯】六月，叔鞅到京師，參加景王的葬禮。

(六)經 王室亂。

傳 亂之為言㈠，事未有所成也。

【今註】㈠亂：指景王死後，王卿們爭著護立各自親近的公子，尹氏要立公子朝，單氏要立王子猛，都沒成功。

【今譯】王宮大亂，立新王的事沒有成功。

(七)經 劉子、單子以王猛居於皇㈠。

【今註】㈠劉子、單（音善）子：二人都是周景王的卿。王猛：景王的庶子，名猛。皇：地名，在今河南洛陽東。

【今譯】劉子、單子帶著王猛出居在皇地。

傳 以者㊀，不以者也，王猛嫌也。

【今註】㊀以：領著，帶著。

【今譯】用以字，表示不該帶的意思。王猛有爭國之嫌。

(八)經 秋，劉子、單子以王猛入于王城。

傳 以者，不以者也。入者㊀，內弗受也。

【今註】㊀入：指進入王城。

【今譯】用以字，表示不該帶的意思。用入字，表示王城的人不願他們進去。

(九)經 冬，十月，王子猛卒。

傳 此不卒者㊀。其曰卒，失嫌也。

【今註】㊀不卒：不該記載死。

【今譯】這個人，不該記載他的死。記下他的死，就沒了爭國之嫌。

(十)經 十有二月，癸酉，朔，日有食之㊀。

【今註】㊀此經無傳。

【今譯】十二月癸酉日，初一，出現日蝕。

昭公二十三年（公元前五百一十九年）

㈠經 二十有三年，春，王正月，叔孫婼如晉㊀。

【今註】㊀叔孫婼：魯卿。此經無傳。

【今譯】二十三年，春天，周曆正月，叔孫婼到晉國去。

㈡經 癸丑，叔鞅卒㊀。

【今註】㊀此經無傳。

【今譯】癸丑日，魯卿叔鞅去世。

㈢經 晉人執我行人叔孫婼㊀。

【今註】㊀行人：使臣。邾國告了魯國的狀，故晉人抓住魯的使臣。此經無傳。

【今譯】晉國逮住了魯國的使臣叔孫婼。

(四) 經 晉人圍郊㊀。

【今註】㊀郊：周的城邑。此經無傳。

【今譯】晉國包圍了郊邑。

(五) 經 夏，六月，蔡侯東國卒于楚㊀。

【今註】㊀東國：蔡悼公的名。此經無傳。

【今譯】夏季，六月，蔡悼公死在楚國。

(六) 經 秋，七月，莒子庚與來奔㊀。

【今註】㊀庚與：莒君的名。此經無傳。

【今譯】秋季，七月，莒國國君庚與逃到魯國。

(七) 經 戊辰，吳敗頓、胡、沈、蔡、陳、許之師于雞甫，胡子髡、沈子盈滅。獲陳夏齧。

傳 中國不言敗，此其言敗何也㊀？中國不敗，胡子髡、沈子盈其滅乎㈡？其言敗，釋其滅也。獲者㈢，非與之辭也，上下之稱也㈣。

【今註】㈠此：指雞甫（楚地名）之戰。吳國勝了中原六國。㈡胡子髡：胡國國君，名髡。沈子盈：沈國國君，名盈，公羊傳作楹，左傳作逞。滅：據杜預註：「國雖存，君死曰滅。」㈢獲：大夫被對方抓去，無論生或死都叫獲。陳國大夫名夏齧，被吳打死，也稱獲。㈣上下之稱：指君臣有不同之稱，君死曰滅，臣死曰獲。

【今譯】對中原諸侯國不記敗，這次為什麼記？因為胡國君髡和沈國君盈被打死了，記敗，是為瞭解釋他們的死。用獲字，不是稱讚的意思，是因為君臣（被打死）有不同稱說。

(八)經 天王居於狄泉。尹氏立王子朝。

傳 始王也㈠。其曰天王，因其居而王之也㈡。立者，不宜立者也。朝之不名何也㈢？別嫌乎尹氏之朝也。

【今註】㈠始王：開始稱王。周景王死剛滿一年，他的兒子周敬王剛開始稱天王。㈡因其居而王之：就在居住的地方稱王。敬王躲避禍亂，出居在狄泉。㈢不名：指不單獨稱名，即不稱朝，而稱公子朝。

【今譯】剛開始稱王。稱天王，就在居住的地方稱王。用立字，表明是不該立的人。為什麼不直接稱名而稱公子朝？是為了區別於尹氏之朝。

(九)經　八月，乙未，地震㊀。

【今註】㊀此經無傳。

【今譯】八月乙未日，發生地震。

(十)經　冬，公如晉，至河，有疾，乃復。

傳　疾不志㊀，此其志何也，釋不得入乎晉也。

【今註】㊀志：記載。

【今譯】有病不必記載，這次為什麼記載？是解釋昭公沒進入晉國的原因。

昭公二十四年（公元前五百一十八年）

(一)經　二十有四年，春，王二月，丙戌，仲孫貜卒㊀。

【今註】㊀此經無傳。

【今譯】二十四年，春天，周曆二月，丙戌日，仲孫貜去世。

(二)經 婼至自晉。

傳 大夫執則致㊀，致則挈㊁，由上致之也㊂。

【今註】㊀大夫執則致：大夫被抓後，回國要告祭祖廟。叔孫婼於上年到晉，被扣留一年，今回國告祭祖廟。㊁挈：領。㊂上：指國君。

【今譯】大夫被抓後，回國要告祭祖廟，國君領著到祖廟前，由國君告祖。

(三)經 夏，五月，乙未，朔，日有食之㊀。

【今註】㊀此經無傳。

【今譯】夏季，五月乙未日，初一，出現日蝕。

(四)經 秋，八月，大雩㊀。

【今註】㊀此經無傳。

【今譯】秋季，八月，舉行盛大的求雨祭祀。

(五)經 丁酉，杞伯郁釐卒㊀。

【今註】㊀郁釐：杞平公的名。此經無傳。

【今譯】丁酉日，杞平公去世。

(六)經 冬，吳滅巢㊀。

【今註】㊀此經無傳。

【今譯】冬天，吳國滅掉巢國。

(七)經 葬杞平公㊀。

【今註】㊀此經無傳。

【今譯】安葬杞平公。

昭公二十五年（公元前五百一十七年）

(一)經 二十有五年，春，叔孫婼如宋㊀。

【今註】㊀此經無傳。

【今譯】二十五年，春天，魯卿叔孫婼到宋國去。

(二)經 夏，叔倪會晉趙鞅、宋樂大心、衛北宮喜、鄭游吉、曹人、邾人、滕人、薛人、小邾人于黃父㊀。

【今註】㊀叔倪：叔輒的兒子，魯卿。黃父：地名，在今山西沁水縣西北。黃父之會是由晉國正卿趙鞅主持，其他九國也都是卿參加。此經無傳。

【今譯】夏天，叔倪同晉趙鞅、宋樂大心、衛北宮喜、鄭游吉、曹人、邾人、滕人、薛人、小邾人在黃父開會。

(三)經 有鸜鵒來巢。

傳 一有一亡曰有㊀。來者，來中國也。鸜鵒穴者而曰巢㊁。或曰，增之也㊂。

【今註】㊀亡：通無。㊁鸜鵒：音渠玉。俗稱八哥，這種鳥會學人說話。㊂增：妄增之辭，即沒有的事。八哥鳥生活在濟水以南，極少飛到山東一帶。

【今譯】對時有時無的東西才強調有。來，表示來到中原一帶。八哥鳥住的地方叫巢。有的說，這是妄增的。

(四)經 秋，七月，上辛㈠，大雩。季辛㈡，又雩。

【今註】㈠上辛：上旬的辛日。㈡季辛：下旬的辛日。辛：天干的第八位。古時多以干支相配記日，也可以單用天干記日。

【今譯】秋季，七月，上旬的辛日，舉行盛大的求雨祭祀。下旬的辛日，又舉行盛大的求雨祭祀。

傳 季者㈠，有中之辭也。又，有繼之辭也。

【今註】㈠季：末尾。

【今譯】季，表示有中間的意思。又，表示接續的意思。

(五)經 九月，己亥，公孫于齊，次于陽州，齊侯唁公于野井。

傳 孫之為言猶孫也㈠，諱奔也。次㈡，止也。弔失國曰唁㈢，唁公不得入於魯也㈣。

【今註】㈠孫（後一個孫字）：通遜，流亡。㈡次：臨時住下。㈢弔：慰問。㈣不得入於魯：不能回魯。昭公是被季孫氏逼迫逃亡的。

【今譯】孫就是指流亡。用孫字是為了避諱說流亡。次，是臨時住留下來。慰問失去國家的人叫唁，是慰問昭公不能回到魯國。

(六) 經 冬，十月，戊辰，叔孫婼卒㊀。

【今註】㊀此經無傳。

【今譯】冬季，十月戊辰日，魯卿叔孫婼去世。

(七) 經 十有一月，己亥，宋公佐卒于曲棘。

傳 防公也㊀。

【今註】㊀防：通訪。宋公（名佐）是為了魯昭公的事去求問晉侯，死在路上。

【今譯】為了昭公的事訪問。

(八) 經 十有二月，齊侯取鄆。

傳 取，易辭也。內不言取㊀。以其為公取之，故易言之也。

【今註】㊀內：指魯國。鄆是魯國的城邑，齊景公攻取了鄆城，讓魯昭公住在那兒。

【今譯】用取字，表示很容易就佔領了。對魯的城邑不能說取。因為齊侯是為了昭公而攻取鄆城，所以說很容易就攻取了。

昭公二十六年（公元前五百一十六年）

㈠經 二十有六年，春，王正月，葬宋元公㈠。

【今註】㈠此經無傳。

【今譯】二十六年，春天，周曆正月，安葬宋元公。

㈡經 三月，公至自齊，居于鄆。

傳 公次于陽州㈠，其曰至自齊何也？以齊侯之見公，可以言至自齊也。居于鄆者，公在外也㈡。至自齊，道義不外公也。

【今註】㈠次：臨時性的住留。陽州：魯地，在今山東東平縣北。㈡外：指國都以外。

【今譯】昭公暫住在陽州，為什麼說從齊國回來？因為齊侯見到了昭公，可以說從齊回國。居住在鄆城，表明昭公在魯都之外。從齊回來，按禮義，不能把昭公視為在外。

㈢經 夏，公圍成。

傳 非國不言圍。所以言圍者㈠，以大公也。

【今註】㊀所以言圍者：稱圍的原因。昭公包圍的是仲孫氏的封邑，叫成。

【今譯】不是對一個國家不必說圍。這裏說圍的原因，是為強調昭公勢力仍很強大。

㈣經 秋，公會齊侯、莒子、邾子、杞伯、盟于鄟陵㊀。

【今註】㊀鄟陵：地名。不詳。此經無傳。

【今譯】秋天，昭公在鄟陵同齊侯、莒子、邾子、杞伯會盟。

㈤經 公至自會，居于鄆㊀。

【今註】㊀此經無傳。

【今譯】昭公從會盟地回國，住在鄆城。

㈥經 九月，庚申，楚子居卒㊀。

【今註】㊀居：楚平王的名。平王原名棄疾，即位後改名熊居，也可以單稱居。此經無傳。

【今譯】九月庚申日，楚平王去世。

㈦經 冬，十月，天王入于成周。尹氏、召伯、毛伯以王子朝奔楚。

傳 周有入無出也㈠。遠矣㈡，非也。奔，直奔也。

【今註】㈠有入無出：指進入記載，出不記載。昭公二十三年周敬王出居於狄泉，就省略了「出」字。㈡遠：指尹氏等三個卿領王子朝逃到遠遠的楚國。

【今譯】對周天子記進不記出。他們逃到遠遠的楚國，責備他們外逃。經文記「奔」，表示徑直逃跑的意思。

昭公二十七年（公元前五百一十五年）

㈠經 二十有七年，春，公如齊㈠。

【今註】㈠此經無傳。

【今譯】二十七年，春天，昭公到齊國去。

㈡經 公至自齊，居于鄆。

傳 公在外也㈠。

【今註】㈠外：指國都之外。

【今譯】昭公住在國都之外。

(三)經 夏，四月，吳弒君僚㈠。

【今註】㈠僚：吳王名僚。公子光殺僚自立為王。此經無傳。

【今譯】夏季，四月，吳公子殺了自己的國君。

(四)經 楚殺其大夫郤宛㈠。

【今註】㈠郤宛：郤宛為人正直，為奸臣所害。此經無傳。

【今譯】楚人殺了自己的大夫郤宛。

(五)經 秋，晉士鞅、宋樂祁犂、衛北宮喜、曹人、邾人、滕人，會于扈㈠。

【今註】㈠士鞅：晉卿。扈地這次會是商討如何送昭公回國都。此經無傳。

【今譯】秋天，晉卿士鞅和宋卿樂祁犂、衛卿北宮喜、曹人、邾人、滕人在扈地開會。

(六)經 冬，十月，曹伯午卒㈠。

【今註】㈠午：曹悼公的名。此經無傳。

【今譯】冬季，十月，曹悼公去世。

(七) 經 邾快來奔㊀。

【今註】㊀快：人名。此經無傳。

【今譯】邾快逃到魯國來。

(八) 經 公如齊㊀。

【今註】㊀此經無傳。

【今譯】昭公到齊國去。

(九) 經 公至自齊，居于鄆㊀。

【今註】此經無傳。

【今譯】昭公從齊回國，住在鄆城。

昭公二十八年（公元前五百一十四年）

(一)經 二十有八年，春，王三月，葬曹悼公㊀。

【今註】㊀此經無傳。

【今譯】二十八年，春天，周曆三月，安葬曹悼公。

(二)經 公如晉，次于乾侯。

傳 公在外也㊀。

【今註】㊀外：指晉的國都之外。乾侯屬晉地，但距晉的國都較遠。乾侯在今河北安成縣東南。

【今譯】昭公在國都以外（等候接見）。

(三)經 夏，四月，丙戌，鄭伯寧卒㊀。

【今註】㊀寧：鄭定公名叫寧。此經無傳。

【今譯】夏季，四月丙戌日，鄭定公去世。

(四)經 六月，葬鄭定公㊀。

【今註】㊀此經無傳。

【今譯】六月，安葬鄭定公。

(五)經　秋，七月，癸巳，滕子寧卒㊀。

【今註】㊀寧：滕悼公的名。此經無傳。

【今譯】秋季，七月癸巳日，滕悼公去世。

(六)經　冬，葬滕悼公㊀。

【今註】㊀此經無傳。

【今譯】冬季，安葬滕悼公。

昭公二十九年（公元前五百一十三年）

(一)經　二十有九年，春，公至自乾侯，居于鄆。齊侯使高張來唁公。

傳　唁公不得入於魯也㊀。

【今註】㊀唁：慰問失去國家的人。昭公不能居國都，問國事，就等於失去了國。

【今譯】對昭公不能回國都表示慰問。

(二)經 公如晉，次于乾侯㊀。

【今註】㊀此經無傳。

【今譯】昭公到晉國去，暫住在乾侯。

(三)經 夏，四月，庚子，叔倪卒。

傳 季孫意如曰㊀：「叔倪無病而死㊁，此皆無公也，是天命也，非我罪也。」

【今註】㊀季孫意如：魯國正卿，驕橫專權，逼得昭公出走。㊁叔倪：魯卿，叔輒的兒。據春秋紀事本末載，叔倪忠於昭公。

【今譯】季孫意如說：「叔倪沒有重病卻死去，這都是因為沒有國君呵。這是天命，不是我的罪過。」

(四)經 秋，七月㊀。

【今註】㊀一季無事，記下首月。此經無傳。

【今譯】秋季，七月。

(五)經 冬，十月，鄆潰。

傳 潰之為言㊀，上下不相得也㊁。上下不相得則惡矣，亦譏公也。昭公出奔，民如釋重負。

【今註】㊀潰：潰散。這裏指百姓逃散。㊁不相得：不合。

【今譯】百姓逃散，就是指上上下下不投合。上下不合就壞了，這也是譏斥昭公。昭公逃出國都，百姓像放下了沉重的負擔似的。

昭公三十年（公元前五百一十二年）

(一)經 三十年，春，王正月，公在乾侯。

傳 中國不存公㊀。存公故也㊁。

【今註】㊀中國：國中。不存公：指鄆城百姓都叛離了昭公。㊁存公：指昭公寄居在晉國乾侯。

【今譯】昭公在國中呆不下去，寄居在晉國。

(二)經 夏，六月，庚辰，晉侯去疾卒㊀。

【今註】㊀去疾：晉頃公名去疾。此經無傳。

【今譯】夏季，六月庚辰日，晉頃公去世。

(三)經 秋，八月，葬晉頃公㊀。

【今註】㊀此經無傳。

【今譯】秋季，八月，安葬晉頃公。

(四)經 冬，十有二月，吳滅徐，徐子章羽奔楚㊀。

【今註】㊀章羽：人名。此經無傳。

【今譯】冬季，十二月，吳國滅掉徐國，徐國君王逃到楚國。

昭公三十一年（公元前五百一十一年）

(一)經 三十有一年，春，王正月，公在乾侯㊀。

【今註】㊀此經無傳。

【今譯】三十一年，春天，周曆正月，昭公住在乾侯。

(二) 經 季孫意如會晉荀櫟于適歷㈠。

【今註】㈠荀櫟：晉卿。適歷：晉國地名。不詳。此經無傳。

【今譯】季孫意如在適歷會見晉卿荀櫟。

(三) 經 夏，四月，丁巳，薛伯穀卒㈠。

【今註】㈠穀：薛獻公的名。此經無傳。

【今譯】夏季，四月丁巳日，薛獻公去世。

(四) 經 晉侯使荀櫟唁公於乾侯。

傳 唁公不得入於魯也㈠。曰：「既為君言之矣，不可者意如也㈡。」

【今註】㈠唁：慰問失去國的人叫唁。㈡不可，不同意。

【今譯】對昭公不能回國表示慰問。說：「已經為您說話了，季孫意如不同意。」

(五) 經 秋，葬薛獻公㈠。

【今註】㈠此經無傳。

【今譯】秋天，安葬薛獻公。

(六)經 冬，黑肱以濫來奔。

傳 其不言邾黑肱何也㊀？別乎邾也㊁。其不言濫子何也？非天子所封也。來奔，內不言叛也。

【今註】㊀黑肱：穀梁氏認為是濫國君王。另一種解釋為邾國的臣，封邑在濫。㊁別乎邾：跟邾國有別，即不是邾國人。

【今譯】為什麼不稱呼邾黑肱？因為他不是邾國人。為什麼不稱呼濫子，因為他不是天子封的諸侯。逃到魯國來，魯國（當然）不說他叛逃。

(七)經 十有二月，辛亥，朔，日有食之㊀。

【今註】㊀此經無傳。

【今譯】十二月辛亥日，初一，出現日蝕。

昭公三十二年（公元前五百一十年）

(一)經 三十有二年，春，王正月，公在乾侯㊀。

【今註】㊀此經無傳。

【今譯】三十二年，春天，周曆正月，昭公仍住在乾侯。

(二)經 取闞㊀。

【今註】㊀闞：魯邑名。此經無傳。

【今譯】（昭公）攻佔了闞邑。

(三)經 夏，吳伐越㊀。

【今註】㊀這是吳越第一次交戰。此經無傳。

【今譯】夏天，吳國攻伐越國。

(四)經 秋，七月㊀。

【今註】㊀此經無傳。

【今譯】秋季，七月。

(五) 經 冬，仲孫何忌會晉韓不信、齊高張、宋仲幾、衛世叔申、鄭國參、曹人、莒人、薛人、杞人、小邾人城成周。

傳 天子微㊀，諸侯不享覲㊁。天子之在者，惟祭與號㊂。故諸侯之大夫㊃，相帥以城之㊄，此變之正也。

【今註】㊀天子：指周敬王。㊁享：獻，指向天子納貢品。覲：見，朝見天子。㊂惟：祇。號：王號。㊃諸侯之大夫：指經文中的韓不信、高張等十一人。㊄城之：為王都修固城牆。

【今譯】周天子衰微，諸侯不納貢不朝見。天子僅存的，祇有祭祀和王號了。諸侯的大夫一個跟一個來京都築城牆，這種變通的做法是對的。

(六) 經 十有二月，己未，公薨于乾侯㊀。

【今註】㊀此經無傳。

【今譯】十二月己未日，昭公死在乾侯。

卷十一　定　公

定公元年（公元前五百零九年）

(一)經 元年，春，王。

傳 不言正月，定無正也。定之無正何也？昭公之終，非正終也㈠。定之始，非正始也㈡。昭無定終，故定無正始。不言即位，喪在外也㈢。

【今註】㈠正終：君王因病死在宮中的正寢（也稱路寢）叫正終。昭公死在異國，所以不是正終。㈡正始：正常即位。㈢喪在外：昭公死在晉國的乾侯。昭公十二月去世，定公次年六月即位。

【今譯】不記正月，因為定公（不是正月即位）沒有正月。定公為什麼沒有正月？昭公的死，不是屬於正終。定公開始即位，不是屬於正常即位。昭公沒有正終，所以定公沒有正始。不記即位，因昭公死在外國。

(二)經 三月，晉人執宋仲幾于京師。

傳 此其大夫㈠，其曰人何也？微之也㈡。何為微之？不正其執人於尊者之所也㈢，不與大夫之伯討也㈣。

【今註】㈠此：指代晉人。㈡微：輕。㈢尊者之所：指京師。㈣與：贊同。伯：排行老大，也指頭領，霸主。

【今譯】晉人是位卿大夫，為什麼稱人？輕視他。為什麼輕視他？他在京師抓人是不對的，不贊同一個大夫以霸主身分懲罰人。

㈢ 經 夏，六月，癸亥，公之喪至自乾侯㈠。

【今註】㈠此經無傳。

【今譯】夏天，六月癸亥日，昭公的靈柩從乾侯運回到魯國。

㈣ 經 戊辰，公即位。

傳 殯㈠，然後即位也。定無正，見無以正也。踰年不言即位，是有故公也。言即位，是無故公也。即位，授受之道也。先君無正終，則後君無正始也。先君有正終，則後君有正始也。

戊辰，公即位，謹之也。定之即位，不可不察也。公即位，何以日也？戊辰之日，然後即位也。癸亥，公之喪至自乾侯㈠，何為戊辰之日然後即位也？正君乎國，然後即位也。沈子曰：「正棺乎兩楹之間㈢，然後即位也。」內之大事日㈣。即位，君之大事也，其不日何也？以年決者㈤，不以日決也。此則其日何也？著之也㈥。何著焉？踰年即位，厲也㈦。於厲之中，又有義焉。未殯，雖有天子之命猶不敢，況臨諸臣乎㈧？周人有喪，魯人有喪，周人弔，魯人不弔。周人曰：「固吾臣也，使人可也。」魯人曰：「吾君也，親之者也，使大夫則不可也。」故周人弔，魯人不弔，以其下成康為未久也㈨。君至尊也㈩，去父之殯而往弔㈡，猶不敢，況未殯而臨諸臣乎？

【今註】㈠殯：入殮待葬，這是小殯，指屍體入棺。大殯指棺入墓。㈡喪：靈柩。乾侯：晉國地名。㈢沈子：人名，不詳。楹：廳堂前部的柱子。㈣內：指魯國。日：記載日期。㈤以年決：正常即位記年。㈥著：顯。㈦厲：危。㈧臨諸臣：指即位為君。臨：面對。㈨下成康為未久：離成王、康王的時代還不遠。尚書中有周成王死，七天而殯，殯後康王才即位的記載。㈩君：指天子。

㈡去：離開。

【今譯】先君入殯，然後新君即位。對定公沒有記正月，足見其不是在正月即位。過了年還不記即位，這是因為先君死有緣故。記載即位，這說明先君死沒有特殊緣故。即位，有個先君授與君位，後君接受君位的禮儀。先君不是正終，那麼後君就不能正常即位。先君是正終，後君就正常即位。經文記「戊辰，公即位」，這是慎重地記此事。定公即位，不能不慎重。定公即位為什麼記日期？因為他是戊辰日之後即位的。癸亥日，昭公的靈柩從乾侯運回魯國，為什麼戊辰日之後才即位呢？要在國中確正君位，然後才能即位。沈子說：「在正廳的兩根楹柱中間擺上靈位，入殯後才能即位。」魯國的大事要記日期。即位，是君王的大事，怎麼能不記日期？即位以年來記，不記日期。這次為什麼記日期？是為明顯地記下特殊情況。為什麼要這樣？過一年才即位，危險，在危險中又有一定的禮義。先君未入殮，即使有天子的命令還不敢即位呢，何況是擅自即位？如果周有喪事，魯君也有喪事。周可以弔喪，魯就不可以。周人說：「魯本來就是我的臣嗎，派個人去弔唁就可以了。」魯人說：「周是我們的天子，是親人，派大夫去是不可以的。」所以說周人可以弔唁，魯就不可以，因為距離成王、康王時代還不遠（古禮還未變）。天子地位最高，離開父親的靈柩去弔唁，尚且還不敢呢，何況一般諸侯，怎麼敢先君沒入殮就即位呢？

㈤經 秋，七月，癸巳，葬我君昭公㈠。

【今註】㈠此經無傳。

【今譯】秋季，七月癸巳日，安葬魯昭公。

㈥經九月，大雩。

傳雩月，雩之正也。秋大雩，非正也。冬大雩，非正也。秋大雩，雩之為非正何也。毛澤未盡㈠，人力未竭㈡，未可以雩也。雩月，雩之正也。月之為雩之正何也？其時窮㈢，人力盡，然後雩，雩之正也。何謂其時窮人力盡？是月不雨，則無及矣。是年不艾㈣，則無食矣，是謂其時窮，人力盡也。雩之必待其時窮人力盡何也？雩者，為旱求者也。求者，請也。古之人重請。何重乎請？人之所以為人也，讓也。請道去讓也㈤，則是舍其所以為人也，是以重之。焉請哉？請乎應上公。古之神人有應上公者，通乎陰陽。君親帥諸大夫道之而以請焉。夫請者，非可詒託而往也㈥，必親之者也。是以重之。

【今註】㈠毛：草木。澤：指水分。㈡人力未竭：指人們還在出力耕耘。㈢時窮：指下雨的時機沒了。㈣是：這。艾：通刈，收獲。㈤去讓：去掉了謙讓。㈥詒：通貽，送給。

【今譯】舉行求雨的祭祀記載月份，是對的。秋季舉行盛大的雩祭，是不對的。冬季舉行盛大的雩祭，也是不對的。秋季舉行求雨祭祀為什麼不對？因為草木還有水分，人們還在用力耕耘，沒有必要求雨。舉行雩祭記載月份為什麼是對的？如果時機沒了，人力用盡了，然後舉行雩祭，這雩祭是對的。什麼叫時機沒了，人力用盡了？這月不下雨，就來不及了。這年不收獲，就沒吃的了，這就叫時機沒了，人力用盡了。舉行雩祭為什麼必須等下雨的時機沒了，人力用盡了？雩祭，是為天旱求雨的祭祀。求，就是請。古人很重視請的禮節。為什麼重視請的禮節？人稱為人的原因，就是因為人講謙讓，如果丟掉了謙讓，這就丟掉了做人的準則，所以重視請。怎麼請呢？求雨應向上天請求。古時的神人有能應答上天的，通達陰陽。君主要親自領著群臣在道上求雨。請，不能推給委託別人去，必須君王親自求請。因此說很重要。

(七)經　立煬宮。

傳　立者，不宜立者也㊀。

【今註】㊀不宜立：指不該立煬公廟。煬公是魯國第三位國君。魯世家記載，伯禽卒，子考公立；考公卒，弟煬公立。定公是昭公弟，他和煬公都是繼承兄長的君位，所以定公要重修煬公廟，以表兄終弟及是合禮的。

【今譯】用立字，表示不該立的意思。

(八)經冬，十月，隕霜殺菽。

傳未可以殺而殺㊀，舉重。可殺而不殺㊁，舉輕。其曰菽㊂，舉重也。

【今註】㊀殺：傷。周曆十月是夏曆八月，一般降霜極少，即使降霜也不至於傷作物。㊁可殺而不殺：見僖公三十三年：「十有二月，隕霜不殺草。」㊂菽：豆，豆葉。豆葉耐寒而被霜傷著，可見其嚴重。

【今譯】不該傷農作物卻傷了，說明霜情嚴重。該傷作物的季節卻沒傷害，說明霜情輕。記載豆類受傷害，說明霜情重。

定公二年（公元前五百零八年）

(一)經二年，春，王正月㊀。

【今註】㊀此經無傳。

【今譯】二年，春天，周曆正月。

(二)經夏，五月，壬辰，雉門及兩觀災。

傳 其不曰雉門災及兩觀何也㊀？自兩觀始也。不以尊者親災也㊁。先言雉門，尊尊也。

【今註】㊀雉門：諸侯宮廷的南門。兩觀：宮門兩旁有高臺，高臺上修觀望樓，叫觀（音貫）。這一句是從語序上發問。㊁親：近。這還是從詞語的上下排列上講述。尊者：指雉門。門是主體，兩觀是附屬者，古人認為門尊觀卑。

【今譯】為什麼不記載為「雉門災及兩觀」？火是從兩觀燃起的，不讓「雉門」二字靠近「災」字。把「雉門」放在「及」字之前，是表示尊敬尊者。

㈢經 秋，楚人伐吳㊀。

【今註】㊀此經無傳。

【今譯】秋天，楚國攻伐吳國。

㈣經 冬，十月，新作雉門及兩觀。

傳 言新，有舊也。作，為也㊀，有加度也，此不正。其以尊者親之何也㊁？雖不正也，於美猶可也。

【今註】㊀為：重修。㊁尊者：指雉門。親之：指「雉門」二字緊靠「作」字。

【今譯】用新字，表明有舊的。作，是重修的意思，又加了尺度，這是不對的。為什麼讓雉門二字靠近作字？重修雖然不對，從美觀上講還可以。

定公三年（公元前五百零七年）

㈠經　三年，春，王正月，公如晉，至河乃復㊀。

【今註】㊀復：返。范寧云，定立今三年始朝於晉，晉責其緩慢，不受其朝。此經無傳。

【今譯】三年，春天，周曆正月，定公去晉國，到黃河邊便返回了。

㈡經　三月，辛卯，邾子穿卒㊀。

【今註】㊀穿：邾莊公的名。此經無傳。

【今譯】三月辛卯日，邾莊公去世。

㈢經　秋，葬邾莊公㊀。

【今註】㊀此經無傳。

【今譯】秋天，安葬邾莊公。

(四)經 冬，仲孫何忌及邾子盟于拔㊀。

【今註】㊀仲孫何忌：魯卿。拔：地名。不詳。此經無傳。

【今譯】冬天，仲孫何忌在拔地和邾君會盟。

定公四年（公元前五百零六年）

(一)經 四年，春，王二月，癸巳，陳侯吳卒㊀。

【今註】㊀吳：陳惠公的名。此經無傳。

【今譯】四年，春天，周曆二月癸巳日，陳惠公去世。

(二)經 三月，公會劉子、晉侯、宋公、蔡侯、衛侯、陳子、鄭伯、許男、曹伯、莒子、邾子、頓子、胡子、滕子、薛伯、杞伯、小邾子、齊國夏于召陵㊀，侵楚。

【今註】㊀劉子：周敬王的卿。陳子：陳惠公兒子，惠公新喪，新君稱子，一年後才稱爵。國夏：

齊國的卿。召陵：地名，在今河南郾城縣東。此經無傳。

【今譯】三月，定公跟劉子、晉侯、宋公、蔡侯、衛侯、陳子、鄭伯、許男、曹伯、莒子、邾子、頓子、胡子、滕子、薛伯、杞柏、小邾子、齊卿國夏在召陵開會，（商討）攻伐楚國。

(三)經 夏，四月，庚辰，蔡公孫姓帥師滅沈㈠，以沈子嘉歸㈡，殺之。

【今註】㈠公孫姓：蔡國大夫。㈡嘉：人名，沈國君王。因不參加召陵會被殺。

【今譯】夏季，四月庚辰日，蔡國的公孫姓領兵滅了沈國，把沈君抓住帶回國殺死。

(四)經 五月，公及諸侯盟于皐鼬。

傳 一事而再會㈠。公志於後會也。後志疑也。

【今註】㈠再：兩次。為攻楚開兩次會，表明各國意見不一致。穀梁氏認為魯公有疑慮。

【今譯】為一件事開兩次會。定公對後一次會有想法。記載後一次會，表明大家有疑慮。

(五)經 杞伯成卒于會㈠。

【今註】㈠成：杞悼公的名。此經無傳。

【今譯】杞悼公死在會中。

(六) 經 六月，葬陳惠公㈠。

【今註】㈠此經無傳。

【今譯】六月，安葬陳惠公。

(七) 經 許遷于容城㈠。

【今註】㈠容城：地名，在今河南魯山縣南。此經無傳。

【今譯】許國遷移到容城。

(八) 經 秋，七月，公至自會㈠。

【今註】㈠此經無傳。

【今譯】秋季，七月，定公從會盟地回國，告祭祖廟。

(九) 經 劉卷卒。

傳 此不卒而卒者㈠，賢之也。環內諸侯也㈡，非列土諸侯㈢。此何以卒也？天王崩，為諸侯主也。

【今註】㊀此：指劉卷，周敬王的卿。天子的卿，與諸侯地位相當。不卒：死不必記載。㊁環內：京畿之內。㊂列土諸侯：分封的諸侯。

【今譯】這個人死不必記載，經文卻記載了他的死，是認為他賢德。他是京畿內的諸侯，不是分封的諸侯。為什麼記載他的死？天子死後，由他為諸侯主事。

(十)經 葬杞悼公㊀。

【今註】㊀此經無傳。

【今譯】安葬杞悼公。

(土)經 楚人圍蔡㊀。

【今註】㊀此經無傳。

【今譯】楚國包圍了蔡國。

(主)經 晉士鞅、衛孔圉帥師伐鮮虞㊀。

【今註】㊀鮮虞：國名，白狄人建的國，戰國時改名叫中山。此經無傳。

【今譯】晉卿士鞅和衛卿孔圉領兵攻伐鮮虞國。

(十三)經 葬劉文公㈠。

【今註】 ㈠文：劉卷的謚號。此經無傳。

【今譯】 安葬劉文公。

(十四)經 冬，十有一月，庚午，蔡侯以吳子及楚人戰伯舉，楚師敗績。楚囊瓦出奔鄭。庚辰，吳入楚。

傳 吳其稱子何也㈠？以蔡侯之以之，舉其貴者也。蔡侯之以之，則其舉貴者何也？吳信中國而攘夷狄㈡，吳進矣。其信中國而攘夷狄奈何？子胥父誅於楚也㈢，挾弓持矢而干闔廬㈣。闔廬曰：「大之甚，勇之甚。」為是欲興師而伐楚。子胥諫曰㈤：「臣聞之，君不為匹夫興師。且事君猶事父也，虧君之義，復父之仇，臣弗為也。」於是止。蔡昭公朝於楚，有美裘。正是日，囊瓦求之㈥，昭公不與，為是拘昭公於南郢㈦，數年然後得歸。歸乃用事乎漢㈧，曰：「苟諸侯有欲伐楚者㈨，寡人請為前列焉。」楚人聞之而怒，為是興師而伐蔡。蔡求救於吳。子胥曰：「蔡非有罪，楚無道也。君若有憂中國之心，則若此時可矣。」為是興師而伐楚。何以不言救也？救大也⑩。日入⑪，易無楚也。易無楚者，壞宗廟，徙陳器，撻平王之墓。何以不言滅也？欲存楚也。其欲存楚奈何？昭王之軍敗而逃，父老送之，曰：「寡人不肖⑫，亡先君之邑⑬，父老反矣⑭，何憂無君，寡人且用此入海矣⑮。」父老曰：「有君如此其賢也，以眾不如吳，以必死不如楚。」相與擊之，一夜而三敗吳人，復立。何以謂之吳也？狄之也。何謂狄之也？君居其君之寢⑯，而妻其君之妻。大夫居其大夫之寢，而妻其大夫之妻，蓋有欲妻楚王之母者，不正。乘敗人之績，而深為利，居人之國，故反其狄道也。

【今註】 ㊀吳其稱子：稱吳王為吳子。吳王名闔廬，殺公子光而自立為君。㊁信中國：讓中原諸侯國伸張了正義，指幫助蔡國伐楚。信：通伸。㊂子胥：伍子胥，名員。他的父親伍奢是楚國大夫，被楚平王殺害，子胥跑到吳國。㊃干：求。這裏指投奔。㊄諫：下級給上級提意見。㊅囊瓦：人名，字叫子常，楚國的令尹。㊆南郢：地名。一說郢都的南郊。㊇用事乎漢：指向漢水之神祈禱。

㈨苟：假如。㈩救大：援救的大處在於中原諸侯國。㈡日入：記載攻入楚國的日期。㈢不肖：原指不像父親，引申指不成材。肖：像。㈢亡：失。㈣反：返的古字。最後一句中的「反」與此相同。㈤用：由。㈥君居其君之寢：吳王睡在楚王的床上。

【今譯】對吳王為什麼稱子？因為蔡侯用了這稱呼，稱他高貴的稱呼。蔡侯為什麼這麼稱他高貴的稱呼？因為吳王讓蔡國伸張了正義而打敗了楚國。吳王進升了。吳國怎麼讓蔡國伸張了正義而打敗了楚？伍子胥父親被楚王殺害，他帶著弓箭投奔吳王。吳王說：「太孝了！太勇敢了！」為此，想立即興兵攻楚。伍子胥勸諫說：「我聽說，君王不能為一個普通百姓發兵。再說，事奉君王像事奉父親一樣，虧了君的恩義而為父親報仇，我不能這麼做。」就勸止了吳王。蔡昭公去朝見楚王，他有件非常好看的皮襖。這天正好令尹囊瓦在，他要這件皮襖，昭公不給，為此把蔡昭公拘留在南郢，幾年後才放回去。蔡昭公回國路過漢水時，向河神祈禱：「假如有討伐楚國的諸侯，我請求給它當前鋒。」楚王聽到後非常生氣，為這事起兵攻打蔡國。蔡國向吳求救。伍子胥對吳王說：「蔡沒有罪，是楚國無道。您如果為中原國憂慮，像這種時候可以發兵。」為此吳起兵攻伐楚國。為什麼不說救蔡？因為從大處說是救了中原諸侯國。記載攻入楚國的日期，為表示輕易地就沒了楚國。沒了楚國，指毀了宗廟，搬走了陳列的寶器，鞭撻楚平王的屍體。為什麼不說滅了楚國？想讓楚國存在下來。怎麼讓楚國存在下來？楚昭王的軍隊敗退時，父老們送王。昭王說：「我不才，丟了父輩的城邑。父老們回去吧！還愁沒君王嗎？我將由這跳海了。」父老們說：「君王像這樣賢德呵！論軍隊我們不如吳國多，論拼死的決心，他們不如楚國。」大家共同奮擊，一夜之間就多次打敗吳軍，保住了楚國。為什麼稱吳人？是把它視為夷狄。為什麼視為夷狄？（因為吳軍入楚）吳王睡到了楚王床上，佔有了楚王的妻子。吳國大夫住上了楚大夫的居室，佔有了楚國大夫的妻，大概還有想奪楚王母親為妻的，不合於禮。乘人失敗之機，住在別人的國家，大飽私囊。所以說吳又返回它夷狄那一套做法了。

定公五年（公元前五百零五年）

(一)經 五年，春，王正月，辛亥，朔，日有食之㈠。

【今註】㈠此經無傳。

【今譯】五年，春天，周曆正月辛亥日，初一，出現日蝕。

(二)經 夏，歸粟於蔡。

傳 諸侯無粟，諸侯相歸粟，正也。孰歸之？諸侯也。不言歸之者，專辭也㈠。義邇也㈡。

【今註】㈠專辭：指魯國。春秋經凡不記主名的，專指魯國。㈡邇：近。

【今譯】諸侯沒有糧食，別的諸侯送給它，這是對的。誰給了蔡國糧食？是諸侯。不記給主名的，是專指魯國。這道理很淺近。

㈢ 經 於越入吳㊀。

【今註】㊀於越：越國。於字沒什麼意義。此經無傳。

【今譯】越國攻入吳國。

㈣ 經 六月，丙申，季孫意如卒㊀。

【今註】㊀季孫意如：魯卿，謚號平，又稱季平子。此經無傳。

【今譯】六月丙申日，季孫意如去世。

㈤ 經 秋，七月，壬子，叔孫不敢卒㊀。

【今註】㊀叔孫不敢：人名，魯卿叔孫豹的後人。此經無傳。

【今譯】秋季，七月壬子日，叔孫不敢去世。

㈥ 經 冬，晉士鞅帥師圍鮮虞㊀。

【今註】㊀此經無傳。

【今譯】冬天，晉國的士鞅領兵包圍了鮮虞國。

定公六年（公元前五百零四年）

(一)經 六年，春，王正月，癸亥，鄭游速帥師滅許，以許男斯歸㊀。

【今註】㊀游速：鄭國大夫，公羊傳作游遬。斯：許君的名。此經無傳。

【今譯】六年，春天，周曆正月，癸亥日，鄭游速率領軍隊滅掉許國，把許國國君帶回鄭國。

(二)經 二月，公侵鄭㊀。

【今註】㊀此經無傳。

【今譯】二月，定公攻打鄭國。

(三)經 公至自侵鄭㊀。

【今註】㊀此經無傳。

【今譯】定公從鄭回國，告祭祖廟。

(四)經 季孫斯、仲孫何忌如晉㊀。

【今註】㊀季孫斯：季孫意如的兒子。此經無傳。

【今譯】魯卿季孫斯和仲孫何忌到晉國去。

(五)經 秋，晉人執宋行人樂祁犂㊀。

【今註】㊀行人：使臣。此經無傳。

【今譯】秋天，晉國逮住了宋國的使臣樂祁犂。

(六)經 冬，城中城。

傳 城中城者㊀，三家張也㊁。或曰，非外民也。

【今註】㊀城中城：修固內城。古城牆分內外兩道，內城也叫中城。㊁三家：孟孫氏、叔孫氏和季孫氏。孟孫也稱仲孫。家：卿大夫的封地。

【今譯】修固內城，是因為三家在擴張勢力範圍。也有的說，是為防備外民入侵。

(七)經 季孫斯、仲孫忌帥師圍鄆㊀。

【今註】㊀季孫斯：魯卿季孫意如的兒子。「忌」前脫「何」字。公羊傳以為仲孫何忌二名，誤。此經無傳。

【今譯】季孫斯和仲孫何忌領兵包圍鄆城。

定公七年（公元前五百零三年）

(一)經 七年，春，王正月㈠。

【今註】㈠此經無傳。

【今譯】七年，春季，周曆正月。

(二)經 夏，四月㈠。

【今註】㈠一季無事，記下首月。此經無傳。

【今譯】夏季，四月。

(三)經 秋，齊侯、鄭伯盟于鹹㈠。

【今註】㈠鹹：地名，在今河南濮陽縣東南。此經無傳。

【今譯】秋天，齊侯和鄭伯在鹹地會盟。

(四)經 齊人執衛行人北宮結以侵衛。

傳 以，重辭也，衛人重北宮結㈠。

【今註】㈠北宮結：衛國大夫。

【今譯】以，是一個表示重要的憑借條件的詞，衛國很重視北宮結。

(五) 經 齊侯、衛侯盟于沙㈠。

【今註】㈠沙：公羊傳作沙澤，地名。不詳。此經無傳。

【今譯】齊侯和衛侯在沙地會盟。

(六) 經 大雩㈠。

【今註】㈠此經無傳。

【今譯】舉行盛大的求雨祭祀。

(七) 經 齊國夏帥師伐我西鄙㈠。

【今註】㈠鄙：邊邑。此經無傳。

【今譯】齊卿國夏領兵攻打魯國西部的邊邑。

(八) 經 九月，大雩㊀。

【今註】㊀此經無傳。

【今譯】九月，舉行盛大的求雨祭祀。

(九) 經 冬，十月㊀。

【今註】㊀此經無傳。

【今譯】冬季，十月。

定公八年（公元前五百零二年）

(一) 經 八年，春，王正月，公侵齊㊀。

【今註】㊀此經無傳。

【今譯】八年，春天，周曆正月，定公領兵攻齊。

(二) 經 公至自侵齊㊀。

【今註】㊀此經無傳。

【今譯】定公從齊回國，告祭祖廟。

(三)經 二月，公侵齊㈠。

【今註】㈠此經無傳。

【今譯】二月，定公領兵攻打齊國。

(四)經 三月，公至自侵齊。

傳 公如㈠，往時致月㈡，危致也。往月致時，危往也。往月致月，惡之也。

【今註】㈠公如：諸侯出行。這條傳文都是闡發經文記諸侯出行的條例。㈡往時致月：去時記季節，歸國時記月份。時：季節。

【今譯】諸侯出行，如果去時記季節，歸國時記月份，表明歸國有危難。如果去時記月份，歸國時記季節，表明去時有危難。如果去時記月份，歸來時也記月份，是對出行人表示憎恨。

(五)經 曹伯露卒㈠。

【今註】㈠露：曹靖公名叫露。此經無傳。

【今譯】曹靖公去世。

(六) 經 夏，齊國夏帥師伐我西鄙㊀。

【今註】㊀此經無傳。

【今譯】夏天，齊卿國夏領兵攻伐魯國西部邊邑。

(七) 經 公會晉師于瓦㊀。

【今註】㊀瓦：地名，在今河南滑縣南。此經無傳。

【今譯】定公到瓦地向晉軍求救。

(八) 經 公至自瓦㊀。

【今註】㊀此經無傳。

【今譯】定公從瓦地回國，告祭祖廟。

(九) 經 秋，七月，戊辰，陳侯柳卒㊀。

【今註】㊀柳：陳懷公的名。此經無傳。

【今譯】秋季，七月戊辰日，陳懷公去世。

(十)經 晉士鞅帥師侵鄭，遂侵衛㊀。

【今註】㊀此經無傳。

【今譯】晉國的士鞅領兵侵犯鄭國，接著又侵犯衛國。

(十一)經 葬曹靖公㊀。

【今註】㊀此經無傳。

【今譯】安葬曹靖公。

(十二)經 九月，葬陳懷公㊀。

【今註】㊀此經無傳。

【今譯】九月，安葬陳懷公。

(十三)經 季孫斯、仲孫何忌帥師侵衛㊀。

【今註】㊀此經無傳。

【今譯】季孫斯和仲孫何忌領兵攻打衛國。

㈩㈣ 經 冬，衛侯、鄭伯盟于曲濮㈠。

【今註】㈠曲濮：地名。不詳。此經無傳。

【今譯】冬天，衛侯和鄭伯在曲濮結盟。

㈩㈤ 經 從祀先公㈠。

【今註】㈠從：順。依據杜預註。先公：指閔公和僖公。魯文公祭祀時，擅自改變位次，把父親僖公提到閔公之前，是違禮的。定公把閔公放在前。

【今譯】順著合禮的位次祭祀先公。

傳 貴復正也㈠。

【今註】㈠貴：重視。

【今譯】重視他恢復了正確的祭祀位次。

㈩㈥ 經 盜竊寶玉大弓。

傳 寶玉者，封圭也㊀。大弓者，武王之戎弓也㊁。周公受賜，藏之魯。非其所以與人而與人，謂之亡㊂。非其所取而取之，謂之盜。

【今註】㊀封圭：接受命封時得到的圭玉。圭：玉器名，長條形，上銳。㊁戎弓：征伐時用的弓。㊂亡：失去。

【今譯】寶玉是周公接受命封時得到的圭玉。大弓是周武王的戎弓。周公得到的賞賜，收藏在魯國。不是用以送人的東西卻送給人，這叫失去。不是應該拿的東西卻拿了，這叫盜竊。

定公九年（公元前五百零一年）

(一)經 九年，春，王正月㊀。

【今註】㊀此經無傳。

【今譯】九年，春天，周曆正月。

(二)經 夏，四月，戊申，鄭伯蠆卒㊀。

【今註】㊀蠆（音釵去聲）：鄭獻公的名。此經無傳。

【今譯】夏季，四月戊申日，鄭獻公去世。

㈢ 經 得寶玉，大弓。

傳 其不地何也㈠？寶玉大弓在家則羞㈡，不目羞也。惡得之，得之堤下。或曰，陽虎以解眾也㈢。

【今註】㈠不地：不記載地名。㈡家：大夫的封邑。㈢陽虎：季孫斯封邑的總管，也稱家臣。其他書作「陽貨」，如論語等書。

【今譯】為什麼不記載得到的地點？寶玉和大弓落到大夫家裏是恥辱，不願意看到這種恥辱。在哪兒得到？在大堤下。有人說，陽虎為緩解眾怒送還了。

㈣ 經 六月，葬鄭獻公㈠。

【今註】㈠此經無傳。

【今譯】六月，安葬鄭獻公。

㈤ 經 秋，齊侯、衛侯次于五氏㈠。

【今註】㈠次：臨時駐留。五氏：地名，在今河北邯鄲市西。此經無傳。

【今譯】秋天，齊侯和衛侯暫駐軍在五氏。

(六)經 秦伯卒㊀。

【今註】㊀春秋經對秦君死不記名。此經無傳。

【今譯】秦伯去世。

(七)經 冬，葬秦哀公㊀。

【今註】㊀此經無傳。

【今譯】冬天，安葬秦哀公。

定公十年（公元前五百年）

(一)經 十年，春，王三月，及齊平㊀。

【今註】㊀平：講和。此經無傳。

【今譯】十年，春天，周曆三月，魯國跟齊國講和。

(二)經　夏，公會齊侯于頰谷。

(三)經　公至自頰谷。

傳　離會不致，何為致也？危之也。危之則以地致何也？為危之也。其危奈何？曰，頰谷之會㊀，孔子相焉㊁。兩君就壇㊂，兩相相揖。齊人鼓譟而起㊃，欲以執魯君。孔子歷階而上，不盡一等㊄，而視歸乎齊侯㊅。曰：「兩君合好，夷狄之民何為來為？」命司馬止之㊆。齊侯逡巡而謝曰：「寡人之過也。」退而屬其二三大夫曰：「夫人率其君與之行古人之道。二三子獨率我而入夷狄之俗㊇，何為？」罷會㊈，齊人使優施舞於魯君之幕下㊉。孔子曰：「笑君者⑪，罪當死。」使司馬行法焉，首足異門而出⑫。齊人來歸鄆、讙、龜陰之田者⑬，蓋為此也⑭。因是以見雖有文事，必有武備。孔子於頰谷之會見之矣。

【今註】㊀頰谷：地名，在今山東萊蕪縣。齊魯兩國為講和在頰谷開會。㊁相：開會時的贊禮者。㊂壇：古時會盟，臨時築的高高的土臺叫壇。㊃鼓譟：喧擾，起哄。㊄不盡一等：還差一級臺階沒登。表示低於君王，以示恭敬。㈥齊侯：齊景公。㈦司馬：管軍務的官。㈧二三子：你們。獨：偏偏。㈨罷：停止。㈩優施：優人，以樂舞為業的藝人，施是其名。幕：幕帳。㈡笑：指戲弄。㈢首足異門而出：指砍頭後頭腳不在一處。㈢鄆、讙、龜陰：魯國地名。這三處都被齊搶佔。這句是指後一條經文。㈣蓋：大概。

【今譯】離開會盟地不必記「至」。這次為什麼記呢？因為這次會很危險。危險就以地點告祭祖廟是為什麼呢？因為太危險。怎麼樣危險？頰谷之會，孔子當贊禮人。兩國國君登上土臺，兩國的贊禮人互相作揖。齊人起哄，想抓魯君。孔子一步一級登上去，只差一級沒登，視死如歸地看著齊景公說：「兩國國君友好會見，為什麼夷狄樣的人到這裏？」並命令司馬官攔住齊人。齊侯退卻謝罪說：「這是我的錯。」退下後對群臣說：「那個人領著國君行古人的禮節，你們為什麼偏偏領我用夷狄人的惡俗？」停止開會。齊國又讓優人在定公的帳下跳舞。孔子說：「戲弄君王的人，有罪當殺。」便命令司馬官執行軍法，砍掉優施的頭扔出大門外。齊國歸還了鄆城、讙地和龜陰，大概就為這次會。由此可見，即使是會盟之類的事，也一定要有武裝準備。孔子由頰谷之會看出了這個道理。

㈣經 晉趙鞅帥師圍衛㈠。

【今註】㈠此經無傳。

【今譯】晉卿趙鞅領兵圍攻衛國。

(五)經 齊人來歸鄆、讙、龜陰田㊀。

【今註】㊀讙：地名，在今山東寧陽縣西北。龜陰：在今山東新泰縣西南。此經無傳。

【今譯】齊國把鄆、讙、龜陰的土地歸還給魯國。

(六)經 叔孫州仇、仲孫何忌帥師圍郈㊀。

【今註】㊀郈：叔孫氏的封邑。此經無傳。

【今譯】魯卿叔孫州仇和仲孫何忌領兵包圍了郈城。

(七)經 秋，叔孫州仇，仲孫何忌帥師圍郈㊀。

【今註】㊀郈：公羊傳作費。兩次圍郈，季節不同，故分條記之。此經無傳。

【今譯】秋天，叔孫州仇和仲孫何忌領兵包圍郈城。

(八)經 宋樂大心出奔曹㊀。

【今註】㊀樂大心：公羊傳作樂世心。此經無傳。

【今譯】宋國的樂大心逃到曹國去。

(九)經 宋公子地出奔陳㊀。

【今註】㊀地：人名。公羊傳作池。此經無傳。

【今譯】宋國公子地逃到陳國去。

(十)經 冬，齊侯、衛侯、鄭游速會于安甫㊀。

【今註】㊀安甫：地名。不詳。此經無傳。

【今譯】冬季，齊侯、衛侯和鄭游速在安甫會見。

(十一)經 叔孫州仇如齊㊀。

【今註】㊀此經無傳。

【今譯】叔孫州仇到齊國去。

(十二)經 宋公之弟辰，暨宋仲佗、石彄出奔陳㊀。

【今註】㊀辰：宋景公的同母弟。此經無傳。

【今譯】宋公的弟弟辰和仲佗、石彄逃到陳國去。

定公十一年（公元前四百九十九年）

㈠ 經 十有一年，春，宋公之弟辰及仲佗、石彄、公子地自陳入于蕭以叛。

傳 未失其弟也。以尊及卑也㊀。自陳，陳有奔焉爾㊁。入者，內弗受也。以者，不以也。叛，直叛也。

【今註】 ㊀以尊及卑：這是解經文記人的條例，由地位高的到地位低的。辰為尊者，仲佗、石彄和公子地為卑者。 ㊁奔：幫助。

【今譯】 宋公沒有失去自己的弟弟。記載時是由尊者到卑者。用入字，表示蕭邑不願意接受。以，表示不該用以字。叛，是徑直反叛的意思。

㈡ 經 夏，四月㊀。

【今註】 ㊀此經無傳。

【今譯】 夏季，四月。

(三)經 秋，宋樂大心自曹入于蕭㊀。

【今註】㊀蕭：宋國的城邑，在今安徽蕭縣。此經無傳。

【今譯】秋天，宋國的樂大心從曹國進入蕭城。

(四)經 冬，及鄭平㊀，叔還如鄭蒞盟㊁。

【今註】㊀平：講和。㊁叔還：魯卿叔弓的孫子。蒞：臨，到。此經無傳。

【今譯】冬天，魯國跟鄭國講和，叔還到鄭國去結盟。

定公十二年（公元前四百九十八年）

(一)經 十有二年，春，薛伯定卒㊀。

【今註】㊀定：薛襄公的名。此經無傳。

【今譯】十二年，春天，薛襄公去世。

(二)經 夏，葬薛襄公㊀。

【今註】㊀此經無傳。

【今譯】夏，安葬薛襄公。

(三)經 叔孫州仇帥師墮郈。

傳 墮猶取也㊀。

【今註】㊀墮：毀。

【今譯】毀掉郈城就如同奪去了郈城。

(四)經 衛公孟彄帥師伐曹㊀。

【今註】㊀此經無傳。

【今譯】衛國大夫公孟彄領兵攻伐曹國。

(五)經 季孫斯、仲孫何忌帥師墮費㊀。

【今註】㊀費：季孫斯的封邑巴。費邑的總管想反叛季孫氏。此經無傳。

【今譯】季孫斯和仲孫何忌領兵毀掉費城。

(六)經 秋，大雩㊀。

【今註】㊀此經無傳。

【今譯】秋季，舉行盛大的求雨的祭祀。

(七)經 冬，十月，癸亥，公會齊侯盟于黃㊀。

【今註】㊀黃：地名，在今山東淄川鎮東北。此經無傳。

【今譯】冬季，十月癸亥日，定公和齊侯在黃地會盟。

(八)經 十有一月，丙寅，朔，日有食之㊀。

【今註】㊀此經無傳。

【今譯】十一月丙寅日，初一，出現日蝕。

(九)經 十有二月，公圍成。

傳 非國，言圍。圍成㊀，大公也。

【今註】㊀成：仲孫氏的封邑。同費邑一樣，有反叛的危險，所以國君親自領兵包圍它。

【今譯】不是國不必用圍字。說包圍成邑，是為誇大定公的武裝力量。

(十)經 公至自圍成。

傳 何以致？危之也。何危爾？邊乎齊也㈠。

【今註】㈠邊乎齊：跟齊國靠近。邊：接壤，靠近。成邑在魯齊兩國交界的地帶。

【今譯】圍成回來為什麼還告祭祖廟？因為很危險。為什麼危險？因為成邑跟齊國靠近。

定公十三年（公元前四百九十七年）

(一)經 十有三年，春，齊侯次于垂葭㈠。

【今註】㈠垂葭：地名，在今山東巨野縣西南。左傳和公羊傳「次」字上有「衛侯」二字。次：臨時駐紮。此經無傳。

【今譯】十三年，春天，齊侯（領兵）臨時駐紮在垂葭。

(二)經 夏，築蛇淵囿㈠。

【今註】㈠囿：天子或諸侯畜養禽獸的園林。蛇淵：囿名。此經無傳。

【今譯】夏天，建築了蛇淵園。

(三) 經 大蒐于比蒲㊀。

【今註】㊀蒐：打獵。比蒲：地名。此經無傳。

【今譯】在比蒲大規模地狩獵。

(四) 經 衛公孟彄帥師伐曹㊀。

【今註】㊀此經無傳。

【今譯】衛國的公孟彄領兵攻伐曹國。

(五) 經 秋，晉趙鞅入于晉陽以叛㊀。

【今註】㊀趙鞅：晉卿，趙盾的五世孫，晉陽是他的封邑，在今山西太原市西。

【今譯】秋天，晉國的趙鞅進入晉陽城反叛晉侯。

傳 以者㊀，不以者也。叛，直叛也。

【今註】㊀這條傳文只解釋經文用字的義例。

【今譯】以，表示不該加以字。叛，徑直反叛的意思。

㈥ 經 冬，晉荀寅、士吉射入于朝歌以叛㊀。

【今註】㊀朝歌：地名，在今河南淇縣。此經無傳。

【今譯】冬天，晉國大夫荀寅和士吉射進入朝歌城反叛晉侯。

㈦ 經 晉趙鞅歸于晉。

傳 此叛也㊀，其以歸言之何也？貴其以地反也㊁。貴其以地反，則是大利也㊂。非大利也，許悔過也。許悔過，則何以言叛也？以地正國也。以地正國，則何以言叛？其入無君命也㊃。

【今註】㊀此：這個人，指趙鞅。㊁以地反：帶著土地返回晉國國都。趙鞅帶著兵甲進入晉陽不是真的反叛，是為了驅君側而安定君位，然後又把晉陽歸還給晉。詳見楊士勛的疏文。㊂大利：指得到土地。㊃其入無君命：趙鞅進入晉陽城時沒有得到君王的命令。

【今譯】這個人反叛了，為什麼又記他回國？是重視他帶著土地返回。看重他帶著土地返回，這是很大的好處。不只是為這好處，也表示允許人悔改過錯。允許改正錯誤，為什麼還說反叛？因為土地是國家的。土地是國家的，為什麼說他反叛？因為他進入晉陽沒得到君王的命令。

(八)經 薛弒其君比㊀。

【今註】㊀比：人名。此經無傳。

【今譯】薛國殺了自己的國君比。

定公十四年（公元前四百九十六年）

(一)經 十有四年，春，衛公叔戍來奔㊀，晉趙陽出奔宋㊁。

【今註】㊀公叔戍：衛國大夫。他比衛侯還富豪，衛侯驅逐他。㊁趙陽：與公叔戍同伙，當為衛國人。晉：當為衛。左傳作衛趙陽。

【今譯】十四年，春天，衛國的公叔戍逃來魯國，趙陽逃到宋國。

(二)經 二月，辛巳，楚公子結、陳公孫佗人帥師滅頓㊀，以頓子牂歸㊁。

【今註】㊀公孫佗人：陳國大夫。㊁牂：頓國國君的名。此經無傳。

【今譯】二月辛巳日，楚公子結和陳國的公孫佗人領兵滅了頓國，把頓國國君帶回楚國。

㈢ 經 夏，衛北宮結來奔㈠。

【今註】㈠北宮結：衛國大夫。此經無傳。

【今譯】夏天，衛國的北宮結逃到魯國。

㈣ 經 五月，於越敗吳于檇李㈠。

【今註】㈠於：這個字常加在國名之前，沒什麼意義。檇（音罪）李：地名，在今浙江嘉興縣南。此經無傳。

【今譯】五月，越國在檇李打敗吳國。

㈤ 經 吳子光卒㈠。

【今註】㈠光：吳王名光，字闔廬。此經無傳。

【今譯】吳王光去世。

㈥ 經 公會齊侯、衛侯于牽㈠。

【今註】㈠牽：地名。不詳。此經無傳。

【今譯】定公在牽地會見齊侯和衛侯。

(七)經 公至自會㈠。

【今註】㈠此經無傳。

【今譯】定公回國，告祭祖廟。

(八)經 秋，齊侯、宋公會于洮㈠。

【今註】㈠洮：地名，在今山東鄄城縣西南。此經無傳。

【今譯】秋季，齊侯和宋公在洮地會見。

(九)經 天王使石尚來歸脤㈠。

【今註】㈠天王：指周敬王。石尚：周敬王的士，屬於下級官員。脤：天子祭祀供奉的牲肉。祭祀完畢，送給同姓諸侯共用。周與魯同姓姬，應送祭肉給魯君。

【今譯】天子派石尚給定公送祭肉。

傳 脤者何也？俎實也㈠，祭肉也，生曰脤，熟曰膰。其辭石尚，士也。何以知其士也？天子之大夫不名，石尚欲書春秋㈡，諫曰：「久矣，周之不行禮於魯也，請行脤。」貴復正也。

【今註】㈠俎：祭祀時用來盛牲肉的祭器。㈡欲書春秋：想讓春秋經記下自己的名字。

【今譯】脤是什麼？是裝在祭器中的祭肉，生的叫脤，做熟了叫膰。經文中記的石尚，是個士。怎麼知道他是士？因為天子的大夫不記名。石尚想留名於春秋經，就進諫天子說：「周朝好久沒跟魯國履行禮儀了，請讓我給魯公送祭肉。」經文記下他，是重視他恢復了正常的禮儀。

㈩經　衛世子蒯聵出奔宋㈠。

【今註】㈠蒯聵：衛靈公的太子。靈公寵南子，太子要殺南子，南子進讒言，逼太子逃。此經無傳。

【今譯】衛太子蒯聵逃到宋國。

㈩㈠經　衛公孟彄出奔鄭㈠。

【今註】㈠此經無傳。

【今譯】衛國的公孟彄逃到鄭國。

(十二) 經 宋公之弟辰自蕭來奔㊀。

【今註】 ㊀辰：宋景公的同母弟。此經無傳。

【今譯】 宋公的弟弟辰從蕭城逃到魯國來。

(十三) 經 大蒐于比蒲㊀。

【今註】 ㊀此經無傳。

【今譯】 在比蒲大規模地狩獵。

(十四) 經 邾子來會公㊀。

【今註】 ㊀來會公：來比蒲會見魯公。此經無傳。

【今譯】 邾國國君來比蒲會見定公。

(十五) 經 城莒父及霄㊀。

【今註】 ㊀莒父和霄是魯國兩座城邑。此經無傳。

【今譯】 在莒父和霄邑修城牆。

定公十五年（公元前四百九十五年）

(一) 經 十有五年，春，王正月，邾子來朝㊀。

【今註】㊀此是到國都來朝見。此經無傳。

【今譯】十五年，春天，周曆正月，邾國國君來朝見定公。

(二) 經 鼷鼠食郊牛㊀，牛死，故卜牛。

【今註】㊀郊牛：郊祭選用的牛。王侯在春天於國都南郊祭天叫郊祭，為祈求豐收。祭前要占卜用哪頭牛吉利，哪頭吉利就選用，養起來，到時殺了祭天神。鼷：鼠類中最小的，吃人或牲畜的皮膚成瘡，嚴重者致死。

【今譯】鼷鼠吃郊牛，郊牛死了。占卜，改用別的牛祭祀。

傳 不敬莫大焉㊀。

【今註】㊀莫：沒有什麼。郊牛被鼠咬而致死，古人認為這是天意，是對君王的不德不敬顯示的意象。

【今譯】表明君王對天的不敬，沒有什麼比它大了。

(三)經 二月，辛丑，楚子滅胡，以胡子豹歸㈠。

【今註】㈠豹：胡君的名。此經無傳。

【今譯】二月辛丑日，楚王滅了胡國，把胡國國君帶回楚國。

(四)經 夏，五月，辛亥，郊㈠。

【今註】㈠此經無傳。

【今譯】夏季，五月辛亥日，舉行郊祭。

(五)經 壬申，公薨于高寢。

傳 高寢㈠，非正也。

【今註】㈠高寢：諸侯的正寢有三個，一是高寢，是始封君的寢宮。高寢左右各一路寢，是繼位君的寢宮。定公是繼昭公之位，不能居高寢。

【今譯】定公死在高寢，不合於禮。

(六)經 鄭罕達帥師伐宋㈠。

【今註】㊀此經無傳。

【今譯】鄭國的罕達領兵攻伐宋國。

(七)經齊侯、衛侯次于渠蒢㊀。

【今註】㊀次：臨時駐紮。渠蒢：地名。不詳。齊、衛要救宋國。此經無傳。

【今譯】齊侯和衛侯臨時駐軍在渠蒢。

(八)經邾子來奔喪。

傳喪急，故以奔言之㊀。

【今註】㊀無註。

【今譯】喪事急迫，所以用奔字記它。

(九)經秋，七月，壬申，弋氏卒。

傳妾辭也㊀，哀公之母。

【今註】㊀妾：穀梁氏根據經文沒記「夫人卒」，認為弋氏是定公的妾。左傳和公羊傳都認為是定公夫人。弋氏，左傳作姒氏。

【今譯】經文記弋氏卒表明是妾，她是哀公的母親。

(十)經 八月，庚辰，朔，日有食之㊀。

【今註】㊀此經無傳。

【今譯】八月庚辰日，初一，發生日蝕。

(土)經 九月，滕子來會葬㊀。

【今註】㊀此經無傳。

【今譯】九月，滕國國君來參加定公的葬禮。

(三)經 丁巳，葬我君定公，雨，不克葬。戊午，日下稷，乃克葬。

傳 葬既有日，不為雨止，禮也。雨不克葬㊀，喪不以制也。乃，急辭也，不足乎日之辭也㊁。

【今註】㊀克：能。㊁不足乎日：時間不充足，不夠用。因為太陽已經西沉了（即日下稷，稷通假為昃），所剩安葬的時間很短。

【今譯】安葬已經定了日子，就不能因為下雨而停止，這是禮。下雨了，沒能安葬，表明喪事沒按禮制進行。乃，表示急迫的意思，時間不夠用的意思。

(十三) 經 辛巳，葬定弋㈠。

【今註】㈠定弋：即弋氏，安葬時加丈夫謚號「定」。此經無傳。

【今譯】辛巳日，安葬定弋。

(十四) 經 冬，城漆㈠。

【今註】㈠漆：地名，在今山東鄒縣北。漆本屬邾國，襄公二十年歸魯。此經無傳。

【今譯】冬季，在漆邑修築城牆。

卷十二 哀 公

哀公元年（公元前四百九十四年）

(一)經 元年，春，王正月，公即位㊀。

【今註】㊀此經無傳。

【今譯】元年，春天，周曆正月，哀公即位。

(二)經 楚子、陳侯、隨侯、許男圍蔡㊀。

【今註】㊀此經無傳。

【今譯】楚王、陳侯、隨侯和許君領兵圍攻蔡國。

(三)經 鼷鼠食郊牛角㊀，改卜牛。夏，四月，辛巳，郊。

【今註】㊀鼷：音西，是鼠類中最小的一種，咬人或牲畜的皮膚成瘡，可致死。郊牛：郊祭時用的牛。郊祭是春天的祭祀，君王到國都的南郊祭天，祈求豐收。郊祭殺的牲，一般是選用牛。

【今譯】鼷鼠咬傷了郊祭選用的牛的角，占卜改用別的牛。夏季，四月辛巳日，舉行郊祭。

傳此該之變而道之也㊀。於變之中，又有言焉。鼷鼠食郊牛角，改卜牛，志不敬也。郊牛日展斛角而知傷㊁，展道盡矣㊂。郊自正月至於三月，郊之時也。夏四月郊，不時也㊃。五月郊，不時也。夏之始可以承春，以秋之末承春始，蓋不可矣。九月用郊，用者，不宜用者也。郊三卜，禮也。四卜，非禮也。五卜，強也。卜免牲者，吉則免之，不吉則否。牛傷，不言傷之者，傷自牛作也㊄，故其辭緩。全曰牲㊅，傷曰牛，未牲曰牛㊆。其牛一也，其所以為牛者異㊇。有變而不郊，故卜免牛也。已牛也，其尚卜免之何也？禮，與其亡也㊈，寧有，嘗置之上帝矣，故卜而後免之，不敢專也㊉。卜之不吉，則如之何？不免。安置之？繫而待。六月上甲⑪，始庀牲⑫，然後左右之⑬。予之所言者，牲之變也，而曰我一該郊之變而道之何也？我以六月上甲始先庀牲，十月上甲始繫牲，十一月，十二月，牲雖有變，不道也。待正月，然後言牲之變，此乃所以該郊。郊，享道也⑭，貴其時，大其禮，其養牲雖小，不備可也。子不志三月卜郊何也？自正月至於三月，郊之時也。我以十二月下辛，卜正月上辛，如不從㊄，則以正月下辛，卜二月上辛，如不從，則以二月下辛卜三月上辛。如不從，則不郊矣。

【今註】㊀該：備，全面。道：說。㊁展：覽，看。斛角：圓乎乎的牛角。這是以斛的圓圓的特徵來修飾角字。㊂盡：全。㊃不時：不合季節。㊄傷自牛作：牛自己弄傷的。㊅全：指沒有受傷，完好的。㊆未牲：沒有選做郊祭用的牲。㊇所以為牛者：用以稱呼的名稱。㊈亡：通無，沒有。㊉專：擅自。⑪上甲：上旬的甲日。上古時單用天干也能記日期。後文的下辛等同此。⑫庛：音痞，備具。⑬左右：支配。這裏指處置。之：代受傷的牛。⑭享：獻。⑮不從：不吉利。

【今譯】這裏全面說說郊祭的變通情況，在變通之中，有值得重點說的。選作郊祭用的牛被小鼠咬傷了，就要占卜，改用別的牛。記載它，是為表明君王不敬天。郊牛的角每天都要看，全面地看。郊祭是從正月到三月舉行。四用就不合乎季節了，五月也不合時宜。（不過）夏季的開始（四、五月）接著春末，（還不算太過時）。如果用秋末接著春天的開頭，大概不可以。九月舉行郊祭不可以。用，是不該用的意思。郊祭要占卜三次，這合於禮。四次，不合於禮。卜五次，就更勉強了。如果祭祀用的牲受了傷，要占卜可不可以免掉用牲。占卜吉利就免，不吉利就不能免。有時，郊牛受傷了，經文不記（如宣公三年經文），那因為是牛自己弄傷的，所以經文措辭也和緩。郊祭用的牛沒有受傷時稱牲，受了傷稱牛，沒有選為郊祭用的也稱牛。一樣的牛，用以稱呼它的名稱不一樣。有了變化不能郊祭，就得占卜是否不用牛做祭祀的犧牲。牛已有傷不能用了，為什麼還占卜是否不用牛呢？占卜，合於禮。與其不占卜，寧可占一下好，放到上天那兒決定吧。所以應占卜而後決定是否不用牛，不能擅自決定。如果占卜不吉利，就不能免掉用牲。怎麼安置受傷的牛呢？把它拴起來等候處置。六月上旬的甲日，才備選出新牛做祭祀用的牲，然後再處置受傷的牛。我以上所說的，是牲牛的變通情況。而前面，我說過要全面說郊祭的變通情況，是什麼呢？在六月上旬的甲日準備好祭祀用的牲，十月上旬的甲日把選好的牲牛拴上，好好飼養。十一月，十二月，牲如有變化，當然要卜選更換，自不待說。等到正月，才著重說說牲牛有變故的情況，這就是全面說了郊祭。郊祭，是獻上犧牲讓天神享用。季節很重要，禮儀要盛大。至於養的牲，即使小點也可以。你不知道三月占卜郊祭是什麼意思吧？從正月到三月是郊祭的季節。在十二月下旬的辛日占卜正月上旬的辛日。如果不吉利，再在一月下旬的辛日占卜二月上旬的辛日。如果不吉利，就在二月下旬的辛日占卜三月上旬的辛日。如果還不吉利，就不舉行郊祭了。

㈣經 秋，齊侯、衛侯伐晉㊀。

【今註】 ㊀此經無傳。

【今譯】秋季，齊侯和衛侯領兵攻伐晉國。

(五)經 冬，仲孫何忌帥師伐邾㈠。

【今註】㈠此經無傳。

【今譯】冬天，魯卿仲孫何忌領兵攻伐邾國。

哀公二年（公元前四百九十三年）

(一)經 二年，春，王二月，季孫斯、叔孫州仇、仲孫何忌帥師伐邾，取漷東田及沂西田。癸巳，叔孫州仇、仲孫何忌及邾子盟于句繹。

傳 漷東㈠，未盡也㈡。沂西㈢，未盡也。三人伐而二人盟何也㈣？各盟其得也。

【今註】㈠漷東：漷水以東。㈡盡：全。㈢沂：水名。㈣三人：指魯國三位卿，即季孫斯、叔孫州仇和仲孫何忌。這次攻伐，季孫沒得到土地。

【今譯】經文記「漷東」，表明漷水附近的土地沒有全部得到。記「沂西」，表明沂水附近的土地沒有全部得到。三個人領兵攻伐，卻兩個人簽盟，是為什麼呢？說明是各自為自己所得簽盟。

(二) 經 夏，四月，丙子，衞侯元卒㈠。

【今註】㈠元：衞靈公名叫元。此經無傳。

【今譯】夏天，四月丙子日，衞靈公去世。

(三) 經 滕子來朝㈠。

【今註】㈠此經無傳。

【今譯】滕國國君來魯朝見。

(四) 經 晉趙鞅帥師納衞世子蒯聵于戚。

傳 納者㈠，內弗受也。帥師而後納者，有伐也。何用弗受也㈡，以輒不受也㈢。以輒不受父之命，受之王父也㈣。信父而辭王父，則是不尊王父也。其弗受，以尊王父也。

【今註】㈠納：讓……進入。㈡用：由。㈢輒：蒯聵的兒子。蒯聵是衞靈公的太子，於定公十四年見王后南子淫蕩，要殺南子，被靈公攆到宋國避難。靈公一死，晉就送蒯聵回國，可是他兒子爭奪君位，不讓他進入衞國。㈣王父：祖父。

【今譯】用納字，表明衛國不接受他。領兵送他回國，說明是經過攻打才進入。衛國由於什麼不讓蒯聵回國？因為輒不接受他。輒不聽父命，而聽祖父之命。如果輒信任父親不聽祖父的話，這就是不尊敬祖父。輒不讓父回國，是尊敬祖父。

(五) 經 秋，八月，甲戌，晉趙鞅帥師及鄭罕達戰于鐵㈠，鄭師敗績㈡。

【今註】㈠罕達：鄭國大夫，鄭卿子皮的孫子。鐵：地名，在今河南濮陽縣西北。㈡敗績：大敗。杜預註：「大奔曰敗績」。此經無傳。

【今譯】秋季，八月甲戌日，晉卿趙鞅領兵跟鄭國的罕達在鐵地作戰，鄭軍大敗。

(六) 經 冬，十月，葬衛靈公㈠。

【今註】㈠此經無傳。

【今譯】冬季，十月，安葬衛靈公。

(七) 經 十有一月，蔡遷于州來，蔡殺其大夫公子駟㈠。

【今註】㈠公子駟：蔡國大夫。吳侵蔡，蔡退讓遷徙，公子駟反對退讓而被殺。此經無傳。

【今譯】十一月，蔡國遷移到州來。蔡國殺了自己的大夫公子駟。

哀公三年（公元前四百九十二年）

(一)經 三年，春，齊國夏、衛石曼姑帥師圍戚。

傳 此衛事也，其先國夏何也㈠？子不圍父也㈡。不繫戚於衛者㈢，子不有父也。

【今註】㈠國夏：齊國的卿。㈡子：指蒯聵的兒子輒。晉送蒯聵，祇到了戚地。輒做了國君後，聯合齊軍包圍了戚地。㈢不繫戚於衛：不把戚地跟衛聯繫上。戚地屬於衛。

【今譯】這是衛國的事，為什麼先記國夏？因為兒子不能圍攻父親。不把戚地跟衛國聯繫上，是表示兒子不願有這麼個父親。

(二)經 夏，四月，甲午，地震㈠。

【今註】㈠此經無傳。

【今譯】夏季，四月甲午日，發生地震。

(三)經 五月，辛卯，桓宮、僖宮災㈠。

【今註】㈠宮：廟。

【今譯】五月辛卯日，桓公的廟和僖公的廟著火。

傳 言及，則祖有尊卑㊀。由我言之㊁，則一也。

【今註】㊀有尊卑：指春秋經用「及」字，有區別尊卑的意義。及字前是尊者，後是卑者。㊁我：指穀梁氏自己。

【今譯】如果用了「及」字，就表明祖宗有尊卑之別了。從我的角度說，祖宗的地位是一樣的。

(四) 經 季孫斯、叔孫州仇帥師城啟陽㊀。

【今註】㊀啟陽：魯邑名，在今山東臨沂縣北。此經無傳。

【今譯】季孫斯和叔孫州仇領兵在啟陽修築城牆。

(五) 經 宋樂髡帥師伐曹㊀。

【今註】㊀樂髡：宋國大夫。此經無傳。

【今譯】宋國的樂髡領兵伐曹國。

(六) 經 秋，七月，丙子，季孫斯卒㊀。

【今註】㈠此經無傳。

【今譯】秋季，七月丙子日，魯卿季孫斯去世。

(七)經 蔡人放其大夫公孫獵于吳㈠。

【今註】㈠此經無傳。

【今譯】蔡國把它的大夫公孫獵放逐到吳國。

(八)經 冬，十月，癸卯，秦伯卒㈠。

【今註】㈠秦伯：指秦惠公。經文對秦君死一律不稱名，祇稱爵。此經無傳。

【今譯】冬天，十月癸卯日，秦惠公去世。

(九)經 叔孫州仇，仲孫何忌帥師圍邾㈠。

【今註】㈠此經無傳。

【今譯】叔孫州仇和仲孫何忌領兵圍攻邾國。

哀公四年（公元前四百九十一年）

(一)經　四年，春，王二月，庚戌，盜弑蔡侯申。

傳　稱盜以弑君，不以上下道道也㊀。內其君而外弑者，不以弑道道也。春秋有三盜，微殺大夫謂之盜㊁，非所取而取之謂之盜，辟中國之正道以襲利謂之盜㊂。

【今註】㊀不以上下道道：不用上君下臣的關係來記述。第二個道字是動詞。㊁微：小。這裏指小民百姓。㊂辟中國之正道：指用夷狄人的手段。辟：避的古字，避開就是不用。大夫用冷箭殺死蔡侯，是不正當的手段。

【今譯】說盜賊殺了國君，這不是用上君下臣的關係記述的，是用外殺內的關係記述的，不用下殺上的關係記的。春秋經記有三種盜。小民殺大夫叫盜；不該取得的硬要取得叫盜；用夷狄人的手段偷得名利的叫盜。

(二)經　蔡公孫辰出奔吳㊀。

【今註】㊀此經無傳。

【今譯】蔡國的公孫辰逃到吳國。

(三)經　葬秦惠公㊀。

【今註】㊀此經無傳。

【今譯】安葬秦惠公。

(四)經　宋人執小邾子㊀。

【今註】㊀此經無傳。

【今譯】宋國捉住了小邾國的國君。

(五)經　夏，蔡殺其大夫公孫姓、公孫霍㊀。

【今註】㊀二公孫參與射殺蔡昭公了。此經無傳。

【今譯】夏天，蔡國殺了自己的大夫公孫姓和公孫霍。

(六)經　晉人執戎蠻子赤歸于楚㊀。

【今註】㊀赤：人名，戎蠻人的頭領。楚軍追殺赤，赤跑入晉地。此經無傳。

【今譯】晉國抓住戎蠻的頭領赤，把他送給楚國。

(七)經　城西郛㊀。

【今註】㈠郛：也叫郭，外城。此經無傳。

【今譯】魯國在西部修築外城。

㈧

經 六月，辛丑，亳社災。

傳 亳社者㈠，亳之社也。亳，亡國也㈡。亡國之社以為廟，屏戒也。其屋亡國之社㈢，不得上達也㈣。

【今註】㈠亳（音勃）社：亳城的土神廟。㈡亡國：殷商建都在亳城，周武王滅商後，規定諸侯國都要仿亳社建廟，也稱做亳社，做為亡國之戒，警戒人君不得縱恣，以免亡國。亳社要立在其他廟的外面，故下文說屏戒。㈢屋：覆蓋。後世以「屋社」做為王朝傾覆的代稱。㈣不得上達：亳社有頂蓋，上面不能通天，見不到太陽。

【今譯】亳社，就是亳城的土神廟。亳社，是亡國的鑑戒。亳社要立在別的廟之外，以為屏蔽。亳社上頂有覆蓋，不能通上天。

㈨

經 秋，八月，甲寅，滕子結卒㈠。

【今註】㈠結：滕頃公的名。此經無傳。

【今譯】秋天，八月甲寅日，滕頃公去世。

(十)經 冬，十有二月，葬蔡昭公㊀。

【今註】㊀此經無傳。

【今譯】冬季，十二月，安葬蔡昭公。

(土)經 葬滕頃公㊀。

【今註】㊀此經無傳。

【今譯】安葬滕頃公。

哀公五年（公元前四百九十年）

(一)經 五年，春，城毗㊀。

【今註】㊀毗：魯地名，公羊傳作比，不詳。此經無傳。

【今譯】五年，春天，魯國在毗地修城牆。

(二)經 夏，齊侯伐宋㊀。

【今註】㊀此經無傳。

【今譯】夏天，齊國攻伐宋國。

(三)經 晉趙鞅帥師伐衛㊀。

【今註】㊀此經無傳。

【今譯】晉卿趙鞅領兵攻伐衛國。

(四)經 秋，九月，癸酉，齊侯杵臼卒㊀。

【今註】㊀杵臼：齊景公的名。此經無傳。

【今譯】秋季，九月癸酉日，齊景公去世。

(五)經 冬，叔遠如齊㊀。

【今註】㊀叔遠：魯卿，叔老的四世孫。魯派他去齊弔喪。此經無傳。

【今譯】冬天，叔遠到齊國去。

(六)經 閏月，葬齊景公。

傳 不正其閏也㊀。

【今註】㈠安葬諸侯應記載季節。

【今譯】記閏月是不對的。

哀公六年（公元前四百八十九年）

㈠經六年，春，城邾瑕㈠。

【今註】㈠邾瑕：原先是邾國的城邑，後歸魯。公羊傳作邾婁葭。此經無傳。

【今譯】六年，春天，魯國在邾瑕修城牆。

㈡經晉趙鞅帥師伐鮮虞㈠。

【今註】㈠鮮虞：國名，白狄人所建，戰國時改稱中山國。此經無傳。

【今譯】晉卿趙鞅領兵攻伐鮮虞國。

㈢經吳伐陳㈠。

【今註】㈠此經無傳。

【今譯】吳國攻伐陳國。

(四)經 夏，齊國夏及高張來奔㊀。

【今註】㊀高張：齊卿。國、高是齊國兩大世族。陳氏作亂，逐國氏和高氏。此經無傳。

【今譯】夏天，齊卿國夏和高張逃到魯國。

(五)經 叔還會吳于柤㊀。

【今註】㊀柤：吳國地名，在今江蘇邳縣北。叔還：魯卿，與叔遠同輩。此經無傳。

【今譯】叔還在柤地會見吳王。

(六)經 秋，七月，庚寅，楚子軫卒㊀。

【今註】㊀軫：楚昭王的名。此經無傳。

【今譯】秋季，七月庚寅日，楚昭王去世。

(七)經 齊陽生入于齊㊀。

【今註】㊀陽生：齊景公庶子。景公死，子荼立為君，陽生逃到魯國。此又回國爭立。此經無傳。

【今譯】齊公子陽生回到齊國。

(八)經 齊陳乞弒其君荼。

傳 陽生入而弒其君，以陳乞主之何也㈠？不以陽生君荼也㈡。其不以陽生君荼何也？陽生正㈢，荼不正。不正則其曰君何也？荼雖不正，已受命矣。入者，內弗受也。荼不正，何用弗受？以其受命，可以言弗受也。陽生其以國氏何也？取國於荼也。

【今註】㈠陳乞：陳國大夫。㈡君荼：以荼為君。荼：齊景公的小兒子，景公喜歡他，立為太子。景公死後荼為君，不到一年便被殺，連謚號都沒有。㈢陽生正：指公子陽生年長，應為君。

【今譯】陽生回國殺了君王，為什麼認為陳乞是主要殺手？不願意讓陽生把荼當做君。為什麼？因為陽生應為君，荼不應為君。為什麼還稱荼為君呢？因為他已經得到命封了。用入字，表示國內不肯接受。荼不該為君，為什麼不接受陽生？因為荼已受命當了國君，可以說不接受。為什麼陽生以國名（齊）當做姓？因為他從荼那兒得到了齊國。

(九)經 冬，仲孫何忌帥師伐邾㈠。

【今註】㈠此經無傳。

【今譯】冬天，仲孫何忌領兵攻伐邾國。

㈩經 宋向巢帥師伐曹㊀。

【今註】㊀此經無傳。

【今譯】宋國的向巢領兵攻伐曹國。

哀公七年（公元前四百八十八年）

㈠經 七年，春，宋皇瑗帥師侵鄭㊀。

【今註】㊀此經無傳。

【今譯】七年，春天，宋國的皇瑗領兵侵犯鄭國。

㈡經 晉魏曼多帥師侵衛㊀。

【今註】㊀魏曼多：晉國大夫。此經無傳。

【今譯】晉大夫魏曼多領兵侵犯衛國。

㈢經 夏，公會吳于繒㊀。

【今註】㊀繒：地名，在今山東棗莊市東。魯公第一次會見吳王。此經無傳。

【今譯】夏天，哀公在繒地會見吳王。

(四) 經 秋，公伐邾，八月己酉，入邾，以邾子益來。

傳 以者，不以者也。益之名㊀，惡也。春秋有臨天下之言焉㊁，有臨一國之言焉，有臨一家之言焉。其言來者，有外魯之辭焉。

【今註】㊀益：邾隱公的名。㊁臨：監臨，擁有的意思。言：指說話的語氣。

【今譯】用以字，表示不該把邾國國君帶回魯國。稱邾君的名，是表示厭惡他。春秋經記事，有擁有整個天下的語氣，有擁有一國的語氣，有擁有一家的語氣。用「來」，有自外來魯的意思。

(五) 經 宋人圍曹㊀。

【今註】㊀此經無傳。

【今譯】宋國圍攻曹國。

(六) 經 冬，鄭駟弘帥師救曹㊀。

【今註】㊀駟弘：鄭國大夫。此經無傳。

【今譯】冬天，鄭大夫駟弘領兵援救曹國。

哀公八年（公元前四百八十七年）

㈠ 經 八年，春，王正月，宋公入曹，以曹伯陽歸㊀。

【今註】㊀陽：曹國國君的名。後來曹伯被殺，從此國滅。此經無傳。

【今譯】八年，春天，周曆正月，宋公進入曹國，把曹伯帶回宋國。

㈡ 經 吳伐我㊀。

【今註】㊀此經無傳。

【今譯】吳國攻伐魯國。

㈢ 經 夏，齊人取讙及闡。

傳 惡內也㊀。

【今註】㊀內：指魯國。范寧以為是魯伐邾，並帶回了邾君。邾齊是甥舅之國，魯懼齊，用讙城和闡城賄賂齊。

【今譯】憎恨魯國的做法。

(四) 經 歸邾子益于邾。

傳 益之名㊀，失國也。

【今註】㊀益：邾隱公的名。

【今譯】稱邾君的名，是因為他失去了國家。

(五) 經 秋，七月㊀。

【今註】㊀此經無傳。

【今譯】秋季，七月。

(六) 經 冬，十有二月，癸亥，杞伯過卒㊀。

【今註】㊀過：杞僖公的名。此經無傳。

【今譯】冬季，十二月癸亥日，杞僖公去世。

(七) 經 齊人歸讙及闡㊀。

【今註】㊀此經無傳。

【今譯】齊國把讙城和闡城歸還給魯國。

哀公九年（公元前四百八十六年）

㈠經 九年，春，王二月，葬杞僖公㈠。

【今註】㈠此經無傳。

【今譯】九年，春天，周曆二月，安葬杞僖公。

㈡經 宋皇瑗帥師取鄭師于雍丘。

傳 取㈠，易辭也。以師而易取，鄭病矣。

【今註】㈠取：得到鄭師。指鄭國軍隊全部歸降。

【今譯】取，表示輕而易舉的意思。宋國輕易地得到了軍隊，是由於鄭國太衰敗了。

㈢經 夏，楚人伐陳㈠。

【今註】㈠此經無傳。

【今譯】夏天，楚國攻打陳國。

(四)經 秋，宋公伐鄭㊀。

【今註】㊀此經無傳。

【今譯】秋天，宋國攻伐鄭國。

(五)經 冬，十月㊀。

【今註】㊀一季無事，記下首月。此經無傳。

【今譯】冬季，十月。

哀公十年（公元前四百八十五年）

(一)經 十年，春，王二月，邾子益來奔㊀。

【今註】㊀此經無傳。

【今譯】十年，春天，周曆二月，邾隱公逃到魯國來。

(二)經 公會吳伐齊㊀。

【今註】㊀此經無傳。

【今譯】哀公會合吳國攻伐齊國。

(三)經 三月，戊戌，齊侯陽生卒㈠。

【今註】㈠陽生：齊悼公的名。此經無傳。

【今譯】三月戊戌日，齊悼公去世。

(四)經 夏，宋人伐鄭㈠。

【今註】㈠此經無傳。

【今譯】夏天，宋國攻伐鄭國。

(五)經 晉趙鞅帥師侵齊㈠。

【今註】㈠此經無傳。

【今譯】晉國的趙鞅領兵侵略齊國。

(六)經 五月，公至自伐齊㈠。

【今註】㈠此經無傳。

【今譯】五月，哀公伐齊歸來，告祭祖廟。

(七)經 葬齊悼公㊀。

【今註】㊀此經無傳。

【今譯】安葬齊悼公。

(八)經 衛公孟彄自齊歸于衛㊀。

【今註】㊀公孟彄：衛國大夫。此經無傳。

【今譯】衛國的公孟彄從齊國回到衛國。

(九)經 薛伯夷卒㊀。

【今註】㊀夷：薛惠公的名。此經無傳。

【今譯】薛惠公去世。

(十)經 秋，葬薛惠公㊀。

【今註】㊀此經無傳。

【今譯】秋天，安葬薛惠公。

(十)經 冬，楚公子結帥師伐陳㊀。

【今註】㊀公子結：字叫子期，楚國的令尹。此經無傳。

【今譯】冬天，楚國的公子結領兵攻打陳國。

(十一)經 吳救陳㊀。

【今註】㊀此經無傳。

【今譯】吳國援救陳國。

哀公十一年（公元前四百八十四年）

(一)經 十有一年，春，齊國書帥師伐我㊀。

【今註】㊀此經無傳。

【今譯】十一年，春天，齊卿國書領兵攻伐魯國。

(二)經 夏，陳轅頗出奔鄭㊀。

【今註】㈠轅頗：公羊傳作袁頗，陳國的司徒宮。此經無傳。

【今譯】夏天，陳國的轅頗逃到鄭國去。

㈢**經** 五月，公會吳伐齊。甲戌，齊國書帥師及吳戰于艾陵㈠。齊師敗績㈡，獲齊國書。

【今註】㈠艾陵：地名，在今山東萊蕪縣東。㈡敗績：大敗。此經無傳。

【今譯】五月，哀公會吳國攻齊。甲戌日，齊卿國書領兵跟吳軍在艾陵作戰。齊軍大敗，國書被俘擄。

㈣**經** 秋，七月，辛酉，滕子虞毋卒㈠。

【今註】㈠虞毋：滕隱公的名。此經無傳。

【今譯】秋季，七月辛酉日，滕隱公去世。

㈤**經** 冬，十有一月，葬滕隱公㈠。

【今註】㈠此經無傳。

【今譯】冬季，十一月，安葬滕隱公。

(六)經 衛世叔齊出奔宋㈠。

【今註】㈠世叔齊：衛國大夫。此經無傳。

【今譯】衛國的世叔齊逃到宋國。

哀公十二年（公元前四百八十三年）

(一)經 十有二年，春，用田賦。

傳 古者公田什一㈠，用田賦㈡，非正也。

【今註】㈠什一：十抽一的稅率。㈡用田賦：按田畝數徵稅。

【今譯】古時耕種公田繳納十分之一的田稅。按田畝數收稅，是不對的。

(二)經 夏，五月，甲辰，孟子卒。

傳 孟子者何也㈠，昭公夫人也。其不言夫人何也？諱取同姓也㈡。

【今註】㈠孟子：即孟姬，魯昭公夫人。㈡取：娶的古字。古禮「同姓不婚」。昭公娶吳女為夫人，魯、吳兩國都姓姬，違禮了。

【今譯】孟子是誰？是昭公夫人。為什麼不稱夫人？忌諱說娶了同姓女。

(三)經 公會吳于橐皋㊀。

【今註】㊀橐皋：地名，在今安徽巢縣西。此經無傳。

【今譯】哀公在橐皋會見吳王。

(四)經 秋，公會衛侯、宋皇瑗于鄖㊀。

【今註】㊀鄖：地名，不詳。公羊傳作運。運、鄖同音。此經無傳。

【今譯】哀公在鄖地會見衛侯和宋國的皇瑗。

(五)經 宋向巢帥師伐鄭㊀。

【今註】㊀此經無傳。

【今譯】宋國大夫向巢領兵攻打鄭國。

(六)經 冬，十二月，螽㊀。

【今註】㊀螽：蝗蟲。成災才記載。此經無傳。

【今譯】冬季，十二月，蝗蟲成災。

哀公十三年（公元前四百八十二年）

㈠經 十有三年，春，鄭罕達帥師取宋師于嵒。

傳 取㈠，易辭也。以師而易取，宋病矣。

【今註】㈠取：指宋軍在嵒（音沿）地歸降鄭軍。

【今譯】取，表示輕而易舉的意思。把宋軍輕易得到了，是由於宋軍太衰敗了。

㈡經 夏，許男成卒㈠。

【今註】㈠成：公羊傳作戍，許元公的名。男：爵名。此經無傳。

【今譯】夏天，許元公去世。

㈢經 公會晉侯及吳子于黃池。

傳 黃池之會㈠，吳子進乎哉㈡，遂子矣。吳，夷狄之國也，祝髮文身㈢，欲因魯之禮㈣，因晉之權而請冠端而襲㈤。其藉於成周㈥，以尊天王，吳進矣。吳，東方之大國也，累累致小國以會諸侯㈦，以合乎中國。吳能為之，則不臣乎，吳進矣。王，尊稱也。子，卑稱也，辭尊稱而居卑稱㈧，以會乎諸侯，以尊天王。吳王夫差曰：「好冠來。」孔子曰：「大矣哉！夫差未能言冠而欲冠也㈨。」

【今註】㈠黃池：地名，在今河南封丘縣南。黃池之會是春秋時一次重要的會，晉吳兩國在會上爭霸主地位。㈡吳子：吳王夫差。㈢祝髮：剪短頭髮。祝：斷。文身：身上刺出龍蛇樣花紋。㈣因：隨順。㈤端：即玄端，整幅布做的黑色禮服。襲：全套衣服。㈥藉：借，依靠。㈦累累：屢次。㈧辭尊稱而居卑稱：不稱王而稱子。尊稱：指稱吳王。上有天王，諸侯不能稱王，稱王就超越了本分。卑稱：指稱子。吳被視為夷狄，爵位低。㈨未能言冠：指不懂帽子的等級差別。

【今譯】黃池這次會，吳王進升了，於是稱吳子。吳，是夷狄之類的國家，剪去頭髮，身上刺以花紋，想學習魯國的禮儀，奪晉國的權，穿上成套的黑色禮服，戴上帽子，依靠周王朝，尊敬周天子，吳王進升了。吳，是東方大國，屢次招集小國，會盟諸侯，迎合中原諸侯國。吳能進入大國之林，就不稱臣了，吳國進升了。王，是最高的稱呼，子，是低於王的稱呼。吳不稱王而稱子，以此來會盟諸侯，尊敬周天子。吳王夫差說：「好帽子拿來。」孔子說：「大膽呵！夫差還說不出帽子的差別卻想戴帽子。」

(四)經　**楚公子申帥師伐陳㈠。**

【今註】㊀此經無傳。

【今譯】楚國公子申領兵攻伐陳國。

(五)經 於越入吳㊀。

【今註】㊀於：用在國名前，沒什麼意義。此經無傳。

【今譯】越國攻入吳國。

(六)經 秋，公至自會㊀。

【今註】㊀此經無傳。

【今譯】秋天，哀公從黃池回國，告祭祖廟。

(七)經 晉魏曼多帥侵衛㊀。

【今註】㊀魏曼多：晉國大夫。此經無傳。

【今譯】晉國的魏曼多領兵侵略衛國。

(八)經 葬許元公㊀。

【今註】㊀此經無傳。

【今譯】安葬許元公。

(九)經 九月，螽㊀。

【今註】㊀此經無傳。

【今譯】九月，蝗蟲成災。

(十)經 冬，十有一月，有星孛於東方㊀。

【今註】㊀星孛：即孛星，彗星的一類。此經無傳。

【今譯】冬天，十一月，在東方出現了彗星。

(十一)經 盜殺陳夏區夫㊀。

【今註】㊀夏區夫：公羊傳作夏彄夫，陳國大夫。此經無傳。

【今譯】強盜殺死了陳國的夏區夫。

(十二)經 十有二月，螽㊀。

【今註】㊀此經無傳。

【今譯】十二月，蝗蟲成災。

哀公十四年（公元前四百八十一年）

㈠經 十有四年，春，西狩獲麟。

傳 引取之也㊀。狩地㊁，不地不狩。非狩而曰狩，大獲麟，故大其適也㊂。其不言來，不外麟於中國也。其不言有，不使麟不恒於中國也㊃。

【今註】㊀引取之：指麒麟是有王者之德的人引來的。㊁狩地：打獵應記載地點。㊂大其適：記載去的大範圍，指祇說西部，而不說具體地點。㊃恒：常。

【今譯】麒麟被聖人吸引來，才得以捕獲的。打獵要記載地點，不記地點就表明沒打獵。沒打獵而記打獵，得到麒麟是件大事，所以就從大的角度記載了打獵的方向。不用「來」字，是不願意說麒麟是中原諸侯國以外的仁獸。不用「有」字，是不願意說中原諸侯國不常有麒麟。

參考引用書目

春秋三傳異文釋　李富孫
春秋左傳平議　俞樾
春秋左傳注　楊伯峻
春秋會要　姚彥渠
春秋穀梁傳集解　范寧
春秋穀梁傳疏　楊士勛
穀梁補注　鍾文烝
穀梁釋例　許桂林
春秋穀梁傳注　柯劭忞
國語集解　徐元誥
史記　司馬遷
漢書　班固
論語正義　劉寶楠
孟子章句　趙岐

韓非子校注　陳奇猷
晏子春秋集釋　吳則虞
說文解字　許慎
爾雅義疏　郝懿行
古今人表考　梁玉繩
中國人名大辭典
中國地名大辭典
春秋地名考略　高士奇
春秋地名補注　沈欽韓
春秋集傳詳說　家鉉翁
春秋公羊通義　孔廣森
禮記集解　孫希旦
儀禮正義　胡培翬
周禮正義　孫詒讓
孔子家語　王肅
詩集傳　朱熹
樂府詩選　余冠英

春秋穀梁傳今註今譯

註譯◆薛安勤
發行人◆王學哲
總編輯◆方鵬程
執行編輯◆葉幗英　吳素慧
校對◆趙偵宇　徐平
美術設計◆吳郁婷

出版發行：臺灣商務印書館股份有限公司
臺北市重慶南路一段三十七號
電話：（02）2371-3712
讀者服務專線：0800056196
郵撥：0000165-1
網路書店：www.cptw.com.tw
E-mail：ecptw@cptw.com.tw
網址：www.cptw.com.tw

局版北市業字第 993 號
初版一刷：1994 年 8 月
二版一刷：2010 年 6 月
定價：新台幣 650 元

ISBN 978-957-05-2464-2（精裝）

春秋穀梁傳今註今譯／薛安勤註譯. --二版. --
臺北市：臺灣商務，2010. 06
面；　公分
參考書目：面
ISBN 978-957-05-2464-2（精裝）

1. 穀梁傳　2. 注釋

621.722　　99001057